Aplicaciones Web iPhone & iPad

TÍTULOS ESPECIALES

TÍTULO DE LA OBRA ORIGINAL:
Beginning iPhone and iPad Web Apps. Scripting with HTML5, CSS3, and JavaScript

RESPONSABLE EDITORIAL:
Víctor Manuel Ruiz Calderón
Eva Margarita García

TRADUCTOR:
Sergio Luis González Cruz

DISEÑO DE CUBIERTA:
Cecilia Poza Melero

Aplicaciones Web iPhone & iPad

Chris Apers
Daniel Paterson

Edición española:

© EDICIONES ANAYA MULTIMEDIA (GRUPO ANAYA, S.A.), 2011
Juan Ignacio Luca de Tena, 15. 28027 Madrid
Depósito legal: M. 20.713-2011
ISBN: 978-84-415-2962-5
Printed in Spain
Impreso en: Fernández Ciudad, S. L.

A Aoï, que tuvo que soportar mi malhumor durante tanto tiempo, mil gracias. Con amor.

Chris.

A Alice, a quien nunca podré agradecer lo suficiente la inspiración que me proporciona su amor y su genialidad.

Daniel.

Agradecimientos

Me gustaría dar las gracias a la gente de la editorial, en especial a Steve Anglin, por darnos la oportunidad de formar parte de este proyecto, y a Clay Andres, por su tremendamente útil participación en las primeras fases de la redacción. También queremos dar las gracias a nuestros editores, Douglas Pundick y Brian MacDonald, por sus valiosos comentarios; a Paul Haine por su atenta lectura y revisión de cada uno de los capítulos y ejemplos de este libro; y a Kim Wimpsett por ayudarnos a hacer que nuestras explicaciones fueran más claras cuando se empezaban a volver más complicadas.

Por último, este libro probablemente nunca se habría publicado sin el cercano seguimiento realizado por Kelly Moritz y Adam Heath.

Gracias también a aquellos que han contribuido, de una u otra manera, a reunir toda la información de este libro, entre los que se encuentran Hans Shumacker, Ivan Mitrovic, Roy Sinclair, Adam Dachis, David Ljung Madison y Kris Merckx. Del mismo modo, vaya nuestro agradecimiento para todos aquellos que hayamos podido olvidar aquí por su inestimable ayuda.

Por último, lo más importante de todo, nuestro agradecimiento a Alice y Aoï, que vivieron con nosotros cada día durante los pasados meses, aguantando nuestros cambios de humor y las largas noches de trabajo. Este libro no existiría sin su paciencia y apoyo.

Sobre los autores

Chris Apers posee más de 13 años de experiencia en tecnologías Web y desarrollo para móviles, incluyendo PalmOS, webOS e iPhone.

Es director técnico y arquitecto de Newsweb/Lagardère Active y participa en proyectos de código libre como el traslado de bibliotecas de desarrollo y software a dispositivos móviles.

Gracias a la creación del entorno de trabajo con código libre `WebApp.Net`, ha proporcionado un medio sencillo para crear contenido para móviles dirigido a navegadores WebKit. Encontrará más información en `www.webapp-net.com` y `www.chrilith.com`.

Daniel Paterson posee un Máster en literatura comparativa y ha escrito una memoria sobre la integración de la teoría literaria en obras de ficción, tomando como ejemplo novelas de Umberto Eco, Milan Kundera y David Lodge.

Tras sus años de universidad, Daniel se convirtió en desarrollador Web y se unió a Newsweb/Lagardère Active en abril de 2009. Tan apasionado por la Web como por muchos otros temas, aprovecha cualquier oportunidad para trabajar en proyectos interesantes y desarrollar sus conocimientos.

Sobre el revisor técnico

Paul Haine es un desarrollador de *front-ends* que trabaja actualmente en Londres para el diario Guardian. Es autor del libro *HTML Mastery: Semantics, Standards, and Styling* (friends of ED, 2006) y tiene su propio sitio Web, `www.joeblade.com`.

Índice
de contenidos

Introducción

Aunque la mayor parte del desarrollo para iOS se orienta actualmente a aplicaciones nativas que utilizan el Kit de Desarrollo de Software de Apple, esto resulta cada vez menos relevante conforme crece el número de los distintos dispositivos móviles y las versiones de los sistemas operativos. Reunir recursos para crear aplicaciones Web independientes de la plataforma en la que se ejecuten es bastante más rentable que contratar a un equipo para desarrollar versiones específicas de los programas. En este sentido, es probable que estemos sólo ante el comienzo de las aplicaciones Web.

De hecho, el rendimiento y las características de los navegadores hacen que las posibilidades para el usuario y los servicios proporcionados sean aún mayores, de modo que supongan un terreno apasionante para los desarrolladores. Con la llegada y la implementación de los nuevos estándares, la línea que separa las aplicaciones nativas de las de las Web nunca ha sido tan fina; por ejemplo, la geolocalización y el control Multi-toque ya son algo más que un simple sueño. Por otra parte, HTML5 no es sólo una nueva versión del lenguaje de marcas; la nueva especificación viene con un amplio rango de nuevas API que harán que se olvide del abuso de las presentaciones y le permitirán integrar eficazmente elementos multimedia. Como la mayoría de estas nuevas características proceden de especificaciones reconocidas, no sólo están implementadas en el motor de renderización de Mobile Safari, sino que también están ampliamente disponibles en otros dispositivos móviles y navegadores de escritorio. Los navegadores Web están por todas partes; son la forma de distribución más amplia jamás vista, están disponibles para todas las plataformas y, cada vez más, para todos los dispositivos. Esto hace que el desarrollo Web sea el campo en el que los programadores pueden llegar a una mayor audiencia utilizando unos recursos mínimos. Esto puede convertir la realización de aplicaciones Web en el nuevo El Dorado de los próximos años.

A quién va dirigido este libro

Este libro está pensado especialmente para aquellos profesionales que tienen mucha experiencia en el desarrollo de la capa de usuario de las Web y tienen pensado pasarse al trabajo para móviles, orientado principalmente a los navegadores basados en WebKit. Aunque los ejemplos y las explicaciones de esta obra están pensadas para funcionar en iPhone, iPad e iPod touch, puede que las encuentre igualmente valiosas para webOS, Android o el navegador de los dispositivos BlackBerry más reciente, así como para cualquier navegador moderno.

Este libro también les será útil a los desarrolladores de aplicaciones nativas porque con frecuencia es necesario recurrir al UIWebView del iOS SDK para tener un mayor control de la interfaz y poseer un conocimiento sólido de los avances más recientes en las tecnologías que se presentan puede ser de gran ayuda.

Lo que necesita saber

Este libro asume que ya posee un conocimiento sólido de la Web y sus tecnologías subyacentes, incluido el desarrollo con JavaScript. Este lenguaje no sólo se ha hecho esencial para mejorar la utilidad de las aplicaciones Web modernas; también es necesario para poder emplear las últimas API que nos trae HTML5 y otras especificaciones del World Wide Web Consortium (W3C) o el Web Hypertext Application Technology Working Group (WHATWG). Para crear aplicaciones eficaces también deberá tener un buen conocimiento de programación orientada a objetos y otros mecanismos específicos relacionados con JavaScript.

Qué contiene este libro

Esta obra está dividida en tres secciones principales que, respectivamente, le proporcionarán los conocimientos necesarios para crear aplicaciones Web y trabajar con eficacia en dispositivos móviles, le presentarán muchas de las nuevas y fascinantes características de CSS3, HTML5 y Mobile Safari, y le iniciarán en otros usos más avanzados de los estándares de la Web. Veamos una breve descripción de cada parte:

- **Parte I. Introducción al desarrollo de aplicaciones Web:** La primera parte de este libro describe las herramientas que puede utilizar para desarrollar aplicaciones Web. Obviamente, es probable que ya posea sus propios hábitos dentro de este entorno de desarrollo totalmente funcional y listo para su uso. No obstante, profundizar en las herramientas específicas para los navegadores WebKit le ayudará a crear mejores programas y con más rapidez.

- **Parte II. Diseño de aplicaciones Web con HTML5 y CSS3:** Esta segunda parte describe con más detalle la apariencia de una aplicación Web y las reglas que debe tener presente para crearlas con éxito. Siguiendo las directrices específicas sobre la interfaz del usuario y su funcionalidad (que deberían ser sus dos prioridades), haremos un repaso de las últimas tecnologías que le van a permitir satisfacer eficazmente sus objetivos en lo que a estilo, contenido e interacción se refiere.

- **Parte III. Sacar el mayor partido a JavaScript y a los estándares Web:** En la parte final se profundizará aún más en el desarrollo de aplicaciones de la capa del usuario, tratándose asuntos como Ajax y las plantillas en HTML, la gestión avanzada de la API Multi-toque de Apple y las aplicaciones Web que tienen en cuenta la ubicación. El último capítulo le mostrará el toque final para la creación de aplicaciones Web que se comportan como nativas, presentándole dos maneras de hacer que las páginas estén disponibles y operativas en desconexión.

Convenciones

Para ayudarle a sacar el mayor partido al texto y saber dónde se encuentra en cada momento, a lo largo del libro utilizamos distintas convenciones:

- Las combinaciones de teclas se muestran en negrita, como por ejemplo **Control-A**. Los botones de las distintas aplicaciones también aparecen así.

- Los nombres de archivo, URL y código incluido en texto se muestran en un tipo de letra `monoespacial`.

- Los menús, submenús, opciones, cuadros de diálogo y demás elementos de la interfaz de las aplicaciones se redactan en un tipo de letra Arial.

Nota: *En estos cuadros se incluye información importante directamente relacionada con el texto adjunto. Los trucos, sugerencias y comentarios afines relacionados con el tema analizado se reproducen en este formato.*

Código fuente

Para desarrollar los ejemplos, puede optar por introducir manualmente el código o utilizar los archivos que acompañan al libro. En el sitio Web de Anaya Multimedia, `http://www.anayamultimedia.es`, diríjase a la sección Soporte técnico>Complementos, donde encontrará un apartado dedicado a esta obra introduciendo el código **2315687**.

¿Preparado?

Gracias a la increíble plataforma iOS que se encuentra en iPhone, iPad e iPod touch y a la implementación de los últimos estándares de la Web en Mobile Safari, no sólo descubrirá que casi no existe un límite para las aplicaciones Web; también observará que su proceso de desarrollo y las opciones de las que dispone son mucho más fluidos y abiertos a la creatividad.

Puede que algunos ejemplos de este libro le parezcan más técnicos y avanzados que otros. No obstante no debe preocuparse, pues todo está explicado paso a paso. Tampoco se olvide de probar el código por sí mismo y de experimentar con él, ya que es el mejor modo de aprender y conocer la materia. Así pues, no dude en modificar los ejemplos y cambiarlos para adaptarlos a sus necesidades.

La lectura de esta obra le proporcionará el dominio de las principales herramientas para crear aplicaciones Web avanzadas con recursos atractivos para los usuarios. Así pues, pase la página y entre en este apasionante mundo creativo.

Parte I
Introducción al desarrollo de aplicaciones Web

1. Herramientas de desarrollo

A diferencia del desarrollo para aplicaciones nativas de iPhone, el de aplicaciones Web no requiere un entorno específico de desarrollo integrado (IDE); le basta con tener un editor que pueda guardar el código como texto sin formato. Asimismo, la herramienta principal para la evolución de la interfaz del usuario de la Web, el navegador, está disponible para todos los formatos, es ampliamente conocida y fácil de conseguir.

El ser gratuito no conlleva necesariamente el despilfarro; la idea es realizar un software lo más útil posible. El objetivo de este primer capítulo es ayudarle a crear un entorno de trabajo eficaz a la par que nos aseguramos de que manejamos los mismos conocimientos desde el comienzo de nuestra aventura con iOS.

El editor del código fuente

Existen multitud de editores fabulosos: de código libre o propietario, gratuitos o de pago, con una vistosa interfaz o con aspecto de terminal. Desde nuestro punto de vista, un editor realmente útil debería admitir al menos la posibilidad de asignar colores al código, el completado automático y algún tipo de utilidad de rutinas prediseñadas.

Varanus Komodoensis

Si ya desarrolla para la Web, es probable que haya elegido el editor que mejor se adapta a sus necesidades. Si no es así, le sugiero que se descargue e instale Komodo Edit, un editor de código libre independiente de la plataforma, gratuito y rico en funcionalidades construido sobre la base del código de Mozilla, pues es el que vamos a utilizar en todos nuestros ejemplos.

> **Nota:** *Puede descargarse Komodo Edit para Mac OS X, Windows y Linux del sitio Web de ActiveState, en* `www.activestate.com/komodo-edit/`.

Al igual que Mozilla, Komodo Edit es una iniciativa de Web abierta, cuyo propósito es estimular el desarrollo en comunidad de tecnologías no propietarias para asegurar la viabilidad y la libre evolución de Internet.

A partir de la versión 6.0, Komodo Edit ofrece un notable soporte de serie para la sintaxis de HTML5 y CSS3, incluyendo el del prefijo propietario `-webkit-`, lo cual nos va a resultar muy útil a lo largo de este libro.

Póngase cómodo

Komodo Edit es tan rico en funcionalidades que casi parece un IDE sencillo por sí mismo. Cuando lo inicie, le saludará con la oferta de restaurar la sesión anterior; si responde "no", le conducirá a la página de inicio (que está siempre accesible desde una pestaña especial), como se ve la figura 1.1. En ella encontrará enlaces rápidos a los archivos y podrá realizar varias acciones, incluso hay unas muestras de cada una de las que ActiveState ha añadido para que le sea más fácil iniciarse. Puede acceder a ellas desde un panel de herramientas incorporado. Para hacerlo visible seleccione el menú View>Tabs & Sidebars (Ver>Pestañas y barras) y escoja después Toolbox (Cuadro de herramientas). También encontrará uno de los recursos interesantes de Komodo Edit: la administración de proyectos, que le permite agrupar ordenadamente todos los elementos de sus creaciones. En el capítulo 4 haremos una plantilla para una aplicación Web que emplearemos a lo largo de todo el libro y verá cómo con Komodo Edit es muy sencillo crearla, guardarla y reutilizarla. Otro aspecto que puede potenciar su productividad es la capacidad de Komodo para estimular la reutilización de código y archivos mediante el empleo de rutinas prediseñadas, plantillas e incluso macros. Puede crearlas directamente haciendo clic con el botón derecho del ratón sobre un fragmento de código y seleccionando Add as Snippet in Toolbox (Agregar como rutina al cuadro de herramientas) en el menú contextual; así que ya sabe, esto le ahorrará tiempo.

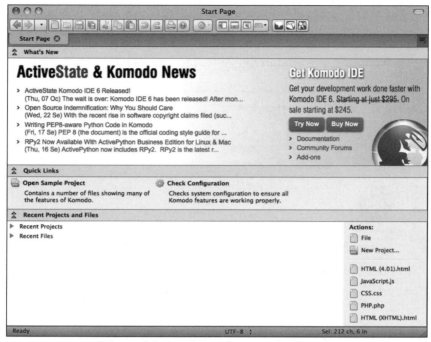

Figura 1.1. *La página de inicio de Komodo.*

Además, como comentamos anteriormente, Komodo Edit está basado en Mozilla, lo que implica que se puede ampliar con *add-ons*. Se accede a la ventana de gestión de *add-ons* desde el menú **Tools>Add-ons** (Herramientas>Add-ons).

También puede consultar el sitio Web de la comunidad y la sección de extensiones en `http://community.activestate.com/`. Es posible que allí encuentre eso que echa en falta. No vamos a entrar a fondo en los detalles de Komodo Edit, aunque definitivamente vale la pena hacerlo. Si aún no ha elegido un editor de código o si le gusta cambiar de hábitos de vez en cuando, pruébelo. Hallará documentación más avanzada en el sitio Web.

¿Y qué pasa con Dashcode?

Puede que esté pensando: "Bueno, cuando instalé Snow Leopard, vi que venía con Xcode y Dashcode. ¿Por qué no los utilizamos?". Estaría en lo cierto porque Apple los desarrolló especialmente para este fin (véase la figura 1.2).

Dashcode es una buena herramienta que genera pequeñas pero ingeniosas transiciones entre vistas. Es más, hace un uso intensivo del paradigma Modelo Vista Controlador (MVC) para racionalizar y simplificar las interacciones entre las capas de la aplicación. Sin embargo, no es esto lo que necesitamos. En primer lugar, sólo se encuentra disponible en ordenadores que utilicen Mac OS X, con lo que únicamente lo podrán usar los desarrolladores que posean un Mac; hoy en día suponen una pequeña proporción de los programadores.

Figura 1.2. *La ventana de nuevo proyecto de Dashcode 3.0.*

Además, se trata de software de programación visual. Se podrían crear aplicaciones con Dashcode sin llegar a tocar una sola línea de código. Esto sería útil pero no es nuestro objetivo aquí.

Como lector de este libro y desarrollador Web profesional, querrá saber qué ocurre en cada etapa del proceso para asegurarse de la calidad de su aplicación Web.

Por último, al igual que Dreamweaver y otras herramientas gráficas, tiende a generar mucho código específico del entorno, lo que añade a la tarea global de programación una labor rutinaria de modificación y mantenimiento, además de generar demasiadas marcas y código JavaScript innecesario.

Al desarrollar para la Web, especialmente para dispositivos con poca memoria como los navegadores móviles, su principal preocupación debería ser crear un código ligero.

Utilizar el navegador apropiado

Desarrollar para la Web es hacerlo principalmente para un navegador. Aunque vamos a centrarnos de manera específica en Mobile Safari (el que se usa en el iPhone, el iPod touch y el iPad), puede ser útil que tenga una idea clara de lo que acontece en este terreno. Es más, si ya desarrolla para la Web, probablemente esté acostumbrado a seguir todo el proceso utilizando casi siempre un navegador determinado, aparte de que, en general, trabajar sobre uno de escritorio en vez de con un dispositivo móvil suele resultar más eficaz.

WebKit

Al desarrollar para dispositivos Apple, tendrá todo el tiempo en mente a Mobile Safari. Obviamente, puede esmerarse por hacer que sus aplicaciones se puedan utilizar en cualquier navegador pero esto significaría generar más código, cuando no menos funcionalidades. Es más, como va a ver, Mobile Safari no es un destinatario tan limitado como podría parecer.

Mobile Safari y Desktop Safari están basados en el motor de renderización WebKit, el cual fue diseñado desde el principio para ser ligero y cumplir los estándares. WebKit no sólo implementa las últimas recomendaciones candidatas del W3C, sino que incorpora funcionalidades aún en fase de desarrollo mediante el prefijo -webkit-. Este motor también viene con un conjunto completo de herramientas para desarrolladores. Hablaremos con detalle del inspector Web de WebKit en el capítulo 3, con lo que podrá ver pronto la gran ayuda que puede suponerle éste en su proceso de desarrollo de aplicaciones.

> **Nota:** *La mejor elección para realizar aplicaciones Web para iPhone (o iPod touch o iPad) es trabajar sobre una plataforma Apple. No obstante, es sencillo instalar Safari en Windows, ya se trate de XP, Vista o 7. Como alternativa a Safari, le recomendamos navegadores basados en el proyecto Chromium, como Google Chrome, Chromium o Iron. Los tres están disponibles para Mac OS, Windows y Linux.*

WebKit lo utilizan muchos navegadores de todas las plataformas, incluidos los dispositivos móviles. Entre otros, los que más le interesen quizás sean SymbianOS, Android de Google, ChromeOS, BlackBerry y el reciente webOS de Palm. La mayoría de las aplicaciones Web que cree para el navegador de Apple deberían funcionar en otros dispositivos móviles.

Gecko y Firefox

Otro de los actores protagonistas del mercado es Firefox, un proyecto de código abierto basado en el motor Gecko. Su adhesión a los estándares es muy buena y no debe pasar por alto uno de sus puntos fuertes: su comunidad. Lo puede ampliar hasta el infinito con interesantes add-ons como Firebug, que es una completa y aprovechable herramienta de desarrollo y depuración. Esto hace de Firefox un excelente compañero en el desarrollo para la Web, con características similares a las de WebKit.

Opera

Opera también se encuentra disponible para todos los sistemas operativos. El equipo de Opera siempre ha priorizado la velocidad y el respeto por los estándares y, aunque su navegador no posee una gran cuota de mercado, es una excelente alternativa a los que hemos citado anteriormente y una buena elección para los desarrolladores. De hecho, viene con su propio juego de herramientas de desarrollo, Dragonfly. Asimismo, dispone de su propia versión para dispositivos móviles (Opera Mini), la cual, a diferencia de Mobile Safari, está muy limitada con respecto al navegador de escritorio y, por tanto, no le permitirá beneficiarse de todos los estándares soportados por éste.

Internet Explorer, el náufrago

Si es usuario de Windows y se está preguntando qué pasa con Internet Explorer, me temo que no puedo recomendárselo si va a desarrollar para la Web. Aunque fue un navegador avanzado entre sus versiones de la 3 a la 5 (fue el primero en implementar el soporte para CSS y el que ofreció funcionalidades propias de Ajax, aún sin nombre), se ha ido alejando de los estándares y en su versión 8 todavía carece de soporte para muchas características, como los selectores y las propiedades de CSS (en concreto, los de CSS2), obteniendo una puntuación de 20/100 en el test Acid3. Parece que Internet Explorer 9 debería suponer una gran evolución en este terreno pero, por ahora, el navegador basado en Trident no es una opción.

Desarrollar inteligentemente

La Web tiene estándares y el primero de ellos son las especificaciones del World Wide Web Consortium (W3C), las cuales proporcionan a los desarrolladores herramientas para crear magníficas aplicaciones para la Web. Ésta es la causa de que su prioridad al elegir un navegador Web para desarrollar sea su conformidad con el W3C. Cuanto más se ajuste a esto el navegador elegido, mejor funcionarán sus páginas en otras plataformas y menos trabajo adicional tendrá que realizar.

Acid

El Web Standards Project (Proyecto de Estándares Web) es una organización dedicada a promocionar y estimular el respeto y la adopción de las especificaciones de la Web.

Como no todos los navegadores abordan igual esta tarea, ofrece una herramienta para comprobar fácilmente hasta qué punto satisfacen esto los motores. La última versión del test se llama Acid3.

> **Truco:** *Para saber qué puntuación alcanza su navegador en este test, acceda a* `http://acid3.acidtests.org/` *y obtendrá el resultado en unos pocos segundos.*

Mobile Safari supera el test con una conformidad del 100 por cien, algo muy bueno, porque abre muchas posibilidades para enriquecer las aplicaciones. Si utiliza otro navegador para desarrollar, debería tener presente que podría estar prescindiendo sin saberlo de características muy interesantes de HTML, CSS y JavaScript.

Conformidad con HTML5

Aunque el test Acid3 es un modo muy útil de evaluar la conformidad de un navegador con los estándares de CSS, no indica exactamente qué características están soportadas. No obstante, puede comprobar el soporte disponible para las propiedades de HTML5 en un navegador utilizando la página de test `http://html5test.com/`, en la que se le mostrará una detallada tabla con los estándares aceptados y los no viables.

Esta página de comprobación enseña una lista de todas las nuevas API, extensiones y especificidades de HTML5, señalando su nivel de soporte en el navegador empleado. Mobile Safari obtiene una puntuación de 125 (y 7 puntos adicionales) sobre 300. Aunque esto le pueda parecer muy poco, en realidad es ejemplo de una excelente plataforma para los nuevos estándares, en especial por tratarse de un navegador para móviles.

Un satélite en su navegador

JavaScript es otra parte fundamental del desarrollo moderno de interfaces de usuario, en particular si hablamos de aplicaciones Web. En la mayoría de los capítulos recurriremos continuamente a JavaScript y en el capítulo 10 haremos una introducción a la programación orientada a objetos con dicho lenguaje.

La conformidad del motor de desarrollo de un navegador con la especificación ECMA-262 (hasta la versión 3) se puede evaluar utilizando el test Sputnik, creado por Google y disponible en `http://sputnik.googlelabs.com/`. Se trata de una prueba de código abierto que tiene en cuenta más de 5.000 puntos. Safari obtiene una puntuación muy buena, quedando en segundo lugar, justo detrás de Opera.

Desarrollar para iOS

A pesar de que hemos presentado opciones multiplataforma para todas las herramientas que pueda necesitar, va a desarrollar para iOS y el siguiente software, aunque útil, sólo está disponible para sistemas Macintosh. Si no posee un Mac, siga leyendo de todos modos; si bien no podrá utilizar las aplicaciones que se comentan en las siguientes secciones, le vamos a presentar recursos aprovechables para su experiencia como desarrollador.

Cómo utilizar el simulador para iPhone e iPad

Existen muchas razones por las que no es aconsejable emplear un dispositivo iPhone al realizar las aplicaciones Web. La buena noticia es que Apple le ofrece una herramienta gratuita que hace justo lo que necesita con sólo registrarse como desarrollador para Apple. Únicamente tiene que acceder a `http://developer. apple.com/ios/` y descargarse e instalar el kit de desarrollo de software (SDK) para iOS, en concreto su simulador, que vemos en la figura 1.3.

> **Nota:** *Antes de iniciar la descarga, hágase un poco de té, pues se enfrenta a una operación de casi 3 GB. Una vez terminada la instalación, la aplicación de simulación para iPhone e iPad estará oculta en la carpeta* `/Developer/Platforms/iPhoneSimulator.platform/Developer/Applications/`*. Si no quiere volverse loco buscándola al empezar cada sesión de trabajo, cree un acceso directo desde el Dock.*

Figura 1.3. El simulador le ofrece sólo un mínimo conjunto de aplicaciones orientadas al desarrollo.

La principal ventaja del simulador es que, en realidad, no necesita tener el dispositivo adecuado para hacer las comprobaciones, agotando su batería con la continua apertura de páginas. Es más, no sólo puede simular el funcionamiento del iPhone; también lo hace con el iPad, utilizando una versión real de Mobile Safari. Además, le permite realizar pruebas en diferentes versiones del sistema operativo sin tener que seguir el largo y molesto proceso de reinicializar el dispositivo.

Es lo más parecido posible a tener un iPhone real en su equipo. En cuanto a aquellos que no sean usuarios de Mac, sólo puedo recomendarles comprobar a conciencia su código en un iPhone, iPod touch o iPad para tener una percepción adecuada del comportamiento de los dispositivos reales.

Utilizar un dispositivo real de todas formas

Al utilizar el simulador, no podrá disponer de todas las funcionalidades, es más, sólo manejará las justas para poder desarrollar. Debe tener en cuenta que tal vez el rendimiento sea mejor en el simulador, ya que emplea los recursos de su equipo, no los del dispositivo. Por consiguiente, las transiciones, los efectos visuales avanzados o el contenido multimedia, que abordaremos en los capítulos 8 y 9, debe probarlos a fondo en el producto de destino.

Además, como el tamaño de pantalla es muy diferente, debería comprobar siempre que todo el texto y los elementos (como los botones) se pueden leer y usar correctamente para que el usuario no se vea afectado por ello.

La ADC es su amiga

Disponga de un Mac para instalar el simulador o no, registrarse siempre es buena idea. La Apple Developer Connection (ADC) es un lugar interesante al que acudir en busca de ayuda. Ser un desarrollador registrado le permite acceder a las sugerencias, los videos tutoriales, las entrevistas y muchas más cosas. Si se abre paso a través de la información que le pueda resultar irrelevante (es decir, la referente al desarrollo de aplicaciones nativas para iOS), descubrirá el enorme beneficio que le puede proporcionar la propia información de Apple. El mejor sitio para empezar es la página de desarrollo de Safari (`http://developer.apple.com/safari/`), en la que encontrará interesante documentación sobre las características soportadas.

Resumen

Por ahora, debería contar con un entorno de desarrollo operativo. Tanto si ha optado por Komodo Edit como si lo ha hecho por otro magnífico editor, tanto si ha elegido Safari como otro navegador WebKit o incluso Firefox, y tanto si ha podido instalar el simulador como si no, ya tiene lo que necesita para que su proceso de desarrollo sea más sencillo y eficaz. También posee ciertos conocimientos que le facilitarán la lectura de este libro.

En los siguientes dos capítulos empezará a ponerse manos a la obra. Dado que ya disfruta de un entorno de desarrollo perfecto, vamos a ayudarle a seguir el proceso de instalación de un servidor en su ordenador para que pueda alojar sus proyectos. Después perfilaremos sus herramientas de desarrollo acercándonos a las herramientas de depuración, que le permitirán sin duda ahorrar tiempo y dolores de cabeza.

2. Entorno de desarrollo

Ya dispone de herramientas para crear y para hacer comprobaciones. En el capítulo 1 recomendábamos que siempre probara sus aplicaciones en el dispositivo en cuestión para poder evaluarlas de forma adecuada. Igualmente, el modo más fiable de saber cómo se van a comportar sus páginas en el lado del usuario es utilizarlas en condiciones cercanas a la realidad durante el proceso de desarrollo.

Cuando tenga lista su aplicación, deberá alojarla en un servidor para que se pueda acceder a ella desde Internet. Hasta entonces, no es recomendable alojar un sitio Web que está en fase de prueba en una plataforma en producción. Como al elaborar su aplicación en su propio equipo se verá afectado por ciertas restricciones y limitaciones (junto con algunas comodidades que son bienvenidas), vamos a guiarle en el proceso de instalar un servidor local en su equipo de trabajo, que quizás no sea tan complejo como podría pensar.

Su nuevo servidor le proporcionará todo lo que necesita para desarrollar aplicaciones Web y realizar los ejemplos de este libro. Considérelo otra herramienta de trabajo. Siguiendo exactamente los pasos de este capítulo, no se encontrará con funcionalidades avanzadas ni configuraciones extrañas y obtendrá un servidor listo para su uso, independientemente de su plataforma, que albergará sus páginas y hará que estén disponibles para los dispositivos externos que comparten la misma red inalámbrica.

Servir la aplicación Web

Hemos mencionado que existen algunas restricciones al desarrollar aplicaciones Web de forma directa sobre archivos locales. Veamos un ejemplo antes de abordar la instalación de su servidor Web: Ha creado una aplicación de búsqueda con una funcionalidad de sugerencia, de modo que cuando el usuario empieza a escribir una palabra, lo que iba a escribir aparece directamente. Para ello necesita revisar los términos de una lista que se encuentra en algún sitio remoto. Ya ha probado su aplicación a conciencia con sus archivos locales y va a las mil maravillas. Bien, pues al ponerla en línea, desaparece la magia: no se muestran las sugerencias. Esto se debe a que Ajax, la tecnología que subyace bajo esta aplicación, funciona sólo si las peticiones comparten el mismo origen. La restricción de los dominios no se aplica porque al hacer las pruebas con archivos locales no se tiene un nombre de dominio y porque al utilizar la construcción `file://` para las URL el contexto de ejecución es diferente. Por eso no se percató nunca del problema (hasta que fue quizás demasiado tarde).

Otra limitación es que si emplea el simulador de iPhone o el dispositivo en cuestión en su proceso de desarrollo (cosa que debería hacer) ninguno de los dos podrá acceder a los archivos de su sistema local. Alojar las páginas es un paso necesario para utilizar el simulador, al igual que el dispositivo de destino (iPhone, iPod touch o iPad).

Mac OS pone las cosas fáciles

La última versión de Mac OS X viene con todos los componentes precisos para configurar un servidor operativo. Aunque el alojamiento de sitios es un conocimiento útil para los desarrolladores (entre otros), por lo general, no es el campo que más dominan. Afortunadamente, el proceso de configuración es muy intuitivo. Sólo tiene que seguir los pasos de estas secciones.

Un Apache en su Mac

Abra Apple>Preferencias del Sistema y, dentro de la ventana que se mostrará, abra la sección Internet y conexiones inalámbricas. Haga clic en el icono **Compartir** y marque la casilla de verificación Compartir Web, como indica la figura 2.1. ¿Ya lo ha hecho? Enhorabuena, su servidor está configurado. Al pulsar en el enlace de su sitio Web personal, Safari o cualquiera que sea su navegador por defecto, abrirá una ventana utilizando los archivos predeterminados de su nuevo sitio personal, como muestra la figura 2.2. Puede modificar los de este sitio y añadir otros nuevos en su carpeta `/Users/nombreusuario/Sites/`, donde `nombreusuario` es su nombre del usuario en la sesión.

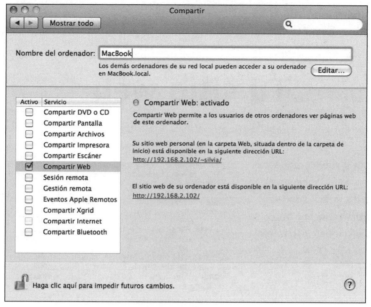

Figura 2.1. *El panel Compartir de Mac OS X.*

El segundo enlace le llevará al sitio Web del ordenador. Al acceder a esta URL recibirá el típico mensaje "It works!" (¡Funciona!) de la instalación por defecto de Apache. Los archivos de este sitio Web se encuentran en la carpeta /Librería/ Webserver/Documents/.

Si le cuesta recordar una URL como 192.168.1.100 o le molesta tener que escribirlas, también puede acceder a su sitio empleando el nombre del ordenador. La URL tendría un aspecto similar a `http://nombreordenador.local/~nombreusuario/`.

Estos sencillos pasos le permitirán elaborar un sitio Web con sus lenguajes primarios: HTML, CSS y JavaScript. Ésta es la configuración mínima necesaria para comenzar a crear aplicaciones Web en un entorno local pero, para crear sitios Web modernos, probablemente preferirá utilizar algún tipo de lenguaje de programación del lado del servidor para conseguir una mayor interacción entre su sitio y el usuario. En algunos ejemplos de este libro usaremos PHP, por lo que le recomendamos que siga estos pasos. No son tan inmediatos como los de la primera parte de la instalación porque deberá modificar un archivo de configuración con privilegios de administrador. No se preocupe: no es tan difícil como parece.

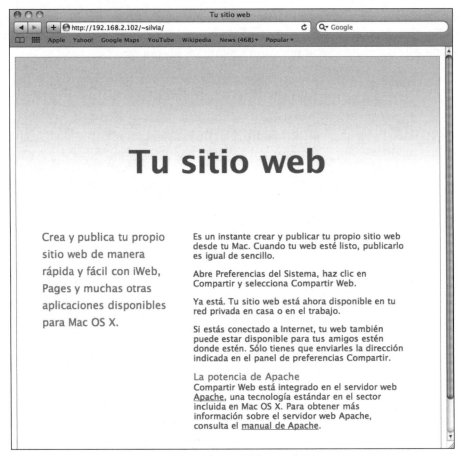

Figura 2.2. *El sitio Web por defecto.*

El motor de desarrollo

Abra una ventana de Terminal y escriba el siguiente comando:

```
sudo vi /private/etc/apache2/httpd.conf
```

Se le solicitará una contraseña de administrador. Es probable que usted sea el administrador de su ordenador, en cuyo caso la contraseña será la misma que la de su sesión. Si por el contrario está utilizando un equipo de su empresa, quizás deba decirle a alguien que se la escriba. El archivo de configuración `apache2` debería abrirse con Vi, dentro de la ventana de Terminal.

Una vez abierto el archivo, mueva su cursor hacia abajo hasta llegar a las líneas que tienen este aspecto:

```
...
#LoadModule php5_module        libexec/apache2/libphp5.so
#LoadModule fastcgi_module     libexec/apache2/mod_fastcgi.so
...
```

Es aconsejable eliminar la marca de comentario de estas líneas quitando los signos # para activar estos módulos y permitir que los scripts en PHP se ejecuten adecuadamente. Para ello, escriba a (de *append*, anexar), quite la marca de comentario como lo haría en cualquier editor, guarde los cambios escribiendo esc para salir del modo edición y luego escriba :wq (*write and quit*, escribir y salir).

> **Nota:** *En este libro no vamos a recurrir a la línea de comandos para modificar los archivos. No obstante, cuando lo hagamos, utilizaremos el tradicional Vi. Si no está familiarizado con los editores de texto de la línea de comandos, puede que le intimiden un poco, pues suelen tener una curva de aprendizaje algo empinada. Sin embargo, como algunos son populares y realmente ricos en funcionalidades, hemos pensado que podríamos introducir uno aquí. Pero si no es fan de Vi y ha instalado Komodo Edit, marque la opción para activar el comportamiento de tipo Vi: acceda a* Komodo>Preferences *(Komodo > Preferencias) en el menú, seleccione* Editor>Key Bindings *(Editor>Asociaciones de teclas) y escoja* Enable Vi emulation *(activar la emulación de Vi), la segunda opción comenzando por arriba.*

Para que sus cambios en la configuración tengan efecto, reinicie el servidor desmarcando y volviendo a marcar la opción **Preferencias del sistema>Compartir>Compartir Web** o bien anote esto directamente en su ventana de Terminal:

```
sudo apachectl restart
```

Quizás se esté preguntando qué es lo que acaba de hacer. La primera línea le dice al servidor que abra el módulo PHP5, lo que le permite ejecutar scripts en PHP en el lado del servidor. PHP es un popular y muy potente lenguaje de programación de código abierto y de propósito general. En su última versión incorpora la programación orientada a objetos y muchas funciones para facilitarle la vida al desarrollador.

La segunda línea permite la separación de la ejecución del script y otras tareas del servidor. Para simplificar, digamos que el servidor y el módulo PHP (o cualquier otro que implemente el protocolo FastCGI) se ejecutan como aplicaciones independientes, con procesos y recursos distintos. Esto implica que si un script tiene dañado el módulo PHP, no será necesario reiniciar el servidor.

Bueno, pues casi sin darse cuenta, lo ha conseguido: ha configurado un servidor con PHP5 en su equipo de trabajo para que el proceso de desarrollo le resulte más fácil y profesional. Si es de los curiosos, estamos seguros de que incluso ha modificado un par de cosas en su nuevo sitio (es decir, siempre que sea usuario de Mac, claro). A continuación, vamos a ver cómo lograr un resultado similar en un equipo con Windows.

Windows, elija sus armas

Para instalar un servidor en su máquina Windows el primer paso es hacerse con Internet Information Services (IIS) y los componentes para ejecutar PHP. Microsoft ha hecho últimamente grandes esfuerzos para que esta labor sea mucho más fácil que antes. Como muestra la figura 2.3, `http://php.iis.net/` es un sitio especialmente dedicado a la instalación del servidor. Acceda a él y haga clic en el botón **Install PHP** (Instalar PHP). Obviamente, puede utilizar cualquier navegador Web para acceder a este sitio y proseguir pero le recomiendo que emplee Internet Explorer para las siguientes operaciones y asegurarse que todo se desarrolla según lo planeado.

Figura 2.3. *La versión de PHP para IIS de Microsoft.*

El proceso de instalación completo

Siga las instrucciones que se muestran en las pantallas. Se le pedirá que descargue Web Platform Installer (Instalador de plataforma web), una ligera herramienta que le ayudará a implementar una completa plataforma de servicios Web en su máquina con una asombrosa facilidad.

> **Nota:** *Instalador de plataforma web 3.0 necesita la versión 2.0 de .NET Framework. Si por casualidad su versión de .NET no está actualizada o no se encuentra disponible para Windows XP, se le guiará por el proceso de actualización antes de continuar con la instalación normal del servidor. El instalador tampoco funciona con las versiones más básicas de Windows, incluyendo Windows Vista Home Basic y Windows 7 Starter Edition.*

Cuando la descarga haya terminado, ejecute la aplicación. Si utiliza Vista o 7, su sistema le pedirá permiso para ejecutar el programa (véase la figura 2.4). Es software para Windows, así que puede estar tranquilo; haga clic en **Sí** para continuar.

Figura 2.4. *Pulse en Sí para iniciar el instalador.*

En pocos segundos aparecerá la pantalla del Instalador de plataforma web 3.0 con una ventana donde podrá ver las noticias destacadas, como muestra la figura 2.5.

Observe que es posible seleccionar los productos y aplicaciones que desee incorporar, entre los que se incluyen sistemas gestores de contenido (CMS) de código abierto, soluciones de comercio electrónico y motores wiki. Si alguna de estas opciones despierta su interés, sólo tiene que hacer clic sobre **Agregar**, como se ve en la figura 2.6, para añadirlos directamente a la instalación. Tanto si ha elegido añadir a su servidor caprichos adicionales como si no, acepte el contrato de licencia y contemple cómo acaba la instalación (véase la figura 2.7). Debería ser algo bastante rápido, a menos que su conexión sea por módem. Ahora puede volver a su navegador y escribir `http://localhost/`. ¡Éste es su sitio Web local!

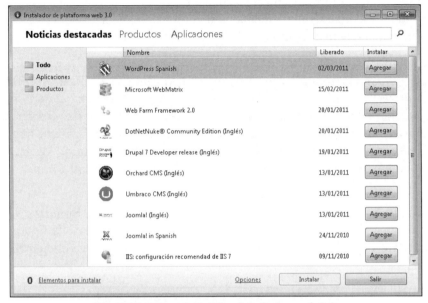

***Figura 2.5.** Instalador de plataforma web 3.0.*

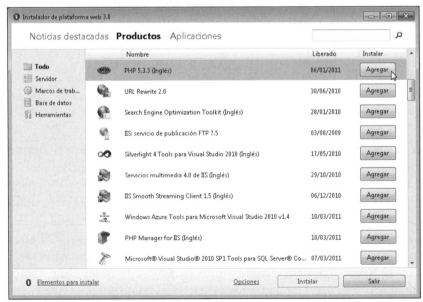

***Figura 2.6.** Haga clic en Agregar para seleccionar los elementos a Instalar.*

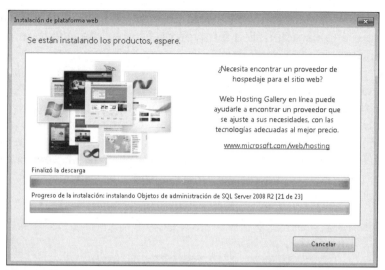

Figura 2.7. *Proceso de instalación de las herramientas seleccionadas.*

Ya puede tomar el control de su sitio Web y (¿por qué no?) agregar más sitios Web utilizando la herramienta administrativa dedicada Administrador de Internet Information Services que encontrará en el Panel de control>Herramientas administrativas. No obstante, debe dar un paso final para que este sitio esté disponible para dispositivos externos, que consiste en hacer que el Firewall de Windows permita el acceso al servicio Web. Esto se hace de una manera similar en XP y Vista. Verá que añadir una excepción al Firewall de Windows 7 es una historia ligeramente distinta.

Ajustes de seguridad

En Windows XP, abra el menú Inicio y escoja Centro de seguridad en la ventana del Panel de control. Seleccione Administrar la configuración de seguridad para: Firewall de Windows en la parte inferior de la ventana. Haga clic en la pestaña Excepciones y verá la opción **Agregar puerto**. Pulse en este botón y añada una entrada para el puerto 80 a través de TCP para lograr que su sitio esté disponible.

> **Advertencia:** *Si tiene instalado algún tipo de software de seguridad, es posible que el cortafuegos que utiliza su sistema no sea el de Windows. No podemos abarcar aquí todas las configuraciones, por lo que le recomendamos que consulte la documentación de su software.*

En Windows Vista, dentro del **Panel de control**, haga clic en **Permitir un programa o una característica a través de Firewall de Windows** dentro de la sección **Seguridad**. A partir de ahí, siga como en XP.

El sistema Windows más reciente ha incrementado bastante la funcionalidad de configuración, perdiendo algo de la sencillez que encontrábamos en XP o Vista. Aun así, la operación sigue siendo bastante intuitiva, siempre que se sepa adónde se quiere ir. Una vez que haya abierto el **Panel de control**, en la parte inferior de la sección **Ver y crear reglas de firewall**, escoja la opción **Reglas de entrada**, como muestra la figura 2.8. Luego, en la siguiente pantalla que verá, haga clic en **Nueva regla** en la parte superior del panel derecho. Un asistente le guiará durante el resto del proceso.

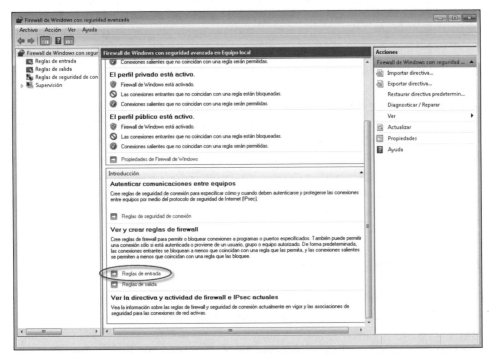

Figura 2.8. *El Firewall de Windows con seguridad avanzada en Windows 7.*

Elija añadir una regla de puerto y haga clic en **Siguiente**. A continuación, seleccione el protocolo TCP y especifique como puerto local el 80. En las dos siguientes pantallas, deje todas las opciones intactas. Después, asígnele un nombre a su nueva regla y pulse en el botón **Finalizar** para guardarla. Listo, ya está preparado para crear sus aplicaciones Web en su servidor Windows. Puede empezar a agregar archivos a la ubicación por defecto del sitio dentro del directorio `C:\Inetpub\wwwroot\`.

Si va a utilizar su equipo de trabajo para servir páginas a un dispositivo Apple, hay una restricción. Como Microsoft y Apple usan diferentes protocolos de comunicación, sólo podrá acceder a su sitio por medio de su dirección IP. Para averiguar qué IP utiliza su sistema operativo Windows, bastará con que ejecute `ipconfig` desde la línea de comandos. Esto le devolverá la IP actualmente en uso.

Linux toma el control

El proceso de instalación en Linux lo vamos a realizar desde la línea de comandos por dos razones. La primera, que creemos que es el modo más sencillo de instalar un servidor Apache en un equipo Linux. La segunda, que existen tantas herramientas gráficas diferentes para instalar paquetes en tantas distribuciones Linux que no podríamos abarcarlas todas. En cualquier caso, configurar un servidor Apache con PHP activado desde la línea de comandos es bastante simple, no se preocupe.

> **Nota:** *Vamos a utilizar* `apt-get` *en nuestros ejemplos, que es la interfaz de la popular Herramienta Avanzada de Empaquetado (Advanced Packaging Tool, APT) que se emplea especialmente en las distribuciones Debian y Ubuntu. Los nombres de paquete serán los mismos, con independencia de la versión del kernel, y se encontrarán más probablemente en los repositorios de la distribución. Sólo compruebe si debería usar* `yum` *(*`yum install ...`*),* `pacman` *(*`pacman -S ...`*) o algún otro.*

Como le prometimos, la instalación comienza por abrir una ventana de Terminal, en la que su primer comando será éste:

```
sudo apt-get update
```

La consola actualizará la base de datos de su paquete para asegurarse de que se realizará una instalación limpia, sin mezcla de versiones ni problemas de dependencia. A continuación, viene el auténtico comando de instalación. Utilizará de nuevo `apt-get` pero con la opción `install`. Escriba lo siguiente en una misma línea:

```
sudo apt-get install apache2 libapache2-mod-php5 php5-mysql
```

En la ventana de Terminal se mostrará la salida del comando durante unos pocos segundos, mientras se instalan los paquetes, y luego verá de nuevo el prompt. ¡Eso es todo!

Dependiendo de su distribución, sus archivos de servidor no se encontrarán en el mismo directorio. En las distribuciones basadas en Debian, el directorio `root` es `/var/www/`. Como no podemos incluir aquí una lista con todos los casos posibles, le recomendamos que visite la wiki de Apache, que localizará en `http://wiki.apache.org/httpd/DistrosDefaultLayout`. Esta página contiene toda la información que pueda necesitar sobre dónde se encuentran los archivos más importantes de Apache en su sistema. Independientemente de cuál sea su versión de Unix, puede ver su sitio en un navegador accediendo a `http://localhost`. El toque final en la instalación de su servidor es hacer que sea suyo, es decir, cambiar el propietario de root a usted. Esto se puede hacer fácilmente desde la línea de comandos mediante el comando `chown` (*CHange OWNership*, cambiar propiedad):

```
sudo chown -R username /var/www
```

Ahora puede modificar todos los archivos del sitio Web sin recurrir al comando `sudo` que utilizó para hacer la instalación. ¿A que no ha sido tan complicado?

Trabajar con varios hosts

Sea cual sea su plataforma de desarrollo, tendrá configurado un servidor para alojar todas las aplicaciones Web que cree. Pero si desea probarlas en un entorno real, habrá de configurar una cosa más. Esto es necesario por al menos una razón: al utilizar Ajax no podrá tener en cuenta las consecuencias de la ya citada restricción del dominio si aloja todas sus páginas en el `localhost`. Para remediarlo, tendrá que crear un host local diferente en su ordenador, modificando el archivo `hosts` de su sistema para definir los nuevos dominios que apuntarían a su servidor. Esto le permitirá, a su vez, probar páginas en ellos como si estuviesen en Internet.

> **Nota:** *Debe recordar que, aunque puede emplear cualquier URL con cualquier dominio de nivel superior (TLD), le recomendamos que no utilice TLD existentes para evitar conflictos con sitios Web ya funcionales. Si llama a su sitio local* `apple.com`, *no podrá acceder al auténtico sitio Web de Apple.*

Sistemas basados en Unix

El archivo `hosts` suele encontrarse bajo el directorio `/etc/`, el mismo de su archivo de configuración de Apache. En la mayoría de los sistemas Unix y BSD estaría en la raíz de dicha carpeta, junto a otros ficheros de configuración globales del sistema.

Como hacen falta privilegios de root para editarlos, vamos a abrirlos en una ventana de terminal con Vi ejecutando lo siguiente:

```
sudo vi /etc/hosts
```

En la pantalla aparecerá un archivo bastante corto, algo como esto:

```
##
# Host Database
#
# localhost is used to configure the loopback interface
# when the system is booting. Do not change this entry.
##

127.0.0.1 localhost
```

Después de esta línea, añada otra regla al archivo siguiendo el mismo esquema, con `127.0.0.1` y el nombre de su sitio.

```
127.0.0.1 localhost
127.0.0.1 www.example.local
```

Ya puede guardar su archivo y probar este dominio recién creado en su navegador. Debería ver la misma página que configuró antes con su servidor Web.

Sistemas basados en Windows

En los sistemas Windows, este archivo se puede modificar con cualquier editor, sin privilegios especiales. Por ejemplo, aquí puede utilizar Komodo Edit. El directorio `/etc/` se encuentra en `C:\Windows\System32\drivers\`, que es donde localizará su archivo `hosts`. Su contenido se parecerá mucho al de los sistemas Unix y BSD. Aplique los mismos cambios de la sección anterior, los cuales se tendrán en cuenta automáticamente.

Configurar varios sitios Web

Ahora, como obsequio final, vamos a dar un último paso, uno que aunque no es necesario, sí que será recomendable para algunos. En concreto, vamos a explicarle cómo crear varios sitios en su servidor cuando trabaje con diferentes proyectos, para que, en vez de utilizar varias subcarpetas, su servidor pueda entender adecuadamente las direcciones. Además del beneficio del orden que conlleva usar nombres de sitio diferentes en carpetas distintas, tendrá la ventaja añadida de utilizar un "directorio root", ya sea con PHP, HTML o CSS. En la práctica, en PHP accederá a esta información por medio de la variable de entorno

$\_SERVER['DOCUMENT\_ROOT']$. Al escribir HTML y CSS, si empieza una URL con el carácter de la barra (/), el navegador entenderá que la ruta a la que está llamando tiene su comienzo al principio de la estructura de directorios. En el sitio `http://localhost/example/`, `/images/hey.png` significa `http://localhost/images/hey.png`.

Apache 2: déjese llevar

Los siguientes pasos se aplican a servidores Apache, es decir, al tipo de servidor que se instala en las plataformas Mac OS X y Linux. Como afortunado usuario de Unix, aún deberá realizar una cierta adaptación porque, como ya ha visto, no todas las plataformas instalan Apache del mismo modo. Deberá localizar el archivo principal de configuración de Apache, que es el que va a modificar. Existen otros modos de gestionar los hosts virtuales pero éste es el más independiente de la plataforma.

Revisar la configuración

Como en la parte de la instalación, vamos a editar de nuevo el archivo con Vi. Abra una ventana de Terminal y escriba uno de los dos siguientes comandos, dependiendo de su sistema:

```
sudo vi /private/etc/apache2/httpd.conf      # En MacOSX
sudo vi /etc/apache2/apache2.conf            # En Debian
```

Se abrirá un archivo con un contenido variable en función del sistema que utilice. Lo primero que debería hacer es buscar una de estas dos líneas:

```
# Ensure that Apache listens on port 80
Listen 80

# Listen for virtual host requests on all IP addresses
NameVirtualHost *:80
```

Si existen, estupendo, puede pasar al siguiente paso. Si no, debería agregarlas al final del archivo. Para hacer esto en Vi, sitúe su cursor al final del fichero y escriba de nuevo a para pasar a modo de edición. Con estas reglas se asegurará de que su servidor Apache escuchará las peticiones HTTP en el puerto 80, sea cual sea la IP (ése es el motivo del *).

Configurar su primer host virtual

Lo siguiente es crear el host virtual real. Al principio del todo necesitará darle un nombre a su sitio (una URL) y la ruta a la raíz de documentos (donde irán todos sus archivos).

Añada el próximo código al final de su archivo de configuración utilizando los nombres y rutas que desee:

```
<VirtualHost *:80>
    DocumentRoot /var/www/example
    ServerName www.example.local
</VirtualHost>
```

> **Advertencia:** *Al añadir un host virtual empleando esta directiva, invalidará el host principal que instaló inicialmente. Para evitar esto, debería crear uno virtual utilizando el nombre de servidor global y su directorio raíz de documentos antes de agregar los nuevos. Encontrará la información que necesite dentro del archivo de configuración principal de Apache que está editando.*

Una vez que haya realizado todos los cambios precisos puede guardar el archivo y salir de Vi pulsando la tecla **Esc** seguida de :wq (escribir y salir). Después, reinicie su servidor. Si utiliza Mac y ha seguido el proceso de instalación de Apache, ya sabrá cómo hacerlo. Los usuarios de Debian deberán ejecutar este comando:

```
sudo /etc/init.d/apache2 restart
```

Ahora Apache sabe que su sitio existe pero el resto de su sistema no lo sabrá hasta que lo añada a su archivo hosts. Para corregir esto, debe seguir los pasos comentados anteriormente para modificar este fichero. Ya puede comprobar su creación con un navegador, escribiendo el nombre del servidor que haya elegido. Debería ver una página bastante vacía porque su directorio raíz de documentos no contiene archivos. En cualquier caso, se trata de algo funcional; en los siguientes capítulos lo iremos rellenando para crear atractivas aplicaciones Web caseras.

El caso de Windows

Si es usuario de Windows, el que pueda configurar un host virtual dependerá del sistema operativo que tenga instalado. Antes de Vista no era posible establecer varios sitios en un equipo de trabajo. Los usuarios de XP sólo podían simular algunos modificando su archivo hosts, como comentamos con anterioridad.

No obstante, los usuarios de Vista y 7 pueden acceder a estas funcionalidades cambiando la configuración de Internet Information Services en Panel de control>Herramientas administrativas>Administración de equipos. Luego, dentro de la ventana que se mostrará, expanda la sección Servicios y aplicaciones del panel izquierdo y escoja Administrador de Internet Information Service.

Nota: *Si no encuentra el menú en cuestión en Windows 7, acceda al emergente de la parte superior derecha para cambiar el modo de visualización del* Panel de control *con el que mostrar iconos pequeños o grandes.*

En este momento, su ventana debería tener un aspecto como el de la figura 2.9.

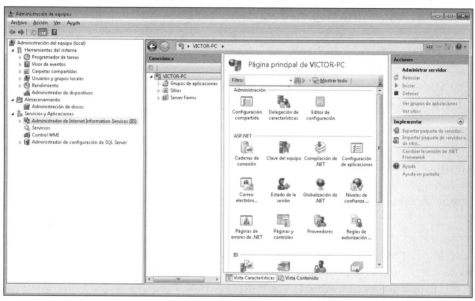

Figura 2.9. *La vista del Administrador de IIS.*

A continuación, haga clic con el botón derecho en el directorio `Sitios` del segundo panel de la izquierda y escoja **Agregar sitio web** en el menú contextual. El formulario que se verá es bastante simple, como puede observar en la figura 2.10. Sólo tiene que rellenarlo con el nombre que desee para su sitio, la ruta de su directorio raíz de documentos y la URL con la que quiere acceder. ¡Su sitio ya está listo para despegar! Si le da la impresión de que no puede acceder a la URL deseada desde un navegador Web, cerciórese de que la ha añadido a su archivo `hosts`. De no ser así, su máquina no sabrá que debe buscar localmente esta dirección.

¿Lo ha conseguido?

¿No ha sido todo lo fácil que esperaba? Configurar un servidor básico no es necesariamente una tarea complicada, dado que las dos principales empresas de sistemas operativos han realizado grandes esfuerzos para hacerlo aún más accesible.

Si usted es de los que sólo creen las cosas cuando las ven, ésta es su prueba perfecta. Genere un archivo PHP en el directorio `root` de su servidor. En Komodo Edit, esto se hace accediendo al elemento de menú File>New>New file… y escogiendo la plantilla de archivo PHP. En el archivo recién creado, escriba lo siguiente:

```php
<?php
    phpinfo();
?>
```

Figura 2.10. *El panel de configuración del sitio Web.*

Guárdelo en su directorio `root` con el nombre `index.php`. Ahora abra su sitio local en un navegador: debería ver tablas con los detalles de la configuración de su servidor. Esto significa dos cosas: primero, que ha ejecutado un script en PHP, lo que indica que todo está bien; y segundo, que puede revisar todas las opciones disponibles en su nuevo servidor.

Advertencia: *Si su navegador le ofrece descargar el archivo, es que algo ha ido mal durante la instalación. Revise los pasos descritos anteriormente para averiguar qué se le ha olvidado.*

En esta etapa, ya puede incluso abrir la página con su dispositivo Apple favorito. Sólo debe revisar un par de condiciones: en todos los sistemas necesitará que su ordenador y su dispositivo utilicen la misma conexión Wi-Fi. Esto siempre es así cuando se emplea el simulador SDK porque el servidor y el simulador comparten el mismo ordenador. En un sistema Windows, como comentamos antes, deberá escribir la dirección IP en vez del nombre del ordenador.

En todos los casos, si opta por la IP, debe tener presente que la mayoría de las conexiones Wi-Fi usan el protocolo de configuración dinámica de host (*Dynamic Host Configuration Protocol*, DHCP). Esto quiere decir que la dirección IP se asignará automáticamente y, por consiguiente, será probable que cambie. Teniendo en cuenta que puede que acceda a su servidor con la misma IP en cualquier momento desde su hogar u oficina, al cambiar de un sitio a otro (o al conectarse desde una cafetería) probablemente tenga que realizar una modificación.

¡Lo consiguió!

Bueno, aquí ya hemos empezado a hacer cosas interesantes. Puede que por primera vez haya configurado un servidor funcional para que aloje y sirva los proyectos en los que trabaja antes de mostrárselos al mundo. También es posible que ahora entienda mejor cómo funcionan los sitios Web, que sería otro punto a destacar. La última cosa que resta por hacer, pero no por ello menos importante, para terminar este apartado de configuración es mostrarle los instrumentos que va a utilizar habitualmente durante su vida como desarrollador de aplicaciones Web: las herramientas de depuración.

3. Introducción a las herramientas de desarrollo y depuración

Que el desarrollo para la Web requiera herramientas de depuración específicas no es algo tan obvio, ni siquiera lo es el hecho de que éstas existan. No hace tanto, el desarrollo de la interfaz de usuario tenía una seria carencia de buenos instrumentos para analizar y depurar componentes de página. Pero la Web ha evolucionado muchísimo; han surgido muchas herramientas de desarrollo de interfaces y la mayoría de los navegadores actuales vienen con algunas propias o cuentan con extensiones fáciles de agregar. La proliferación de este tipo de soluciones es reciente pero para nada sorprendente. Crear un sitio Web suele conllevar una precisa integración de un lenguaje de marcas, de estilos y de programación. Conforme los sitios se han ido haciendo más complejos, cada vez ha sido más difícil seguir la pista de todos los elementos que los componen. Como vamos a trabajar específicamente con Mobile Safari, que es un navegador basado en WebKit, y como las herramientas de depuración de WebKit para Desktop Safari están muy bien diseñadas, vamos a comenzar por las de desarrollo de Safari. Está a un paso de trabajar con código real y el dominio de estos instrumentos le va a ahorrar mucho tiempo y molestias. En este capítulo hablaremos siempre de un entorno Safari. Las características que le vamos a mostrar están disponibles en su mayor parte en otros navegadores WebKit, aunque obviamente no podemos garantizar que todas ellas se encuentren en el mismo lugar o utilicen el mismo proceso.

Entablar amistad con las herramientas de desarrollo de WebKit

WebKit no sólo ofrece un excelente soporte de los estándares Web, sino que también proporciona herramientas avanzadas, como un magnífico editor interactivo de documentos y estilos y un depurador de JavaScript con todas las funcionalidades necesarias para hacer más fácil la vida del desarrollador de interfaces de usuario. Estas herramientas contribuirán a acelerar considerablemente el proceso de desarrollo a través de sus diferentes etapas. Vamos a ayudarle a iniciarse en ellas para que les saque todo el partido posible, desde realizar un sencillo control de las marcas de su HTML hasta la administración de base de datos, pasando por los últimos estándares de HTML5.

> **Nota:** *Estamos hablando de las herramientas para desarrollo más recientes en el momento de escribir este libro, por lo que puede que esté empleando alguna versión más antigua. Si ve que le faltan algunas funcionalidades, puede conseguir la versión más nueva en el sitio de WebKit:* `http://nightly.webkit.org/`.

Activar el menú Desarrollo

Obviamente, el primer paso para utilizar estas herramientas en Safari es iniciar el navegador. Desde la ventana de preferencias (Safari>Preferencias), escoja la pestaña Avanzado. Dentro de esta sección, seleccione la opción Mostrar el menú Desarrollo en la barra de menús (véase la figura 3.1). Ahora tendrá una entrada adicional llamada Desarrollo. También puede añadir un botón "i" a su barra de herramientas, así como acceder siempre a las herramientas haciendo clic con el botón derecho en cualquier elemento de una página Web y escogiendo Inspeccionar elemento en el menú contextual.

El menú Desarrollo al descubierto

Vamos a explorar el menú Desarrollo, que vemos en la figura 3.2. Su primera opción le permite abrir la página actual en cualquier otro navegador que tenga disponible en su ordenador. Como nos vamos a centrar en Safari, probablemente no utilice mucho esta posibilidad.

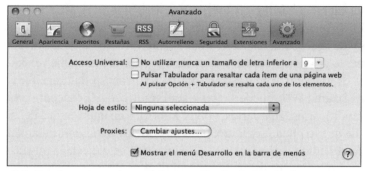

Figura 3.1. *Puede activar el menú Desarrollo desde las preferencias avanzadas.*

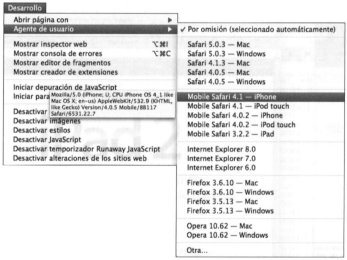

Figura 3.2. *Desde el menú Desarrollo puede acceder directamente a muchas opciones.*

Sin embargo, la segunda opción tal vez le resulte más provechosa. Con las herramientas del desarrollador de WebKit activadas, puede cambiar el agente usuario para Safari, lo que técnicamente significa modificar la cadena identificadora que envía el navegador al servidor remoto sobre sí mismo o sobre el motor, la versión del motor, etc. Si realiza el proceso de desarrollo con Desktop Safari pero desea implementar funcionalidades para la detección del navegador o la plataforma (en vez de confiar en la de las características) y activar así funcionalidades específicas para algunos usuarios, o si desea acceder a un sitio bloqueado para otros navegadores que no sean Mobile Safari, esto le será de ayuda. Al cambiar a través de este menú el encabezado del agente usuario enviado por el navegador de su equipo, los sitios Web reconocerán a su cliente como Mobile Safari en iPhone, iPod touch o iPad.

Tanto el elemento Mostrar inspector web como el Mostrar consola de errores abren el inspector Web, centrándose en las secciones del inspector de elementos y de la consola, respectivamente, que veremos con más detalle en breve.

El elemento de menú Mostrar editor de fragmentos abre una ventana diferente. Este editor es un recurso interesante porque el proceso de creación y modificación de una página Web puede llegar a ser engorroso. El procedimiento de crear archivos, modificarlos, guardarlos, volver a abrirlos en una ventana del navegador y comenzar de nuevo puede ser largo, pues hay que cambiar continuamente de visor y aplicación. El editor de fragmentos gestiona todo esto desde la misma ventana de dos paneles. Lo hemos utilizado considerablemente para comprobar los ejemplos de código de este libro, por lo que creemos que también le resultará de gran ayuda. La parte superior de la ventana es para que anote el código. Admite HTML, CSS y JavaScript y puede trabajar con grandes cantidades de código. La parte inferior se actualiza conforme va escribiendo para que vea cómo se mostraría el código en el navegador. En la fase de prototipo esto le puede servir para comprobar lo que ha hecho con facilidad y examinar muchas otras alternativas.

Las siguientes opciones le dan acceso directo a las herramientas avanzadas de depuración de JavaScript que hay dentro de la ventana del inspector Web, que le permitirán depurar rápidamente los scripts con instrumentos que pueden analizar de forma selectiva el comportamiento y los componentes de su código. También profundizaremos en estas cuestiones en breve.

El último grupo de opciones le permite modificar el comportamiento del navegador. Obviamente, los casos en los que el usuario final reduciría sus capacidades son bastante improbables porque todas estas características son el centro de la identidad de la aplicación Web, en especial la interfaz gráfica y las funcionalidades de JavaScript. Actualmente, acceder a la riqueza de la Web con el JavaScript desactivado constituye una tarea casi imposible y es raro que alguien quiera desarrollar una aplicación renunciando a los scripts locales. Aun así, debe tener en cuenta que puede que algunos de sus usuarios tengan deshabilitada su ejecución, por lo que deberá servirles contenidos inteligibles en todo momento.

En cualquier caso, la opción Desactivar cachés le será de utilidad porque no sólo es el mejor modo de comprobar los tiempos de apertura en la primera visita, sino que también le dejará probar su página cuando no tenga disponibles las capacidades de caché avanzadas de HTML5.

Desarrollar en Mobile Safari

Vamos a dedicar un minuto a hablar sobre Mobile Safari. Las funcionalidades disponibles en el navegador del sistema operativo de iPhone son limitadas, si las comparamos con lo que acabamos de ver, porque sólo podrá utilizar una consola.

Puede abrirla pulsando en Ajustes>Safari>Desarrolladores, abajo del todo y cambiando el estado de la opción Consola depuración a activado (véase la figura 3.3).

Observe también que es posible desactivar JavaScript o las cookies y vaciar la caché del navegador para simular unas condiciones específicas.

***Figura 3.3.** Puede activar la consola desde los ajustes de iPhone.*

Tras hacer esto, aparecerá la consola de depuración justo debajo de la barra de direcciones de la ventana de Mobile Safari, mostrando el número de errores de HTML, CSS y JavaScript de la página, o bien el mensaje "Ningún error" si no hay fallos (véase la figura 3.4). También se pueden enseñar sugerencias y avisos personalizados utilizando la API de la consola, de la que hablaremos más adelante en este capítulo.

Si pulsa sobre el recuento de errores, se abrirá una lista que indica la línea en la que han ocurrido. Tiene la opción de filtrarlos por tipo (HTML, CSS, JavaScript o todos), como se ve la figura 3.5.

Eso sí, tenga cuidado: la consola trunca las entradas del registro cuando son demasiado largas. Intente no generar algunos que abarquen más de dos o tres líneas, centrándose siempre en la información básica que necesita. Para evitar en parte esta limitación puede aumentar la longitud de las líneas del dispositivo, de modo que pueda meter más contenido en dos líneas.

Figura 3.4. *La consola de depuración se muestra bajo la barra de direcciones.*

Figura 3.5. *La consola muestra todos los mensajes.*

Vista general del inspector Web

Antes de recorrer cada una de las funciones del inspector Web de WebKit, lo mejor es que se haga una idea general de la herramienta. Al abrir la ventana Desarrollo por primera vez se mostrará por defecto un nuevo visor. Después de esto, se aplicará de modo automático la última opción que haya utilizado (una ventana propiamente dicha o una acoplada).

> **Nota:** *A partir de ahora vamos a llamar "ventana" al inspector Web, independientemente de que adopte esta forma o se encuentre acoplado. Del mismo modo, hablaremos del inspector en relación a una ventana del navegador, aunque obviamente puede abrir una instancia en cualquier pestaña.*

La ventana de herramientas del desarrollador

En la parte superior de la ventana (véase la figura 3.6) encontrará las principales series de iconos que harán de pestañas, dándole acceso a las distintas herramientas de depuración. Éstas representan, por orden de aparición, al inspector de elementos, el seguimiento de recursos, el depurador de scripts, el inspector del control temporal, el panel de perfiles, el gestor de almacenamiento local y la consola.

Figura 3.6. *La parte del inspector de elementos de la ventana de herramientas del desarrollador.*

También en la parte superior del inspector Web, en el lado derecho, hay un campo de búsqueda. Podemos decir que es contextual: le permite realizar una pesquisa avanzada dentro del área principal de su vista actual. Por ejemplo, si está trabajando con HTML, al realizar una búsqueda con este campo se centrará en los elementos que contiene el documento; al lanzar una consulta cuando está en la pestaña Perfiles buscará la información entre todos los datos de los perfiles.

En la parte inferior tiene varios iconos, que serán diferentes dependiendo del instrumento que esté utilizando, aunque en todas las secciones de la herramienta de depuración encontrará un icono de la ventana y otro que muestra unas líneas precedidas por una flecha. El primer icono le permite acoplar la ventana del inspector Web a su ventana padre, lo que le puede ser muy útil si trabaja con varias páginas y una instancia del depurador para cada una. También evitará que consulte y modifique el código de la ventana equivocada por error.

El segundo icono inicia una consola, la cual se encuentra disponible independientemente de la herramienta que utilice en ese momento. Se puede disparar pulsando la tecla **Esc**. A continuación de estos iconos, si está inspeccionando un elemento HTML de la página, se mostrará la ruta a dicho elemento en el árbol del documento en forma de "miga de pan" ("html>body", en la figura 3.6) para facilitarle la navegación.

Uno de los principales valores de la ventana de inspección es que está estrechamente relacionada con la página con la que se trabaja. Sus datos se actualizarán cuando se modifique la página. Si hace clic en un enlace y éste le lleva a un sitio diferente, el inspector también cambiará por completo su contenido. Como consecuencia, podrá examinar sólo una ventana con una instancia del depurador. Esto no debería ser un problema porque puede abrir tantos visores del inspector como necesite, independientemente del número de páginas que haya abierto.

Notificaciones de error

Si algo va mal en su página (un motivo razonable para revisar su código), uno de los primeros lugares en los que debería mirar sería en la parte inferior derecha de la ventana del inspector Web (véase la figura 3.7). Allí verá si el intérprete de WebKit ha identificado errores en el código con un número en rojo precedido de una cruz blanca sobre un círculo rojo, que indica el número de errores, y otro número amarillo junto a una señal triangular, que indica las advertencias.

Al hacer clic en estos números se abrirá un área de consola en la que se listarán los errores y las advertencias de los que se ha informado, junto a las operaciones ejecutadas por WebKit para corregirlos y la línea del archivo en la que han tenido lugar.

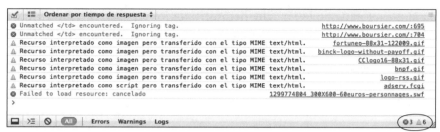

Figura 3.7. *Estos dos iconos señalan los errores y advertencias que presenta la página actual.*

Por ejemplo, en documentos XHTML es frecuente que se mezclen las etiquetas que llevan incluidas su propio cierre y las que requieren uno explícito. Si utiliza una etiqueta `<link>` que ha cerrado mediante el `</link>` correspondiente, recibirá el siguiente mensaje:

```
Unmatched </link> encountered. Ignoring tag. YourPage.html:14
```

Esto le permite buscar el elemento en el código fuente usando el número de línea indicado, que también es un enlace que le lleva directamente a la línea en cuestión a través del visor de recursos que le presentaremos en breve.

Aquí, "Ignoring tag" no significa que su enlace se vaya a eliminar del todo, sólo que la etiqueta de cierre no esperada se ignorará y no aparecerá en el árbol DOM. Éste es el modo en que WebKit interpreta su código para renderizar sus páginas. Esté atento a estos errores porque pueden tener efectos colaterales. Por ejemplo, no cerrar etiquetas como `<script>` o `<canvas>` provocaría que se considerase a los elementos que las siguen como parte del código o del lienzo, con lo que dejarían de mostrarse en la pantalla.

Domine su código

Quizás el modo más obvio de iniciarse en el inspector Web de WebKit es con la base de su aplicación: las marcas HTML. Probablemente, también sea el más fácil. Puede acceder al inspector de elementos a través de diferentes acciones. Todas tienen sus puntos a favor, como vamos a ver.

Haga suyo el documento

El modo principal de inspeccionar los componentes de la página es seleccionando la primera pestaña de la barra superior, llamada Elementos. Abrirá un árbol que muestra el código de su página, bien presentado y en varios colores, que ocupa la mayor parte de la ventana del inspector Web (véase la figura 3.8). A la derecha puede ver una barra lateral que contiene varios paneles contraíbles. Por defecto, viene resaltada la etiqueta <body> pero es posible acceder en cualquier momento a la pestaña Elementos haciendo clic con el botón derecho del ratón sobre cualquier zona de la página y escogiendo Inspeccionar elemento en el menú contextual.

Figura 3.8. *Inspeccionamos el código que hay detrás de esta página.*

Nota: *Como las herramientas de depuración se crean con HTML, CSS y JavaScript, puede que por error comience a inspeccionar la ventana del depurador en lugar del código en cuestión. Aunque esto podría parecer una limitación del inspector, será útil para aquellos que deseen ampliar las herramientas. Las evoluciones dependen en gran medida de la comunidad. Le animamos, si dispone de tiempo y conocimientos para ello, a que participe e intente mejorarlo por su cuenta.*

La principal ventaja de este método es que al depurar una página, por lo general, se tiene una vaga idea de cuál es el problema. Al llamar al inspector desde una zona específica de la pantalla, el árbol del documento se desplegará por el nodo que desea analizar. Es más, al pasar el cursor por encima de un elemento se resaltará, mostrando sus límites en un color azul claro y sus rellenos y márgenes en azul oscuro. Esto significa que puede hacerse una idea de los componentes del diseño de su página sin llegar a entender el árbol del documento. Como hacerse una idea visual del diseño de la página puede resultar atractivo, se alegrará de saber que esta funcionalidad está disponible en la mayor parte de las secciones de las herramientas de depuración, haciendo clic en el icono de la lupa que hay en la barra de estado inferior.

Obviamente, obtener una representación de los elementos del diseño no suele bastar para analizar en profundidad lo que ocurre en el código. Vamos a echar un vistazo más de cerca al inspector de elementos.

Independientemente de cómo esté presentado el código, el árbol del documento del inspector mostrará el código sangrado de manera adecuada, con una nueva línea para cada inicio de nodo. Además, aparecerá coloreado para que sea más legible, con las etiquetas en violeta, los nombres de atributo en naranja, los valores de los atributos en azul y los comentarios entre líneas en verde. Al hacer clic en el triángulo que hay a la izquierda del comienzo de los nodos conmutará su estado para evitar tener que manejar y recorrer interminables líneas de código.

Cree su propio estilo

En el primer panel dispone de varias categorías que representan todos los estilos que se aplican a su elemento, como se aprecia en la figura 3.9.

Figura 3.9. *La barra lateral del inspector de elementos.*

La primera categoría de estilos, empezando desde arriba, es muy interesante. "Estilo generado" es el que el motor de WebKit ha tenido en cuenta, calculado y aplicado. Esto es útil porque le permite conocer de un vistazo todos los estilos que posee realmente su elemento. Por varias razones, el generado también utiliza reglas que contienen valores numéricos, como `width` y `height` en la figura 3.9. CSS hace un amplio uso de valores relativos, empleando unidades como ems o porcentajes. Como todos los tamaños procesados se expresan en píxeles, es fácil compararlos.

Pero el estilo generado no sirve de nada al depurar su página si no puede determinar desde dónde se ha creado. Aquí es donde entran en juego los subpaneles subsiguientes. Cada uno representa un modo diferente de aplicar los estilos en orden cronológico inverso de aplicación. La especificidad de las reglas de estilo en CSS sigue este orden: los aplicados con el atributo `style` (estilos en línea) se ejecutan primero; después van las etiquetas `<link>` y `<style>`, los selectores `id` y `class`; a continuación, los selectores del árbol del documento (donde una mayor especificidad de selectores significa una mayor precedencia, teniendo en cuenta que el "peso" del padre cuenta, independientemente de que se le llame mediante `id`, `class` o un nombre de etiqueta) y, por último, van los nombres de etiqueta.

Advertencia: Por defecto, todas las reglas relacionadas con los colores se expresan utilizando nombres de color RGB (si están disponibles). Si prefiere emplear otros formatos de en su código, puede elegir entre hexadecimal, RGB y HSL haciendo clic en el cuadradito de color que hay junto a la regla (que sólo cambiará el formato para la regla actual) o bien cambiando el formato mediante el icono de ruedas dentadas de la parte superior izquierda de la barra de herramientas.

La lista enseña todas las reglas, aunque, como no todas se aplicarán finalmente, en las demás secciones de la barra lateral observará que algunas han sido excluidas, mostrando qué estilos han sido invalidados por otras reglas. Una vez más, esta presentación le ofrece una visión muy clara de cómo funcionan los estilos de sus páginas.

Modificar estilos

Entender los estilos está bien pero poder modificar sus reglas directamente desde la barra lateral es aún mejor. Esto se puede hacer de tres maneras. En primer lugar, para desactivar una, sólo tiene que dejar sin marcar el cuadro que hay al lado derecho de la regla. Su página se comportará de inmediato como si nunca hubiese existido, actualizándose la herencia de estilos en consecuencia. Si desea ser más preciso, puede editarlas haciendo doble clic sobre cualquier valor, como muestra la figura 3.10. Esto le presentará la regla como editable, dejándole introducir lo que quiera. Pulse **Retorno** o haga clic fuera del área de edición para guardar y aplicar el nuevo parámetro.

Figura 3.10. *Las propiedades de CSS son fáciles de editar.*

Por último, en las últimas versiones del inspector, es posible crear nuevos selectores desde cero para aplicar estilos a varios elementos a la vez. Esto se hace desde el menú de opciones, representado por una rueda dentada en la esquina superior derecha de la barra de herramientas. Una vez más, aparecerá un nuevo campo pero podrá introducir tanto una regla de estilo como el selector al que se aplica. Como antes, pulse **Retorno** o haga clic fuera del área de edición para que los cambios tengan efecto.

El inspector Web no sólo le permite hacerse una buena idea de cómo funciona su página, sino que también le proporciona herramientas para realizar pruebas a fondo sin pasar por el molesto proceso de inspeccionar el archivo, modificarlo, guardarlo, volver a abrir la página, etc.

Dimensiones

El segundo panel comenzando por arriba, Dimensiones, ofrece una representación visual de las reglas relacionadas con el tamaño que se aplican al elemento de la página, es decir, a los márgenes, rellenos, bordes, anchos y altos, como vemos en la figura 3.11.

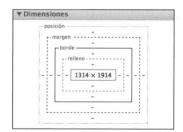

Figura 3.11. *El panel Dimensiones.*

Al conjunto de todos estos parámetros se les conoce como modelo de cajas. La versión más reciente del inspector también incluye información sobre la posición de los elementos mediante una propiedad `posición`, que puede ser `relative`, `absolute` o `fixed`. Obviamente, esta representación es mucho más rápida de utilizar que las reglas CSS de la lista del panel **Estilos** y, al igual que puede modificar las reglas aquí, puede hacerlo en el panel **Dimensiones** haciendo doble clic en el valor que desee cambiar. Observe que, dentro de la categoría de estilo generado, todos los valores están calculados en píxeles, independientemente de la unidad empleada en su definición.

> **Truco:** *En ambos paneles,* Estilos y Dimensiones, *puede modificar los valores numéricos haciendo doble clic sobre ellos y utilizando las teclas* **Flecha arriba** *y* **Flecha debajo** *de su teclado para incrementarlos o reducirlos en 1 (por defecto), 10 (si las combina con* **Mayús**) *o 0,1 (con* **Alt**).

Los dos paneles inferiores del inspector de elementos quizás le parezcan un poco más crípticos, pero no por ello son menos útiles.

Propiedades

Puede acceder a cualquier elemento de su página usando una instancia de un objeto DOM, que le permite trabajar con él desde dentro de su código JavaScript. Como tal, cada uno posee propiedades, unas nativas y otras heredadas. Por ejemplo, una etiqueta `<h1>` es una instancia de `HTMLHeadingElement` de DOM con propiedades de `HTMLHeadingElement` pero también con propiedades y métodos heredados de `HTMLElement` y así sucesivamente, hasta llegar a las propiedades del objeto `Object` de nivel superior.

Las distintas categorías plegables del panel **Propiedades** muestran una lista alfabética de todos los métodos y propiedades del objeto que se ha seleccionado (véase la figura 3.12). Obviamente, un elemento DOM no posee sólo valores de propiedad fijos. Por ejemplo, la propiedad `innerHTML` será diferente dependiendo de la página en la que se utilice; el panel **Propiedades** lista todas estas variables en el momento de la inspección.

Todos estos conocimientos posiblemente no le sirvan de mucho al editar HTML o CSS pero sin duda le serán muy útiles al programar en JavaScript, pues le proporcionan un completo rango de información con la que y sobre la que desarrollar, dado el potencial dinámico que posee el DOM. Decimos "desarrollar con" y "desarrollar sobre" porque, al programar en JavaScript, es probable que añada propiedades a sus elementos. El panel **Propiedades** se actualizará conforme escriba o ejecute scripts, por lo que siempre podrá obtener una panorámica relevante de su documento y del estado de los objetos.

Figura 3.12. *El panel Propiedades.*

Receptores de eventos

El último truco para completar su visión del DOM a través del inspector es, concretamente, ver en qué punto de la página es previsible que cambien los objetos. Si pasa ahora al último panel de la barra lateral, **Receptores de eventos**, el cual vemos en la figura 3.13, podrá ver si éste tiene asociado algún evento de JavaScript (como un evento `click` o `load`).

Figura 3.13. *El panel Receptores de eventos muestra la jerarquía de los receptores.*

Los eventos se agrupan por tipo y cada uno se puede expandir para que enseñe las funciones con las que está relacionado, por orden de llamada. Esto le permitiría ver, por ejemplo, por qué nunca se llega a llamar a su receptor (porque es posible detener la propagación de un receptor). También le facilitaría descubrir fugas de memoria debidas a que se han apilado inesperadamente receptores basados en funciones anónimas, que son más complicados de detener que los normales.

Tener una lista de los nodos a los que está asociado un receptor es valioso cuando se quiere saber si un elemento está relacionado con un script, pero lo que resulta especialmente útil es tener una lista de todos los elementos dinámicos porque es un modo nuevo de inspeccionar el DOM y de descubrir la causa de errores como los conflictos de JavaScript.

Búsqueda avanzada

Además de esta representación del árbol de documentos y de la lupa que le permite seleccionar los elementos directamente, existe otra herramienta más avanzada con la que puede examinar su documento HTML.

Se trata del campo de búsqueda de la esquina superior derecha de la ventana del inspector Web. Hablamos ahora de este instrumento porque es más eficaz realizando búsquedas en HTML, aunque este campo está disponible siempre para la herramienta de depuración que utilice y devuelve resultados relacionados con lo que se está viendo.

La búsqueda en las marcas de HTML se puede llevar a cabo mediante opciones avanzadas. Si ésta devuelve resultados, el número de elementos se indicará en el lado izquierdo del campo, como muestra la figura 3.14. En el árbol del documento se resaltarán todas las ocurrencias coincidentes y se seleccionará la primera.

Figura 3.14. *El número de coincidencias se ve a la izquierda del campo de búsqueda.*

La opción más obvia es una búsqueda en texto sin formato, que se puede hacer en el contenido del documento (teniendo en cuenta mayúsculas y minúsculas) y en los nombres de etiquetas y atributos (en cuyo caso no se hará distinción). Aunque quizás no le parezca muy eficaz para documentos grandes o que no conozca apenas, en el peor de los casos es fácil de entender y de usar y muestra claramente los resultados, con lo que no está exenta de utilidad.

También puede emplear la sintaxis y los selectores de CSS para localizar etiquetas en su documento. Los selectores son reglas de comparación de patrones que permiten hacer tanto búsquedas sencillas de etiquetas como complejas selecciones contextuales. Esto resulta obviamente atractivo para los desarrolladores de interfaces porque es un lenguaje que deberían conocer bien. Debe tener cuidado con una cosa: la búsqueda de nombres de etiqueta no distingue entre mayúsculas y minúsculas pero los nombres de ID y de clases hacen esta distinción tanto en el campo de búsqueda como en el documento XHTML.

Aunque vamos a tratar más a fondo los selectores en los siguientes capítulos, veamos un simple ejemplo aclaratorio:

```
<h1>A Big Title</h1>
<p>
    <span>The strong and quick brown <strong>fox</strong>
        jumps over the lazy<strong>dog</strong>.</span>
</p>
```

Si realiza una búsqueda de texto básica por el término "strong" en este documento, aparecerán tres coincidencias. Lo obvio habría sido esperar cinco pero el motor de búsqueda entiende que dos de estas apariciones, en realidad, están cerrando sus respectivas etiquetas de apertura, por lo que sólo contabiliza la última. Este es el caso más sencillo.

Si este documento fuera más grande, tal vez deseara localizar todas las segundas etiquetas `<strong>` que van precedidas de una `<p>` que sigue inmediatamente a un encabezado `<h1>`. Quizás le parezca complicado pero es uno de esos típicos casos en los que los selectores de CSS pueden ser de gran ayuda. Pruebe a escribir lo siguiente en el campo de búsqueda:

```
h1 + p strong:nth-child(2)
```

Esto debería resultarle familiar a los desarrolladores de interfaces. Para los lectores menos acostumbrados a este tipo de selectores, no hay demasiados que recordar, por lo que definitivamente vale la pena profundizar en ello.

Por último, tiene la opción de realizar búsquedas XPath en su documento. El lenguaje XPath fue diseñado de forma específica para realizar este trabajo en XML. HTML tiene muchas similitudes con XML. La sintaxis de XPath permite hacer consultas con estructuras avanzadas. Aplicada al primer ejemplo, su pesquisa sería la siguiente:

```
//h1/following-sibling::p//strong[2]
```

Sin llegar a entrar en demasiados detalles de XPath, nos gustaría destacar que ambos métodos poseen puntos fuertes y limitaciones. Por ejemplo, en nuestros ejemplos habrá observado que los selectores CSS dejan claro que la etiqueta `<p>` sigue inmediatamente al encabezado con el signo +, algo que no se puede traducir a XPath. Por otra parte, los selectores de CSS no pueden realizar búsquedas inversas (localizar un elemento que tiene otro como padre), algo que sí permite XPath.

El visor de recursos

El visor de recursos proporciona una panorámica gráfica de los elementos descargados para la página actual (véase la figura 3.15). Puede escoger entre dos gráficas en la parte superior de la barra lateral izquierda: Tiempo y Tamaño.

En la primera vista, Tiempo, se muestra la línea de tiempo de todos los elementos que se tienen que descargar junto al tiempo total de obtención. El área clara representa el periodo de latencia, es decir, el tiempo transcurrido desde el momento en que se envía la petición hasta que el servidor manda una respuesta. El área más oscura nos da el tiempo de descarga actual.

Cada tipo de elemento se representa con un color diferente para que se pueda identificar fácilmente al ver la leyenda de la gráfica superior. Es posible filtrar por categorías, dependiendo de lo que necesite, mediante los botones de la parte superior de la ventana del inspector Web y puede escoger por qué criterio se ordenarán los datos. Las líneas verticales azul y roja indican cuándo se disparan los eventos DOMContentLoaded y load, respectivamente, que le ayudarán a saber cómo se abrirá su página para poder optimizar su diseño a partir de esta información.

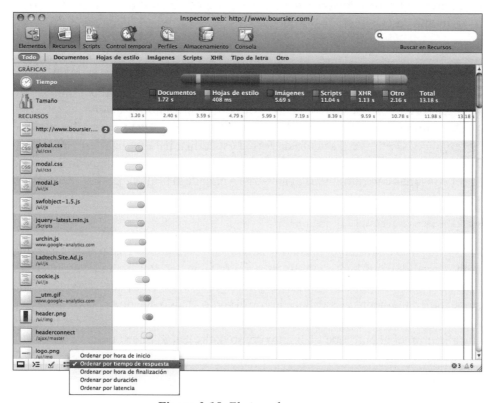

Figura 3.15. *El visor de recursos.*

La segunda vista, **Tamaño**, simplemente muestra el peso de todos los elementos descargados por su página en orden de importancia, desde el más pesado al más ligero. Se siguen enseñando las gráficas con sus dos áreas para que le sea más fácil entenderlo todo. Aquí, la primera barra representa el peso del archivo que se está transfiriendo actualmente y la segunda es relevante cuando se utiliza HTTP Compress para representar el peso de lo que se está descargando. De ahí que las imágenes sólo tengan una barra oscura.

Puede diferenciar el tamaño real del archivo del tamaño de transferencia en el filtro. Si escoge el segundo, se tendrá en cuenta el hecho de que algunos elementos puedan estar en caché, por lo que los archivos que tarden más tiempo en ser procesados tal vez no sean los más pesados.

Para saber si un recurso está disponible desde la caché, basta con que pase el cursor sobre la barra relevante del gráfico; si se ha guardado ahí, aparecerá un mensaje emergente indicando un tamaño de 0 bytes. Naturalmente, como los elementos almacenados en caché no pesan nada, se mostrarán todos juntos por defecto al final de la línea.

Para obtener más información sobre un recurso pulse en cualquier elemento de la barra lateral izquierda. Al hacerlo se mostrarán imágenes y archivos de texto en el área principal, como se ve la figura 3.16, con detalles sobre el contenido. En la vista principal se mostrarán las cabeceras relacionadas enviadas por el cliente y el servidor (utilizando las pestañas que hay arriba en el menú principal). Al hacer doble clic en un recurso de la barra lateral se abrirá en una nueva ventana del navegador.

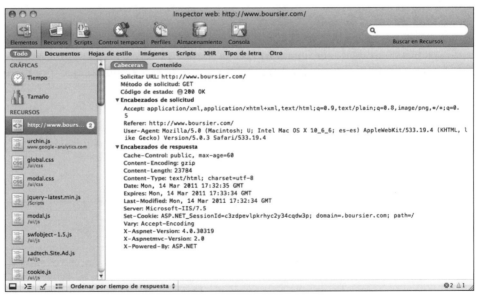

Figura 3.16. *El detalle de las cabeceras de un recurso.*

Obviamente, esto puede servirle para optimizar el diseño de su sitio, revisando el proceso de almacenamiento en caché para ver qué elementos podrían estar ralentizando la apertura de la página pero también resulta muy útil para seguir las acciones de Ajax, puesto que le permite ver los archivos incorporados con sus cabeceras HTTP y sus contenidos.

Depurar JavaScript

Como la mayoría de lenguajes de programación, JavaScript puede resultar a veces exasperante, pues no siempre resulta fácil saber por qué no funciona el código. El inspector Web pone a su disposición varias herramientas muy útiles para esta tarea, desde la más sencilla línea de tiempo de ejecución de scripts hasta las más complejas ayudas como los puntos de ruptura. Vamos a ver ahora cómo pueden ayudarle los instrumentos de desarrollo a salir rápidamente del caos de la programación sin tener que adivinar nada.

Antes de empezar, no queremos dejar de indicarle que, a diferencia del inspector de elementos, en el que el código HTML se mostraba claramente en una estructura de árbol, el código JavaScript se mostrará como fue escrito originalmente. Por tanto, obviamente no le recomendamos que trabaje con estas herramientas sobre un código disminuido (código del que se han eliminado innecesariamente espacios y saltos de línea para reducir el tamaño del archivo).

Acceder a la consola

Si ya ha programado en JavaScript, es probable que haya utilizado un método `alert()` para obtener el valor de un objeto o variable en algún preciso momento de su proceso de desarrollo.

Como esto tiene unas cuantas desventajas (por ejemplo, no lo pruebe con bucles), puede que haya profundizado más recurriendo a opciones de traza, que suelen ser más naturales y eficaces. La buena noticia es que existe toda una API de consola que puede emplear con el inspector Web.

Tabla 3.1. *Funciones de acceso.*

Función	Descripción

`console.log(format, ...);`
`console.info(format, ...);`
`console.debug(format, ...);`
`console.warn(format, ...);`
`console.error(format, ...);`
	Envía a la consola un mensaje o las propiedades de un objeto. Estas cinco funciones apenas se diferencian en el icono mostrado a la izquierda del mensaje. En Safari Mobile sólo están disponibles estos comandos; es más, las opciones de formato que se describen en la siguiente tabla no están habilitadas.

`console.assert(condition, format, ...);`	Accede a la consola sólo si no se satisface la condición.
`console.group(format, ...);` `console.groupEnd();`	Inician y cierran un grupo de accesos. Cada nuevo grupo se sangrará en relación a los otros.

Función	Descripción
`console.time(name);` `console.timeEnd(name);`	Inician y finalizan respectivamente un temporizador, supuestamente para registrar los tiempos de ejecución del código. El nombre se utiliza para identificarlo y así poder detenerlo.
`console.count(name);`	Define un contador de llamada a funciones. `name` se utiliza para identificar al contador, el cual envía un número que se incrementa con cada invocación a una función.
`console.dir(object);`	Envía todas las propiedades de un objeto a la consola.
`console.dirxml(node);`	Manda un nodo HTML con todos sus nodos hijo como un árbol que se puede contraer. En las últimas versiones del inspector, `console.log()` funciona de manera similar con elementos HTML.
`console.trace();`	Envía las funciones actuales de la pila con los valores de los argumentos que se les hayan pasado.
`inspect(object);`	Abre la pestaña apropiada del inspector en función del objeto que se le pase. Las activables son las de elemento, base de datos o inspector de almacenamiento.
`console.profile(name);` `console.profileEnd(name);`	Inician y finalizan la ejecución de scripts de perfiles.

Varias de las expresiones de la lista pueden adoptar patrones similares a los de la función `printf()` de C, con algunas variables. Debido a esto, puede utilizar `%s` para insertar una cadena o `%o` para agregar una estructura de objetos que se pueda contraer. Esto le puede servir para mantener el orden en sus envíos y la consistencia a lo largo de su proceso de desarrollo.

Tabla 3.2. Opciones de formato.

Formato	Descripción
`%s`	Cadena.
`%d` o `%i`	Entero. No se admiten los formatos numéricos del tipo `%02d`.
`%f`	Número en coma flotante. No se admiten los formatos numéricos del tipo `%4.2f`.
`%o`	Objeto. Con la capacidad de ver los detalles del objeto utilizando un triángulo para mostrar el contenido.

Veamos dos ejemplos de cómo utilizar el acceso a la consola:

```
console.log("My %s is great!", "iPhone");
console.log("My", "iPhone", "is great!");
```

Para facilitar la lectura, la consola añadirá automáticamente espacios donde sea necesario y los objetos se representarán en formato de árbol. Estos dos comandos tendrán como resultado la misma salida, con un enlace a la línea en la que fueron ejecutados. Al hacer clic en el vínculo se resaltará la línea relevante.

Cómo utilizar la consola interactiva

A veces, puede resultar tedioso realizar acciones de acceso repetitivas para obtener el valor de un objeto o variable. Editar un archivo, guardarlo, volver a abrir la página, etc., es algo que consume mucho tiempo y poco eficiente en general. Bueno, pues gracias a la naturaleza interactiva del inspector, parte de este trabajo se puede llevar a cabo tecleando los comandos directamente en el prompt de la consola, en la parte inferior de la ventana. El valor devuelto se imprimirá de inmediato. Esta funcionalidad le permitirá hacer muchas cosas.

El camino más rápido hasta un resultado es utilizar los comandos de acceso de la lista anterior, aunque también puede ejecutar los scripts que haya en su página. Esto le permitirá evaluar las variables de su código, ver cómo se comportan y modificar su proyecto, porque todos los cambios resultantes de lo que haya ejecutado se aplicarán directamente a los elementos afectados, si los hay. Al pulsar la flecha hacia arriba abrirá el historial de los comandos que haya introducido, desde el más reciente al más antiguo.

La consola interactiva del inspector incluso completa el código: al comenzar a escribir un comando, se mostrarán sugerencias para finalizar la palabra. Para aceptarlas pulse las teclas **Flecha derecha** o **Tab**. Además, cuando esté dentro de un terminal, puede escribir `clear()` para limpiar toda la salida que haya en la pantalla, aunque también puede acceder a esta funcionalidad haciendo clic en el icono que está a la derecha del todo en la esquina inferior izquierda de la ventana.

Deje que se encargue el depurador

En todo lo que hemos introducido hasta ahora somos nosotros los que hemos tecleado los comandos, determinado qué hay que hacer, dónde y cómo. Para aliviar un poco la carga de trabajo, puede sacarle partido al avanzado depurador implementado en el inspector Web. Vamos a utilizar el siguiente código para ilustrar las distintas herramientas disponibles:

```html
<html>
<head>
   <title>Testing Scripts</title>
   <script>
      var counter = 0;
      var timerID = window.setInterval(myTimer, 10000);

      function myTimer() {
         var span = document.getElementById("count");
         span.textContent = incrementCounter();

         for (var n = 0; n < 100000; n++) {
            new Object().toString();
         }

         if (counter > 1) {
            errorGenerator();
         }
      }

      function incrementCounter() {
         return ++counter;
      }
   </script>
</head>

<body>
   Timer executions: <span id="count">0</span>
</body>
</html>
```

Lo que hace este código es iniciar un temporizador que llama a otra función, `myTimer()`, cada diez segundos, la cual incrementa a su vez un contador que se muestra en el navegador; luego recorre un importante bucle y, por último, genera una excepción llamando a una función no definida.

Una vez abierta la página, puede activar el depurador desde el menú o bien, si ya está disponible la ventana del inspector Web, haciendo clic en la pestaña **Scripts**.

El visor que acaba de activar tiene dos partes principales, que vemos en la figura 3.17. A la izquierda está el script actual que está guardado en el archivo, con sus números de línea; si se encuentra directamente en una etiqueta `<script>` de su documento HTML, como en nuestro ejemplo, verá este archivo. A la derecha hallará diversa información sobre el script actual. Por ahora, esta parte está vacía.

Cada lugar de la ventana tiene sus propios botones. En la parte superior izquierda puede escoger entre todos los scripts disponibles en un menú desplegable. En la zona superior de la barra lateral derecha tiene la posibilidad de pausar la ejecución del script, omitir la siguiente llamada a la función, entrar en la siguiente invocación o salir de la función actual, así como desactivar los puntos de interrupción mediante los botones de navegación.

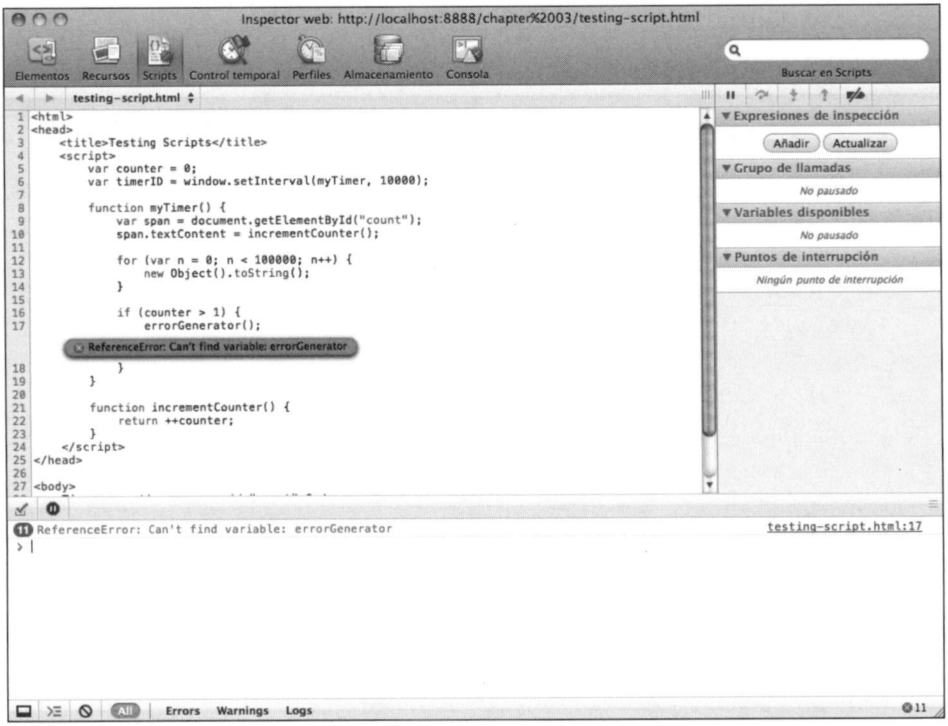

Figura 3.17. *El depurador de scripts.*

Puntos de interrupción

Incluso aunque intuya más o menos en qué momento deja de funcionar su script, saber qué es lo que falla puede ser más complicado. Para eso sirven los puntos de interrupción.

> **Advertencia:** *No puede utilizar el depurador si ejecuta scripts desde la consola. Independientemente de los puntos de interrupción que haya colocado o las excepciones que haya generado, en este caso la ejecución no se parará. Por consiguiente, deberá tener en cuenta también las funciones de acceso que le puedan servir para seguir sus scripts.*

Al hacer clic en la zona de los números de línea del lado izquierdo de la ventana se insertará un punto de interrupción azul para esa parte del script. Utilizando el código anterior puede, por ejemplo, agregar un punto de interrupción en la línea en la que se define la función `myTimer()`. Cuando se ejecute el script, se interrumpirá en este lugar (véase la figura 3.18) y en la barra lateral se listará el estado actual de todas las variables y funciones.

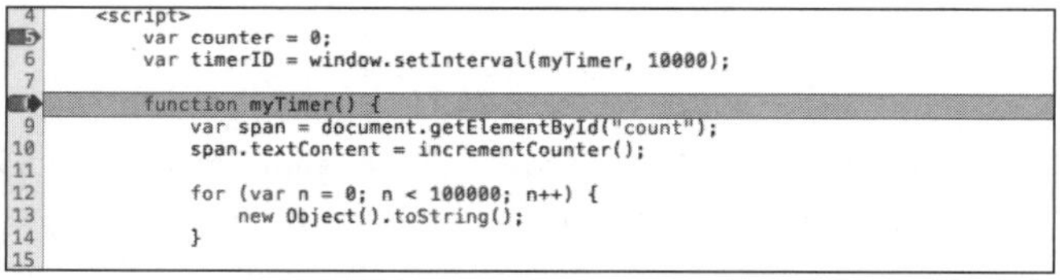

```
4    <script>
5        var counter = 0;
6        var timerID = window.setInterval(myTimer, 10000);
7
8        function myTimer() {
9            var span = document.getElementById("count");
10           span.textContent = incrementCounter();
11
12           for (var n = 0; n < 100000; n++) {
13               new Object().toString();
14           }
15
```

Figura 3.18. *Hemos insertado dos puntos de interrupción; el depurador se ha detenido en el segundo.*

También puede examinar su código mediante puntos de interrupción condicionales. Si desea saber qué valor tiene una variable en caso de que no sea `"foo"`, haga clic con el botón derecho del ratón sobre cualquier línea y escoja **Editar punto de interrupción...** en el menú contextual. Aparecerá un campo de texto para que pueda introducir su expresión, como muestra la figura 3.19. En este caso, el punto de interrupción se volverá naranja. Si la expresión es cierta, el script se detendrá; en caso contrario, la ejecución continuará automáticamente.

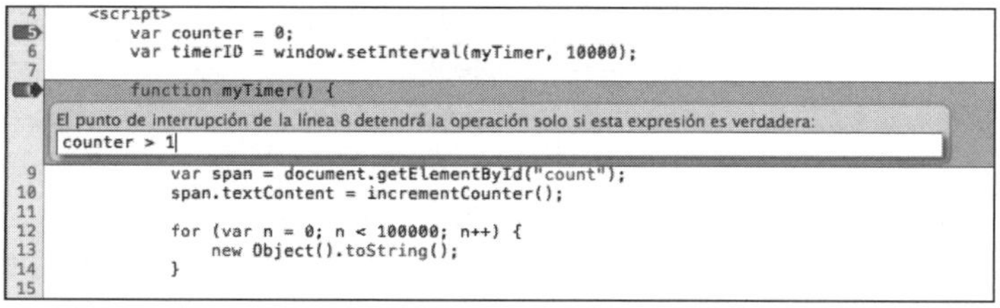

```
4    <script>
5        var counter = 0;
6        var timerID = window.setInterval(myTimer, 10000);
7
8        function myTimer() {
         El punto de interrupción de la línea 8 detendrá la operación solo si esta expresión es verdadera:
         counter > 1
9            var span = document.getElementById("count");
10           span.textContent = incrementCounter();
11
12           for (var n = 0; n < 100000; n++) {
13               new Object().toString();
14           }
15
```

Figura 3.19. *Insertamos un punto de interrupción condicional.*

En un proceso de depuración puede resultar engorroso definir un punto de interrupción, ver qué ocurre, eliminarlo, mirar en otra línea, volver a la anterior, etc. Para aliviar este procedimiento cuenta con la ayuda de un amigo: el panel de la parte inferior de la barra lateral, **Puntos de interrupción**. Contiene una lista de todos los puntos de interrupción, de modo que en vez de eliminarlos puede desactivarlos haciendo clic en sus respectivas casillas de verificación. También es posible inhabilitarlos todos a la vez utilizando el icono que hay en la parte superior derecha de la barra lateral.

Una vez que haya cambiado las opciones, deberá actualizar la página. Los scripts se ejecutarán hasta que se llegue a un punto de interrupción. En ese momento se detendrá el proceso y en el lado derecho aparecerá la información contextual, como muestra la figura 3.20.

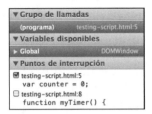

Figura 3.20. *Cuando el depurador se detiene en un punto de interrupción, la barra lateral se actualiza con la información relacionada con el contexto de ejecución actual.*

Navegación

Observar sólo una parte de un script antes de recorrer el proceso completo de nuevo no es muy eficaz ni práctico. Para solventar esto, vamos a analizar más de cerca los botones de navegación de la parte superior de la barra lateral, como se ve la figura 3.21.

Figura 3.21. *Los botones de navegación del depurador de código.*

Utilice el primer botón para pausar la ejecución del script actual antes de refrescar y así poder ver el código en acción sin insertar puntos de interrupción, aunque esto también le permite desplazarse entre los distintos puntos durante la sesión de depuración. Al hacer clic en el segundo icono, simplemente ejecutará la siguiente instrucción. El tercero le permitirá entrar en la función que hay bajo el cursor de la ejecución si puede ver su código (que no es el caso de las que pertenecen al motor de desarrollo). Inversamente, el último icono le deja salir de la función que esté inspeccionando actualmente y subir un nivel.

Expresiones de inspección

En la barra lateral hay otro panel que le ayudará a examinar elementos específicos de sus scripts: la sección Expresiones de inspección. Debe tener en cuenta que puede ser casi cualquier elemento, como variables, expresiones de comprobación, instancias, etc. La información que recopile puede ser tanto local como global y se actualizará conforme se ejecuten los scripts.

Siguiendo con el mismo ejemplo, haga clic en el botón **Añadir** (véase la figura 3.22) y escriba `counter` para observar la evolución. No se actualiza automáticamente, por lo que tendrá que pulsar en el botón **Actualizar** cada vez que desee hacerlo al llegar a un punto de interrupción.

Figura 3.22. *Para observar una expresión haga clic en el botón Añadir e introduzca la expresión a evaluar.*

Grupo de llamadas

El segundo panel, empezando por arriba, se llama Grupo de llamadas. Muestra todas las funciones a las que se haya llamado pero que aún no hayan devuelto nada, apareciendo en primer lugar la más reciente. Puede añadir un segundo punto de interrupción en la declaración de `incrementCounter()` e iniciar la depuración hasta llegar a esta función; el resultado será lo que se enseña en la figura 3.23. A partir de ahí avance en el grupo de llamadas haciendo clic en las entradas del panel.

Figura 3.23. *El grupo de llamadas se muestra en su propio panel de la barra lateral.*

> **Truco:** *Si desea que el nombre de la función que aparece en este panel sea algo más legible, puede asignarle fácilmente una denominación específica en el depurador con la propiedad* `displayName`. *De este modo, la función* `myTimer()`, *al ampliarse con* `myTimer.displayName = "Main Loop"`, *aparecerá como "Main Loop" en el grupo de llamadas. Esto también funciona con los perfiles, de los que hablaremos en breve.*

Obviamente, esto le ahorrará mucho tiempo cuando observe la ejecución de scripts que sean consecutivos o estén anidados los unos dentro de los otros.

Variables disponibles

La última y sin duda interesante sección de la barra lateral es la que está dentro del panel **Variables disponibles**. Muestra los valores de todos los elementos que se encuentran en el interior del contexto de ejecución actual o que son utilizados por el script. Al detenernos en el primer punto de interrupción de nuestro ejemplo, los datos presentarían el aspecto que vemos en la figura 3.24, mostrando todas las variables disponibles para la función `myTimer()` con independencia de que hayan sido inicializadas.

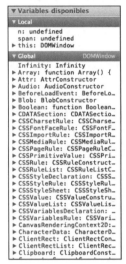

Figura 3.24. *Las variables del contexto actual, inicializadas o no, junto a la enorme lista de globales.*

Para facilitar su lectura, estos elementos se clasifican en base a sus tipos y al uso que se hace de ellos en el contexto actual: **Local** y **Global**. Esta vista no sólo hace más fácil localizar y utilizar los elementos disponibles para su script, sino que también puede ayudarle a entender lo que está ocurriendo y cómo cambiarlo. Al igual que con los valores de CSS y HTML, puede modificar los de este panel haciendo doble clic sobre ellos. El panel **Global** le proporciona una interesante lista de las clases disponibles en el nivel del motor de desarrollo con su prototipo completo.

Excepciones

Ha aprendido a localizar errores y a observar el comportamiento de su código. Sin embargo, tal vez se haya fijado en que tanto la consola de JavaScript como la sección **Scripts** sólo notifican sobre excepciones (un acceso a la consola, una línea coloreada directamente en el código), no detienen la ejecución. Para hacer que se pare de manera automática cuando ocurran excepciones (véase la figura 3.25), puede hacer clic en el icono **Pausa** de la esquina inferior izquierda de la ventana del inspector Web.

```
 7  function myTimer() {
 8  var span = document.getElementById("count");
 9  span.textContent = incrementCounter();
10  for (var n = 0; n < 100000; n++) {
11  new Object().toString();
12  }
13  if (counter > 1) {
    errorGenerator();
        ⊗ ReferenceError: Can't find variable: errorGenerator
15  }
```

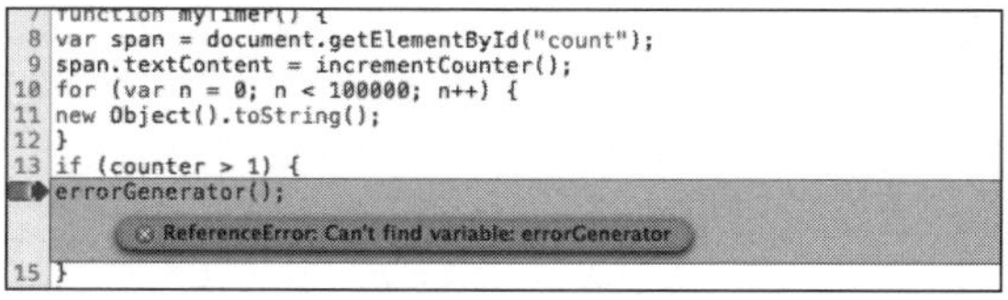

Figura 3.25. Haga clic en el botón Pausa para que el depurador se detenga en las excepciones.

Al pulsar una vez, el icono se pondrá azul, lo que significa que todas las excepciones harán que el script se detenga para que pueda comprobar la información disponible en ese momento, como muestra la figura 3.25. Si pulsa dos veces hará que el script se detenga sólo en las excepciones libres (aquellas que no se encuentran dentro de una sentencia `try...catch`).

El conjunto de todas estas herramientas le facilitará y agilizará enormemente el proceso de desarrollo. El depurador de JavaScript no sólo sirve para identificar el punto exacto en el que puede estar fallando su script; cuando se haya acostumbrado a él, también debería serle útil en las fases de optimización para mejorar globalmente sus aplicaciones Web.

El ciclo vital de su página

Siempre es interesante obtener una visión general de lo que pasa en la página a lo largo de toda su vida. Qué scripts se ejecutan, cuánto tardan en completarse, la cantidad de código, qué marcas o imágenes se abren y en qué orden… Esta información es importante cuando se desarrolla para la Web. La pestaña Control temporal le muestra toda esta información de manera clara y ordenada (véase la figura 3.26). La grabación se activa haciendo clic en el icono redondo de la parte inferior izquierda de la ventana del inspector Web. Si pulsa en este botón y actualiza la página, verá que todo queda registrado, incluyendo lo que ocurre tras la apertura de la página inicial y que se expresa en la parte superior del área de los gráficos mediante tres líneas temporales paralelas: Cargando, para los elementos incorporados en la página; Scripts, para evaluar los scripts y los eventos disparados, como por ejemplo, en la apertura de la página; y Renderización, para todo lo que se hace para imprimir por la pantalla, lo que se vuelve a dibujar y cómo puede esto repercutir en el rendimiento.

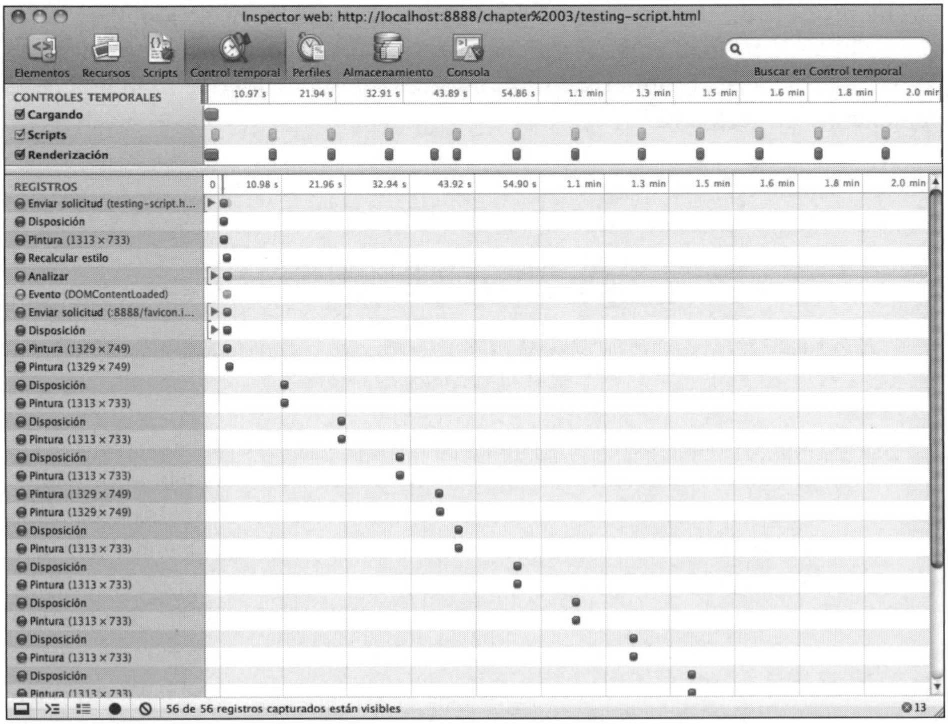

Figura 3.26. *La sección Control temporal con sus botones de control en la parte inferior.*

Nota: *Debe tener cuidado con este inspector de herramientas y acordarse siempre de que el dispositivo al que se dirige no posee las mismas especificaciones que su equipo y su navegador de escritorio, sobre todo en lo referente a las velocidades de conexión. Lo que queremos decir es que puede utilizar esta herramienta y obtener información de ella pero es muy importante que cuando interprete estos datos tenga siempre presente que no desarrolla para el dispositivo con el que está depurando el código.*

Para facilitar su uso, aunque se registran todas estas operaciones, dispone de la opción de mostrar sólo algunos tipos de evento. Para ello, deje sin marcar algunas de las categorías de la barra lateral izquierda. Esto hará que los de las líneas temporales pasen del azul (apertura), el amarillo (scripts) y el púrpura (renderización) al gris.

La anchura de la línea de tiempo está limitada por la de su pantalla, lo que implica que la escala temporal cambiará dependiendo de su contenido. Es posible refinar el objeto de su inspección desplazando los asideros de los bordes izquierdo y derecho del área superior del control temporal para centrarse en la sección relevante del árbol de eventos. Esto resulta ser especialmente útil si la página tiene contenidos animados o temporizadores de JavaScrip, porque, en tal caso, las líneas de tiempo seguirán presentando cambios en la pantalla, reflejando las áreas recién impresas del navegador y las iteraciones de los temporizadores.

Al pasar por encima de un evento de la línea de tiempo o de la vista en árbol se disparará un mensaje emergente con información relevante, como por ejemplo, el tiempo que tarda en tener efecto, su tipo o los archivos solicitados en una operación de apertura. Al hacer clic en los elementos de este mensaje emergente se le llevará a la sección Recursos del inspector Web para mostrar información adicional sobre el evento (véase la figura 3.27).

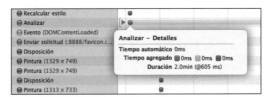

Figura 3.27. *Un mensaje emergente muestra información sobre la barra sobre la que se encuentra el cursor.*

Al igual que en el depurador de JavaScript, si desea empezar de cero en algún momento, puede limpiar la vista haciendo clic sobre el icono del círculo cruzado por una línea que hay en la parte inferior izquierda de la ventana.

Obtener perfiles de los scripts

Además del control temporal de todo lo que ocurre en su página, puede obtener un perfil de los scripts en ejecución y del uso de CPU. Acceda a esta funcionalidad pulsando en el icono Perfiles (véase la figura 3.28).

Esta sección sólo contendrá instrucciones la primera vez que la abra, las cuales le invitan a hacer clic en el botón **Iniciar la parametrización**, que se encuentra en la parte inferior izquierda de la ventana, como en la sección Control temporal, para que muestre toda la actividad del código a lo largo del tiempo. Al pulsar una vez se iniciará el registro; tendrá que hacer clic de nuevo para detener la grabación y ver por pantalla los datos evaluados.

También es posible iniciar los perfiles desde la consola mediante `console.profile()` y `console.profileEnd()`, como vimos anteriormente. Una de las ventajas de utilizar esta opción en lugar del botón de parametrización es que puede registrar varios perfiles a la vez.

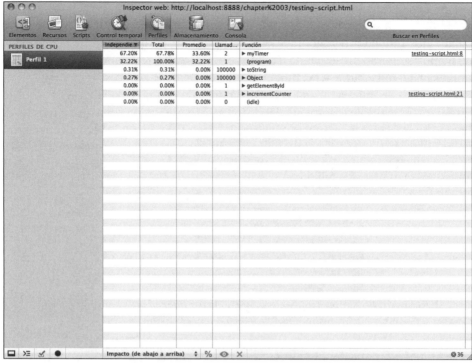

Figura 3.28. *La herramienta Perfiles.*

Independientemente del método que escoja, no se olvide de desactivar los puntos de interrupción que pueda haber definido en la sección Scripts para que no haya interferencias en los perfiles. Tenga en cuenta además que, a diferencia de las demás herramientas del inspector Web, la de perfiles es global para todas las ventanas y pestañas del navegador, por lo que quizás fuera deseable cerrar todas excepto la que es objeto de estudio.

Para cada nuevo perfil se mostrará un icono de perfil en la barra lateral izquierda. Si se empieza a registrar uno dentro de otro, el de nivel superior enseñará un triángulo que le permitirá contraer los niveles.

Cómo utilizar los perfiles

Vamos a utilizar aquí el mismo ejemplo del depurador de scripts para mostrar cómo funcionan los perfiles. Abra el inspector Web, haga clic en el icono **Iniciar la parametrización** y actualice su página. Cuando el contador llegue al 2, pulse en el mismo icono para detener el proceso y revisar los datos que acaba de obtener (véase la figura 3.29).

Independie..	Total	Promedio	Llamad...	Función	
94.04%	100.00%	94.04%	1	(program)	
5.21%	5.96%	2.60%	2	▶ myTimer	testing-script.html:8
0.39%	0.39%	0.00%	100000	▶ Object	
0.37%	0.37%	0.00%	100000	▶ toString	
0.00%	0.00%	0.00%	1	▶ incrementCounter	testing-script.html:21
0.00%	0.00%	0.00%	1	▶ getElementById	
0.00%	0.00%	0.00%	0	(idle)	

Figura 3.29. *La tabla de resultados muestra los datos recopilados.*

La información de los perfiles se presenta en una tabla de cinco columnas en la parte derecha de la ventana del inspector Web. Detalla todas las llamadas a funciones y los tiempos de ejecución, mostrándolos por defecto como una lista que sitúa en la parte superior la función que más tiempo consume. La vista predeterminada enseña los valores como un porcentaje del tiempo total. Puede cambiar estas opciones de visualización a través del menú emergente de la parte inferior de la ventana. De este modo contemplará sus funciones en vista de árbol, centrándose en el grupo de llamadas en lugar del consumo de recursos.

Todas las funciones del lado derecho se pueden expandir para mostrar el grupo de llamadas. La base de dicho conjunto es siempre "(program)". Esta área, que se puede contraer, también ofrece el número de veces que se ha llamado a la función. Éste es el motivo por el que `myTimer()` aparece dos veces en el mismo grupo.

De igual modo, puede cambiar los valores globales de la vista de porcentajes a cifras absolutas en milisegundos utilizando el botón **%** que hay junto al menú emergente. Si se concentra en una columna específica (véase la tabla 3.3), quizás desee cambiar la apariencia de los datos sólo para ella, por lo que deberá hacer doble clic en las columnas.

Tabla 3.3. *Descripción de las columnas de datos.*

Columna	Descripción
Independiente	Tiempo total de ejecución de la propia función.
Total	Tiempo total de ejecución de la función, incluyendo las llamadas a funciones externas.
Promedio	Duración media de la ejecución a lo largo de las llamadas.
Llamadas	Cuántas veces se ha llamado a la función.
Función	Lista de funciones a las que se ha llamado, con su grupo de llamadas asociado.

Si desea ajustarlo más a sus necesidades, cambie el orden de los datos de una columna haciendo clic en su encabezado.

En la lista de funciones, si alguna no forma parte del motor de desarrollo de WebKit, como ocurre en la figura 3.29 con `getElementById()`, en el extremo izquierdo habrá un enlace que le llevará al archivo en cuestión, resaltándose la línea pertinente en la pestaña Recursos.

Para facilitar la lectura de semejante cantidad de datos puede centrarse en una función en particular utilizando el icono en forma de ojo de la barra de estado. Obviamente, esto le resultará más cómodo si la cadena de ejecución es compleja. También es posible eliminar funciones de la vista, pulsando en el icono de la cruz que se encuentra en el mismo sitio.

Al emplear alguna de estas opciones aparecerá automáticamente un botón de recarga en la misma barra de estado, para que pueda volver al estado inicial como si no hubiera pasado nada.

Filtrar con el campo de búsqueda

Desde la sección Perfiles, como desde cualquier otra, puede realizar búsquedas en los datos utilizando el campo de texto que se encuentra en parte superior derecha de la ventana del inspector Web. Este campo admite cadenas de caracteres cuando se consultan nombres de función o URL. No obstante, debería aceptar valores numéricos y operadores como $<$, $>$, $<=$, $>=$ y $=$. Esto le permitiría, por ejemplo, localizar todas las funciones que tardan en completarse más tiempo de una cantidad determinada. Los valores se resaltarán en la tabla, como muestra la figura 3.30.

Independie.▼	Total	Promedio	Llamad...	Función	
98.02%	100.00%	98.02%	1	(program)	
0.81%	1.98%	0.81%	1	▶ myTimer	testing-script.html:8
0.69%	0.69%	0.00%	100000	▶ toString	
0.48%	0.48%	0.00%	100000	▶ Object	
0.00%	0.00%	0.00%	1	▶ incrementCounter	testing-script.html:21
0.00%	0.00%	0.00%	1	▶ getElementById	
0.00%	0.00%	0.00%	0	(idle)	

Figura 3.30. *Al buscar por >4s se resaltan todas las entradas relevantes de la tabla.*

Puede usar las mismas unidades numéricas que en los datos tabulares, es decir, porcentajes, milisegundos o segundos. Una vez que su consulta haya devuelto resultados, podrá desplazarse por los distintos elementos pulsando la tecla **Retorno**.

Almacenamiento local de datos

Una nueva y apasionante funcionalidad de WebKit es la capacidad de almacenar información en el lado del usuario no sólo con cookies, sino también con bases de datos configuradas directamente en el navegador. Entraremos en más detalle sobre esta característica en el capítulo 15; por ahora, vamos a ver cómo la sección Almacenamiento le permite inspeccionar varios tipos de almacenamiento local (véase la figura 3.31).

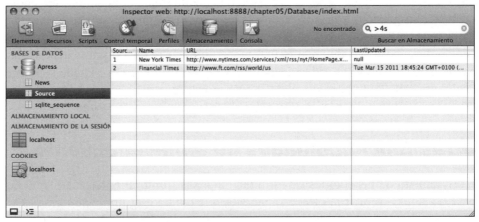

Figura 3.31. *El inspector de almacenamiento.*

El diseño del inspector de almacenamiento debería resultarle familiar a estas alturas, con las ya usuales barra lateral y vista principal.

En la barra lateral de la izquierda hay paneles que listan los tipos de guardado, donde cada uno muestra los diversos grupos de almacenamiento o las cookies en uso, si las hay.

Almacenamiento en base de datos

El primer grupo es para bases de datos. Cada una se puede contraer utilizando la flecha que precede a su icono. Para ver las tablas de un bloque de almacenamiento sólo tiene que hacer clic. La tabla seleccionada aparecerá en el lado derecho de la ventana, mostrándose en la cuadrícula todas sus filas y columnas.

Al igual que en la sección Scripts, si desea inspeccionar más a fondo, puede abrir una consola interactiva pulsando en el bloque de almacenamiento. En este caso, la consola está dedicada a los comandos SQL, permitiéndole consultar los datos con la ayuda del completado automático.

Observe que, en la versión actual, ejecutar aquí los comandos es el único modo de interactuar con las tablas, ya que no puede editarlas directamente como con otras funcionalidades de almacenamiento. No obstante, los resultados de sus consultas aparecerán de inmediato en la pantalla, pues el proceso es bastante rápido y sencillo.

Cookies

Las cookies son un método de almacenamiento local que lleva tiempo con nosotros. Si selecciona el panel Cookies de la izquierda, podrá simplificar enormemente su gestión. Todas las disponibles para la página se mostrarán en una tabla, indicando para cada una su nombre, valor, dominio (tanto si se trata de una cookie de su página o de un sitio externo, como ocurre con la publicidad), ruta, caducidad, tamaño y los indicadores de HTTP y de sitio seguro. Puede suprimir cualquiera pero todo borrado es definitivo, por lo que debe tener cuidado: si se confunde, podría perder las preferencias de todos sus sitios favoritos.

Otras funcionalidades de almacenamiento

El tamaño de las cookies está limitado a 4 KB. Junto al almacenamiento en base de datos, WebKit le ofrece soluciones que evitan esta limitación gracias al almacenamiento local y en la sesión, que poseen sendos paneles dedicados en la barra lateral izquierda. Al igual que las cookies, trabajan como pares de datos clave-valor. Para ver un ejemplo de esto escriba lo siguiente en la consola:

```
localStorage.myKey = "Some value";
sessionStorage.anotherKey = "Some other value";
```

Estas líneas crearán nuevas secciones de almacenamiento en el área local y en la de la sesión, respectivamente. Al igual que con las cookies, puede borrar una entrada haciendo clic en el icono en forma de cruz que hay dentro de la tabla pero, en este caso, sí puede modificar el valor de forma directa y añadir nuevas entradas haciendo doble clic en una celda vacía.

¿Sigue dudando?

Aunque creemos que el inspector Web de WebKit es una magnífica herramienta para la depuración de interfaces, es natural que a lo mejor prefiera algún otro navegador o instrumento en su proceso de desarrollo. Si ya se dedica a desarrollar interfaces, tal vez esté acostumbrado a Firebug en Firefox o a Dragonfly en Opera. Incluso Internet Explorer posee herramientas para el desarrollador en sus últimas versiones. Sea cual sea su situación, debe tener presente que la mayoría de los navegadores actuales poseen instrumentos de depuración y desarrollo, ya sean nativos o disponibles como extensiones. El inspector Web no fue creado desde cero, en realidad: la API de consola, por ejemplo, se utilizó primero en el famoso Firebug. En definitiva, se trata de una cuestión de hábitos y elecciones personales.

Si prefiere Firebug o desea disponer de más funcionalidades para depurar directamente en su dispositivo de destino, le recomendamos que siga las actualizaciones de Firebug Lite. Esta herramienta es una versión reducida de Firebug que está disponible para todos los navegadores como *bookmarklet*. Por ahora no es demasiado funcional en iPhone, aunque conforme vaya evolucionando quizás sea una opción seria para los desarrolladores de aplicaciones Web.

Resumen

Ahora ya debería tener un conocimiento firme de los instrumentos de los que dispone para acelerar su proceso de desarrollo. También debería sentirse más tranquilo y seguro, debido a las muchas y útiles herramientas que le ofrece su navegador habitual para facilitarle el trabajo como programador. No está solo y, dado que las herramientas que le hemos presentado están construidas con lenguajes Web, las evoluciones que procedan de la comunidad le deberían resultar de gran ayuda. ¿Quién mejor que un desarrollador Web para saber qué necesita? Le proporcionaremos más detalles sobre algunas de estas herramientas cuando sea preciso en los siguientes capítulos. Estamos seguros de que tiene la impresión de empezar a captar todos los conceptos. En el siguiente capítulo analizaremos los elementos genéricos de una aplicación Web antes de pasar al núcleo del desarrollo para Mobile Safari.

Parte II
Diseño de aplicaciones Web con HTML5 y CSS3

4. Anatomía de una aplicación Web

Ya hace algún tiempo que los móviles pueden navegar por Internet. En la época en que empezaron a poder acceder a la Web, no había nada como lo que conocemos ahora. Las redes tenían severos límites de velocidad y eran tremendamente caras, las pantallas eran pequeñas y los dispositivos sólo trabajaban con blanco y negro, normalmente.

Apenas se podían leer unas pocas líneas a la vez y con un poco de suerte se veía una miniatura de una imagen. Por aquel entonces, una página Web no podía sobrepasar el puñado de kilobytes, en parte debido a las memorias de los dispositivos, y los usuarios se veían obligados a navegar casi siempre con las teclas 0-9 del teléfono. Obviamente, a pesar de que esto supuso una especie de revolución tecnológica, navegar por Internet a través del móvil no era demasiado atractivo para el usuario final.

Los dispositivos evolucionaron, las pantallas crecieron y los móviles táctiles hicieron su aparición. Los teléfonos alardeaban del rendimiento de su tecnología pero las conexiones seguían siendo caras y los diseños de los sitios tampoco valían la pena, en definitiva. Aunque las tecnologías han mejorado mucho desde WAP (una especie de HTML light basado en XML, el primer estándar), la mayoría de los sitios no estaban optimizados, convirtiendo el diseño de la página y, lo que es más molesto, su navegación en todo un problema. Además, como el acceso a Internet no era una prioridad para los fabricantes de móviles, el mero acercamiento a estos servicios solía implicar sumergirse en varios menús y submenús.

Con esto queremos constatar que, durante mucho tiempo, el campo de la navegación por Internet a través del móvil no era atractivo para los desarrolladores.

La revolución del iPhone

Cuando Apple lanzó el iPhone, los usuarios descubrieron un mundo nuevo para el móvil, con un completo rango de posibilidades sobre el que poder crear los desarrolladores. De repente, acceder a Internet era algo sencillo y navegar por las páginas era un proceso agradable y fluido. Al basarse en una revolucionaria interfaz gráfica de usuario (GUI), el iPhone generaba una estrecha relación entre el dispositivo y el usuario final, fundamentada en los toques.

Antes del lanzamiento del iPhone, los usuarios, independientemente del aparato que utilizaran, necesitaban tener algún tipo de accesorio para interactuar con el contenido y acceder a las funcionalidades, ya fuese un teclado, un ratón o un puntero. Tras el lanzamiento del iPhone, la gente pareció rechazar estos dispositivos portátiles y los diseñadores abandonaron progresivamente los pequeños botones para emular la cercanía que proporcionaba el sistema multi-toque de Apple.

Esta nueva conexión no fue sólo una revolución innegable; Apple también abrió realmente al usuario las puertas de Internet. Al lanzar un completo rango de aplicaciones dependientes de la Web y, lo más importante, al implementar un navegador real y adaptado llamado Mobile Safari, Apple ofreció una auténtica sensación de cercanía desde un navegador normal. Apple también ha potenciado enormemente el uso de servicios de red en los teléfonos móviles con un fuerte movimiento en el mercado: en la aparición inicial del iPhone, la compañía consiguió que las operadoras comercializaran el dispositivo con un acceso a Internet libre de problemas en su mayor parte, lo que permitió en la mayoría de los casos que todas las posibilidades se utilizasen de un modo satisfactorio y económico.

Fe en las aplicaciones Web

Mucho antes del lanzamiento del iPhone SDK, Apple ya pensaba en las aplicaciones Web para ampliar las posibilidades de sus teléfonos inteligentes. Quizá la principal prueba de esto fuera que la mayoría se distribuían a través de su propia sección en el sitio Web de Apple (`www.apple.com/webapps/`), como vemos en la figura 4.1. Esta página sigue siendo uno de los marcadores predefinidos de Mobile Safari.

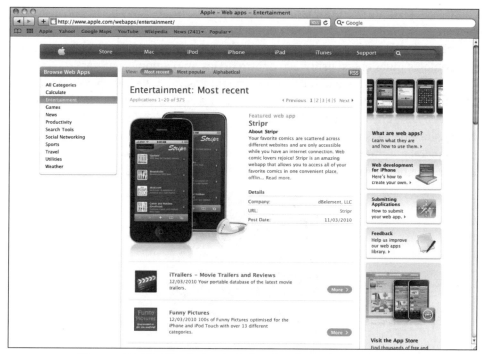

Figura 4.1. *El sitio de Apple dedicado a las aplicaciones Web.*

Aunque Apple, probablemente, ya tenía planeado ofrecer programas nativos para el iPhone, es posible que el desarrollo más amplio de estos comparado con el de las aplicaciones Web tuviera su origen en los propios desarrolladores, lo que llevó a Apple proporcionar toda una gama de herramientas específicas. Hoy en día no es inusual que haya una masa ecléctica, que alberga desde entusiastas de la tecnología hasta compañías internacionales, que ha llegado a desarrollar aplicaciones nativas para iPhone (más de 150.000 hasta la fecha). Las aplicaciones Web se han visto relegadas a un segundo plano temporalmente, a la par que los juegos de herramientas nativas han alcanzado un gran éxito. No obstante, Apple ha mantenido proyectos como Dashcode. A pesar de que fue diseñado fundamentalmente para crear componentes de escritorio, Dashcode pronto se convirtió en un interesante instrumento para crear también aplicaciones Web, con nuevas funcionalidades dedicadas a Mobile Safari, como las plantillas para aplicaciones Web de iPhone.

Últimamente han surgido dudas sobre la posibilidad de que ofrezcan al público los entornos de trabajo PastryKit y AdLib para desarrollar en iPhone e iPad, respectivamente. Estos dos potentes entornos están dedicados a las aplicaciones Web integradas en iOS y ofrecen soluciones a problemas clásicos como la imposibilidad de situar elementos en posiciones fijas con CSS. También poseen funcionalidades deseables concebidas para mejorar la usabilidad, como una cabecera fija que permite a los usuarios navegar sin hacer desplazamientos horizontales igual que si estuviese dentro de las aplicaciones nativas.

Por ahora, parece que el entorno de trabajo PastryKit se utiliza sólo en la guía del usuario de iPhone (`http://help.apple.com/iphone/guide/`), que vemos en la figura 4.2, y probablemente en los marcadores de iPhone; no obstante, el entusiasmo y la curiosidad que despierta es una señal no sólo de que Apple sigue trabajando en el futuro de las aplicaciones Web, sino también de que los desarrolladores intentan producir servicios de mayor calidad en este terreno.

Figura 4.2. *La guía del usuario de iPhone en... iPhone.*

Por supuesto, los fieles al código libre también han lanzado otros entornos de trabajo de este tipo, mostrando la necesidad de ayuda en el proceso de desarrollo de aplicaciones Web para iPhone. Entre otros, puede echarle un vistazo a iUI (antes llamado iPhoneNav, de Joe Hewitt, la persona que hay detrás de Firebug), que apareció poco después del lanzamiento del primer iPhone; WebApp.Net, que es un entorno de trabajo ligero y optimizado; o jQTouch, que está basado en la biblioteca jQuery. Las aplicaciones Web del iPhone cada vez son más atractivas. El rendimiento de Mobile Safari no deja de crecer y el soporte para los estándares Web más recientes evoluciona de manera constante. Recientemente, el navegador de iOS además ha obtenido acceso a herramientas clave como las capacidades de geolocalización. Debido a que cada vez más empresas proporcionan servicios Web que se pueden incluir en aplicaciones Web y al entusiasmo con el que ha sido recibido el lanzamiento del iPad, el futuro en el campo del desarrollo de aplicaciones Web cada día parece más prometedor.

¿Qué es exactamente una aplicación Web?

Al desarrollar para el iPhone, tiene tres posibilidades: crear aplicaciones nativas, hacer páginas Web normales u originar aplicaciones Web (que son una mezcla de las dos primeras). Supuestamente, una aplicación Web es como una nativa de iOS a la que se puede acceder como si de una página Web se tratara y que utiliza las mismas tecnologías (por ejemplo, HTML y JavaScript).

Las directrices de Apple para generar aplicaciones Web hacen hincapié en varios puntos en este sentido, aunque todo se puede resumir en que el producto debe ir totalmente dirigido al dispositivo. Según Apple, la aplicación Web debería proporcionar una respuesta específica a una necesidad determinada del usuario. Debería emular al resto de la interfaz del iOS, de modo que use las funcionalidades especiales de iOS orientadas al usuario cuando sea preciso. La idea es minimizar el aspecto de un navegador para propiciar una relación más cercana con el usuario, es decir, para hacer que realmente utilice la página y no se limite a navegar por ella. Para conseguirlo, Apple recomienda que se sigan con atención los estándares Web y que se emplee Ajax para evitar tener que recargar las páginas.

Todo esto hace que la diferencia esté más clara pero, decididamente, no es determinante. Si se está preguntando si los proyectos que tiene en mente en la actualidad son aplicaciones Web y no "sólo" páginas Web, debe tener presente que la clave está en la orientación al usuario: si lo que va a crear está dedicado a servir al usuario final y cree que es una aplicación Web, probablemente lo sea. En el mundo real podría tener que considerar además que su página es una aplicación Web si sus usuarios regresan a ella una y otra vez con el mismo objetivo. Por consiguiente, productos como Gmail o Google Maps optimizados para iPhone se podrían denominar aplicaciones Web (véase la figura 4.3).

¿Quién manda en el mundo de las aplicaciones?

Son muchos los que se han lanzado al mercado de las aplicaciones para iPhone a través de la popular App Store. Quizá se pregunte por qué crear aplicaciones Web cuando Apple posee programas nativos que ya han hecho rica a mucha gente en poco tiempo. Es preciso aclarar este punto: la cantidad de existencias en la App Store es tremenda; por tanto, hacerse un hueco en ella es una tarea compleja. Cada vez es más importante una buena campaña de marketing para abrirse paso y son pocos los que consiguen tener algo de éxito. Es más, para que la App Store llegue a distribuir el producto hace falta la aprobación de Apple, que puede requerir un tiempo y una energía adicionales a los que conlleva el desarrollo en sí. Obviamente, el debate no se reduce sólo a esto.

Figura 4.3. *Dos aplicaciones Web de Google optimizadas para iPhone.*

Independencia de la plataforma

Crear aplicaciones Web puede ser mejor que hacerlas nativas para iPhone en varios aspectos. Lo primero que se viene a la mente es la compatibilidad entre plataformas, o mejor dicho, la doble compatibilidad existente. De hecho, para generar aplicaciones Web no depende de un sistema operativo específico o de herramientas determinadas. En principio puede utilizar cualquiera, desde los editores más sencillos de texto sin formato hasta complejos instrumentos y entornos de desarrollo WYSIWYG, mientras que en Mac OS X no suele ser eficaz crear una aplicación nativa sin Xcode. Además, su aplicación Web en sí debería ser en cierta medida independiente de la plataforma. Tanto el navegador Android de Google como el webOS de Palm están basados en WebKit y, por tanto, renderizarán sus páginas de un modo similar a Mobile Safari. El motor de WebKit se está haciendo cada vez más popular, no sólo entre los navegadores de escritorio (Epiphany ha dado el salto de Gecko a WebKit recientemente), también en un número creciente de dispositivos móviles, como la BlackBerry de RIM. Con independencia de la popularidad del iOS, las aplicaciones dirigidas a éste dependen de la plataforma y de la API que lleva por debajo y probablemente nunca funcionen en ningún otro dispositivo.

Ya se puede acceder al hardware

Quizá haya escuchado que las aplicaciones nativas están vinculadas mucho más estrechamente al propio iOS, que tienen acceso a más recursos del hardware y la plataforma y que ofrecen más posibilidades cuando no es posible (o recomendable) conectarse. Esto ya no es del todo cierto.

En primer lugar, es improbable que su programa necesite más recursos para ejecutarse de los que proporciona Mobile Safari, así como las aplicaciones nativas tampoco utilizan todos aquellos de los que disponen. En lo que a almacenamiento se refiere, desde la versión 2.0 se presenta la opción de emplear las bases de datos de JavaScript directamente en el dispositivo, lo que posibilita que la información de su aplicación esté disponible de ejecución en ejecución.

Es más, ahora los usuarios pueden acceder a las aplicaciones Web en modo desconexión, lo que significa que todo el contenido estático estará disponible aunque no se esté conectado. Teniendo en cuenta que ya no hace falta volver a abrir los elementos estáticos de las páginas cada vez que se visualizan y contando con las nuevas capacidades de almacenamiento de HTML5, puede poner al alcance de los usuarios una gran cantidad de contenidos sin llegar a conectarse.

Por último, aunque las aplicaciones nativas sí tienen a su disposición más herramientas del sistema operativo, esto también va a cambiar: en la versión 3.0, el iOS proporciona al navegador acceso a los datos de geolocalización. Tal vez sea otro signo de que Apple apuesta por el futuro de las aplicaciones Web.

Libere su contenido

El segundo aspecto en el que puede ser más atractivo el desarrollo de aplicaciones Web frente a las nativas reside en la libertad que posee el desarrollador acerca de su contenido. Ser distribuido por la App Store requiere la validación por parte de Apple, lo que a su vez implica ciertas limitaciones en lo que se puede mostrar y en la temática aportada. El proceso también puede ser largo y, una vez pasada esta etapa, aún deberá esforzarse para que los usuarios elijan la suya de entre un enorme número de opciones disponibles. Al trabajar con aplicaciones Web, puede lanzar un nuevo programa cada día y sobre el tema que desee sin tener que preocuparse por Apple. Seguirá teniendo que presentar algo que sea atractivo para los usuarios, pero bueno, al fin y al cabo está desarrollando para ellos, así que se supone que es algo implícito.

Otro modelo de lanzamiento

En lo que respecta al usuario, por sencillo que sea el proceso, las aplicaciones nativas requieren una instalación y pueden necesitar actualizaciones. Lo primero, obviamente no es aplicable a las aplicaciones Web y lo segundo tiene lugar automáticamente. En las nativas, incluso las actualizaciones precisan de la validación de Apple, lo que implica necesariamente un retraso, por corto que sea. Por último, las aplicaciones Web se pueden descubrir y utilizar desde cualquier dispositivo, siempre que el usuario disponga de un navegador, algo que parece preferible a estar atado a la, eso sí, increíble App Store.

Las aplicaciones Web ya no son el hermano pequeño

A diferencia de lo que se escucha con frecuencia, las aplicaciones Web no son más fáciles de crear que las nativas. Es como comparar naranjas con manzanas: ambas son frutas pero son bastante diferentes. La libertad no hace que sea más fácil realizar las páginas. Al contrario que los desarrolladores de aplicaciones nativas, los de aplicaciones Web se enfrentan a una página en blanco cada vez que abordan un nuevo proyecto. Aunque puede ser más fácil mostrar elementos en un navegador que prepararlos para un programa en Objective-C, el entorno de trabajo CocoaTouch gestiona este tipo de tarea de una manera muy eficaz. Además, hemos explicado lo importante que es emular la interfaz gráfica del iPhone, lo que podría complicar el desarrollo de aplicaciones Web en lo que a diseño y apariencia se refiere. Programar para el iPhone supone todo un nuevo conjunto de restricciones a tener en cuenta. Los profesionales deberían tener siempre presente que una aplicación Web se centra en funcionalidades específicas que se presentan al usuario en pequeñas dosis. El uso de la información y el acceso a ésta debe ser siempre lo más claro posible. De todos modos, no se preocupe. Existen entornos de trabajo que le ayudarán en todo este proceso. Y nosotros también.

Aplicaciones Web para Mobile Safari

Va a crear aplicaciones Web para Mobile Safari que se ejecutarán bajo iOS. Aunque esto conlleva muchas menos limitaciones de plataforma que hacer las nativas, debe ser plenamente consciente de las características de los dispositivos a los que se dirige. En especial, debería saber cómo se visualizarán sus programas. Hasta ahora, los dispositivos de destino (iPhone e iPad) tenían exactamente el mismo tamaño de pantalla, comportamiento visual y recursos gráficos. Con el lanzamiento del iPad, deberá tener en cuenta tanto las dimensiones de la pantalla como las leves diferencias en los componentes de su interfaz gráfica.

Dominar el navegador

Si hay un elemento que debe llegar a conocer de la A a la Z es Mobile Safari. Como le gusta decir a Apple, no se trata de un navegador en miniatura: a diferencia de muchos productos para móviles del mercado, se trata de un intérprete Web totalmente desarrollado con soporte completo para HTML, CSS y JavaScript, incluyendo las tecnologías Ajax. Esto significa que, en mayor o menor medida, cualquier sitio se visualizará correctamente en Mobile Safari si ha sido creado sobre los estándares Web. No sólo es el navegador apropiado, también puede presumir de que da soporte a las funcionalidades más novedosas de las especificaciones de HTML5 y CSS3 (aunque éstas se encuentran aún en fase de borrador). Una limitación menor podría ser que ninguno de los tres dispositivos de los que hablamos utiliza ratón. Todos ellos lo emulan mediante los eventos de toque, permitiendo de este modo una interacción más natural de la que es posible con él. En la mayoría de los casos, esta diferencia no repercutirá sobre la usabilidad.

Sólo podemos recomendarle una y otra vez que esté lo más al día posible de todas las evoluciones iniciadas por el World Wide Web Consortium (W3C; `www.w3.org`) y el Web Hypertext Application Technology Working Group (WHATWG; `www.whatwg.org`). Aquí es donde encontrará la mayor parte de las tecnologías Web del mañana.

Las dimensiones del navegador

El comportamiento por defecto de Mobile Safari adapta los contenidos de la página para que quepan en la pantalla. Eso hace obviamente que se viaje por Internet de una manera diferente con un navegador de escritorio que con Opera Mini, que reordena y redimensiona las páginas para que se puedan leer en pantallas pequeñas. Los usuarios, con la ayuda de acciones específicas, tienen que adaptar la vista a lo que desean leer. Esto se hace pinzando hacia adentro (ampliar), hacia afuera (alejar zoom) y golpeando dos veces (centrarse en un elemento concreto de la página). Es más, el concepto de "página" no es el mismo en Mobile Safari que en los navegadores de escritorio. Esto significa que los usuarios no desplazan la página en las cuatro direcciones con la ayuda accesorios visuales que hay en un lado o en la parte inferior de la pantalla, sino que mueven la vista hacia arriba, abajo o a los lados dando golpecitos con los dedos para revelar el contenido que deseen contemplar en el visor.

El área visible de su página no estará limitada sólo por el tamaño de la pantalla; también tendrá que contar con la barra de direcciones y la de navegación, que se encuentran al norte y al sur del visor, respectivamente. No obstante, la barra de direcciones se mueve hacia arriba cuando el usuario se desplaza para ahorrar espacio en la pantalla, aunque puede hacerla accesible golpeando en la barra de estado. En esto, la topografía del iPad es ligeramente distinta: como la pantalla es más ancha, las opciones del área de direcciones y navegación están agrupadas en una única barra de la parte superior, la cual no desaparece cuando el usuario se desplaza.

La tabla 4.1 muestra una lista de las dimensiones con las que trabajará. Téngalas siempre presente cada vez que diseñe una aplicación Web para dispositivos Apple.

Tabla 4.1. *Dimensiones del navegador en Safari en modo pantalla completa.*

Dispositivo	Modo vertical	Modo horizontal
iPhone, iPod touch	**320x460** menos 44px para la barra de navegación. menos 60px para la barra de direcciones. menos 50px para la consola.	**480x300** menos 32px para la barra de navegación. menos 60px para la barra de direcciones. menos 50px para la consola.
iPad	**768x1004** menos 58px para la barra de navegación. menos 50px para la consola.	**1024x748** menos 58px para la barra de navegación. menos 50px para la consola.

Estas medidas no son límites absolutos porque los tres dispositivos permiten la ejecución de aplicaciones Web a pantalla completa. En dicho caso, sólo permanece visible la barra de estado, con lo que el programa dispone del resto de la pantalla.

Piense en Web

El problema de este modelo de navegación es que entra en conflicto con los principios básicos de usabilidad de una aplicación Web. Su propósito es proporcionar un servicio sin contratiempos. Al usuario final puede resultarle decepcionante tener que hacer zoom para acceder a un menú o a un contenido específico y esto puede repercutir en la fidelidad de sus visitantes. Debe hacerse con un control total sobre el espacio dedicado a su aplicación. Para ello, tendrá que conocerla perfectamente y centrarse en las principales funcionalidades que va a ofrecer. La navegación clásica a través del navegador desaparece, dejando paso a una eficaz experiencia interna gestionada por la aplicación Web. En breve explicaremos cómo hacer que el usuario añada su programa a la pantalla de inicio y cómo puede abrirla en modo de pantalla completa, lo que hará que su aplicación se parezca más a una nativa. Ajax supone una magnífica ayuda para mejorar la usabilidad, aunque también conlleva la aparición de nuevos problemas cuando se utiliza exclusivamente para refrescar toda la página. Tenga cuidado de no estropear su aplicación debido a una navegación pobre o imperfecta. Por ejemplo, es importante que el usuario pueda regresar con facilidad a alguna parte específica de su aplicación Web directamente a través de una URL. En los siguientes capítulos vamos a presentarle al menos dos maneras de crear aplicaciones Web en las que podrá navegar con URL únicas, sin llegar nunca a refrescar la página. Una se basa en un método de JavaScript muy empleado (`window.location.hash`) y la otra utiliza una vanguardista herramienta de CSS3 (el pseudo-selector `:target`). Una gran ventaja de estos métodos es que si el usuario ha marcado una página como favorita y vuelve a ésta más adelante, podrá mostrarle el contenido apropiado en relación a la URL sin tener que limitarse al contenido incorporado por defecto.

Configurar la ventana de visualización

El concepto de ventana de visualización de iOS no se refiere a las dimensiones de la parte del cliente del navegador, ni mucho menos al tamaño de la pantalla. Es el área lógica en la que se puede mostrar la página Web. Puede ser mayor o menor que el visor del dispositivo. Al acceder a una página, todo el contenido se redimensiona para adaptarlo lo mejor posible a la ventana de visualización, manteniendo las proporciones. Su anchura por defecto es de 980 píxeles, algo que se ajusta a la mayoría de los sitios Web actuales. Sin embargo, como sabe, para las aplicaciones Web esto cambia. No es aconsejable redimensionar las páginas: los usuarios deberían poder acceder directamente a los contenidos que buscan con un mínimo de acciones. Obligarles a comenzar con una acción de ampliación no es bueno. Al crear su página deberá prevenir esto.

Las opciones de la ventana de visualización se pueden definir mediante una meta-etiqueta, dentro de la etiqueta <head> de sus páginas. El código que mostramos aquí le servirá en la mayor parte de los casos y le recomendamos que lo utilice para la mayoría de sus páginas. Lo que hace es ajustar el aumento inicial a 1,0 e impedir después que el usuario pueda usar el zoom:

```
<meta name="viewport" content="initial-scale=1.0; maximum-scale=1.0;
user-scalable=no">
```

Gracias a esto no se redimensionará su aplicación al abrirse, e, independientemente de que se encuentre en un iPhone o iPad, se enseñará con el tamaño óptimo que haya decidido. Puede que ahora se esté preguntando cómo va a aparecer correctamente la página sin hacer zoom si la ventana de visualización por defecto es de 980 píxeles de ancho. El truco consiste en que esta meta-etiqueta tiene otras opciones que no hemos utilizado aquí porque se calculan a partir de las que hemos escrito. Aquí, la opción `width`, a la que puede asignar el valor que desee, se supone que es igual al ancho de la pantalla del dispositivo, puesto que la escala inicial es de 1,0. Por tanto, la regla meta anterior equivale a la siguiente:

```
<meta name="viewport" content="width=device-width; initial-scale=1.0;
maximum-scale=1.0; user-scalable=no">
```

En la meta-etiqueta se recomienda utilizar las constantes `device-width` y `device-height` en vez de valores fijos, siempre que sea posible. Son la mejor garantía de que la página ocupará toda la pantalla del dispositivo, incluso aunque se cambie de orientación vertical a horizontal o a la inversa. También es buena idea usar diseños líquidos, es decir, hacer que las páginas ocupen todo el espacio que puedan para asegurarse de que su aplicación se mostrará a pantalla completa independientemente de la configuración del usuario.

Todos los parámetros son opcionales, lo que significa que Mobile Safari averiguará los valores que no haya especificado. Las reglas del atributo `content` se pueden declarar en cualquier orden, siempre que las separe mediante un punto y coma seguido de un espacio. La tabla 4.2 muestra una lista de todas las propiedades y los valores posibles de la meta-etiqueta de la ventana de visualización, disponibles desde la primera versión de iOS.

Tabla 4.2. *Propiedades de la ventana de visualización.*

Propiedad	Descripción
width	La anchura de la ventana de visualización en píxeles. El valor por defecto es 980 y el rango va de 200 a 10.000. Esta propiedad también admite las constantes `device-width` y `device-height`.
height	La anchura de la ventana de visualización en píxeles. El valor por defecto se calcula en función del valor de la propiedad `width` y la proporción de aspecto del dispositivo. El rango va de 223 a 10.000. Esta propiedad también puede aceptar las constantes `device-width` y `device-height`.
initial-scale	La escala inicial de la ventana de visualización como coeficiente. El valor por defecto se calcula para ajustar la página Web al área visible. El rango se determina mediante las propiedades `minimum-`

Propiedad	Descripción
	`scale` y `maximum-scale`. Un valor de 1,0 aquí cambiará automáticamente el valor por defecto del ancho a `device-width`.
`minimum-scale`	Especifica el valor de escala mínimo de la ventana de visualización. Por defecto es 0,25 y el rango va de 0 a 10,0.
`maximum-scale`	Especifica el valor de escala máximo de la ventana de visualización. Por defecto es 1,6 y el rango va de 0 a 10,0.
`user-scalable`	Determina si el usuario puede hacer zoom. El valor por defecto es `"yes"`. Para permitir estas acciones, asígnele `"yes"` (o 1), y `"no"` (o 0) para impedirlas.

Cómo utilizar el modo independiente

Ahora que ya tiene una aplicación Web que se ajusta a la pantalla del dispositivo del usuario, le gustaría que se utilizara verdaderamente como tal. La buena noticia es que no sólo los usuarios de iOS tienen la opción de incluir la página Web en sus marcadores, sino que también pueden crear accesos directos a páginas Web en sus pantallas de inicio en forma de clips Web. Esto hará que se pueda acceder rápidamente a la aplicación Web como si fuera una nativa y en particular desde Spotlight. El usuario sólo tiene que seleccionar la opción Add to home screen (Agregar a pantalla de inicio) y elegir un nombre para el acceso. Tras ello, al golpear en el nuevo icono de la pantalla de inicio, su aplicación Web se abrirá al instante en Mobile Safari.

Mostrar el icono apropiado

El icono que se generará por defecto en la pantalla de inicio del usuario es una instantánea de su aplicación, redimensionada para ajustarla al tamaño de los demás iconos de la página. Aunque se le añade un poco de brillo para hacerlo más parecido a un icono, la verdad es que no es demasiado atractivo ni reconocible, como puede apreciar en la figura 4.4. Lo deseable es que el usuario final encuentre fácilmente su aplicación Web a simple vista, a pesar de estar rodeada de otros accesos directos.

Para ello, tendrá que crear su propio icono para la aplicación Web. Lo mejor es elegir uno que recuerde a su programa, ya sea porque utiliza los mismos colores, formas similares, etc. Cada página se convertirá en un clip Web similar a los *flavicon* o iconos de página de los navegadores tradicionales, por lo que es aconsejable buscar algo atractivo. El modo más sencillo de hacer que iOS lo use es guardarlo como `apple-touch-icon.png` en el directorio raíz de su sitio.

Figura 4.4. *El poco atractivo icono que se genera por defecto a partir de la instantánea de la página Web.*

Es bueno que aparezca en la pantalla de inicio pero mejor es que destaque. Al icono se le aplicarán automáticamente el brillo y la sombra proyectada típicos de la interfaz gráfica del iPhone, por lo que si crea uno cuadrado y lo bastante grande como para mostrarlo con buena calidad, adoptará un aspecto parecido al de los nativos (véase la figura 4.5).

Figura 4.5. *Un icono, antes y después de que la página de inicio le aplique sus estilos.*

Los iconos del iPhone tienen 57 píxeles de ancho, mientras que los del iPad miden por defecto 72. Hacerlos con tamaños comunes como 128 o 256 píxeles parece una buena práctica. Sólo debe tener cuidado de no añadir efectos de iluminación por su cuenta porque podrían interferir con los que incorpora automáticamente el sistema operativo. A pesar de todo, hay casos en los que el brillo no queda bien o en los que se desearía conseguir algo diferente. Si crea una aplicación que muestra una lista de sitios en los que ver a pintores aficionados de Europa del Este, quizá prefiera un icono de un aspecto más plano. Las curvas resplandecientes estarían algo fuera de lugar. Para evitar que el sistema operativo aplique toda su gama de efectos sólo tiene que renombrar su icono como `apple-touch-icon-precomposed.png`. Seguirá teniendo esquinas redondeadas pero el icono en sí permanecerá intacto (véase la figura 4.6).

Figura 4.6. *Este icono utiliza la opción "precomposed".*

Si su aplicación posee una reducida gama de opciones, le bastará con un icono. Pero si crea una claramente estructurada en categorías, secciones o servicios diferentes, ofrecer iconos para las distintas partes puede suponer un valor añadido. Hágalo para cada página si utiliza una etiqueta `<link>` en la cabecera, con los valores `apple-touch-icon` y `apple-touch-icon-precomposed` para el atributo especial `rel`. El código completo que utilizaría un icono para una página nada más sería algo así:

```
<link rel="apple-touch-icon" href="/path/to/custom-icon.png">
<link rel="apple-touch-icon-precompsed" href="/path/to/custom-icon.png">
```

Estos valores devuelven los mismos resultados que sus equivalentes con nombres de icono y se les aplican las mismas reglas.

Ejecutar la aplicación a pantalla completa

Acaba de dar otro paso importante en el desarrollo de su aplicación pero, si este icono inicia Mobile Safari con su creación en el interior, el navegador no se ocultará. Para ello, tendrá que recurrir a otra opción meta. Desde la versión 1.1.3 de iOS puede decirle a su página que se muestre a pantalla completa por defecto. Sólo permanecerá visible la barra de estado y el resto estará dedicado a su página. El modo que conocemos como independiente no ejecuta su página en Mobile Safari; utiliza el mismo motor de renderización que este navegador, por lo que el usuario tendrá acceso a sus funcionalidades pero lo que visualizará será su aplicación.

Esto es lo que debe hacer:

```
<meta name="apple-mobile-web-app-capable" content="yes">
```

Recuerde: su aplicación no se ejecutará en Mobile Safari o en una versión reducida de éste. Es un modo diferente, que se debe probar a fondo para asegurarse de que todo funcionará correctamente en lo que a visualización y comportamiento se refiere. Debe cerciorarse además de que el sistema de navegación resultará claro y eficaz, porque no tendrá a mano ninguna de las opciones del navegador para tal fin. Cualquier usuario se sentiría engañado si llegara a una página de una aplicación en la que no se puede hacer casi nada o en la que se queda atascado rápidamente.

Cuando lo necesite, puede comprobar si este modo está activado actualmente con JavaScript con el booleano `window.navigator.standalone`. Se trata de una propiedad de sólo lectura, por lo que no podrá cambiarla de forma dinámica. No obstante, le mostraremos cómo jugar con las opciones y acciones específicas de este modo más adelante en este capítulo.

Un inicio sensacional

Las etiquetas `<link>` especiales también le permiten disparar una imagen para que se enseñe como pantalla de bienvenida durante la apertura de la aplicación. El comportamiento por defecto cuando se abre una página es mostrarla con el mismo aspecto que tenía en la última visita hasta que se ha abierto lo suficiente como para verla. Esto, aparte de ser bastante impersonal, puede dar al usuario la impresión de que la aplicación se ha colgado. En el iPhone, el sistema operativo le permite cambiar este comportamiento especificando una imagen de inicio, como en el código que sigue. Sin embargo, tenga presente que esto no es posible en el iPad, que mostrará sistemáticamente una instantánea de su página.

```
<link rel="apple-touch-startup-image" href="/path/to/startup-image.png">
```

Su imagen debería tener 460 por 320 píxeles de ancho (orientación vertical). Esta altura ya tiene en cuenta la dimensión de la barra de estado. Si su imagen ocupa todo el espacio de la pantalla del dispositivo, 20 de los píxeles quedarán ocultos detrás de la interfaz de la plataforma.

Modificar la barra de estado

Habrá observado que el único elemento de la interfaz de iOS que está siempre visible para el usuario es la barra de estado. Aunque ésta se integra con facilidad en muchos diseños distintos, es aconsejable tener cierto control sobre su aspecto. Esto es Apple: no se puede cambiar realmente el aspecto de la barra de estado pero sí puede escoger entre algunas variantes para elegir la que mejor se adapte a sus necesidades. Para modificar su apariencia, utilice otra etiqueta meta en la cabecera de su página.

```
<meta name="apple-mobile-web-app-status-bar-style" content="default">
```

El atributo `content` tiene tres opciones disponibles. Aparte de `default`, puede elegir entre `black` y `black-translucent`. Recuerde que esta opción sólo funcionará en modo pantalla completa. Una vez más, esto no es posible en el iPad en modo independiente ni con aplicaciones nativas.

Permanecer en modo independiente

El principal problema con el modo independiente es que, originalmente, cada vez que un usuario toca sobre un enlace para pasar a otra página, inicia Mobile Safari en modo normal, con lo que buena parte de su duro trabajo no habrá servido para nada. La solución aquí consiste en gestionar todos los vínculos con JavaScript e impedir el comportamiento por defecto. Si su aplicación se basa sobre todo en Ajax y apenas tiene un par de enlaces en su página, no supone gran cosa. Puede asociar un evento a su vínculo directamente desde el código HTML del siguiente modo:

```
<a href="http://www.apress.com/" onclick="window.location.href=this.href;
return false">Apress Web Site</a>
```

Lo que hace esto es bastante evidente: `this.href` obtiene la dirección vinculada del atributo `href`, `window.location` le dice al navegador que refresque esta página utilizando la dirección proporcionada y, por último, `return false` evita que se dé el comportamiento por defecto del enlace, que abriría una nueva página. Se puede llevar más lejos aún desplazando parte del trabajo a una función externa, que podría tener el siguiente aspecto:

```
function openLink(anchor) {
   window.location.href = anchor.href;
   return false;
}
```

Desde cada etiqueta de hipervínculo se llamaría a su función del siguiente modo:

```
<a href="http://www.apress.com/" onclick="return openLink(this)">
   Apress Web Site</a>
```

De todas maneras, si su aplicación hace un uso más habitual de los enlaces, como ocurre en la navegación clásica por páginas Web, le recomendamos que emplee un sistema de gestión de enlaces más avanzado, que podría ser algo así:

```
/* Crear un receptor de clics para todo el documento */
document.addEventListener("click", clickHandler, false);

function clickHandler(e) {
   var element = e.target;

   /* gestionar los clics sólo para los hipervínculos */
   if (element.localName.toUpperCase() != 'A') {
     return;
   }

   /* ignorar los elementos con un valor de destino especificado
      puesto que "target" no se puede controlar en modo pantalla
      completa.
      Estos enlaces deberán abrirse normalmente en Mobile Safari */
   if (!!element.getAttribute('target')) {
     return;
   }
   var url = element.href;
```

```
/* ignorar los enlaces que no sean HTTP(S) y que tengan origen
   diferente */
var match = url.match(/^https?:\/\/(.+?)\/.*$/);
if (!match || match[1] != window.location.host) {
   return;
}

/* por último, abrir el enlace en vista pantalla completa e
   impedir el comportamiento por defecto */
window.location.href = url;
e.preventDefault();
}
```

Como puede observar en los comentarios del código, este script en concreto no gestiona situaciones complejas (o menos complejas…). Lo más importante es que no maneja enlaces que tienen etiquetas hija. Por ejemplo, si tuviese un bloque HTML tan común como éste:

```
<a href="/pictures/question-mark.png" title="See this picture full screen">
   <img src="/pictures/question-mark.png" alt="A question mark">
</a>
```

el script no funcionaría porque sería la imagen y no el enlace quien recibiría el evento. No obstante, esta solución se puede ampliar fácilmente, pues su principal ventaja es que separa las marcas HTML del código JavaScript, además de que, obviamente, le mantendrá en modo independiente siempre que enlace a otros lugares de una página o a otras ubicaciones que formen parte de la aplicación Web. En el caso de los vínculos externos, parece razonable dejar siempre que el sistema operativo abra el navegador apropiado porque no podemos saber si esos otros sitios serán apropiados para el modo independiente, ni si sería aconsejable tenerlos relacionados con nuestro propio sitio Web de un modo tan cercano.

Cree su primer proyecto base de aplicación Web

Ahora que ya tiene claros todos estos puntos básicos, es el momento de pasar a crear una aplicación Web. Para guardar cierta coherencia vamos a mostrarle cómo hacer un proyecto base desde cero. Esto le servirá para seguir más fácilmente todos los capítulos, además de mejorar su método de trabajo si amplia esta plantilla. Vamos a respetar las directrices que presentamos anteriormente en este capítulo y, para facilitar las cosas, mantendremos los colores y las medidas de iOS. Aprovecharemos la ocasión para mostrar algunas sugerencias con las que utilizar CSS donde no hace mucho habríamos empleado imágenes.

La plantilla de su documento en Komodo Edit

Para crear un nuevo proyecto en Komodo Edit, seleccione File>New>New Project (Archivo>Nuevo>Nuevo proyecto). Póngale de nombre "Web App Template" (o como le apetezca) y escoja el directorio en el que desea guardar los archivos. Si tiene activada la barra lateral del proyecto, verá su nueva creación ahí con la denominación que le asignó y la extensión de los proyectos de Komodo Edit, .kpf. Si la barra lateral no está abierta, puede activarla accediendo al menú View>Tabs & Sidebars>Projects (Ver>Pestañas y barras laterales>Proyectos).

> **Nota:** *Esta definición de proyecto está basada en Komodo Edit 5.x. Las estructuras y las opciones de los menús pueden ser diferentes en las versiones más recientes de este editor.*

Vamos a añadir ahora el primer archivo HTML. Para ello, puede hacer clic con el botón derecho del ratón sobre el nombre del proyecto en la barra lateral y escoger Add>New file (Añadir>Nuevo proyecto) o bien seleccionar el elemento de menú Project>Web App Template.kpf>Add>New file (Proyecto>Web App Template.kpf>Añadir>Nuevo archivo). Se abrirá una nueva ventana. En su columna derecha, escoja el tipo de archivo apropiado, HTML en este caso. Elija index.html como nombre de archivo en el campo de texto que hay bajo las columnas; observará que ya está escogida la carpeta correcta para guardarlo, por lo que sólo tiene que pulsar en **Open** (Abrir). En el área de edición se mostrará su nuevo archivo.

Este fichero no está vacío. Como ya había elegido HTML, Komodo Edit ha hecho parte del trabajo, por lo que en este momento tiene la estructura básica. Pero para que ésta se adapte totalmente a nuestras necesidades, vamos a cambiar o añadir algunos elementos. Éste es el aspecto que debería tener su archivo para el siguiente paso:

```
<!DOCTYPE html>
<html>
<head>
   <title>Web Application Template</title>
   <meta name="apple-mobile-web-app-capable" content="yes">
   <meta name="apple-mobile-web-app-status-bar-style" content="default">
   <meta name="viewport" content="initial-scale=1.0;
        maximum-scale=1.0; user-scalable=no">

   <link rel="stylesheet" href="styles/main.css">
```

```
      <script src="scripts/main.js"></script>
</head>

<body>
   <div class="view">
      <div class="header-wrapper">
         <h1>Web App Header</h1>
      </div>

      <div class="group-wrapper">
         <h2>iPhone</h2>
         <p>Hello World!</p>
      </div>
   </div>
</body>
</html>
```

Puede observar aquí las etiquetas especiales de las que hemos hablado en este capítulo. Obviamente, si desea que todas funcionen del modo esperado, debería crear una carpeta images en su raíz y rellenarla con un archivo startup.png, como comentamos anteriormente. Quizá se haya percatado de que hemos cambiado el DOCTYPE con respecto al que aparece en el archivo HTML predeterminado de Komodo Edit. Éste es el de HTML5, que es el que vamos a utilizar a lo largo de todo el libro para mostrarle sus nuevas características, a la par que generamos un documento válido. Las letras en mayúscula son una antigua costumbre de los desarrolladores de interfaces; como se trata de HTML5, la declaración no distingue entre mayúsculas y minúsculas.

Si abre ahora este archivo en su navegador o si escoge verlo directamente en Komodo Edit accediendo a **View>Preview in browser** (Ver>Previsualizar en el navegador) en el menú, es probable que no se quede impresionado. No se han aplicado estilos y apenas hay contenido. Sin embargo, observará que el esqueleto de nuestra plantilla posee varias clases e ID que le ayudarán a acceder a los elementos para asignarles estilos y darles el aspecto apropiado.

Cree una nueva carpeta, también en el directorio raíz de su sitio, llamada styles. Origine después un archivo CSS, como hizo hace unos minutos para el archivo HTML, y póngale de nombre main.css. Ya se recurre a él en la cabecera del documento para que todos los cambios que experimente se apliquen de inmediato, así que vamos a añadir algún estilo.

Siguiendo las recomendaciones que vimos antes, la primera regla de estilo que agregaremos a la hoja indicará que el documento debe ocupar toda la altura de la pantalla. Para ceñirnos a la interfaz de usuario de iOS, también vamos a establecer Helvetica como fuente genérica.

Los siguientes capítulos profundizarán más en las posibilidades de CSS, de modo que no vamos a explicarlo todo aquí, aunque es probable que el prefijo -webkit- no le resulte familiar. Es un prefijo propietario (lo que significa que no será interpretado por navegadores que no estén basados en WebKit) que se utiliza para propiedades y valores que son específicos del navegador o que se consideran inestables con respecto a las especificaciones de CSS3 o su implementación.

```
html { height: 100%; }
body {
   height: 100%;
   margin: 0;
   font-family: helvetica, sans-serif;
   -webkit-text-size-adjust: none;
}
```

Para hacer siempre el texto lo más legible posible, Mobile Safari cambia automáticamente el tamaño cada vez que modifica la orientación de la pantalla de visualización. Esto a veces no es deseable porque puede romper el diseño o dar una impresión rara, dependiendo de cómo estructure sus páginas. Para evitar este comportamiento y mantener el control de su aspecto, asignamos el valor `none` a `-webkit-text-size-adjust`, lo que desactiva el redimensionamiento automático del texto.

A continuación, empleando la extensión del fondo `-webkit-gradient()`, creamos un fondo general sin llegar a utilizar imágenes. Este fondo está generado de modo que lo único que tenga que hacer para cambiar el color del elemento sin perder el aspecto de iOS sea alterar la propiedad `background-color`. Como ocurre con la regla `.view`, se aplica al principal contenedor de las vistas del documento.

```
body {
   -webkit-background-size: 100% 21px;
   background-color: #c5ccd3;
   background-image:
      -webkit-gradient(linear, left top, right top,
         color-stop(.75, transparent),
         color-stop(.75, rgba(255,255,255,.1)) );
   -webkit-background-size: 7px;
}

.view {
   min-height: 100%;
   overflow: auto;
}
```

Añada después el estilo de la cabecera empleando la misma regla aplicada al fondo del cuerpo.

```
.header-wrapper {
   height: 44px;
   font-weight: bold;
   text-shadow: rgba(0,0,0,0.7) 0 -1px 0;
   border-top: solid 1px rgba(255,255,255,0.6);
```

```
     border-bottom: solid 1px rgba(0,0,0,0.6);
     color: #fff;
     background-color: #8195af;
     background-image:
        -webkit-gradient(linear, left top, left bottom,
           from(rgba(255,255,255,.4)),
           to(rgba(255,255,255,.05)) ),
        -webkit-gradient(linear, left top, left bottom,
           from(transparent),
           to(rgba(0,0,64,.1)) );
     background-repeat: no-repeat;
     background-position: top left, bottom left;
     -webkit-background-size: 100% 21px, 100% 22px;
     -webkit-box-sizing: border-box;
}

.header-wrapper h1 {
     text-align: center;
     font-size: 20px;
     line-height: 44px;
     margin: 0;
}
```

Y, por último, esto es lo que hará que nuestro contenido se muestre con estilos:

```
.group-wrapper {
     margin: 9px;
}

.group-wrapper h2 {
     color: #4c566c;
     font-size: 17px;
     line-height: 0.8;
     font-weight: bold;
     text-shadow: #fff 0 1px 0;
     margin: 20px 10px 12px;
}

.group-wrapper p {
     background-color: #fff;
     -webkit-border-radius: 10px;
     font-size: 17px;
     line-height: 20px;
     margin: 9px 0 20px;
     border: solid 1px #a9abae;
     padding: 11px 9px 12px;
}
```

La última e interesante funcionalidad que presentamos aquí es la propiedad border-radius, con la que puede dotar de bordes redondeados a cualquier tipo de elemento. Actualice ahora su página en un navegador (véase la figura 4.7). ¿Qué le parece?

***Figura 4.7.** Ahí la tiene: su primera aplicación Web.*

Ocultar la barra de direcciones de Mobile Safari

Siempre que visualice su sitio a pantalla completa, esto funcionará perfectamente. Pero no puede tener la completa seguridad de que sus usuarios finales lo vayan a hacer así. Un truco podría ser ocultar la barra de direcciones (y la consola de errores, si fuera necesario) cuando el sitio se visite con Mobile Safari. Eche un vistazo a la situación. Estos elementos desaparecerán cuando el usuario desplace la ventana de visualización. La página ocupará al menos el 100 por cien de la altura de la vista, lo que significa que no será necesariamente lo bastante alta como para abarcar toda la pantalla si desplaza parte de sus elementos. Por tanto, nuestro objetivo será reajustar la altura de la página cuando sea preciso para que ocupe el 100 por cien de la ventana de visualización, incluso si se oculta parte de ella.

Vamos con el código. Cree un nuevo directorio llamado `scripts` en su proyecto. Desde Komodo Edit, elabore un archivo JavaScript llamado `main.js` y copie en él el siguiente código:

```
if (!window.navigator.standalone) {
    document.addEventListener("DOMContentLoaded", adjustHeight, false);
}
```

```
function adjustHeight() {
    var html = document.documentElement;
    var size = window.innerHeight;
    html.style.height = (size + size) + "px";
    window.setTimeout(function() {
        if (window.pageYOffset == 0) {
            window.scrollTo(0, 0);
        }
        html.style.height = window.innerHeight + "px";
    }, 0);
}
```

Lo que hace este fragmento es comprobar el modo independiente; si el usuario no está viendo su página a pantalla completa, la función `adjustHeight()` se asociará con la finalización de la apertura del DOM. La función hace que la página sea el doble de alta que la pantalla, lo que en la mayoría de los casos puede ser suficiente porque los elementos de la interfaz de usuario raramente ocuparán tanto espacio. `window.setTimeout()` le proporciona a la página tiempo bastante para ser modificada antes de que tenga lugar la magia, la cual sigue dos pasos: primero, movemos la página hacia arriba con el método `scrollTop()` para que su parte superior esté en la zona de arriba de la pantalla y luego reajustamos la altura de la página para colocarla de nuevo a la altura de la pantalla.

Puede que le resulte extraño que se adapte la posición de la página sólo si su desplazamiento vertical es 0. En realidad, mientras no se mueva un solo píxel fuera de la pantalla, `pageYOffset` seguirá teniendo el valor 0. Por consiguiente, podemos mantener la posición de la página llamada tras llamada. El resultado es que, cuando el usuario abre la aplicación, ésta se muestra casi a pantalla completa, dedicando la máxima atención a su proyecto.

Controlar los cambios de orientación de la pantalla

Sin embargo, como se ha modificado dinámicamente la altura de la página, si el usuario rota el visor cuando no está en modo pantalla completa, la página podría llegar a ser demasiado alta. Debemos agregar otro receptor de evento para este caso. Observe que la comprobación de `pageYOffset` es especialmente útil aquí porque la posición no se va a reinicializar con cada rotación. Ésta es la línea que controla la rotación:

```
window.addEventListener("orientationchange", adjustHeight, false);
```

Este código nos permitirá saber cuándo activa el usuario su dispositivo. El receptor de eventos debe definirse en el objeto `DOMWindow` asociado a la ventana actual, no en el documento.

Podrá comprobar en todo momento el valor de la orientación mediante la propiedad `window.orientation`, como ocurre en el ejemplo siguiente, para modificar adecuadamente los estilos:

```
switch (window.orientation) {
   /* Orientación normal, botón de inicio en la parte inferior */
   case 0:
      document.body.className = "portrait";
      break;
   /* Rotado 90 grados a la izquierda */
   case 90:
      document.body.className = "landscape";
      break;
   /* Cabeza abajo*/
   case 180:
      document.body.className = "portrait";
      break;
   /* Rotado 90 grados hacia la derecha */
   case -90:
      document.body.className = "portrait";
      break;
   }
```

De este modo evitamos utilizar un temporizador, que habría repercutido en la batería, para comprobar regularmente las dimensiones de la ventana en busca de cambios; la notificación es automática. Tenga en cuenta que en el iPad puede dirigirse a una u otra orientación empleando CSS o la etiqueta `link` con el atributo `media`.

```
<link rel="stylesheet" media="all and (orientation:portrait)"
href="portrait.css">
<link rel="stylesheet" media="all and (orientation:landscape)"
href="landscape.css">
<!-- O en una etiqueta u hoja de estilo -->
<style>
   @media all and (orientation:portrait) { /* Ponga aquí su estilo */ }
   @media all and (orientation:landscape) { /* Ponga aquí su estilo */ }
</style>
```

Esto sólo es posible en el iPad. Para otros dispositivos es aconsejable añadir un `class` o un `id` a la etiqueta del cuerpo con JavaScript con los que aplicar estilos diferentes cuando cambia la orientación.

El toque final

El fragmento anterior de JavaScript controla la ventana de visualización si el usuario abre su aplicación en Mobile Safari. Si no lo hace, hemos visto que esto se podría controlar con JavaScript; vamos a añadir un script relevante a nuestro `main.js` para evitar el comportamiento por defecto en este caso. Para ello, añada un receptor de eventos como sigue y agregue la función `clickHandler()` a su archivo `scripts`:

```
if (!window.navigator.standalone) {
    document.addEventListener("DOMContentLoaded", adjustHeight, true);
    window.addEventListener("orientationchange", adjustHeight, true);
} else {
    /* Target only standalone mode */
    document.addEventListener("click", clickHandler, true);
}
```

Listo

Los archivos y la estructura que hemos creado aquí es justo lo que necesitará para iniciar la mayoría de sus proyectos de aplicaciones Web. Si ha instalado Komodo Edit, puede guardar ahora este proyecto como plantilla y reutilizarlo fácilmente en su proceso de trabajo habitual. Para ello, escoja un nombre en el menú **Project** y haga clic en **Create template from project** (Crear plantilla desde proyecto). La ubicación por defecto para las plantillas es en el fichero `Templates` de la carpeta del usuario que se creó al instalar Komodo Edit. Podrá hacer nuevas creaciones a partir de ella accediendo al menú **Project** y escogiendo **New project from template** (Nuevo proyecto desde plantilla).

Si ha decidido no instalar Komodo Edit, le recomendamos que encuentre algún otro modo de reutilizar de manera sencilla este código y la estructura. En este capítulo ha aprendido lo importante que es solucionar problemas en nuestra plantilla para allanar el camino hacia la satisfacción del cliente y el éxito de la aplicación Web. Al apoyarse en ellas le será más fácil superar las siempre fastidiosas primeras etapas del proyecto. Además, suponen el primer paso para que el programa alcance su principal objetivo: ser una aplicación correcta.

5. Directrices para mejorar la interfaz y su usabilidad

La clave del capítulo anterior no está en la información sobre las dimensiones de la pantalla, las posibilidades técnicas o siquiera entender el comportamiento de iOS en iPhone, iPod touch e iPad. Obviamente, deberá dominar estos aspectos para crear aplicaciones Web de calidad para estos dispositivos pero las técnicas para ello son simples herramientas para tener éxito en el proceso. Al final, todo depende del usuario; el sistema interactivo de toques de los dispositivos portátiles de Apple establece una relación especial entre el dispositivo y la persona que está definitivamente centrada en él. Esto significa que nosotros, los desarrolladores, tenemos que pensar con detenimiento en el diseño de nuestros programas.

Cuando afecta al desarrollo informático, la ergonomía cognoscitiva es una ciencia aplicada cuyo objetivo es el de hacer que la funcionalidad de una aplicación sea de fácil comprensión y acceso para el usuario. Los ingenieros de Apple ya han tenido en cuenta parte de la ergonomía del iOS. Por ejemplo, el modelo de interacción multi-toque permite a los usuarios realizar de forma sencilla tareas habituales en la mayoría de los sitios, como ampliar, centrarse en un elemento o abrir un menú contextual.

Un aspecto importante de la ergonomía de los productos Apple en general y en especial de sus dispositivos portátiles es su atractiva estética. iOS posee una fuerte identidad visual que se ha vuelto más reconocible aún gracias al éxito de las aplicaciones nativas, totalmente integradas en la interfaz gráfica del iPhone. Por tanto, la calidad de un programa desde el punto de vista del usuario con frecuencia se juzga en comparación con la de la interfaz gráfica de iOS.

Obviamente, el éxito de una aplicación Web no se basa sólo en el diseño. Aunque una cara bonita puede atraer a los usuarios hacia ella, si al utilizarla no se encuentran con la calidad que esperan, desaparecerán con rapidez. Esto es especialmente cierto en un campo tan competitivo como el del desarrollo de programas.

En este capítulo vamos a comentar varias reglas y consejos que le ayudarán a crear mejores aplicaciones Web, es decir, aquellas en las que optimizaremos la interacción con el usuario, que es distinta en los dispositivos móviles y en los ordenadores de escritorio.

De la Web en el escritorio a la Web en el móvil

Considerar que una Web es lo mismo independientemente de la plataforma desde la que se acceda a ésta es un error común aunque peligroso. A pesar de que las aplicaciones Web se crean utilizando tecnologías Web, éstas son completamente diferentes de las páginas Web clásicas. Es obvio que las capacidades de los dispositivos son distintas. Si accede a una aplicación Web como Gmail con Desktop Safari o Mobile Safari, observará notables diferencias en la interfaz.

Aun así, es posible emplear Gmail desde el iPhone porque Mobile Safari está pensado para adaptar el limitado espacio de que dispone la pantalla, aunque para el usuario no es lo mismo que acceder desde un iMac o incluso un MacBook. El cambio de dimensiones dificulta la lectura del contenido y la interacción, como puede apreciarse en la versión previa de Gmail antes de ajustarla para el iPhone que se muestra en la figura 5.1. En consecuencia, Google intenta ofrecer versiones adaptadas de sus aplicaciones Web (con interfaces más ligeras, menos funcionalidades y tiempos de apertura optimizados) para los dispositivos móviles.

Un tamaño de pantalla diferente no implica sólo una vista distinta: el cambio de dispositivo conlleva una experiencia nueva por completo, con variados comportamientos y expectativas. El desarrollo de aplicaciones Web debe relacionar estrechamente la interfaz y los esquemas de interacción con la funcionalidad, con independencia del dispositivo. Del mismo modo, tecnologías como CSS o JavaScript siempre se deberían considerar como herramientas que se pueden utilizar para definir interfaces y posibilidades de interacción, inherentes a su funcionalidad específica, pero de ningún modo han de dictar lo que debería ser la interfaz ni su manera de actuar.

Figura 5.1. *Aunque el renderizado es el mismo en Desktop Safari que en Mobile Safari, la escala sí que afecta a la interacción con el usuario.*

Olvídese del escritorio

El concepto de escritorio es uno de los que debe olvidar, junto con el uso habitual de la multitarea. Acostúmbrese al hecho de que los dispositivos de iOS (por no decir todos los móviles) no funcionan de ese modo. Cuando utiliza un ordenador de escritorio, el usuario final puede realizar varias tareas a la vez manejando varias ventanas que, si lo desea, puede mostrar unas al lado de otras en cualquier momento. Para todas estas opciones dispone de abundante sitio en la pantalla y lo más importante es que interactúa con el escritorio mediante dispositivos con bastantes funcionalidades, como son el ratón y el teclado.

Los ordenadores se ciñen al concepto de escritorio, presumiendo de la productividad de sus herramientas y de su capacidad para llevar a cabo muchas actividades. En iOS, aunque puede tener varias tareas en segundo plano (reproducir música, descargar aplicaciones, obtener el correo), no es posible ejecutar diferentes aplicaciones nativas a la vez. iOS está pensado para que el usuario final realice las actividades de una en una. La pantalla pequeña hace que el usuario se centre en una única área (y, por tanto, en una serie de acciones) en cada momento.

Cambie los hábitos de navegación

Al desarrollar Webs para móviles, es importante que no deje a su usuario final a mitad de camino en su interacción con la aplicación. Las Webs tradicionales le permitían acceder a todas las partes del sitio desde cualquier otro rincón de la página. Esto se solía hacer utilizando tanto una barra de navegación como varios enlaces internos. Como internauta, probablemente ya se haya encontrado con algún sitio en el que no sabía cómo ingeniárselas. Si todo iba bien, encontraba lo que andaba buscando bastante rápido; si no, como la mayoría de usuarios, lo más probable es que se marchara a la siguiente página. Esta situación es aún más crítica en las Webs para móviles. El usuario espera encontrar un camino claro e intuitivo entre los puntos. El concepto clave es la fluidez. Aunque puede parecer obvio que no hay que interrumpir al usuario en el proceso en que pueda hallarse, mostrar un cuadro de diálogo modal puede considerarse fácilmente como una molestia. En tales casos, debería ofrecer siempre un medio sencillo de cerrar el cuadro de diálogo que le permita seguir con sus acciones de un modo evidente. Tal vez los desarrolladores se sientan tentados a crear una aplicación más personal para el usuario final solicitándole información, ya sea a través de campos de texto o botones de opción. En el iPhone, esto ralentizará la interacción y podría suponer un obstáculo.

Las consecuencias pueden ser más incómodas aún en un iPad. Apple recomienda que las aplicaciones funcionen de manera no lineal, de modo que los usuarios contemplen el contenido de sus tareas en una vista maestra y puedan acceder a las opciones y las herramientas interactivas desde la parte de navegación de la pantalla. La idea es que realicen la mayoría de las tareas con independencia de lo que estén haciendo con la aplicación. Aunque pueda parecerle relevante, tenga cuidado cuando le pida que escoja entre opciones porque esto rompe su ritmo en la vista principal y puede derivar en una separación de las posibilidades del área de navegación que resulta frustrante. Por ejemplo, en una aplicación de correo no es aconsejable alejar al usuario de la opción "redactar" porque esté leyendo un mensaje. Por regla general, debe tener cuidado al hacer suposiciones sobre el contexto en el que se encuentra el usuario y lo que éste podría querer hacer.

Tenga también presente que los fabricantes ya han pensado en la usabilidad de sus dispositivos. Por consiguiente, no debería reinventar funcionalidades que ya existen y a las que el usuario está acostumbrado.

No abuse de la publicidad

Con frecuencia, los sitios proporcionan contenidos gratuitos y basan sus ingresos en la publicidad. Si estos son sus planes, debería meditar seriamente lo que va a hacer. Hay varios estudios realizados sobre páginas Web tradicionales que demuestran que los usuarios están bastante acostumbrados ya a ignorar los anuncios. Aunque piense que esto es un problema menor en el iPhone porque van a ocupar necesariamente una mayor parte del espacio libre en la pantalla y la ventana suele estar menos abarrotada, no sobrecargue su página. Corre un serio riesgo de alejar al usuario de su aplicación Web al obligarle a desplazar el contenido irrelevante o a ampliar sobre otra zona.

La publicidad estándar lleva tiempo ya asentada en las aplicaciones Web y nativas; generalmente, se muestra en un pequeño *banner* en la parte superior o inferior de la página. Sin embargo, las aplicaciones nativas van más lejos y automáticamente ocultan los anuncios tras un breve instante en la mayoría de los casos, dejando todo el espacio al contenido actual. Esto posee la ventaja de llamar la atención del usuario sobre el anuncio sin llegar a ser intrusivo. Llevar este tipo de comportamiento a las aplicaciones Web sería algo positivo, en especial porque al utilizar transiciones CSS apenas haría falta recurrir a JavaScript. Lo que viene a continuación es un sencillo ejemplo que puede probar fácilmente empleando la plantilla que creamos con anterioridad en el libro. Para comenzar, añada lo siguiente al <head> de su página:

```
.ads {
    z-index: -1;
    position: relative;
    -webkit-transition: margin-top 0.35s ease-out;
    border-bottom: 0;
    margin: 0 auto 34px;
    width: 320px;
}


.ads img { display: block; }

.ads .tab:before {
    color: red;
    content: 'AD ';
}


.ads .tab {
    position: absolute;
    background-image:-webkit-gradient(
        linear, left top, left bottom,
        from(black), to(#666));
    color: white;
    font: bold 11px/24px verdana;
    height: 24px;
    bottom: -24px;
    left: 0;
    width: 100%;
    padding: 0 5px;
    -webkit-box-sizing: border-box;
}
```

Primero se definen los estilos, de modo que la publicidad se coloque debajo de la cabecera modificando los valores de z-index y position del anuncio. Después se crean los estilos que se aplican al área de la publicidad y al bloque, que debe permanecer visible cuando ya se muestre el anuncio. El código relativo a la transición se resalta en negrita e indica que debe tener lugar una suave transición de 35ms cuando cambie la propiedad margin-top.

A continuación, empleamos un script para disparar la animación:

```
function hideAds() {
    setTimeout(hide, 5000);
}

function hide() {
    var ads = document.querySelector(".ads");
    ads.style.marginTop = (-ads.offsetHeight) + "px";
}

function reveal() {
    var ads = document.querySelector(".ads");
    ads.style.marginTop = "";
    hideAds();
}
```

> **Nota:** *El método* querySelector() *devuelve la primera coincidencia con el selector CSS pasado como parámetro. Forma parte de la API de selectores del W3C, que recibe soporte completo en Mobile Safari.*

De este modo, cada vez que desee ocultar su publicidad sólo tendrá que llamar a la función hide(), que determinará un nuevo valor para margin-top en base a la altura del *banner* e iniciará la animación.

La función reveal() le permitirá mostrar de nuevo el anuncio restaurando el valor inicial de margin-top y disparando otra vez la animación. Éste es el código relevante:

```
<body onload="hideAds()">
...
    <div class="header-wrapper">
        <h1>Web App Header</h1>
    </div>

    <div class="ads">
        <img src="some-ad.gif" alt="Advertisement" width="320" height="50">
        <div class="tab" onclick="reveal()">
            Apress sales. 20% off on all books.</div>
    </div>
...
```

La figura 5.2 enseña el resultado. El usuario podrá hacer clic sobre la pestaña para ver de nuevo la publicidad; el proceso de ocultación se iniciará tras cinco segundos. En el capítulo 9 veremos más sobre cómo realizar transiciones con CSS.

Figura 5.2. El anuncio se ocultará automáticamente tras unos pocos segundos.

Debería evitar también los elementos emergentes. Como comentamos antes, es bueno limitar el uso de todo aquello que afecte negativamente al flujo de la navegación del usuario. Por tanto, emplee los elementos emergentes en momentos específicos, como la apertura de la primera página. En todos los casos, el usuario debería disponer de un modo fácil y evidente de cerrar el anuncio; utilizar la X por defecto de la interfaz gráfica del iPhone es una opción razonable (véase la figura 5.3). En general, analice detenidamente cómo afecta la publicidad a su aplicación.

Figura 5.3. Debe proporcionar siempre al usuario un medio sencillo de ocultar los anuncios.

En el iPad se pueden emplear procesos similares sólo que con formatos diferentes. Aunque gracias a su gran pantalla se acerca más a la visualización de una Web en un monitor de escritorio, se establece una conexión especial entre el usuario y el dispositivo, como vimos en el capítulo anterior. Por consiguiente, debería contemplar nuevos modos de introducir y adaptar la publicidad a sus páginas. Dispone de muchas posibilidades, como sonidos, vídeo y opciones de usabilidad, entre otros, para convertir al usuario en el protagonista del contenido promocional.

Con independencia de la idea que tenga en mente, recuerde siempre las características de uso que le estamos presentando en este libro, así como su propia experiencia como usuario de iPhone.

Deje al usuario que decida por sí mismo

Puede ser complicado encontrar una actitud apropiada como desarrollador que guíe a los usuarios de manera fluida por su aplicación y que les permita escoger lo que deseen en ella, sin llegar a intervenir en todo el proceso. Sin embargo, hay ocasiones en las que está bastante claro que deberíamos dejarles decidir. Aunque su frustración no es una cuestión directamente relacionada con la interfaz o el diseño, tendrá un efecto negativo en la percepción de la calidad de su aplicación. Por ejemplo, debería evitar filtrarlos en función del dispositivo que utilicen, bloqueándoles con mensajes del tipo "Sólo para iPhone". En primer lugar, en general es más recomendable dirigirse a las funcionalidades que a los agentes de usuario. Además, si su aplicación funciona en iPhone, probablemente lo hará de un modo similar en un iPad pero también en un Android, un dispositivo webOS, etc.

De igual manera, no debería imponer un sitio específico para iPhone a sus usuarios. Puede que tengan motivos para preferir utilizar el sitio normal, el pensado para los navegadores de escritorio. Ya ha visto que Mobile Safari presenta los sitios de un modo similar a Desktop Safari y proporciona herramientas para ver las páginas en las mejores condiciones. Permita elegir al usuario (véase la figura 5.4), recuerde su elección (mediante cookies u otros medios de almacenamiento) y ofrezca siempre la oportunidad de cambiar de opinión.

Sencillez y facilidad de uso

Lo que es válido para el desarrollo orientado al escritorio y a la Web se vuelve más crítico en lo referente a las Webs para móviles. Como los dispositivos portátiles están pensados para utilizarse en situaciones de movilidad, es probable que los usuarios estén pendientes al mismo tiempo de algún otro hecho o acción. Por ese motivo, debe facilitarles el camino a lo que buscan en su aplicación. Aunque desplazar la pantalla repetidamente puede ser molesto, no debe concentrar la mayor parte del contenido en la parte superior de la página; en vez de ello, si tiene un montón de contenido, debería clasificarlo y crear categorías claras. El usuario debe poder identificar de inmediato la función principal de su aplicación Web junto con su funcionamiento global, aunque preste atención a otras cosas al mismo tiempo.

Figura 5.4. *La versión para móviles de Google Translate ofrece a los usuarios la opción de utilizar la versión normal de la Web.*

Evite el desorden

La interfaz de usuario de iOS es simple y elegante en general, con sutiles gradientes, un conjunto limitado de colores y líneas limpias. Es el estándar por el que se guiarán los usuarios para juzgar sus aplicaciones Web y Apple no la ha escogido precisamente al azar. El desorden empieza cuando hay demasiados colores que hacen difícil reconocer el contenido. Lo mismo se puede decir de los elementos de su aplicación Web. Un material desordenado puede ser complicado de captar y distraerá al usuario de lo importante. La figura 5.5 muestra un ejemplo de aplicación desordenada. Esto no significa que deba hacer un amplio uso de los espacios en blanco. Si lo hace, obligará al usuario a desplazarse demasiado, reduciendo la visibilidad del conjunto del contenido. Un mal uso de los espacios en una pantalla más grande, como la del iPad, probablemente diluya el contenido y dé una impresión de desorden.

Figura 5.5. *eBay no está optimizado para iPhone y deja una impresión de desorden, aunque sigue siendo eficiente porque sólo contiene un campo de búsqueda.*

En caso de que su aplicación Web albergue muchos elementos diferentes en su contenido, la clave para una buena interacción con el usuario probablemente pase por un menú eficiente. Una vez más, no debe mantener los hábitos que pueda haber adquirido al desarrollar para la Web. Su menú tiene que ofrecer un rápido acceso al elemento, minimizando las acciones del usuario sin dejar de mostrar claramente las distintas opciones de que dispone. Son preferibles los textos cortos y expresivos a las largas descripciones o los menús emergentes. Si está seguro de que el público al que se dirige conoce las palabras técnicas o las abreviaturas que permitirían dejarles claras las opciones con unos pocos caracteres, utilícelas. Todo lo referente a la navegación debe ser rápido de analizar y utilizar, por lo que estas directrices también se aplican a botones, enlaces y a la inesperada ventana emergente. Simplemente, no se olvide de que todos estos elementos son secundarios y que no deberían distraer la atención del servicio principal que está proporcionando. Un equilibrio apropiado de todo esto le ayudará a captar la atención del usuario y, en definitiva, a aumentar su fidelidad.

La interfaz de usuario

En un contexto de dispositivos móviles con un tamaño de pantalla limitado, el concepto de interfaz de usuario debería analizarse partiendo de cero. Hablamos de alguien que utiliza frecuentemente su aplicación Web mientras se desplaza pero en una pantalla más pequeña que a la que estaba acostumbrado y empleando sólo acciones de sus dedos para interactuar con su aplicación y con el dispositivo en general.

Al desarrollar aplicaciones de escritorio podía alinear sin problemas los botones en un rincón de una ventana a pantalla completa para que se pudiera hacer clic sobre ellos fácilmente. Al desarrollar para la Web, podía basarse en ayudas contextuales que se mostraban al situar el ratón sobre los elementos para guiar a los usuarios. Estas técnicas no son atribuibles al desarrollo para iOS. No hay nada específico que evite que se pierdan las esquinas de la pantalla, ni hay un ratón real con el que explorar la página con rapidez. Para que la interfaz de usuario siga siendo lo que ha sido tradicionalmente (un conjunto de elementos gráficos que funcionan como un todo para facilitar el acceso a las funcionalidades), tendrá que reconsiderar qué reglas debería aplicar.

Adáptese a los toques

El primer parámetro que debería tener en cuenta es el dispositivo de señalización: el dedo del usuario. Apple indica que los dedos de la mayoría de los usuarios necesitan un área de unos 44 píxeles de ancho para poder golpear rápidamente sin equivocarse. Si desea recurrir a botones o enlaces más pequeños, asegúrese de disponer de suficiente espacio alrededor para que no se haga clic simultáneamente sobre varias áreas activas.

Otro punto crucial es que las acciones se deben marcar con claridad. No tiene sentido establecer áreas con un tamaño perfectamente calculado si nadie tiene pensado golpear en ellas. Dote a sus elementos de un aspecto que indique con precisión que pueden ser tocados. El mejor modo de garantizar que un usuario reconocerá un botón es seguir la interfaz habitual de Apple. Si se aparta de ella, debe poner cuidado en que la gente no malinterprete sus objetos. En el iPhone, el principal consejo es crear elementos sobre los que golpear que parezcan "reales". Los botones de Apple destacan en la pantalla gracias a sus degradados y sombras proyectadas (véase la figura 5.6). Dan la impresión de poderse tocar de verdad, que es precisamente lo que necesita transmitir.

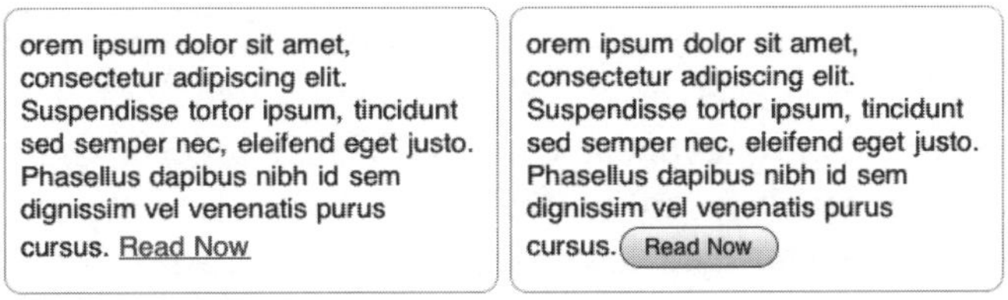

Figura 5.6. *Es más probable que los usuarios hagan clic en un botón que sobre un simple enlace.*

Esto cobra aún más importancia al desarrollar para el iPad: es probable que las interfaces con un aspecto semejante al de las aplicaciones del mundo real estén un paso por detrás de las diseñadas especialmente para la pantalla del iPad.

Por último, no olvide que, al no utilizar un ratón, el usuario no tiene manera de activar los estados "encima de" (*hover*). Si su aplicación se basa en ayudas contextuales o efectos que tienen lugar al pasar el cursor por encima, posiblemente lo único que consiga sea decepcionar a sus usuarios.

Adáptese al tamaño

El hecho es que, si piensa en grandes dimensiones, quizás acabe por no desarrollar para dispositivos móviles. Aunque las resoluciones de pantalla pueden mejorar la experiencia del usuario, los tamaños de la misma, si los dispositivos siguen siendo móviles, es poco probable que aumenten. El iPad es un caso bastante diferente. A pesar de que posee una pantalla más grande, no debería ser considerado como un nuevo tipo de portátil y, aunque definitivamente tampoco debería ser considerado como un iPod touch más grande, lo que viene a continuación también se aplica a su desarrollo: cuide siempre al máximo que todo su contenido sea legible. Las fuentes pequeñas en una pantalla ancha molestan a mucha gente; en un dispositivo móvil pueden disuadir por completo a su usuario. Obviamente, una solución es ofrecer la posibilidad de aumentar o reducir el tamaño de fuente (véase la figura 5.7) pero en definitiva la mejor técnica es que las pruebe en un dispositivo, siendo honesto en cuanto a la precisión de su propia capacidad visual. Tenga en mente las mismas limitaciones al crear los iconos. Para habilitar un área en la que se pueda golpear sin problemas, recuerde que el propósito de un icono es expresar una acción, un atajo o un vínculo de una manera más rápida y universal que mediante un texto, más aún cuando hablamos de dispositivos móviles.

Evite interacciones innecesarias

Hemos hecho hincapié en que la navegación debe resultar lo más fluida posible para el usuario. Mientras que en la Web tradicional tener que rellenar formularios es algo que puede desanimar a cualquiera, en las Webs para móviles puede suponer todo un trabajo. Sea cual sea el caso, siempre son preferibles los botones de opción, las casillas de verificación o las opciones desplegables a los campos de texto porque teclear en un iPhone puede resultar difícil, dependiendo de las circunstancias. En el caso del iPad se deben seguir las mismas directrices; Apple recomienda crear aplicaciones que se puedan utilizar del todo con una sola mano, aunque al emplear las dos se tenga un acceso más cómodo y rápido a las funcionalidades.

Figura 5.7. *La aplicación Twitterific posee un botón en la barra de navegación para cambiar el tamaño del texto.*

Utilice las nuevas posibilidades de introducción de datos

Actualmente, los formularios son una parte de la vida cotidiana del internauta. La gente está acostumbrada a rellenarlos y cada vez piensa menos en ello. Por consiguiente, puede que cada vez tenga menos paciencia y espere unos estándares más elevados en lo que a estética y usabilidad se refiere. Y más aún en los dispositivos móviles, en los que las condiciones de navegación tienden a impacientar a los usuarios y cuyos procesos de introducción de datos pueden ser complicados.

Para solventar estos problemas, HTML5 incorpora varios nuevos tipos `input` que son compatibles con las versiones anteriores. La tabla 5.1 muestra los soportados por Mobile Safari.

Tabla 5.1. *Nuevos tipos soportados en Mobile Safari.*

Tipo	Descripción
`tel`	Un número de teléfono (generalmente, un conjunto de caracteres numéricos).
`search`	Un campo de búsqueda.
`url`	Una URL absoluta.

Tipo	Descripción
email	Una o varias direcciones de correo electrónico válidas.
number	Un valor numérico.

La idea principal es que, al trabajar con formularios, el navegador pueda proporcionar al usuario una interfaz que además envíe al desarrollador el formato adecuado. Mobile Safari posee un teclado contextual para que el usuario pueda introducir datos en estos tipos de `input`. Por ejemplo, al golpear en un tipo `tel`, se disparará un teclado numérico como el que vemos en la figura 5.8.

Figura 5.8. *Todos los teclados incluidos.*

Algunas funcionalidades pueden mejorar claramente la usabilidad al requerir menos acciones para una interacción fluida. El iPhone, a partir de su versión 2.0, proporciona una opción similar hasta cierto punto, activando automáticamente un teclado numérico para los elementos `input` llamados `zip` o `phone`. Sin embargo, esta funcionalidad se eliminó de iOS 2.0 y no estuvo disponible hasta que la versión 3.1 comenzó a admitir estos nuevos tipos.

Reflexione sobre la información proporcionada por el usuario

Aunque pueda facilitarle más al usuario la introducción de datos, pregúntese a sí mismo si realmente necesita la información que tiene pensado pedirle o, en otras palabras, si ésta será de máximo interés para el cliente final. Si su aplicación devuelve una lista de libros dependiendo de varios criterios, pregunte si prefiere productos en edición de tapas duras, de una editorial específica o de un año de publicación concreto.

En tal caso, lo mejor sería dividir las consultas por etapas, como hace Amazon (véase la figura 5.9). Primero se busca por título, autor o tema; en teoría, esto sólo necesitaría un campo de texto, dejando que el script del servidor determine qué es relevante. Luego se podría ofrecer un filtro de los resultados por fecha, editorial o tipo de portada, por ejemplo. Para terminar, puede dejar que su usuario final clasifique los últimos resultados por criterios como el precio o la disponibilidad en tiendas.

Figura 5.9. *Amazon no abre el área de búsqueda con filtros, dejando el filtrado para la página de resultados.*

Otro modo de acelerar una aplicación como ésta sería seguir la pista de los datos introducidos por el usuario. Aquí es probable que busque ante todo libros de los mismos autores. Puede guardar sus elecciones empleando cookies tradicionales o los trucos de almacenamiento locales más recientes de HTML5, que veremos en el capítulo 15. De este modo, cada vez que regrese a su aplicación Web, se alegrará de no tener que teclear de nuevo "Los tesoros de la antigua biblioteca de Mefistófeles". El punto clave al pedirle al usuario que introduzca datos reside en que, con independencia de la información que le solicite, deberá obtener una funcionalidad adicional que esté en consonancia. Obviamente, recibir información del usuario puede mejorar con diferencia la calidad del servicio proporcionado. La clave está en devolver lo máximo posible a partir de los datos recopilados.

Evite incluir demasiados pasos

En el ejemplo anterior, el usuario recorre tres pasos: filtro, búsqueda y ordenación. De ellos, sólo el primero es obligatorio. Como comentamos anteriormente, la funcionalidad que viene buscando el usuario debería estar disponible lo antes posible a través de un proceso intuitivo. Dividir la aplicación de búsqueda de libros en tres páginas independientes únicamente para realzar cada etapa (como se ve con frecuencia en las Webs tradicionales, por ejemplo, en los formularios de creación de cuentas) no sería apropiado aquí. Los beneficios una decisión así (menos desplazamiento de ventana, menos desorden) se verían obstaculizados por el hecho de que el usuario se ve obligado a esperar, puede que sin saber la duración que tendrá el proceso o qué paso es el siguiente. Además, para el desarrollador, asumir que la red funcionará correctamente tres veces seguidas es una apuesta arriesgada.

La clave: centrarse

El iPhone no es un ordenador, como tampoco lo es el iPad. No espere que los usuarios los manejen como tales, ni desarrolle sus programas con las aplicaciones para ordenador en mente.

Una herramienta iOS debería centrarse en proporcionar una solución específica y satisfactoria a una demanda o un problema particular, sin entretenerse en aspectos que no tengan que ver con lo que se espera, y de la manera más sencilla posible. La ventana de visualización que contiene su aplicación Web debería ser, por tanto, un lugar ordenado, discreto y claro que albergue los elementos seleccionados, que se comportan como un todo, igual que en el caso de la aplicación Clock (véase la figura 5.10).

Aunque esto puede derivar en limitaciones del hardware (una lenta renderización en momentos de gran actividad, poco espacio en la pantalla), generará cierta expectación en el usuario, cuya lealtad le recompensará por proporcionarle la respuesta adecuada a su pregunta principal. Esto también es así en el caso del iPad, al menos por herencia, por lo que debe centrarse siempre en llevar hasta el usuario el servicio apropiado en lugar de ofrecerle varios servicios cercanos al demandado.

Figura 5.10. *La aplicación Clock se centra en lo que se espera de ella: los servicios horarios.*

No deje al usuario esperando

Los usuarios de los dispositivos móviles esperan que las cosas ocurran rápidamente. Cualquier acción debería ir seguida de inmediato de una reacción. En el capítulo anterior explicamos que la pantalla de inicio por defecto de las aplicaciones Web en modo pantalla completa era una vista del último estado del visor de la aplicación, lo que podía dar la impresión de que ésta o el dispositivo se habían quedado colgados. Esto puede ser frustrante para el usuario, cuanto menos. Incluso una espera más corta puede repeler a algunos y, en cualquier caso, su fidelidad se verá afectada.

Haga que su aplicación responda lo antes posible

Es algo que debe aplicar a todo el proceso de interacción con su aplicación Web. Debería evitar multiplicar las acciones que hagan un uso intensivo del procesador, recurran en exceso al JavaScript y provoquen acciones que tarden demasiado en completarse, como las que exigen gran actividad en el lado del servidor para mostrar resultados. Debe analizar detenidamente todos estos detalles en la fase de optimización de su desarrollo pero también desde el inicio, en las etapas creativas y de diseño de las funcionalidades.

Para reducir los tiempos de espera desde la apertura de su aplicación limite siempre el uso de imágenes a un mínimo, teniendo cuidado con los tamaños de archivo y evitando las páginas que son demasiado grandes y cuyo uso exige muchos desplazamientos de contenido. En lo referente a las imágenes, como veremos en los capítulos posteriores, puede sustituir muchas de ellas por degradados de CSS, lienzos o fuentes Web. Debe tener presente que hasta que el documento no se haya abierto completamente es probable que el resto de su página no permita la interacción con el usuario, todo ello sin que sepa por qué, dado que la parte de la página que falta por abrirse no está visible. Por último, aunque es aconsejable separar marcas, estilos y funcionalidades (es decir, HTML, CSS y JavaScript) y recurrir a archivos externos, debe enviar las menores peticiones HTTP posibles porque, una vez más, no es posible predecir cuál será el tipo de conexión ni su calidad y porque los tiempos de respuesta del servidor suelen ser más largos en los dispositivos móviles.

Obviamente, será difícil evitar las esperas en los distintos pasos de la navegación. Si en algún momento necesita iniciar una acción que vaya a llevar bastante tiempo, acuérdese siempre de contar con la interacción del usuario en la actividad de la aplicación Web (véase la figura 5.11). Aunque cada acción debe conducir a una respuesta rápida, si esto no es factible, los usuarios serán más pacientes y tolerantes si los mantiene informados de lo que está ocurriendo. Esto es aplicable además a casi todo tipo de interacción.

En las fases de espera, a menos que esté completamente seguro de que serán cortas con independencia de la calidad de la conexión, es preferible una barra de progreso a un diagrama de hélice porque informa al usuario sobre la evolución actual del proceso. Del mismo modo, si están teniendo lugar varias acciones a la vez, sería beneficioso contar lo que está ocurriendo, paso a paso. Si en la pantalla aparecen elementos visuales que van cambiando, los usuarios sabrán que realmente está pasando algo, es decir, que la aplicación Web no se ha quedado colgada mostrando el icono de una hélice. Si trabaja este aspecto, puede resultar incluso entretenido, en cierto modo.

Haga que su aplicación Web reaccione

De un modo similar, debería guiar a su usuario a través de las acciones, incluso aunque no vaya a tardar en completarlas. iOS posibilita que haya una reacción para los botones golpeados mediante la propiedad CSS `-webkit-tap-highlight-`

`color`. Puede tomar esto como un ejemplo de lo que se puede hacer para reforzar la conexión entre el usuario y su dispositivo (y su aplicación) porque la pantalla responde a las acciones del dedo como si fuera un botón. En la Web tradicional, esto se hacía con los estados asociados al cursor: los elementos de menú cambiaban su color cuando el puntero pasaba por encima: se mostraba una ayuda contextual, se ampliaban los elementos o se conmutaba su opacidad.

Figura 5.11. *La aplicación Mail utiliza primero un diagrama de hélice y después una barra de progreso por si la apertura de mensajes llega a ser lenta.*

Como sabe, esto no es una opción en los dispositivos móviles sin ratón, al no existir este tipo de acción. En vez de ello, hay que prestar especial atención a lo que debería ocurrir cuando el usuario golpee con el dedo. Otro ejemplo de las funcionalidades nativas de iOS que le puede servir de inspiración es el botón conmutador encendido/apagado. En lugar de las casillas de verificación normales o los botones que parecen ser pulsados al activar una funcionalidad, los diseñadores de Apple utilizan el concepto de "interruptor", que proporciona al usuario una sensación de concreción de los elementos de la interfaz gráfica. El cambio de estado pasa a ser una discreta animación que indica que la acción se ha tenido en cuenta. Aun así, tenga siempre cuidado al simular la interfaz gráfica nativa de iOS porque los usuarios esperarán que los elementos se comporten exactamente como aquellos a los que imita, de manera que un resultado diferente podría decepcionar o tener un impacto negativo sobre la percepción de la calidad de sus aplicaciones. Como desarrollador de iOS, en muchos casos puede ser interesante ir más allá del efecto `-webkit-tap-highlight-color` en este tipo de procesos, creando sus propios efectos (no obstante, tenga presente que debe intentar que todo siga siendo sencillo y fácil de entender), controlando sus creaciones personalizadas o, por ejemplo, imitando los elementos nativos de introducción de datos o selección mediante menú.

Recomendaciones para el diseño de interfaces en iOS

Más allá de los parámetros de usabilidad que vimos anteriormente, existen varias directrices de diseño de interfaces de usuario que debería contemplar al desarrollar su aplicación Web. Provienen de las especificaciones de los dispositivos o de la interfaz gráfica nativa de iOS, que le ayudarán a proporcionar una interacción a la altura de lo que se espera, además de ser un importante paso para crear una aplicación de éxito.

Adaptabilidad

Uno de los aspectos más peliagudos de iOS es que permite al usuario escoger entre una orientación horizontal o vertical de la ventana de visualización en cualquier momento. Esto es algo inusual, comparado con los desarrollos Web tradicionales, que podían basarse en unos tamaños mínimos de pantalla y, en el peor de los casos, al desplazamiento del contenido. Es más, es poco probable que un usuario cambie el tamaño de la ventana varias veces en una visita a una página, lo que significa que no puede existir una comparación directa entre las diferentes visualizaciones. Esta situación se vuelve más complicada con el lanzamiento del iPad, que posee una pantalla cinco veces más grande que la del iPhone y el iPod touch. Para proporcionar una experiencia satisfactoria a los usuarios es fundamental que sus aplicaciones Web se adapten perfectamente a estas circunstancias.

Como, siguiendo los consejos de este libro, ha evitado que se pueda hacer zoom en su aplicación Web, tendrá que asegurarse de que ésta se adaptará a la anchura de la ventana de visualización (definida por `device-width`).

Si hace desarrollos Web de interfaces, sabrá lo que es un diseño líquido. La idea básica es que su página ocupe el 100 por cien de la pantalla, independientemente de su tamaño, sin fragmentarla en un puñado de elementos desordenados. Esto significa que debería vedar las dimensiones fijas para todos los elementos del diseño y, por regla general, evitarlas totalmente. En este libro veremos muchos ejemplos de cómo lograrlo. Ya ha visto, en la plantilla del proyecto que ha creado, que el título y el párrafo abarcan todo el ancho de la pantalla, sin que importe la orientación.

Otro método disponible es el de aplicar reglas CSS dependiendo de la orientación de la ventana de visualización. Esto es algo que debe utilizar con cuidado porque puede duplicar con facilidad los tamaños de los archivos si acaba aplicando reglas completamente diferentes a cada configuración. El mejor método es tener presente que su página tendrá dos diseños posibles y probarlos ambos en cada etapa del desarrollo. Si ha creado sus marcas y sus estilos de este modo, probablemente no tenga que recurrir a estilos específicos.

Listas frente a iconos

Si va a presentar datos de una manera clara y directa, acabará utilizando muchas listas. Apple recomienda emplearlas para las páginas y aplicaciones Web dirigidas a dispositivos que ejecuten iOS, aparte de que poseen muchas ventajas. Le permiten ser más conciso al limitar el número de opciones y hacen destacar grandes grupos de datos al presentarlos como elementos individuales. Además, son similares en su forma a los menús por defecto de iOS y a los de las aplicaciones de escritorio, por lo que le resultarán familiares al usuario.

No obstante, tenga cuidado y no cree listas demasiado largas. Aunque todos estos detalles que hemos comentado encajan con las prácticas recomendables que hemos visto, las listas (e incluso las páginas Web), si son demasiado extensas, obligan a los usuarios a desplazar el contenido, con lo que probablemente no encuentren lo que buscaban o se pierdan entre la información. Otro problema serio es que suelen ralentizar el navegador, lo que de nuevo acabará frustrando al usuario. Para evitar que las listas sean demasiado largas, como comentamos anteriormente, debe preguntarse qué información es la más importante y cómo puede organizarla.

Como la interfaz gráfica de iOS tiene listas, también posee estilos gráficos que puede imitar para conseguir una apariencia atractiva en sus aplicaciones Web. Hay disponibles tres tipos de listas: contiguas, con bordes redondeados y en cuadrícula (véase la figura 5.12).

Si sigue todos los ejemplos de este libro y crea plantillas a partir de los archivos y fragmentos que le sugerimos, pronto tendrá una sólida base sobre la que escoger para realizar aplicaciones Web.

El primer tipo de lista está especialmente adaptado a las largas. Es compacto, sencillo y legible. Si ya ha empezado a crear la plantilla de su proyecto y los archivos, puede hacer un nuevo archivo HTML y añadir el siguiente código en el contenedor `.view`:

```
<div class="list-wrapper">
    <h2>A</h2>
    <ul>
        <li>Apple</li>
        <li>Application</li>
    </ul>
</div>
```

Figura 5.12. *Tres tipos de lista diferentes en tres aplicaciones distintas*
(Yahoo Finanzas, Ajustes y LinkedIn).

El código que viene a continuación es la CSS para hacer que su lista básica se parezca a las del iPhone. Añádala a la hoja de estilos `styles.css` que ya ha empezado para la plantilla de la aplicación Web:

```
.list-wrapper h2 {
    line-height: 1;
    font-size: 18px;
    padding: 1px 12px;
    font-weight: bold;
    text-shadow: rgba(0,0,0,0.5) 0 1px 0;
    background: left 1px -webkit-gradient(linear,
        left top, left bottom,
        from(rgba(0,0,0,0.18)), color-stop(0.65, transparent))
      rgba(178,187,194,0.89);
    -webkit-box-sizing: border-box;
    border-bottom: solid 1px rgba(0,0,0,0.18);
    overflow: hidden;
    white-space: nowrap;
    margin: 0;
    color: #fff;
}
```

```
.list-wrapper ul {
   padding: 0;
   background: #fff;
   font-size: 20px;
   line-height: 23px;
   margin: 0;
}

.list-wrapper ul li {
   border-bottom: 1px solid #dfdfdf;
   padding: 10px;
}
```

El segundo tipo de lista es muy parecido al anterior, con la diferencia de que los elementos primero y último tienen los bordes redondeados. Por tanto, es preferible aplicarlo a listas no demasiado largas para que se puedan ver a la vez los bordes superior e inferior. El código HTML es muy similar al anterior, aunque los estilos introducen el relleno directamente a los enlaces, de modo que los efectos aplicados a los elementos resaltados tienen en cuenta el radio del borde. Para ver lo que ocurre sólo tiene que colocar el siguiente código dentro de un `.group-wrapper`:

```
<h2>Group List</h2>
<ul>
   <li><a href="item1.html">Item 1</a></li>
   <li><a href="item2.html">Item 2</a></li>
   <li><a href="item3.html">Item 3</a></li>
</ul>
```

Y los estilos relevantes van en la misma hoja de estilo:

```
.group-wrapper ul {
   background-color: #fff;
   -webkit-border-radius: 10px;
   font-size: 17px;
   line-height: 20px;
   margin: 9px 0 10px;
}

.group-wrapper ul li {
   padding: 11px 9px 12px;
}

.group-wrapper ul {
   font-weight: bold;
   margin-bottom: 20px;
   list-style: none;
   padding: 0;
   border: solid 1px #a9abae;
}

.group-wrapper ul li:not(:last-child) {
   border-bottom: inherit;
}
```

```
.group-wrapper ul li a {
   padding: inherit;
   color: inherit;
   text-decoration: inherit;
   margin: -11px -9px -12px;
   display: block;
}

.group-wrapper ul li:first-child a {
   -webkit-border-top-right-radius: 10px;
   -webkit-border-top-left-radius: 10px;
}

.group-wrapper ul li:last-child a {
   -webkit-border-bottom-right-radius: 10px;
   -webkit-border-bottom-left-radius: 10px;
}
```

La tercera lista posible, la de la visualización de iconos en cuadrículas, es apropiada para cuando se tienen que presentar muchas opciones en un área muy pequeña, pues muestra los elementos de una manera muy intuitiva para el usuario. También puede recurrir a esta distribución para sustituir las etiquetas de los menús contextuales, así como cuando un usuario mantiene la pulsación para emplear la funcionalidad de copiar y pegar. Sólo tiene que acordarse de hacer las zonas para golpear lo suficientemente grandes para que se puedan utilizar.

Alternativas para la interfaz gráfica

Aparte de las consideraciones sobre la usabilidad del diseño, debe replantearse detenidamente la estructura gráfica real de sus aplicaciones Web. Para ello, dispone de varias opciones, todas ellas legítimas. Como hay bastantes enfoques posibles, la medida en la que siga estas directrices es ya una elección personal.

Imitar la interfaz de iOS

Copiar la interfaz gráfica nativa del dispositivo al que se dirige es una apuesta bastante segura para desarrollar aplicaciones Web. Utilizar una apariencia que los usuarios ya conocen agilizará su proceso de navegación y hará que reciban una impresión más positiva de su aplicación. Su objetivo debe ser proporcionar una interacción fluida, por lo que imitar la interfaz genérica de Apple y emplear sus ergonómicos elementos parece una buena idea.

El principal inconveniente de copiar el iOS es que su aplicación puede parecer fuera de lugar vista desde otro dispositivo. Un usuario de webOS o Android verá su programa como se vería en un iPhone, aunque el entorno, las funcionalidades nativas e incluso el dispositivo en sí no serían como el de dicho aparato. Por último, tendría razón si pensara que imitar esta interfaz, a pesar de que Apple lo recomiende, no resulta muy personal, lo que en definitiva podría hacer que su aplicación fuese más olvidable que una con una funcionalidad similar pero con una identidad más reconocible.

Sin llegar a copiar realmente la interfaz nativa, hay ocasiones en las que debería basarse en ella. iOS posee comportamientos originales específicos relativos a los elementos `<select>` de los formularios y a las ventanas modales emergentes. Si se aleja de la implementación de Apple, le será difícil renderizarlos de un modo utilizable, en especial porque los usuarios deberían tener claro qué va a ocurrir cuando realicen acciones sobre dichos elementos.

También habrá ocasiones en las que no tenga más remedio que basarse en la interfaz gráfica del iPhone. Si desea utilizar esquemas de URL especiales como `mailto:` o `tel:`, tendrá que ceder de nuevo el control al sistema operativo. Lo mismo pasa cuando se recurre a reproductores de sonido o de vídeo porque Mobile Safari no integra estas funcionalidades directamente en el iPhone y el iPod touch.

Las funcionalidades del iPad

El iPad es nuevo en el mercado del desarrollo. Aunque comparte su interfaz gráfica con el iPhone y el iPod touch, porque también trabajan con iOS, debería replantearse sus directrices de diseño para este dispositivo. El iPad, probablemente, ofrezca a los usuarios una nueva experiencia como dispositivo; de usted depende que la interactividad con su aplicación sea novedosa y relevante.

La pantalla del iPad es más o menos la de un portátil, con una resolución mayor que la del iPhone o el iPod touch. No obstante, no debería desarrollar su aplicación con un portátil en mente o considerando al iPad sólo como un iPhone más grande. Las funcionalidades que ofrece son claramente diferentes de las de los ordenadores y los teléfonos inteligentes.

No es un portátil ni un iPhone

La orientación inicial del iPad es la vertical y carece de barra de desplazamiento. La importancia de una interacción clara es igual de crítica que en el iPhone. Decididamente, el mero hecho de disponer de más espacio en la pantalla no significa que deba intentar utilizarlo todo. Siga manteniendo la atención del usuario en una finalidad de su aplicación Web, con medios para interactuar con ella que resulten sencillos de comprender. En general, aplique las mismas directrices que en el desarrollo para iPhone.

Una vez más, el iPad no es un iPhone grande. Si sigue los parámetros de la interfaz gráfica del iPhone, deberá adaptarlos cuando sea posible o necesario. Puede conservar su preferencia para las listas, aunque debería contemplar la posibilidad de que la cantidad de contenido para cada elemento fuera más completa. Además, tenga en cuenta que en el iPad puede combinar elementos en una sola vista donde en el iPhone tenía dos, siempre que resulte relevante, como muestra la figura 5.13.

Figura 5.13. *Un modo creativo y realista de implementar una vista dividida.*

Un modo interesante de diseñar la estructura del contenido para el iPad es la llamada vista dividida. La idea es que, como el iPad posee una pantalla más grande, los desarrolladores pueden separar la parte principal del contenido auxiliar y las funcionalidades más avanzadas, al estilo maestro/detalle.

En la orientación horizontal, la vista detalle se mostraría a pantalla completa, de modo que la maestra flotara sobre ésta y los usuarios podrían ocultarla o enseñarla golpeando sobre un botón. En la orientación horizontal, el cuadro flotante de su aplicación se transformaría en una barra lateral. Si está pensando en que debería sugerir el uso de esta vista o incluso forzarlo, probablemente acabe generando un peor diseño o creando una aplicación que no es realmente para iPad. En el iPad, el toque sigue siendo la manera ideal de interactuar con el sistema operativo, las aplicaciones y el contenido. Esto es importante porque tiene una fuerte influencia en el modo en que los usuarios usan y perciben sus páginas y aplicaciones. Como el tamaño de la pantalla le permite imitar con más facilidad y con mayor detalle los elementos de la vida real, puede apoyarse en un nuevo nivel de realismo para hacer que su programa sea más fácil de entender y utilizar. Échele un vistazo a iBooks (en la figura 5.14), que lleva más lejos el concepto de biblioteca. La aplicación es muy intuitiva porque invita al usuario a coger un libro y leerlo.

Figura 5.14. *iBooks reproduce toda una biblioteca en el iPad, invitando a los usuarios a coger un libro.*

Como tiene más espacio disponible, la interacción ya no se limita a los movimientos verticales y resulta menos trabajosa, aunque sólo sea porque los usuarios tendrán más visibilidad para sus acciones.

Las aplicaciones que aparecen primero en el iPad son las que sirven para leer libros, actualizar el calendario e incluso procesar textos, que son todas las actividades de un escritorio (hablamos en este caso de uno de verdad, de los de madera), llevadas a un escenario móvil y más limpio. Le recomendamos encarecidamente que haga lo posible para que el usuario tenga una sensación similar a la real en sus acciones.

Crear la interfaz para el iPad

Si va a hacer un uso intensivo de la vista dividida (véase la figura 5.15) en el diseño de su aplicación, una vez más debería contemplar seriamente la creación de una plantilla reutilizable para agilizar su proceso de desarrollo. Al optar por una vista dividida, hay varios puntos que pueden ser algo delicados.

Figura 5.15. La aplicación Mail presenta una vista divida clásica.

Primero deberá dirigirse específicamente al iPad, con lo que la división de la vista dará lugar a una pantalla de 320x480 píxeles. Esto se consigue utilizando la regla @media de CSS como sigue:

```
@media only screen and (min-device-width:640px) { ... }
```

Esto significa que sólo nos dirigiremos a dispositivos de pantalla con un tamaño mínimo de 640px, con lo que podríamos ponerlo en la hoja de estilos principal:

```
@media only screen and (min-device-width:640px) {
   body {
      background: #e1e4e9;
   }
   .header-wrapper {
      color: #727880;
      text-shadow: rgba(255,255,255,0.7) 0 1px 0;
      border-top-color: #fff;
      border-bottom-color: #3e4149;
      background: -webkit-gradient(linear,
         left top, left bottom,
         from(#f4f5f7), to(#a8adb8));
      -webkit-background-size: 100%;
   }
   .group-wrapper p,
   .group-wrapper ul {
      -webkit-box-shadow: 0 1px 0 #fff;
      border-color: #b2b5b9;
   }
}
```

De momento, sólo cambiará el color de la cabecera para que se adapte al esquema tonal del iPad. Sin embargo, resulta innecesario actualizar inútilmente la hoja de estilos de su iPhone, dado que se puede abrir también un archivo diferente y específico cuando su aplicación Web se utiliza en un iPad o un navegador de escritorio. Esto se hace especificando el ancho del aparato en el atributo media de la etiqueta <link>:

```
<link rel="stylesheet" href="styles/big.css" media="only screen and
(min-device-width:640px)">
```

De este modo, no se abrirá nada si su usuario emplea un iPhone pero podrá añadir los estilos apropiados para dispositivos más grandes. Agregue el código anterior a un archivo llamado big.css del directorio styles de su plantilla.

Ahora que tiene su hoja de estilos específica para iPad, vamos a llenarla con algo de código para lograr la división que mencionamos anteriormente. Se aplicará siguiendo el modo en que está implementado en las aplicaciones nativas instaladas en el aparato. Recuerde que es importante que ambas columnas tengan la misma altura en la orientación horizontal, por lo que utilizaremos los valores de las propiedades de visualización table y table-cell para las vistas principal y auxiliar, lo que evita tener que recurrir a JavaScript o a ilusiones visuales empleando imágenes de fondo que serían una carga mayor para el motor de renderización. Como consecuencia, tardarían más en abrirse y, en general, resultarían menos elegantes y más complicadas de mantener.

```css
.split-view {
   display: table;
   width: 100%;
   height: 100%;
}

.split-view .view {
   display: table-cell !important;
}

.split-view .view:first-child {
   border-right: solid 1px black;
   width: 320px;
}
```

Con lo que sus etiquetas serán tan sencillas como éstas:

```html
<div class="split-view">
   <div class="view">
      ...
   </div>
   <div class="view">
      ...
   </div>
</div>
```

Ahora sólo tiene que acordarse de ocultar el contenido auxiliar a los usuarios de iPhone, colocando este código en su hoja de estilos principal:

```css
.split-view .view:first-child {
   display: none;
}
```

Esto no se aplicará al iPad porque ya especificó !important antes, en la regla display:table-cell. La sentencia !important invalida todas las demás reglas de la hoja de estilo o las que se establezcan en línea.

Sea creativo e innovador

Ya posee los conocimientos y las herramientas necesarias para empezar a crear eficientemente aplicaciones para iPhone e iPad. Un modo sencillo de alejarse de lo predeterminado es dejar intacto el diseño global (ya sabe el efecto positivo que tienen las opciones de diseño presentadas sobre la usabilidad de su aplicación Web) pero modificando el esquema de color aplicado. Los tonos por defecto de iOS se diferencian claramente, aunque pueden ser un poco fríos para algunos fines. La relevancia también depende del público al que se dirija. El gris y el azul, por ejemplo, pueden resultar aburridos para una clientela adolescente.

El sitio Web `http://kuler.adobe.com/` le ofrece un modo sencillo y entretenido de experimentar con los esquemas de color. Allí podrá escoger entre varios temas enviados por los usuarios o bien optar por crear el suyo propio. La idea es generar fácilmente asociaciones de color que se adapten al espíritu inicial del diseño de Apple. También puede consultar esta Web para hacerse una idea de lo que se lleva o para buscar inspiración. Obviamente, el mejor modo de encontrar modos originales de diseñar sus aplicaciones Web es con la utilización real de los dispositivos a los que se dirige, en la medida de lo posible. Conocerlos bien, como desarrollador y como usuario, le ayudará enormemente a entender lo que "funciona" y lo que no. Imitar la interfaz gráfica del sistema operativo al que se dirige es un buen modo de hacer que su aplicación sea más accesible. Incluso los usuarios más perezosos deberían poder adaptarse a un entorno con el que están familiarizados. Por tanto, la interfaz de su aplicación debe tener un diseño bueno e intuitivo, construyendo sobre lo que ya existe.

Aun así, debería poder encontrar buenas fuentes de inspiración en su vida cotidiana. ¿Le gusta clasificar papeles para poder estar organizado? ¿Necesita hacer fotografías apaisadas para trabajar en buenas condiciones? Encuentre una manera de trasladar todo esto a sus aplicaciones. Es probable que no sea el único que lo haga y este tipo de innovación puede marcar las diferencias entre lo bueno y lo magnífico. Para ofrecer una experiencia distinta, construya sobre la clara y sencilla interfaz de iOS para hacer nuevos y bellos entornos.

Resumen

Desarrollar para dispositivos móviles no es fácil. Tendrá que alejarse de varios principios y hábitos basados en la Web tradicional para producir aplicaciones satisfactorias. Todos los aparatos basados en iOS ofrecen un excelente soporte para estándares, una interfaz limpia e ingeniosas funcionalidades para sus aplicaciones (y, por consiguiente, para sus usuarios). Aun así, esto tiene sus inconvenientes. Debe poner un cuidado extremo en no decepcionar a la gente y proporcionarles siempre la mejor experiencia posible, teniendo en cuenta los estándares que están acostumbrados a ver. Piense en su proceso de diseño partiendo de cero pero sin olvidar lo que pueda haber aprendido del desarrollo anterior. Dispone de abundantes herramientas para ello, a las que debería sacar el máximo partido para crear una aplicación única y relevante. En los siguientes capítulos vamos a entrar en más detalle sobre lo que se puede llegar a conseguir con las tecnologías de WebKit y iOS.

6. Características interesantes de CSS para la interfaz de usuario de su aplicación Web

HTML5 va más allá en la semántica del documento que las versiones anteriores del lenguaje. Sin embargo, si lleva algún tiempo desarrollando interfaces, será consciente de que un diseño atractivo va asociado a complejos dilemas y etiquetas innecesarias.

En este capítulo vamos a comentar varias funcionalidades de CSS que harán que el proceso de desarrollo de su aplicación Web sea mucho más rápido, interesante y limpio. Algunas le facilitarán la mejora y el mantenimiento del código y otras son más complicadas pero le abrirán toda una gama de opciones de diseño y maquetación en la creación de su aplicación para Mobile Safari.

Tenga en cuenta que muchas de las funcionalidades que vamos a analizar son bastante nuevas y se consideran inestables o específicas para WebKit, por lo que irán prefijadas por -webkit-. Esto puede ser necesario para los valores de las propiedades y es obligatorio para la mayoría de las características que vamos a explicar, por lo sería pertinente que adoptara la costumbre de declarar siempre la regla específica de WebKit seguida de la regla en sí, sin prefijo, para conseguir la máxima compatibilidad con las versiones posteriores.

Hechas estas consideraciones, vamos a sumergirnos en las nuevas maravillas que Mobile Safari pone a su disposición.

Mejorar la interacción con el usuario con CSS

Antes de presentar algunas de las golosinas de CSS que nos trae la especificación de CSS3 y algunas otras que se sacrifican con frecuencia en aras de la compatibilidad entre navegadores, vamos a examinar algunas funcionalidades de CSS específicas para Mobile Safari.

Aunque las bondades que veremos en este capítulo le servirán para aumentar y mejorar el control sobre el diseño y la estructura de sus páginas, va a trabajar para un sistema operativo y un navegador concretos que poseen unas potentes interfaces de usuario y que han creado ciertos hábitos y expectativas entre sus usuarios. Las posibilidades de Mobile Safari con las que vamos a empezar le permitirán generar aplicaciones que se integrarán aún mejor en el dispositivo del usuario para incrementar su experiencia.

Reaccionar frente a las acciones del usuario

En un dispositivo con una interacción entre usuario e interfaz tan cercana es importante que las acciones del usuario disparen una reacción visual en sus aplicaciones Web, como comentamos en el capítulo 5.

El estado de interacción inicial implementado en Mobile Safari está basado en la propiedad `-webkit-tap-highlight-color`, que define un color para el cuadro que superpone para resaltar las áreas de la ventana de visualización que puede golpear el usuario. Esto se puede apreciar, por ejemplo, en cualquier enlace en el que se haya tocado. La siguiente regla oscurecerá estas zonas cada vez que el usuario toque sobre un elemento en el que puede pulsar, como puede observarse en la figura 6.1:

```
a { -webkit-tap-highlight-color: rgba(0, 0, 0, 0.5); }
```

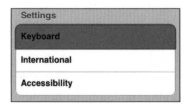

Figura 6.1. *El elemento recién golpeado por el usuario muestra un color personalizado.*

Quizá piense que en Mobile Safari no hay un estado que indica que se haya hecho clic sobre un elemento. Esto no es del todo cierto, aunque resulta un poco complicado acceder a esta propiedad a través de las pseudo-clases `:active` y `:hover`. Son muchos los que recomiendan emplear `touchstart` y `touchend`, los equivalentes a `mouseover` y `mouseout`, añadiendo y eliminando una clase específica con un gestor de eventos. Por supuesto, esto funciona pero es algo incómodo y pesado de utilizar, sobre todo si tenemos en cuenta que existe un modo mucho más sencillo de conseguirlo.

Puede activar estos equivalentes añadiendo un gestor de eventos en la ventana, que funciona y activa el comportamiento deseado sin tener que agregarle funcionalidades. Por consiguiente, el próximo código incorporado al archivo `main.js` de la plantilla de nuestra aplicación nos permitirá adjuntar la regla subsiguiente a nuestro `main.css`, como se ve en la figura 6.2:

```
/* main.js */
document.addEventListener("touchstart", new Function(), false);

/* main.css */
.group-wrapper ul li a {
   ...
   -webkit-tap-highlight-color: transparent;
}

.group-wrapper ul li a:active {
   color: #fff;
   background: #015de6
      -webkit-gradient(linear,
         left top, left bottom,
         from(rgba(255, 255, 255, .25)), to(transparent));
}

.group-wrapper ul li a:active * {
   color: #fff;
}
```

***Figura 6.2.** Igual que un menú nativo de iPhone.*

Una vez más, hemos creado estos estilos de manera que sean fáciles de adaptar. Aquí, un simple cambio del color de fondo le permitirá modificar el aspecto del botón sin alterar el degradado.

Cómo desactivar las funcionalidades de copiar y pegar

Los usuarios pueden iniciar fácilmente una acción de pulsación larga sobre los elementos de su página, lo que disparará la funcionalidad de copiar y pegar mostrando un feo cuadro de texto que podría hacer algo más incómoda la navegación para el usuario, como ilustra la figura 6.3.

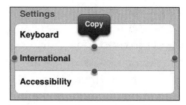

Figura 6.3. *Una pulsación larga puede activar la funcionalidad de copiar y pegar.*

Es posible desactivar este comportamiento o agregar alguna funcionalidad personalizada para esta acción. Sólo tendrá que emplear CSS con la propiedad `-webkit-user-select`, que admite los siguientes valores: `auto`, para permitir la selección, `text`, para que el usuario sólo pueda seleccionar texto o `none` para desactivarla totalmente. Aun así, tenga cuidado de no mermar la usabilidad, eliminando, por ejemplo, la capacidad de seleccionar campos de texto. El siguiente código se encarga de esto automáticamente mediante selectores comunes:

```
*:not(input):not(textarea):not(select),
   input[type=image],
   input[type=file],
   input[type=submit],
   input[type=button],
   input[type=reset] {

   -webkit-user-select: none;
}
```

Esto impedirá la selección de todos los elementos que no sean de introducción de texto (teniendo en cuenta todos los nuevos tipos de entrada), haciendo que la interacción con su programa se acerque más a la de las aplicaciones nativas de Mobile Safari.

Control sobre la llamada a opciones

La acción de mantener la pulsación sobre un enlace activará el menú que vemos en la figura 6.4. Si su aplicación Web está hecha a semejanza de una nativa, este comportamiento probablemente no sea necesario, deseado o esperado por el usuario.

Afortunadamente, se puede desactivar, una vez más con un sencillo código en CSS que asigna el valor none a la propiedad -webkit-touch-callout. Como en el caso anterior, debería tener en cuenta las ocasiones en las que el usuario pudiera verse frustrado porque esperaba encontrar esta funcionalidad.

```
body {
    ...
    -webkit-touch-callout: none;
}
```

Para desactivar globalmente este comportamiento para todos los elementos bastará con que añada esta regla en el cuerpo de sus documentos.

Figura 6.4. *Mantener la pulsación sobre elementos como enlaces o imágenes puede disparar la llamada a opciones.*

Selectores

Antes de introducirnos en la magia del diseño y las funcionalidades de estilo de CSS3, creemos que es importante dedicar algo de tiempo a repasar uno de los aspectos más interesantes de trabajar con CSS en los navegadores modernos: los selectores. De hecho, si está acostumbrado a acceder a los elementos utilizando sólo ID, clases y descendientes, se está perdiendo parte de la diversión.

Los navegadores WebKit implementan completamente los selectores de CSS1 y 2 junto con la mayoría de los introducidos por CSS3.

> **Nota:** *Todos los selectores comentados aquí se pueden emplear en el campo de búsqueda del inspector Web de WebKit ubicado en el menú* Desarrollo, *que una vez más puede resultar muy útil en su proceso de programación.*

Esto le proporciona un control casi total sobre el elemento al que desea dirigirse, sin tener que determinar demasiadas etiquetas con identificadores adicionales. Los selectores de CSS le permiten moverse con precisión a lo largo de la estructura del documento escogiendo sólo elementos con las características indicadas.

Visión general de los selectores CSS disponibles

Con CSS3, el número de selectores disponibles se ha vuelto espectacular, aunque sólo vamos a entrar en detalle con aquellos que parecen más complicados de manejar. Encontrará la lista completa con una descripción de cada uno en la página de especificación, en `www.w3.org/TR/css3-selectors/#selectors`.

Verá que la mayoría de los que aparecen son ya conocidos o bastante intuitivos. Probablemente se haya fijado en que hay algunos recién llegados interesantes, que permiten la selección negativa o la de sólo una parte de un atributo. En el capítulo 9 también utilizaremos el muy versátil `:target`, que le puede ahorrar una buena cantidad de código JavaScript. Otros selectores, aunque útiles, tal vez le resulten algo menos obvios; aquí encontrará algunas notas y explicaciones para ellos.

En primer lugar, ahora se diferencian los pseudo-elementos de las pseudo-clases mediante el uso de una doble marca de dos puntos (::), en lugar de una sola. Esto puede que le parezca trivial pero CSS2 no hace esta distinción, aunque sí tiene sentido en la naturaleza de los selectores: los pseudo-elementos no forman parte del árbol del documento. Por lo general, pertenecen al contexto del texto y normalmente no se puede acceder a ellos a través del lenguaje del documento, mientras que las pseudo-clases están pensadas para identificar elementos en función de su posición en el DOM. En segundo lugar, debería tener cuidado con los espacios porque un "selector vacío" puede dirigirse a cualquier elemento.

```
/* 2 equivalent definitions... (with space) */
p ::first-letter { ... }
p *::first-letter { ... }

/* ...but different from */
p::first-letter { ... }
```

A continuación, tenga presente que puede concatenar los selectores. Por ejemplo, quizá le interese añadir una marca visual al final de todos sus artículos. Suponiendo que el último de los hijos de un `<div>` sea un elemento de párrafo, se podría hacer de este modo:

```
div p:last-child::after {
    content: "The End";
    font-weight: bold;
}
```

Esto puede ser bastante complejo porque prácticamente no existe un límite para la profundidad, como podrá deducir de lo siguiente:

```
a.class1.class2:not(#id1):first-child:hover {
    color: red;
}
```

Aquí nos dirigimos a cualquier enlace que tenga las clases `.class1` y `.class2`, pero no la ID `id1` y que sea el primer hijo de su padre, para aplicar un color específico a su estado `hover`.

La posición en el conjunto de selectores: pseudo-clases estructurales

Quizá esté acostumbrado a utilizar los selectores `:first-child` y `:last-child`. En tal caso, es probable que sepa que esto puede ser frustrante por dos razones. La primera limitación es que, obviamente, sólo puede dirigirse al primer y al último hijo, respectivamente. Pero habrá ocasiones en los que sea pertinente aplicar estilos diferentes al penúltimo hijo de un elemento, a elementos alternos o al primer hijo de tal o cual tipo.

La segunda es que ambos selectores poseen un comportamiento ambiguo, ya que `p:first-child` no hace referencia al primer elemento `<p>`, sino al primer elemento del padre, si es del tipo `<p>`. Por ello, en el siguiente código, ningún párrafo tendría un estilo diferente:

```
<style>
    div p:first-child {
        font-weight: bolder;
    }
</style>

<div>
    <h1>Some Title</h1>
    <p>First paragraph, but not first element: will not be bold text.</p>
    <p>Second paragraph.</p>
</div>
```

Todas estas limitaciones están contempladas en CSS3, aunque la sintaxis de estos nuevos selectores merece cierta explicación. Los que vamos a ver aquí son los que entrañan contar elementos dentro del árbol: `:nth-child()`, `:nth-last-child()`, `:nth-of-type()` y `:nth-last-of-type()`.

Todos estos comparten una sintaxis peculiar, en la que el recuento del elemento al que van dirigidos se puede representar mediante un número sencillo para acceder sólo al hijo número n o mediante una expresión que satisfaga el patrón `xn+y`. Tanto `xn` como `y` se pueden omitir si son iguales a 0 pero alguna de ellas debe ser diferente de 0. Además, `y` puede tener un valor negativo. Veamos una aplicación de esto:

```
<style>
   /* Aquí no hay repetición, equivale al hijo número n (3) */
   ul li:nth-child(0n+3) {
      font-weight: bolder;
   }

   ul li:nth-child(2n) {
      /* Se verá afectada una de cada dos filas */
      color: red;
   }
</style>

<ul>
   <li>Item</li>
   <li>Red Item</li>
   <li>Bolder Item</li>
   <li>Red Item</li>
   <li>Item</li>
   <li>Red Item</li>
</ul>
```

`xn` siempre representa la parte del incremento de la variable de la expresión y el número que va tras el + es la posición en la que debería comenzar el incremento. Cuando la variable tiene el valor `0n`, sólo se estará haciendo referencia a un elemento, como en nuestro primer ejemplo.

Por ello, la expresión `ul li:nth-child(1n+3)` tendría que ir dirigida a todos los elementos `<li>`, comenzando por el tercer hijo de su padre. Al utilizar `nth-child(4n+1)` se estaría dirigiendo a uno de cada cuatro elementos, empezando a contar por el primer hijo (1, 5, 9, 13…).

En `nth-last-child()`, la sintaxis es la misma, excepto en que n es un factor de reducción. `:nth-last-child(2n+0)` va dirigido a todos los elementos pares contando desde el final. Recuerde también que al contar tanto hacia delante como hacia atrás, +y debe ser un -y, como en `(3n-1)`. Entender esta sintaxis le proporciona abundantes posibilidades de dar estilo a patrones repetitivos del diseño o de dirigirse a elementos específicos sin recurrir a etiquetas adicionales.

Tenga además presente que todos estos selectores pueden recibir como parámetros las palabras clave odd y even. Por consiguiente, estas dos reglas son idénticas:

```
section div:nth-child(2n+0)::after { content: "even"; }
section div:nth-child(even)::after { content: "even"; }
```

Al igual que éstas otras:

```
section div:nth-child(2n+1)::after { content: "odd"; }
section div:nth-child(odd)::after { content: "odd"; }
```

Por otra parte, los ejemplos anteriores pueden ser calcados a los siguientes, o quizá no, porque el punto de partida es diferente:

```
section div:nth-last-child(2n+0)::after { content: "odd or even"; }
section div:nth-last-child(even)::after { content: "odd or even"; }
```

Por último, fíjese en que las expresiones que reciben como parámetros estos selectores no deben contener espacios en blanco. El siguiente no es válido y será ignorado:

```
ul li:nth-child(0n + 3) { font-weight: bolder; }
```

Como dijimos, estos selectores hijo globales buscan en todos los hijos de un contenedor, con independencia de su tipo. Normalmente, es preferible que sólo se dirijan a un tipo de hijo, como en nuestro primer ejemplo. Aquí lo tenemos de nuevo, modificado para que funcione como esperábamos:

```
<style>
   div p:first-of-type {
      font-weight: bolder;
   }
</style>

<div>
   <h1>Some Title</h1>
   <p>First paragraph now bolder!</p>
   <p>Second paragraph.</p>
</div>
```

Así puede tener un control completo sobre la selección de sus elementos.

Control avanzado sobre los fondos

Aunque se consiguieron muchos diseños inspiradores gracias a las posibilidades ofrecidas por las versiones anteriores de CSS, normalmente la elaboración de los fondos resultaba una tarea complicada.

Desde el punto de vista del diseñador, las posibilidades de la definición de fondos con CSS2 no eran muy espectaculares. Aun así, hoy en día se hace un amplio uso de ellos, pues los diseños son cada vez más complejos y ricos e incorporan más elementos de página.

Es más, los fondos se aplican sobre estructuras que son más enrevesadas y complejas que antes. Por tanto, los desarrolladores necesitan mostrarlos con más precisión.

CSS3 ofrece un nuevo conjunto de propiedades de fondos para hacer más fáciles y eficientes las tareas que hasta ahora parecían difíciles y engorrosas. Ahora dispone de un mejor posicionamiento y varias capas. Vamos a explicar las que soporta actualmente Mobile Safari.

> **Nota:** *Muchas funcionalidades de CSS3 necesitan de forma temporal un prefijo* -webkit-, *lo que le permite implementar antes las nuevas especificaciones pero también implica que estas reglas serán reemplazadas y desaparecerán. Por tanto, en sus hojas de estilo debería declarar siempre la regla con el prefijo* -webkit-, *seguido de lo que sería la regla en sí, sin prefijo, para evitar sorpresas cuando las futuras versiones no admitan esta implementación "borrador". Además, como la definitiva posiblemente sea mejor (ya sea más rápida, más limpia, etc.), preferirá aplicarla en cuanto esté disponible en lugar de la del borrador. Por tanto, deberá declararse en segundo lugar.*

El origen del fondo

Al definir un fondo, éste se suele aplicar a un cuadro, con cierto relleno, un borde y un margen. Su color irá desde el límite exterior de los bordes hasta el centro del cuadro, mientras que la imagen se colocará tomando como referencia el límite interior.

Esto se puede ajustar más con la propiedad `background-origin` de CSS3, que se podría considerar una ampliación de `background-position`, pues le permite especificar el origen del posicionamiento. Quedará más claro con un par de ejemplos:

```
<style>
   div {
      float: left;
      border: dashed 10px #000;
      background-color: #ccc;
      padding: 20px;
```

```
        width: 240px;
        height: 240px;
        margin: 20px;
        background-position: bottom right;
        background-repeat: no-repeat;
        background-image: url(images/flower.jpg);
    }

    div:nth-of-type(1) {
        -webkit-background-origin: border-box;
    }

    div:nth-of-type(2) {
        -webkit-background-origin: padding-box; /* opción por defecto */
    }

    div:nth-of-type(3) {
        -webkit-background-origin: content-box;
    }
</style>

<!-- Nuestras 3 cajas -->
<div></div>
<div></div>
<div></div>
```

Para este ejemplo hemos creado tres cajas con las mismas dimensiones, el mismo color de fondo y la misma imagen. La única diferencia es el valor de la propiedad `background-origin`. Puede observar su comportamiento en la figura 6.5.

Figura 6.5. *Tres posibles orígenes para el fondo: el borde, el relleno (opción por defecto) y el contenido de la caja.*

Los valores determinan si la imagen de fondo se debería ubicar tomando como referencia toda la caja (bordes incluidos), la caja con su relleno o sólo el área de contenido real. El valor por defecto para esta propiedad es `padding-box`, la ilustración del centro. Obviamente, quizá piense que esto se podía conseguir con las propiedades de CSS 2.1, pues podría determinar la posición del fondo teniendo en cuenta el ancho de los bordes y del relleno, pero esto tenía unas claras limitaciones.

Por ejemplo, no podría hacer que la imagen entrara en el área de los bordes, ni siquiera asignándole un valor negativo para que retrocediera desde la zona de relleno hasta la del borde. Además, la definición de valores fijos para estilos como `background-position` suele derivar en que el código es menos reutilizable y en una multiplicación de reglas similares porque habría que actualizar los valores para cada tamaño de bloque individual.

La propiedad `background-origin` no sólo le ofrece más posibilidades, sino que también permite que haya más estilos globales, con lo que podrá escribir un código más corto y eficiente.

Recortar el fondo

Los beneficios para el diseño comentados en la sección anterior también se aplican a la siguiente propiedad: `background-clip`. Aunque el "origen" del fondo sólo afectaba a las imágenes, la propiedad `background-clip` le permite establecer reglas para todos los elementos, es decir, imágenes y colores, definiendo el área de dibujo.

Es posible utilizar prácticamente todo el ejemplo anterior con la sustitución de `origin` por `clip` en los estilos porque los valores para esta propiedad son los mismos que para `background-origin`.

```
<style>

   div {
      ...
      background-position: bottom right;
      background-repeat: no-repeat;
      background-image: url(images/flower.jpg);
      -webkit-background-origin: border-box;
   }

   div:nth-of-type(1) {
      -webkit-background-clip: border-box; /* opción por defecto */
   }

   div:nth-of-type(2) {
      -webkit-background-clip: padding-box;
   }

   div:nth-of-type(3) {
      -webkit-background-clip: content-box;
   }

</style>
```

Esto tendría como resultado un comportamiento como el mostrado en la figura 6.6.

Figura 6.6. *Los tres posibles estados para el recorte del fondo: desde el límite exterior del borde (opción por defecto), excluyendo el borde o excluyendo el relleno (partiendo del área de contenidos).*

El comportamiento por defecto es el de extender el color de fondo hasta los bordes de la caja. Los demás valores se comportan como en el original, sólo que incluyendo también los colores de fondo.

No obstante, tenga cuidado al utilizar el valor `content-box` con la propiedad: WebKit la ha implementado como definida en una primera versión de la especificación de CSS3 pero, como este valor se ha eliminado de la especificación, para obtener el efecto deseado es aconsejable combinar `background-clip`, en la medida de lo posible, con uno de sus otros dos valores, en caso de que uno se elimine del navegador. Es probable que para la propiedad `background-clip`, el `padding-box` sea el más interesante porque permite enriquecer el estilo de los bordes con imágenes, como veremos pronto, o que estos sean translúcidos.

Recortar el fondo en función del texto

WebKit ofrece, además, la posibilidad de recortar el fondo en relación al texto del contenedor mediante el valor `text`, como vemos en la figura 6.7.

```
<style>
   div {
   background-image:
      -webkit-gradient(linear,
         left top,
         left bottom,
         from(yellow), to(red));
   -webkit-background-clip: text;
   color: transparent;
   }

</style>

<div>Background Clip</div>
```

Background Clip

Figura 6.7. Un texto que no es una imagen pero que se muestra como un degradado.

Como se deduce del código, el color del texto debe tomar el valor `transparent` para que se pueda ver al través el fondo del contenedor. El problema de esto es que las versiones del navegador que no soportan este valor casi no mostrarán el texto. Afortunadamente, puede solucionarlo mediante una propiedad específica de WebKit sólo soportada por las versiones que también admiten el valor de la propiedad en cuestión, `-webkit-text-fill-color`.

Se utilizaría del siguiente modo:

```
-webkit-text-fill-color: transparent;
color: red;
```

De esta manera, el texto sería `red` (rojo) para los navegadores que no admiten estas propiedades recientes, aunque se seguiría mostrando como un degradado en las versiones más recientes de Mobile Safari.

El tamaño del fondo

Otra carencia de los fondos de CSS2 que probablemente ya haya padecido es que las imágenes de fondo, a diferencia de las propias del HTML, no se pueden redimensionar. CSS3 nos presenta una solución de fácil uso para este molesto problema, gracias a la propiedad `background-size` (prefijada con `-webkit-`).

Pronto veremos cómo puede utilizar esta nueva funcionalidad para llevar el atractivo de la aplicación nativa Fotos a sus aplicaciones Web. Un aspecto que la hace visualmente atractiva es que todas las fotografías se presentan en una cuadrícula de miniaturas con el mismo formato y alineamiento: pequeños cuadrados del mismo tamaño, como muestra la figura 6.8. Esto tiene como resultado un diseño consistente, que no daña la calidad de las imágenes porque todas están adaptadas o recortadas para adaptarse al formato.

Para desarrollar una aplicación nativa podría utilizar el objeto `UIImageView` del entorno de trabajo Cocoa Touch y hacer que las imágenes se adapten al tamaño de cualquier contenedor empleando los parámetros que permiten ajustarlas, cambiar la escala para rellenar o rellenar con la imagen, como se ve en la figura 6.9. Vamos a usar las nuevas características que CSS pone a nuestra disposición para lograr un diseño muy similar. El algoritmo de redimensionado de Mobile Safari es muy bueno, por lo que puede obtener unos resultados excelentes.

Figura 6.8. *La aplicación Fotos presenta una galería homogénea, en la que todas las fotografías se muestran con el mismo tamaño.*

Figura 6.9. *Estos tres modos (ajustar la imagen, cambiar la escala para rellenar o rellenar con la imagen) se pueden obtener ahora con la aplicación de un estilo al contenedor.*

La propiedad `background-size` recibe dos valores: uno horizontal y otro vertical, aunque también puede especificar uno solo que se aplicará a ambos. Para los valores puede recurrir a las unidades habituales en CSS; sin embargo, en nuestro ejemplo la mejor opción son los porcentajes porque de este modo el código se puede reutilizar fácilmente.

La opción más obvia a emplear es el cambio de escala para rellenar, ya que no le obliga a conocer la proporción horizontal/vertical de sus imágenes. La que ponga se redimensionará para que rellene el espacio disponible, estirándola o aplastándola según proceda:

```
/* Cambiar la escala para rellenar */
-webkit-background-size: 100%;
```

Los otros valores de la propiedad `background-size` requieren conocer la orientación de la imagen. Para conseguir un efecto de relleno con ella habría que asignar un `100%` a la parte más estrecha y dejar la otra en `auto`. Esto significa que se recortará por arriba y por abajo si es vertical y por los lados si es horizontal.

```
/* Rellenar con imágenes horizontales... */
-webkit-background-size: auto 100%

/* ... y verticales */
-webkit-background-size: 100% auto;
```

Si invirtiese estos valores, obtendría un ajuste de la imagen, de modo que en el área en cuestión se mostrase completa con espacios vacíos, arriba y abajo o a los lados. Al especificar ambos valores explícitamente forzaría las dimensiones de la imagen redimensionada.

> **Advertencia:** *Tenga la precaución de que las imágenes no sean más del doble de grandes que su contenedor. Mobile Safari tiene un bug que afecta al control de esta situación, de manera que muestra la imagen recortada. El único modo de evitar esto es que sean más pequeñas.*

La especificación de CSS3 posee valores (`contain` y `cover`) para conseguir fácilmente el efecto deseado, aunque aún no están soportados en la versión 3.2 de iOS.

Desarrollar una galería de fotos

En esta sección le vamos a mostrar un ejemplo real de las posibilidades que ofrecen estos nuevos valores y propiedades de CSS, utilizándolos para reproducir la apariencia de la galería de fotos que vimos anteriormente. Una de las características que hacen que esta muestra sea tan eficiente y atractiva es que, independientemente del formato inicial de las fotografías mostradas, todas ellas se ajustan a la perfección al área cuadrada que tienen asignada.

Como de costumbre, vamos a construir sobre nuestro proyecto en Komodo Edit y la estructura de directorios con la que ya hemos trabajado. Primero deberá añadir a su proyecto una nueva carpeta física, llamada `images` (imágenes), en la que guardará todas las fotos de su galería. En Komodo Edit, acceda a **Project>Add>New Live Folder** (Proyecto>Agregar>Nueva carpeta interactiva) y haga clic en el icono apropiado para crear un nuevo directorio llamado `images`. Después, selecciónelo. Seguidamente, como vamos a utilizar PHP para leer el contenido de la carpeta `images` y añadir de forma dinámica referencias a algún código en JavaScript a las imágenes que contiene, tendrá que renombrar su archivo `index.html` como `index.php`. Debería tener este aspecto:

```php
<?php require_once("index_code.php"); ?>
<!DOCTYPE html>
<html>
<head>
   <title>Gallery Demo</title>
...
   <link rel="stylesheet" href="styles/main.css">
   <link rel="stylesheet" href="styles/gallery.css">
...
   <script src="scripts/main.js"></script>
   <script>
      var images = <?php writeImages('images'); ?>;
   </script>
   <script src="scripts/gallery.js"></script>
</head>

<body onload="showImages()">
...
   <h1>Gallery</h1>
...
   <div id="gallery"></div>

</body>
</html>
```

Después, cree un archivo `index_code.php` al mismo nivel que `index.php` para que contenga las funciones necesarias y que la galería funcione. En otras palabras, le permitirá recopilar la lista de imágenes de la carpeta `images`. Sería el siguiente:

```php
<?php

# Analiza la carpeta indicada y devuelve un vector con los archivos
# recopilados

function getImages($path) {
   $handle = opendir($path);
   $files = array();

   if ($handle) {
      while (($name = readdir($handle)) !== false) {
         if (is_file("$path/$name")) {
            $files[] = "$path/$name";
         }
      }
   }
```

```
        closedir($handle);
        return $files;
    }

    # Transforma nuestro vector de PHP en uno de JavaScript

    function writeImages($path) {
        $all = implode('", "', getImages($path));
        echo !$all ? '[]' : '["'. $all . '"]';
    }
    ?>
```

Genere ahora un archivo `gallery.css` en su carpeta `styles` y enlácelo desde la cabecera de su documento. Estos son los estilos que utilizará:

```
.header-wrapper {
    background-color: #444;
}

.view {
    background-color: #fff;
}

div#gallery {
    padding: 2px;
    float: left;
}

#gallery > div {
    border: solid 1px rgba(0,0,0,0.1);
    width: 75px;
    height: 75px;
    margin: 2px;
    float: left;
    -webkit-box-sizing: border-box;
    -webkit-background-size: 100%;
    background-position: center top;
    background-repeat: no-repeat;
    -webkit-background-origin: border-box;
}

#gallery > div.portrait {
    -webkit-background-size: 100% auto;
}

#gallery > div.landscape {
    -webkit-background-size: auto 100%;
}
```

Estos estilos le aseguran que cada imagen se extenderá hasta los bordes de su contenedor, de modo que todas ellas posean el tamaño correcto. Además, el borde translúcido garantiza la consistencia del aspecto general, incluso para las fotografías de tonos pálidos.

Habrá observado que, como no se admiten los valores `contain` y `cover`, tenemos que aplicar reglas diferentes dependiendo de que la orientación de la imagen sea vertical u horizontal. Vamos a utilizar el siguiente código JavaScript, que colocaremos en un nuevo archivo `scripts/gallery.js`, para determinar qué clase se deberá agregar a cada imagen:

```
function showImages() {
   var container = document.getElementById("gallery");
   container.innerHTML = "";
   for (var i = 0; i < images.length; i++) {
      loadImage(container, images[i]);
   }
}

function loadImage(container, src) {
   var img = new Image();
   img.src = src;
   var div = document.createElement("div");
   container.appendChild(div);

   img.onload = function() {
      div.className = (this.width < this.height) ? "portrait" :
"landscape";
      div.style.backgroundImage = "url(" + this.src + ")";
   }
}
```

La función `showImages()` vacía primero el contenedor de la galería para que no haya problemas de visualización cuando se abra el nuevo contenido. Después, utiliza el vector global `images` para obtener las fotos que se mostrarán y para cada nuevo elemento llama a la función `loadImage()`. Ésta crea un nuevo contenedor `<div>` para cada nuevo elemento con la clase y el fondo de imagen apropiados. El objeto `Image` se emplea sólo para determinar la orientación actual una vez que se ha abierto cada imagen.

Si abre ahora la URL de esta página en Mobile Safari, debería ver una galería semejante a la de la aplicación nativa Fotos, como muestra la figura 6.10.

Para ser mejor recibido por los motores de búsqueda también puede añadir las imágenes directamente a las etiquetas en el lado del servidor y aplicar un atributo `onload` a cada una. Sin embargo, entonces tendría que reemplazar todos sus `src` por una imagen vacía de un píxel para que al final sólo se mostrara el fondo.

Fondos multicapa

Como puede ver, los efectos que puede conseguir con los fondos de CSS3 son mucho más completos que los de CSS2. Pero las bondades de las nuevas especificaciones no se acaban aquí. Al trabajar con imágenes de fondo, ahora es posible aplicar varios fondos al mismo elemento. Utilizando una lista de valores separados por comas para la URL de su fondo, se tendrán en cuenta todas las imágenes, apilándolas de modo que la primera declarada quede encima del todo. La principal limitación de esto es que sólo puede especificar un color, que corresponderá a la capa más baja.

Figura 6.10. *Una galería de imágenes homogénea.*

No obstante, WebKit amplía esta funcionalidad, de manera que no sólo está disponible para la propiedad `background-image`, sino también para todas las del fondo que no sean las del color. Esto significa, por ejemplo, el fin de la técnica de las puertas correderas o que existirán más opciones para crear diseños líquidos porque se podrán redimensionar los fondos degradados dibujados con `-webkit-gradient()`. En vez de utilizar uno repetido, podría obtener efectos como el que vemos en la figura 6.11 mediante el siguiente código:

```
.multiple {
  width: 400px;
  height: 300px;

  background-repeat: no-repeat;
  background-image: url(flower.jpg);

  background-position:
    90px 90px,
    70px 70px,
```

```
    50px 50px;

  -webkit-background-size:
    60% auto,
    50% auto,
    40% auto,
    30% auto,
    20% auto;
}
```

Figura 6.11. *Imágenes apiladas, desde la primera de la capa inferior hasta la última de la superior.*

En este ejemplo dejamos intacta la propiedad `background-image` para todas las capas de fondo pero vamos cambiando progresivamente la posición y el tamaño para imitar un efecto de zoom.

Aquí lo importante es que entienda cómo trata el intérprete los valores cuando existen más capas que valores para alguna propiedad. La regla utilizada consiste en repetir en bucle la lista de valores disponibles hasta alcanzar la cantidad apropiada. Pero tenga cuidado: aunque las especificaciones indican que el número de capas vendrá determinado únicamente por la cifra de propiedades `background-image`, WebKit duplica esta propiedad si otras de fondo aparecen en mayor cantidad. Como al seguir las especificaciones se ignoran los valores innecesarios, no le aconsejamos que se base en esto para sus diseños porque es probable que se vea afectado por la evolución de la implementación de WebKit o de la especificación. Esta propiedad le permitirá, por ejemplo, definir un fondo distinto para los elementos que están seleccionados. La utilizaremos en nuestro siguiente capítulo sobre el lienzo y los SVG para insertar una fecha en los elementos de lista y se emplea en la plantilla de nuestra aplicación Web para combinar degradados y las nuevas posibilidades de definición de colores que vamos a explicar a continuación.

Colores

Los colores son esenciales en el diseño y su uso se ha vuelto cada vez más complejo según ha mejorado su renderización en los dispositivos. No obstante, al elaborar interfaces con asociaciones de color complejas con frecuencia ha hecho falta recurrir a imágenes (por ejemplo, para controlar la transparencia) o a herramientas externas (generalmente, para crear un esquema de colores). La especificación de CSS3 nos trae un nuevo juego de opciones que le ayudarán a crear interfaces con menos imágenes, que son más complejas pero también más ligeras, y que además harán que trabaje de un modo más eficaz.

El canal alfa

En CSS2, los colores con frecuencia se definían recurriendo a la notación RGB, es decir, a través de `#rrggbb`, `#rgb` y la función `rgb()`. Esto se ha ampliado en CSS3 con la inclusión de un canal alfa, empleando la función `rgba()`. Es especialmente útil cuando nos encontramos con cajas con fondos transparentes porque el uso tradicional de la propiedad `opacity` tiene el inconveniente de heredarse. Por ejemplo, si quisiera definir un fondo translúcido en una caja conservando totalmente la legibilidad del texto contenido en ella, necesitaría recurrir a imágenes de fondo o a complejos posicionamientos. Esto ya no hace falta porque le bastaría con fijar la transparencia para la propiedad `background-color`.

El siguiente código ilustra cómo esto cambiará su vida:

```
<style>
   body { background-color: yellow; }
   .main { position: relative; }

   .opacity-layer {
      position: absolute;
      background-color: blue;
      opacity: 0.25;
      left: 0;
      right: 0;
      top: 0;
      bottom: 0;
   }

   .content-layer {
      position: relative;
      color: red;
   }
</style>

<div class="main">
```

```
<div class="opacity-layer"></div>
<div class="content-layer">
   <h1>Some Title</h1>
   <p>A nice paragraph.</p>
</div>
</div>
```

Éste sería el código equivalente utilizando las nuevas funciones para el color:

```
<style>
   body { background-color: yellow; }

   .content-layer {
      background-color: rgba(0,0,255,0.25);
      color: red;
   }
</style>

<div class="content-layer">
   <h1>Some Title</h1>
   <p>A nice paragraph.</p>
</div>
```

Obviamente, la otra ventaja del canal alfa es que, como se trata sólo de una definición de color, es posible aplicarlo a todo aquello que tome una tonalidad como valor, incluyendo textos o bordes. También encontrará que se puede utilizar para crear con CSS sofisticados degradados para fondos.

Nuevas definiciones de color

El canal alfa se puede emplear, además, con una nueva definición de color de CSS3: `hsl()`. Aunque habitualmente se utiliza RGB y muchos desarrolladores de interfaces tienen bastante soltura con él, se suele considerar poco intuitivo. De hecho, en su vida diaria la gente está acostumbrada a síntesis sustractivas de colores (como cuando se mezclan para pintar), mientras que el RGB se basa en la síntesis aditiva (del tipo "al fusionar todos los colores se genera un blanco puro", que es el caso de la luz). Lo normal es que los usuarios del RGB realmente se acostumbren a éste de forma inconsciente, interpretándolo como un cambio en el tono, la saturación o la luz. El tono (en inglés *hue*, que es lo que motiva la "h" de las funciones `hsl()` y `hsla()`) es un ángulo, medido en grados (sin especificar la unidad), con un valor de 0 a 360. Se suele representar mediante un círculo en el que cada grado significa un desplazamiento en color del rojo (0) al rojo (360). La saturación y la luz se especifican como porcentajes.

```
hsl(<tono>, <saturación>, <iluminación>)
hsla(<tono>, <saturación>, <iluminación>, <alfa>)
```

Todas estas reglas CSS son equivalentes:

```
.red { color: red; }
.red { color: #f00; }
.red { color: rgb(255, 0, 0); }
.red { color: hsl(0, 100%, 50%); }
.red { color: hsl(360, 100%, 50%); }
.red { color: hsla(0, 100%, 50%, 1.0); }
```

Como en el círculo de tonos es difícil de apreciar la progresión, en la figura 6.12 le mostramos una versión horizontal, indicando en qué puntos se encuentran los tonos básicos.

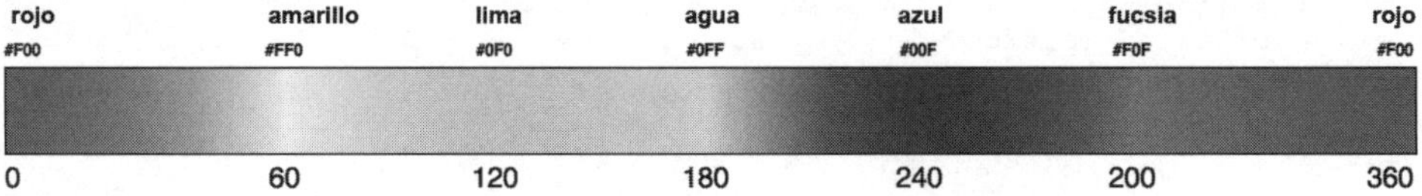

Figura 6.12. *Tabla de conversión entre colores básicos.*

Con HSL es más fácil moverse por los valores de los colores de una manera natural. Si desea un naranja sólo tiene que escoger un lugar entre el rojo y el amarillo (grados 0 y 60). ¿Que quiere un naranja claro? Añada algo de luz. ¿Mejor un naranja que sea menos vívido? Quite algo de saturación.

Con la representación `rgb()` tendría que determinar la cantidad exacta, mientras que con la representación `#rrggbb` tendría que vérselas con la dificultad extra de convertir los valores hexadecimales para cada color.

Cómo utilizar los degradados

Los parámetros anteriores posibilitaban un mejor ajuste de las propiedades del fondo. No obstante, WebKit incorpora nuevas características que le permiten utilizar el código en lugar de imágenes con un fin más interesante: crear degradados. Esto puede suponer una gran diferencia en el modo en que controla los elementos del diseño, puesto que tiene bastantes ventajas.

En primer lugar, los degradados de CSS son más ligeros para el usuario final porque no se necesitan abrir imágenes y, obviamente, porque no habrá peticiones HTTP adicionales, algo que puede ser bastante lento en los dispositivos móviles, como comentamos anteriormente.

Además, una vez que domine los degradados de CSS, podrá modificar su sitio de un modo más rápido y sencillo, ya que sólo necesitará una herramienta (lo que en ocasiones se traduce también en una sola persona) y no tendrá que preocuparse por las dimensiones.

Sintaxis básica

En el momento de escribir este libro no existe ninguna especificación sobre una sintaxis real para los degradados de CSS; cada desarrollador de navegadores ha implementado esta funcionalidad a su manera. Veamos la más elemental para crear un degradado en los navegadores de WebKit:

```
-webkit-gradient(
    linear,
    left top,
    right bottom,

    from(black),
    to(yellow)
)
```

Por ejemplo, esto podría aplicarse al fondo de un elemento utilizando lo siguiente:

```
<style>

    button {
        background-image:
            -webkit-gradient(
                linear,
                left top,
                right bottom,

                from(white),
                to(lightgrey)
            );
        border: 1px solid gray;
    }

</style>

<button>Click Me</button>
```

Este ejemplo dibuja un degradado lineal que abarca desde la esquina superior izquierda de la caja hasta la inferior derecha y crea una transición que va del blanco (`white`) al gris claro (`lightgrey`), como muestra la figura 6.13. En nuestros ejemplos vamos a indicar los colores con su nombre para que sea más claro, aunque puede utilizar cualquier convención de nomenclatura de color soportada por CSS3, incluyendo los valores transparentes.

Puede determinar las posiciones indicándolas por su nombre, con píxeles (con la unidad implícita) o mediante porcentajes: los valores `left top` y `right bottom` de nuestro ejemplo equivalen a `0 0` y `100% 100%`, por ejemplo. A las propiedades que admiten una imagen, como `background-image`, border-image e list-style-image, se les puede aplicar un valor de degradado. Sin embargo, no es posible por ahora definirlo para una propiedad color, lo que significa que no podrá aplicar directamente los degradados al texto.

Figura 6.13. *Un simple botón con un degradado lineal.*

Cambiar el tamaño del degradado

En los fondos, el comportamiento por defecto de los degradados se amplía a las dimensiones de la caja a la que están asociados. Como la función -webkit-gradient() se considera como una imagen, puede modificar este comportamiento utilizando las propiedades comentadas anteriormente, en especial background-size, que cambia el área de dibujo para el degradado.

Al asignar un tamaño de fondo de 5px, por ejemplo, limitará el alcance a un cuadrado de 5 píxeles de lado. El valor por defecto de background-repeat es repeat, por lo que si no ha definido ningún valor, el degradado se repetirá como un patrón para cubrir el área de la caja, como muestra la figura 6.14.

```
.gradient-box {
    ...
    -webkit-background-size: 5px;
}
```

Figura 6.14. *Como se ha redefinido el área de dibujo, el degradado se convierte en un patrón repetitivo.*

Obviamente, su degradado podría cortarse si el área de dibujo no es lo bastante grande como para albergarlo todo. Esto es algo que ocurriría generalmente si empleara dimensiones fijas (como tendrá que hacer para utilizar los radiales).

Sintaxis completa del degradado

Aunque los degradados ofrecen un buen rango de nuevas posibilidades para aplicar estilos a los elementos de HTML, la implementación de WebKit no se limita a esto. Ésta es la sintaxis completa, según se describe en la documentación de WebKit:

```
-webkit-gradient(<tipo>, <punto> [, <radio>]?, <punto> [, <radio>]?
[, <detención>]*)
```

Al igual que en las expresiones regulares, el signo de interrogación indica que el elemento puede aparecer una vez o ninguna y el asterisco señala que se puede utilizar una, varias veces o ninguna en absoluto. Como es evidente, especificar un degradado sin color parece una idea extraña.

Puede crear dos tipos con CSS: degradados lineales, como ya ha visto, y radiales. Para definir los segundos tiene que especificar un radio, además de los elementos que ya ha introducido. Observe que su valor se expresa únicamente en píxeles, aunque no hace falta concretar la unidad. No puede usar unidades relativas para ajustar el degradado al tamaño de la caja; por tanto, sólo podrá obtener círculos normales y no elipses más complejas. En la figura 6.15 verá el efecto del degradado de tipo radial, sustituyendo en el primer ejemplo su código por el siguiente:

```
-webkit-gradient(
    radial, /* <tipo> de degradado */
    100 100, 25, /* <punto> y <radio> (sólo para degradados radiales) */
    100 100, 100,

    from(black), /* 2 valores de <detención> de color */
    to(yellow)
);
```

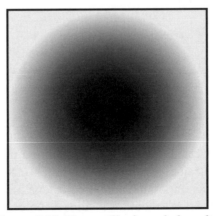

Figura 6.15. *Un sencillo degradado radial.*

Esta sintaxis puede resultar un poco enrevesada o confusa. Es importante que entienda exactamente qué representa cada valor. El primer par, tras el tipo de degradado, es la posición en la que debe originarse. Va seguido del radio del área que debería rellenarse completamente con la primera detención de color.

El segundo par indica de nuevo el círculo de destino del degradado, donde el último número es el radio con el que debería producirse la fusión de color. El resto del espacio disponible fuera de este círculo se rellenará con el tono de la última detención.

Los últimos valores determinan los colores que se utilizarán para dibujar el gradiente. Como vimos anteriormente y explicaremos en la siguiente sección, es posible definir tantos como desee para estos valores.

Gestión avanzada del color

Las funciones `from()` y `to()` son expresiones abreviadas de la función `color-stop()`, la cual posee la siguiente estructura:

```
color-stop(<detención valor>, <color>)
```

El primer parámetro se puede establecer como un porcentaje o con un número real entre 0 y 1. El segundo admite cualquier definición de color válida en CSS. Por tanto, esta función le permite determinar toda la paleta de color de su degradado, junto con las detenciones de color en las que debería comenzar, detenerse y fusionarse. De ahí que `from(<color>)` y `to(<color>)` sean lo mismo que `color-stop(0, <color>)` y `color-stop(1, <color>)`.

Esto abre nuevos modos de emplear los degradados porque puede utilizar la función `color-stop()` cuantas veces quiera para el mismo. Éste es el ejemplo anterior con un color adicional:

```
-webkit-gradient(
    radial,
    100 100, 25,
    100 100, 100,

    from(black),
    to(yellow),
    color-stop(50%, red)
);
```

Si utiliza Photoshop, esta lógica le resultará familiar porque habrá reconocido el **Editor de degradado** que vemos en la figura 6.16. No obstante, con CSS el único modo de darle más importancia a un color que a otro o crear degradados irregulares, como se hace con los puntos medios de color de Photoshop, es añadir más detenciones con el mismo tono.

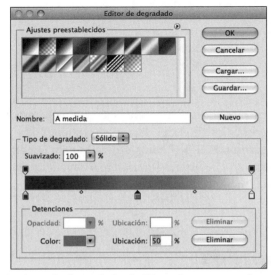

Figura 6.16. *El Editor de degradado de Photoshop con sus detenciones de color y sus puntos medios entre detenciones.*

El orden no es relevante al especificarlas, a menos que haya varias concentradas en el mismo punto, como ocurre al crear una transición definida como la del siguiente ejemplo (véase la figura 6.17):

Figura 6.17. *Dos círculos concéntricos que se han dibujado empleando varios color-stop().*

```
-webkit-gradient(
    radial,
    50% 50%, 0,
    50% 50%, 100,
```

```
        from(red),
        color-stop(50%, red),
        color-stop(50%, yellow),
        color-stop(99%, yellow),
        color-stop(99%, transparent),
        to(transparent)
);
```

Con esta técnica puede dibujar círculos con bordes precisos sin tener que preocuparse de que el color final del degradado rellene toda la caja. En la plantilla de nuestra aplicación Web la hemos utilizado para añadir un fondo variado. También se empleará en el capítulo 9 para crear una atractiva barra de pestañas en conjunción con el modelo flexible de cajas que explicaremos más adelante en este capítulo.

Cajas y bordes

Tradicionalmente, no se ofrecían demasiadas opciones de estilo para las "cajas" de CSS. Aparte de un puñado para bordes de dispar implementación con los que darle cierto brillo extra a los elementos, había que recurrir a imágenes de fondo, con todos los estilos duplicados y las aproximaciones que el proceso conlleva.

Una sencilla búsqueda en la Web devuelve cientos de páginas prometiendo la solución definitiva para crear bordes redondeados o con biseles, que tienen como consecuencia etiquetas innecesarias, pesados códigos en JavaScript o imágenes adicionales. CSS3 hace que estas prácticas parezcan casi obsoletas, gracias a las interesantes características soportadas por los navegadores recientes, entre los que se incluye Mobile Safari.

El tamaño de la caja

Antes de hablar sobre el estilo de las cajas, vamos a echarle un vistazo a una nueva funcionalidad relativa a su tamaño. Se trata de box-sizing, la cual deriva del estudio del comportamiento irregular de Internet Explorer, que no calculaba las dimensiones de las cajas según lo descrito en la especificación de CSS2. Aunque el intérprete de HTML debería procesar el tamaño como la suma de su ancho, su relleno, sus bordes y sus márgenes, Internet Explorer consideraba el relleno como parte del ancho del contenido, en lugar de sumárselo.

```
.box {
    -webkit-box-sizing: border-box;
}
```

El valor por defecto para la propiedad `box-sizing` es `content-box`, que es el comportamiento esperado en CSS2. No obstante, al asignar `border-box` como valor, hará que el relleno y los bordes se consideren parte del interior del área de contenido, en lugar de rodearla. La figura 6.18 muestra la diferencia.

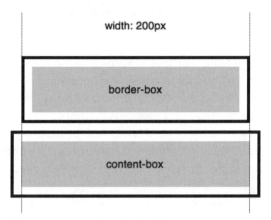

Figura 6.18. *El relleno transparente y los bordes negros enseñan la diferencia entre ambos modelos de caja.*

Tal vez esto le parezca inusual si lleva algún tiempo utilizando el modelo de cajas de CSS2 pero, si lo emplea, no tendrá que preocuparse de asignarle un ancho del 100% a una caja o añadir un borde a sus contenedores.

Generalmente, los sitios se diseñan con un contenedor global, una columna izquierda de 680 píxeles para el contenido principal y una lateral de 300 píxeles. Hasta ahora, cambiar el relleno de sus cajas o agregar un borde habría supuesto una tarea desmoralizante. Aquí no tiene que preocuparse de esto porque sus cajas conservarán su anchura exterior.

Cajas de esquinas redondeadas

Añadir esquinas redondeadas a los elementos de las páginas es algo muy popular últimamente; sin embargo, una vez más, esto puede ser algo difícil de implementar de una manera flexible. Más aún, la interfaz de usuario del iPhone hace un amplio uso de ellas. Es probable que desee lograr un diseño concordante con esto imitando también las de iOS.

CSS3 le trae la solución definitiva, gracias a la propiedad `border-radius`. Con una sencilla declaración de CSS, debería poder satisfacer la mayoría de sus sueños como diseñador en lo que esquinas se refiere, como muestra la figura 6.19.

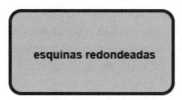

Figura 6.19. *Un simple cuadro con esquinas redondeadas.*

Fíjese en que WebKit (y, por tanto, Mobile Safari) no sigue exactamente la especificación. La única limitación consiste en que se le permite generar bordes diferenciados en una sola declaración. En la sintaxis de WebKit tendrá que declarar cada esquina separadamente si desea efectos distintos.

La sintaxis de Mobile Safari es posiblemente más intuitiva, pese a todo. Se hace referencia en el nombre de la propiedad al borde al que va dirigida y se asigna el radio como valor. Por tanto, su regla tendría el siguiente aspecto:

```
/* El mismo valor para las cuatro esquinas */
-webkit-border-radius: 16px;

/* Lo mismo con declaraciones independientes */
-webkit-border-top-left-radius: 16px;
-webkit-border-top-right-radius: 16px;
-webkit-border-bottom-left-radius: 16px;
-webkit-border-bottom-right-radius: 16px;
```

Obviamente, no está limitado a las formas normales. Aunque al darle el mismo valor a todas las esquinas obtendría una caja estándar con esquinas redondeadas y acabaría con un círculo perfecto, puede crear una forma más elíptica especificando valores paralelos para el ancho y el alto, como en la figura 6.20:

```
/* De nuevo, el mismo valor para las cuatro esquinas */
-webkit-border-radius: 24px 48px;

/* Y de nuevo, lo mismo mediante declaraciones independientes */
-webkit-border-top-left-radius: 24px 48px;
-webkit-border-top-right-radius: 24px 48px;
-webkit-border-bottom-left-radius: 24px 48px;
-webkit-border-bottom-right-radius: 24px 48px;
```

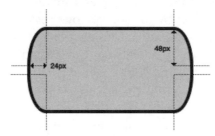

Figura 6.20. *Una caja con esquinas distorsionadas.*

La propiedad se puede aplicar a todos los elementos, al igual que `border`, pero no depende del uso real de un borde. De igual modo, puede utilizar cualquier unidad de medida, ya sean valores fijos como píxeles o relativos como ems o porcentajes.

Al recurrir a estos últimos, el valor del radio se evaluará en relación a la anchura y la altura globales de la caja (es decir, las dimensiones contempladas al utilizar el valor `border-box` para `box-sizing`). Tenga en cuenta también que no tendrá que preocuparse de que sus fondos desborden sus contenedores porque se recortarán según sea preciso.

Dibujar bordes con imágenes

La funcionalidad `border-radius` de CSS3 es muy interesante pero con la nueva especificación es posible hacer más cosas con los bordes, aparte de controlar sus líneas. De hecho, puede integrar también estilos más elaborados con la propiedad `border-image`, que se ocupará de adaptar una imagen al tamaño de sus bordes, ya sea redimensionándola o repitiéndola.

En los siguientes ejemplos vamos a utilizar la imagen de la figura 6.21, que tiene 300 píxeles de ancho y de alto, como patrón para un borde dividido en nueve áreas diferentes. Los declararemos en el mismo orden en lo que respecta a márgenes, rellenos o bordes, con dos modos, `stretch` y `repeat`. La principal limitación es que no puede especificar un modo distinto para bordes opuestos.

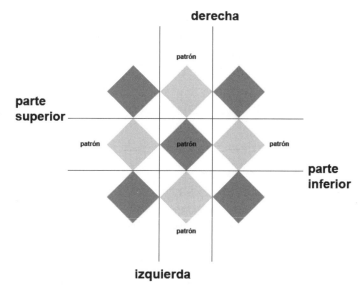

Figura 6.21. *El patrón que utilizaremos como imagen para el borde.*

La figura 6.22 muestra el resultado del siguiente código, cambiando sólo el modo:

```
.border {
    -webkit-border-image: url(diamonds.png) 100 100 100 100 stretch
stretch;
    width: 400px;
    height: 350px;
    border-width: 100px;
}
```

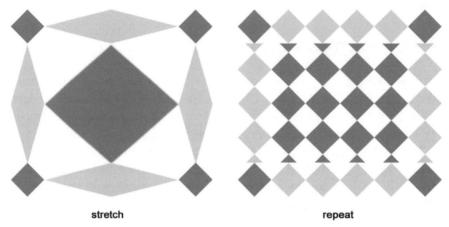

stretch **repeat**

Figura 6.22. La caja resultante con los modos stretch y repeat.

Hay un tercer modo, `round`, que repite el patrón y lo redimensiona sin truncarlo, pero Mobile Safari no lo admite. De todos modos, como un borde con una imagen no deja de ser un borde, puede especificar su anchura directamente en su declaración de `border-image`, igual que en este ejemplo:

```
.border {
    -webkit-border-image: url(diamonds.png) 100 / 100px stretch stretch;
    width: 400px;
    height: 350px;
}
```

Esto es una abreviatura de la propiedad. Como todos los lados tienen las mismas dimensiones, agrupamos el área de los fragmentos. La barra separa esta zona del tamaño del borde para evitar cualquier confusión.

Que las áreas de nuestra imagen tengan 10 píxeles de ancho no significa que los bordes deban tener esa anchura: si define uno más fino, la zona de la imagen se ajustará para que quepa dentro. Por tanto, en el siguiente ejemplo, nuestra imagen tendrá 50px, 25px, 100px y 25px de ancho en el borde superior, derecho, inferior e izquierdo, respectivamente (véase la figura 6.23).

```
.border {
    -webkit-border-image: url(diamonds.png) 100 / 50px 25px 100px stretch;
    width: 400px;
    height: 350px;
}
```

Figura 6.23. Cada borde tiene su propio grosor.

Esta regla puede ser muy útil para crear atractivos botones que sustituyan a los que lleva por defecto el sistema operativo.

Sombras

Tener más control sobre los bordes es una característica interesante de la creación de páginas Web porque identificar los bloques mejora la legibilidad, además de ser un modo de hacer que el contenido destaque. En este terreno CSS3 ofrece otra funcionalidad muy demandada, las sombras exteriores para bloques, a través de la propiedad `box-shadow`.

Los navegadores WebKit también implementan el `text-shadow` de CSS2. Como esta propiedad forma parte de una recomendación oficial y se considera estable, no tendría que utilizar el prefijo `-webkit-`.

Estas dos funcionalidades no sólo le permiten crear sombras proyectadas; además, hacen posible dibujar efectos de resplandor, un recurso útil para originar efectos de botón. Más allá del atractivo visual, una ventaja de esta solución es que las sombras no amplían las dimensiones de sus bloques o sus textos, por lo que su diseño no se verá afectado. Asimismo, tiene la posibilidad de aplicar varias sombras al mismo elemento usando sólo una declaración.

Sombras para cajas

La sintaxis de las sombras para cajas es bastante sencilla. La propiedad `box-shadow` recibe cuatro parámetros: el color, el desplazamiento horizontal, el desplazamiento vertical y el radio de desenfoque. Definir un radio de 0 derivaría en una sombra limpiamente cortada; cuanto mayor sea el valor, más borrosa y transparente será la sombra. El uso más habitual de una propiedad como ésta probablemente sea para delimitar las secciones de una página o proporcionar un efecto de reacción cuando el usuario pulsa un botón. No obstante, en el siguiente ejemplo vamos a emplearlo para crear un icono con la apariencia de iOS, utilizando sólo una imagen, la del botón en sí.

```
<style>
    .icon {
        display: inline-block;
        text-shadow: rgba(0,0,0,0.5) 2px 2px 2px;
        color: #000;
        font: bold 11px helvetica;
        text-align: center;
        margin: 8px;
    }

    .icon div {
        -webkit-border-radius: 8px;
        width: 57px;
        height: 57px;
        margin: 0 auto 4px;
        -webkit-box-shadow: 0 4px 4px rgba(0,0,0,0.5);
        -webkit-box-sizing: border-box;
        background-image:
            -webkit-gradient(radial,
                50% -40, 37,
                50% 0, 100,
                from(rgba(255,255,255, 0.75)),
                color-stop(30%, rgba(255,255,255, 0)),
                color-stop(30%, rgba(0,0,0, 0.25)),
                to(rgba(0,0,0, 0))
            ),
            url(flower.png);
        -webkit-background-size: auto auto, 100% 100%;
    }
</style>

<div class="icon">
    <div></div>
    Flowers
</div>
```

Lo primero que observará en la figura 6.24 es que la sombra sigue los bordes. Por tanto, si aplica un radio a las esquinas, las sombras también serán redondeadas.

Flowers

Figura 6.24. *Un icono al estilo del Dashboard de iOS.*

Nota: *La propiedad* zoom *no es válida en CSS. Primero la implementó Internet Explorer y después lo hicieron otros navegadores, sin que nunca llegara a formar parte de ninguna especificación.*

Otro aspecto interesante de utilizar este código es que es totalmente redimensionable. Por ejemplo, un valor de 0,57 para la propiedad zoom cambiaría su icono de 57 píxeles por el de menú normal de iPhone de 32 píxeles; con sólo cambiar un valor modificaría el tamaño del icono sin alterar el resto de las medidas ni la calidad.

Sombras para texto

El ejemplo anterior usa otro tipo de sombra, la aplicada al texto. La sintaxis de la propiedad text-shadow es muy similar a la de box-shadow; la única diferencia es que se declara primero el valor del color, en vez de al final. Las dos clases siguientes, respectivamente, aplican una sombra proyectada y un efecto de resplandor al fragmento de texto indicado (véase la figura 6.25):

```
.shadow {
    text-shadow: #000 2px 2px 5px;
}

.glow {
    text-shadow: #000 0 0 2px;
    color: #fff;
}
```

Como hemos visto en la plantilla de nuestra aplicación Web, las sombras proyectadas no sólo se pueden utilizar para crear sombras. Antes las empleamos para originar efectos de relieve. Con JavaScript podría incluso ampliar y reducir dinámicamente el desenfoque de la sombra del texto para crear una animación del resplandor.

A simple drop shadow
A simple glow effect

Figura 6.25. *Una sombra proyectada y un efecto de resplandor.*

Efecto para texto con sombras y perfiles

Con la propiedad `text-shadow` ha aprendido a generar un efecto de resplandor realista que es bastante similar al de un contorno. Para explorar la riqueza de las posibilidades ofrecidas por Mobile Safari en este terreno, vamos a dibujar un encabezado más avanzado mediante las propiedades que le proporcionarán un mayor control sobre el renderizado del trazo del texto:

```
<style>
   div {
      color: lightgrey;
      -webkit-text-stroke: 2px gray;
      font-size: 100px;
      text-shadow:
         gray 1px 1px 0,
         gray 2px 2px 0,
         gray 3px 3px 0,
         gray 4px 4px 0,
         gray 5px 5px 0,
         gray 6px 6px 0
   }
</style>

<div>Text Stroke</div>
```

La propiedad `text-stoke` es una abreviatura de las propiedades `text-stroke-width` y `text-strokecolor`. Esto hace que sea extremadamente sencillo definir un contorno, como muestra la figura 6.26. En este ejemplo también añadimos una sombra proyectada para realzar visualmente nuestro título.

Text Stroke

Figura 6.26. *Definición de un contorno sencillo empleando una propiedad de CSS.*

Una vez más, esto es una ilustración de cómo las nuevas características de CSS pueden evitarle tener que utilizar imágenes para hacer más rápidos y fáciles los procesos de desarrollo y mantenimiento. Este caso en concreto cobraría más relevancia aún al trabajar con lenguajes diferentes. En el siguiente capítulo veremos que este tipo de optimización se puede hacer aún más precisa con el uso de fuentes descargables.

Agregar un botón a la cabecera

Demasiada información para procesar de una sola vez. ¿Por qué no se toma un descanso y añade algo a la plantilla de su aplicación Web? Al incorporar el próximo código a su hoja de estilos `main.css` podrá usar un elegante botón en la cabecera de sus aplicaciones Web:

```
.view {
...
   position: relative;
}

.header-wrapper .header-button {
   /* Tamaño y posición del botón (anclado a la derecha) */
   position: absolute;
   top: 7px;
   right: 6px;
   width: auto;
   height: 29px;
   min-width: 44px;
   /* Tamaño mínimo para un elemento en el que se puede golpear */

   margin: 0;
   padding: 0 10px;

   /* Estilo de caja para un botón redondeado */
   -webkit-border-radius: 5px;
   border: solid 1px rgba(0,0,0,.25);
   border-top-color: rgba(0,0,0,.6);
   -webkit-box-sizing: border-box;
   -webkit-box-shadow: 0 1px 0 rgba(255,255,255,.3);

   /* Estilo del texto */
   font-family: inherit;
   font-size: 12px;
   font-weight: bold;
   text-shadow: rgba(0,0,0,.4) 0 -1px 0;
   text-decoration: none;
   text-align: center;
   line-height: 29px;
   color: #fff;

   /* Efecto resplandeciente para el fondo */
   background-color: rgba(0,0,0,.3);
   background-image:
      -webkit-gradient(linear, left top, left bottom,
```

```
        color-stop(0, rgba(255,255,255,0.25)),
        color-stop(0.1, rgba(255,255,255,.4)),
        color-stop(1, rgba(255,255,255,.1)) ),
     -webkit-gradient(linear, left top, left bottom,
        from(transparent),
        to(rgba(0,0,64,.05)) );
  background-repeat: no-repeat;
  background-position: top left, bottom left;
  -webkit-background-size: 100% 14px, 100%;
}
.header-wrapper .header-button:disabled {
  color: rgba(255,255,255,0.65)
}
.header-wrapper .header-button:active:not(:disabled) {
  background-color: rgba(0,0,64,.5);
}
```

El botón descrito se dibujaría en el lado derecho de la cabecera. Para moverlo a la izquierda de la pantalla sólo tiene que añadir la siguiente clase a sus estilos:

```
.header-wrapper .header-button.left {
  left: 6px; right: auto;
}
```

Este código es fácil de utilizar y reutilizar, ya sea para crear botones o simples enlaces. El siguiente genera el área que vemos en la figura 6.27:

```
<div class="header-wrapper">
  <h1>Web App</h1>

  <a href="edit.php" class="header-button">Edit</a>
  <button class="header-button left">Back</button>
</div>
```

Figura 6.27. *Una cabecera con botones.*

La clase `header-button` usa un método llamado estilos adaptables, que consiste en que el color del botón se asimila automáticamente al color de fondo de su padre. Este método ya se ha empleado para la propia cabecera. Como sólo usa blancos y negros translúcidos para los fondos y los bordes, aclarará u oscurecerá el tono que muestra al través, sin fusionarse, al igual que hacen los botones nativos de iOS.

No obstante, si quisiera crear un botón coloreado, como los de acción azules del iPhone, sólo tendría que cambiar el valor de `background-color` así:

```
.header-wrapper .header-button.action {
  background-color: #0f6cd7;
}
```

Como puede ver, este código se puede reutilizar y adaptar con facilidad. Es exactamente lo que necesitaba para crear aplicaciones Web ligeras.

Estructura de columnas

En el capítulo 5 empleamos la propiedad `table` para generar la vista dividida que necesitábamos para el iPad. El contenedor principal tenía el valor `table` en su propiedad `display` y las cajas interiores tenían el valor `table-cell` ampliado para dotarlas con exactitud de la misma altura. Esto también le permitió centrar verticalmente el contenido. Podría ser interesante utilizar este método para emular un diseño de columnas como el de los periódicos y las revistas.

Sin embargo, esto provocaría una redundancia semántica de las etiquetas. Es más, resultaría difícil de mantener e incuso de conseguir porque tendría que evaluar el tamaño de cada bloque de contenido y delimitarlo adecuadamente.

Propiedades de columnas en CSS

En vez de usar los trucos anteriores, es preferible recurrir al control automático del flujo de las columnas de CSS3. Esta funcionalidad lleva implementada en iOS desde la versión 2.0. Ya no tiene que estar pendiente de la longitud del contenido, ni siquiera de representar físicamente las columnas rodeando los bloques de contenido con etiquetas HTML. Mobile Safari determina dónde se cortará el texto, ya sea para obtener un número de columnas o un tamaño de las mismas. Esto posibilita el uso de estilos globales, lo que redundará en un diseño consistente con muchas dimensiones de contenedor. El siguiente código dará como resultado estructuras diferentes al visualizar la página en un iPhone o en un iPad, como muestran las figuras 6.28 y 6.29:

```
.newspaper {
   -webkit-column-width: 200px;
   -webkit-column-gap: 20px;
   -webkit-column-rule: 1px dotted black;
   padding: 20px;
}
```

En nuestro ejemplo definimos un ancho mínimo de 200 píxeles para las columnas. El motor de renderización intentará mantenerse lo más cerca posible de este valor sin dejar de adaptarse al espacio disponible. Por eso la columna mide 280 píxeles de ancho en el iPhone. Estas propiedades son bastante intuitivas. Fíjese cómo `column-gap` resuelve un problema común de los diseños horizontales: el espacio en blanco entre los distintos bloques.

Figura 6.28. *Una columna en iPhone...*

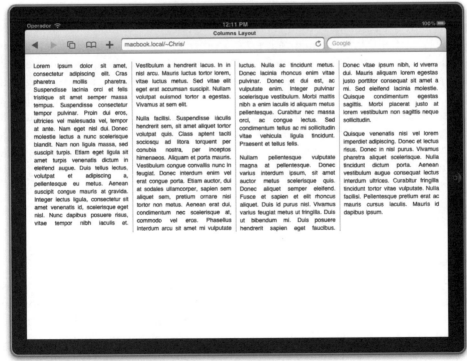

Figura 6.29. *...y cuatro en iPad en vista horizontal.*

Aquí no tiene que preocuparse por los márgenes discordantes que quedan pegados a un lado del diseño. Lo que ocurre es que Mobile Safari evalúa la cantidad de contenido a compartir entre las columnas y la anchura del contenedor.

Observe también que la propiedad `column-rule` es una abreviatura que puede recibir los mismos valores de estilo que `border` y que le permite definir, por ejemplo, un color o un ancho como reglas independientes.

Siempre que el contenedor tenga suficiente espacio disponible, se creará una nueva columna. Cuando el renderizador haya determinado el número ideal de columnas, el contenido se distribuirá de la manera más uniforme posible.

Si se hace una idea lo bastante aproximada del tamaño que tendrá su contenido, puede delimitarlo con una caja de altura fija. Sólo debe ser consciente de que, si su texto resulta ser más grande de lo esperado, se seguirán generando nuevas columnas a la izquierda, más allá del contenedor. Dispone de una cuarta propiedad, `column-count`. Funciona a la inversa que `column-width` porque le permite especificar el número de columnas en el que se distribuirá su contenido. Mobile Safari intentará renderizar la cantidad esperada (tenga presente que puede considerar válida una columna con la anchura de una letra) pero las dejará crecer verticalmente si no hay suficiente espacio horizontal disponible. Como es obvio, se pueden asociar ambas propiedades, por ejemplo, para renderizar dos columnas de 300 píxeles de ancho dentro de un contenedor de 1.000 píxeles de ancho. Recuerde que si utiliza ambas propiedades juntas prevalecerá `column-width`.

Mostrar artículos de prensa por la Web

Estas ya de por sí interesantes funcionalidades de CSS3 tienen una nueva aplicación gracias al lanzamiento del iPad para un uso tan evidente como el de leer las revistas y los periódicos *online*. En el próximo ejemplo vamos a intentar reproducir la estructura de una revista empleando las propiedades de CSS3. Primero crearemos un archivo llamado `magazine.html` con el siguiente código:

```
<!DOCTYPE html>
<html>
    <head>
        <title>Columns Layout</title>
        <meta name="viewport" content="width=device-width;
            initial-scale=1; maximum-scale=1; user-scalable=0">
        <link rel="stylesheet" href="page.css">
    </head>
    <body>
        <div class="mag">
            <hgroup>
                <h1>Flowers</h1>
                <h2>Lorem ipsum dolor sit amet, consectetur adipiscing elit.
                    Cras pharetra mollis pharetra. Suspendisse lacinia orci et
```

```
                    felis tristique sit amet semper massa tempus. Suspendisse
                    consectetur tempor pulvinar.</h2>
               </hgroup>

               <p>Lorem ipsum dolor sit amet, consectetur adipiscing elit.
                    Cras pharetra mollis pharetra. Suspendisse lacinia orci et
                    felis tristique sit amet semper massa tempus. Suspendisse
                    consectetur tempor pulvinar. Proin dui eros, ultricies vel
                    malesuada vel, tempor at ante. Nam eget nisl dui.
                    Donec molestie lectus a nunc scelerisque blandit. Nam non
                    ligula massa, sed suscipit turpis. Etiam eget ligula sit
                    amet turpis venenatis dictum in eleifend augue. Duis tellus
                    lectus, volutpat et adipiscing a, pellentesque eu metus.
                    Aenean suscipit congue mauris at gravida. Integer
                    lectus ligula, consectetur sit amet venenatis id,
                    scelerisque eget nisl. Nunc dapibus posuere risus,
                    vitae tempor nibh iaculis et.</p>
         </div>
    </body>
</html>
```

A continuación, añada los estilos apropiados a un archivo llamado `page.css`:

```
    * { margin: 0; }
html { height: 100%; }
body {
    height: 100%;
    color: white;
}

.mag {
    background: black url(flower.jpg) center center no-repeat;
    -webkit-background-size: auto 150%;
    width: 100%;
    min-height: 100%;
    padding: 20px;
    -webkit-box-sizing: border-box;
    position: relative;
    font-weight: bold;
    text-shadow: 1px 1px 3px black;
}

h1 {
    margin: 0;
    font-size: 50px;
}

p {
    margin: 0;
    position: absolute;
    max-width: 420px;
    -webkit-column-gap: 20px;
    -webkit-column-width: 200px;
    -webkit-column-rule: 1px dotted white;
    font-size: 16px;
```

```
    text-shadow: 1px 0 0 black;
    bottom: 20px;
    right: 20px;
}

p:first-letter {
    font-size: 36px;
    margin-right: 4px;
    margin-bottom: -6px;
    float: left;
}

p:after {
    content: '';
    display: inline-block;
    width: 10px;
    height: 10px;
    background-color: white;
    margin-left: 10px;
    -webkit-box-shadow: black 1px 1px 1px;
}
```

Como vemos en la figura 6.30, pese a utilizar un código sencillo, obtenemos un resultado interesante. Nos aseguramos de que el fondo ocupará todo el ámbito visible asignándole un tamaño que sea el 150 por cien del espacio contenedor, aunque se podría recurrir al método que explicamos antes para tener un resultado más adaptado con independencia del formato de la imagen. Luego creamos una estructura básica de tipo revista con un simple título, un subtítulo y una asociación de párrafos, que tendrá una apariencia consistente sin importar la orientación del dispositivo.

Advertencia: *Safari tiene un bug que le impide evaluar correctamente el tamaño del texto cuando se aplica una sombra vertical al contenido, truncando las letras en lugar de generar columnas más altas o desplazando el contenido a la siguiente columna.*

Como de costumbre, puede crear reglas específicas para servir una página diferente en caso de que se vaya a visualizar en un iPad o en una pantalla más pequeña. Esto se podría hacer del siguiente modo:

```
@media only screen and (max-device-width:760px) {
    h1 { font-size: 30px; }
    h2 { font-size: 20px; margin-bottom: 20px; }
    p { position: relative; bottom: auto; right: auto; }
}
```

De esta manera, su texto se mostrará simplemente redimensionado en un iPhone o un iPad, sin perder el control sobre éste y sin que se rompa la estructura general debido a la falta de espacio.

Figura 6.30. *Una bonita página.*

El modelo flexible de cajas

Como explicamos en un capítulo anterior, hemos utilizado las interesantes propiedades de visualización `table` y `table-cell` para obtener mayor control sobre la ubicación y el tamaño de sus elementos. Se trata de un método sencillo y eficaz pero CSS3 le proporciona aún más control sobre el modelo de cajas. Lo que vamos a explicar aquí está entre las funcionalidades más atractivas que nos trae la última especificación, que además lleva implementado en Mobile Safari desde su primera versión.

Un modo limpio y flexible de controlar la estructura de las columnas

Este "modelo de cajas" es sencillo, eficaz y ampliable. Le facilita tener un control total sobre las cajas subsiguientes. Vamos a empezar por un ejemplo elemental; éste es el código en cuestión:

```
<style>
   .group {
      display: -webkit-box;
      min-height: 100px;
      padding: 5px;
      background-color: lightgrey;
   }


   .group .box {
      text-align: center;
      border: 10px groove green;
      padding: 10px 30px;
      margin: 1px;
      background-color: white;
}
</style>


<div class="group">
   <div class="box">Box 1</div>
   <div class="box">Box 2</div>
   <div class="box">Box 3</div>
</div>
```

Lo primero que debería observar en este código es que no se necesitan etiquetas adicionales. Si echa ahora un vistazo a la figura 6.31, verá lo interesante que resulta para crear diseños.

Figura 6.31. Un nuevo modo de obtener un diseño con columnas.

La altura de nuestras tres cajas se ajusta a la caja externa y, como explicaremos más adelante, si especifica un valor box-flex, ocuparán el 100 por cien del ancho de su padre, resolviendo dos problemas que nos llevaban rondando desde que los desarrolladores de interfaces cambiaron las tablas por los diseños CSS. El valor box hace que el contenedor se comporte como un elemento de bloque. También puede disparar un comportamiento de bloque en línea (de modo que sus elementos sigan el flujo del documento) utilizando el valor inline-box.

Ordenar las cajas

Esto, como es evidente, es muy útil, aunque la cosa no queda aquí con este nuevo modelo de cajas. En nuestro ejemplo probablemente no le haya sorprendido que las interiores se muestren en el flujo del documento en el mismo orden en que aparecen en el código. Éste es el comportamiento por defecto para las cajas, que equivale a utilizar la propiedad `box-direction` con el valor `normal`. Al definir el valor de esta propiedad como `reverse` hará que aparezcan de la última a la primera, como en la figura 6.32.

```
.group {
    display: -webkit-box;
    min-height: 100px;
    ...
    -webkit-box-direction: reverse;
}
```

Figura 6.32. *Invertimos la estructura sin alterar nada más.*

Podemos ir más lejos en la ordenación de las cajas empleando `box-ordinal-group`. Esta propiedad recibe un entero como valor, tomando 1 por defecto. Esto también permite reordenar las cajas, colocando, por ejemplo, la 3 en la primera posición y la 1 en la segunda o bien agruparlas. Además, puede combinarlo con los selectores CSS3 con una regla como ésta:

```
.group .box:nth-child(2) {
    -webkit-box-ordinal-group: 2;
}
```

Aquí, como en todas las cajas, la propiedad `box-ordinal-group` tiene el valor 1, la segunda acabará en tercera posición porque todas las demás presentan una posición predominante, como muestra la figura 6.33.

Flexibilidad

El comportamiento por defecto establecido para las cajas es el de alinearse de modo horizontal. Esto se puede cambiar también utilizando la propiedad `box-orient`. Al asignarle el valor `vertical`, las cajas se apilarán verticalmente pero la cosa no acaba ahí: al darle el valor 1,0 a `box-flex` se adaptarán en vertical, de modo que cada una ocupará un tercio de la altura total (véase la figura 6.34).

Figura 6.33. *La caja 2 ha pasado a la última posición a causa del valor de su orden.*

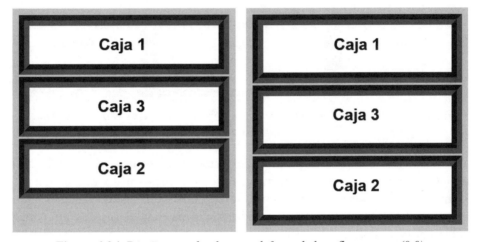

Figura 6.34. *Diseño con el valor por defecto de box-flex, que es (0,0), y con box-flex igual a 1,0.*

```
.group {
    display: -webkit-box;
    min-height: 200px;
    ...
    -webkit-box-orient: vertical;
}

.group .box {
    ...
    -webkit-box-flex: 1.0;
}
```

La propiedad `box-flex` determina el grado de flexibilidad de cada caja. Por defecto, las apiladas verticalmente ocupan el 100 por cien del ancho disponible y sólo el espacio vertical existente. Al darles un valor flexible, intentarán rellenar toda la verticalidad. Por tanto, si todas tienen el mismo valor flexible, se expandirán en igual medida para rellenar su contenedor. Si una o varias cajas poseen un valor flex superior, se extenderán más. Por ejemplo, en el siguiente código, la segunda caja será más ancha o más alta dependiendo de si las demás se alinean o apilan.

```
.group .box:nth-child(2) {
   -webkit-box-flex: 2.0;
}
```

Tenga cuidado, esto no significa que su segunda caja vaya a ser el doble de ancha o de alta que las demás, como puede verse en la figura 6.35. Sólo quiere decir que será más flexible, de modo que será más grande de alguna manera. No obstante, la flexibilidad le permite utilizar cajas con una anchura o altura fijas y seguir haciendo que un área sea ocupada completamente.

Figura 6.35. *La flexibilidad es relativa; la segunda caja no es el doble de grande que las demás.*

Obviamente, como estas propiedades están relacionadas con el flujo de la página, no podrá emplearlas con elementos que estén posicionados absolutamente o flotantes. El comportamiento no sólo no sería el esperado, sino que además podría romper su diseño de una manera impredecible, pues en tales casos se aplicaría el modelo de cajas normal.

Empaquetar y alinear

Como puede ver e imaginar, la flexibilidad está llena de potencial. Sin embargo, hay ocasiones en las que es deseable que la estructura sea más definitiva. En tales casos, es probable que desee tener algún control sobre el comportamiento de los elementos cuando no encajan exactamente.

Si sigue habiendo espacio disponible en un contenedor de cajas cuando todos los hijos han alcanzado su tamaño definitivo, quizá prefiera decidir en qué punto de ese espacio en blanco deberán mostrarse. Para ello dispone de dos propiedades:

```
.group {
   display: -webkit-box;
   min-height: 100px;
   ...
```

```
    -webit-box-pack: justify;
    -webkit-box-align: end;
}
```

Podemos ver los resultados en la figura 6.36.

Figura 6.36. Las cajas ocupan el espacio horizontal a causa del valor justify y se alinean en la parte inferior del contenedor padre por el valor end.

De hecho, las propiedades box-pack y box-align le dicen a las cajas dónde tienen que situarse dentro del contenedor. box-pack le señala a los hijos cómo alinearse con respecto al eje de su orientación. Ambas pueden tomar los valores start, end y center. La propiedad box-pack también puede tomar como valor justify, mientras que box-align puede tomar baseline y stretch. El valor por defecto es éste último; por eso las cajas ocupan todo el espacio disponible si no se especifica lo contrario.

Cuando se utilizan conjuntamente, estas propiedades le permiten ajustar con precisión la estructura de sus elementos. Como es obvio, puede emplear estos valores y propiedades con cualquier tipo de elemento, lo que se traduce en que su control también se puede trasladar a áreas pequeñas de código, como un menú con pestañas de disposición uniforme.

Aunque este conjunto de propiedades es sólo un borrador, es bastante fiable porque lleva implementado desde la versión 3.0 de Desktop Safari y desde la primera de Mobile Safari. Hemos listado apenas las que nos parecían más interesantes pero esta parte de la especificación no se acaba aquí. Si le apetece, no dude en investigar más.

Dirigirse específicamente a WebKit

Aunque nos hemos centrado en Mobile Safari, como hemos comentado anteriormente, muchos dispositivos actuales ofrecen un buen soporte para los estándares y es probable que sus aplicaciones Web funcionen satisfactoriamente en aparatos portátiles dotados de otros navegadores. Si a estos les tiene pensado dar soporte en alguna medida, sería deseable reservar algunas reglas sólo para Safari. Lo puede hacer utilizando una funcionalidad que gestione el código específico para WebKit relacionada con la proporción de aspecto del dispositivo. Veamos cómo:

```
@media screen and (-webkit-min-device-pixel-ratio:0) {
    /* Aquí iría su CSS específico */
}
```

O bien, utilizando el elemento `link`:

```
<link rel="stylesheet" href="some.css" media="screen and (-webkit-min-
device-pixel-ratio:0)">
```

Parece que esto también recibe soporte en Opera 9.5 o superior. En el momento de escribir el libro se podía adaptar para Opera usando lo siguiente:

```
@media all and (-webkit-min-device-pixel-ratio: 10000),
    not all and (-webkit-min-device-pixel-ratio: 0) {
    /* Aquí iría su código específico para Opera */
}
```

No obstante, estas soluciones son bastante precarias y no existe garantía de que no queden obsoletas en alguna de las próximas versiones de los principales navegadores del mercado.

Resumen

Sólo ha vislumbrado una parte de las posibilidades de la última versión de CSS y su implementación en Mobile Safari. Diseñado con características modernas y funcionalidades estéticas en mente, resuelve muchos de los problemas con los que se han encontrado hasta ahora los desarrolladores de interfaces. A partir de aquí, el único límite es su propia imaginación; si este capítulo no le ha acabado de convencer, bastará con que haga una rápida búsqueda en Internet sobre "tutoriales y ejemplos de CSS3". Con todo esto puede imitar la interfaz gráfica de iOS sin emplear apenas imágenes ni JavaScript. Por este motivo, CSS es un modo eficaz para reducir el tamaño de los archivos y el ancho de banda utilizado (al solicitarse menos imágenes) y, en general, le llevará a generar un mejor código. Estos principios han guiado el desarrollo de la plantilla de nuestra aplicación Web del capítulo 4.

Como recomendación general, le aconsejamos que limite el número de clases necesarias en sus etiquetas. Recuerde que las clases y las ID tienen una finalidad; tenga cuidado en no crear una nueva ID cada vez que haga un nuevo bloque y evite duplicar continuamente las declaraciones de estilo. Las clases están pensadas para agrupar de manera visual los elementos que comparten unas características comunes. Por consiguiente, debería recurrir a ellas para definir las características que se van a emplear muchas veces en su código. Por el contrario, las ID se deberían utilizar para módulos muy específicos y, al aplicarlas, escoja el bloque más externo que pueda. Como ha visto, los selectores de CSS le servirán para limitar enormemente la necesidad de identificadores en su código.

En los siguientes capítulos vamos a entrar en más detalle sobre otras de las apasionantes funcionalidades de CSS3 implementadas en Safari, como las fuentes descargables con SVG, la animación y las transformaciones de hardware, para que empiece a practicar con ellas y desarrolle eficaces y elegantes aplicaciones Web.

7. Gráficos vectoriales, de mapa de bits, fuentes descargables con lienzos y SVG

El único elemento de Mobile Safari que ha llamado notoriamente la atención es que no tiene soporte para Adobe Flash. Internet se ha convertido en un lugar en el que el contenido multimedia y la animación desempeñan un papel importante y, aunque no poder crear sitios Web basados en Flash y juegos ocasionales no debería ser un problema para la mayor parte de la gente, la principal molestia es que hoy día Flash se utiliza en cierta medida en la mayoría de los sitios, ya sea para la animación de gráficos en las cabeceras, para anuncios o en vídeos. No dar soporte para Flash puede ser un auténtico inconveniente de usabilidad en iPhone e iPad al visualizar sitios Web clásicos.

A pesar de que con frecuencia los lienzos y los SVG se presentan como alternativas a Flash en los dispositivos iOS, se pueden emplear para algo más que para crear elementos de interfaz y módulos definitivos por un gran coste. La ausencia de herramientas de creación hace que no sea productivo su desarrollo para un uso intensivo. No obstante, hay muchas aplicaciones interesantes para estas nuevas tecnologías, en especial con las extensiones específicas para Webkit que vamos a introducir en este capítulo.

Al utilizar estas dos funcionalidades, recientemente soportadas en Mobile Safari, junto con algo de código, podrá conseguir muchos gráficos y efectos que antes habrían necesitado pesadas imágenes o procesamientos realizados en el lado del servidor.

Trabajar con el área del lienzo

La nueva etiqueta <canvas>, introducida en HTML5, no hace nada por sí misma pero le permite trabajar con el navegador de un modo totalmente nuevo: definiendo un área en la que podrá dibujar de forma directa mediante la potente API de JavaScript. Así es como deberá insertarla en su código:

```
<canvas id="area" width="200" height="200">
   Fallback information.
</canvas>
```

El atributo id que lleva la etiqueta <canvas> es muy importante porque es el identificador que le facilitará interactuar con el área de dibujo definida. Todo el contenido delimitado por las etiquetas de apertura y cierre de <canvas> sólo se mostrará si el usuario final tiene activados los scripts en el dispositivo.

Pero, si por algún motivo el usuario los tiene desactivados en Mobile Safari, la etiqueta <canvas> será inútil porque no se podrá dibujar nada en el área definida por ella. En este caso, el texto que inserte debería indicar que los scripts son necesarios para acceder al resto del contenido, además de dar las instrucciones pertinentes para ello. El alcance del área del lienzo se ha de definir con los atributos width y height, siendo en nuestro ejemplo un cuadrado de 200 píxeles de amplio. Si determina el tamaño del lienzo con estilos, el motor de renderizado redimensionará la zona de dibujo para ajustarla a los límites por defecto, en lugar de renderizar la salida del script como se esperaba. Si no especifica estas dimensiones, el tamaño por defecto será de 300 píxeles horizontales y 150 verticales.

No obstante, tenga en cuenta que utilizar estilos para definir el tamaño del lienzo también le puede servir para mantener su diseño en caso de que estén desactivados los scripts porque así se ignorarán los atributos width y height. Además, debería definir la propiedad display del lienzo como inline-block si éste no es flotante para conservar el comportamiento en línea por defecto del área.

```
#area {
   display: inline-block;
   width: 200px;
   height: 200px;
   font-weight: bold;
   color: red;
}
```

En lo referente al tamaño, recuerde también que cada vez que redimensione el área del lienzo por medio de un script se limpiará y reinicializará toda la zona.

Esta parte asociada al lienzo es transparente, por lo que podría utilizarla como si fuera una imagen PNG con un canal alfa. Esto abre la puerta a muchas posibilidades: por ejemplo, le permitiría reemplazar imágenes GIF que, a diferencia de las PNG, hacen posible crear animaciones pero sólo contienen píxeles totalmente transparentes u opacos (véase la figura 7.1).

Figura 7.1. *Al utilizar un PNG o la etiqueta <canvas>, los bordes son nítidos independientemente del fondo sobre el que se superponga la imagen, mientras que con un GIF la calidad sería pobre.*

Esto último es obviamente un problema porque, en cuanto desee dibujar líneas curvas o diagonales en una imagen con fondo transparente, la raya se verá tosca e irregular. En general, no use imágenes GIF para logotipos que lleven formas circulares si pretende que se puedan adaptar a fondos diversos.

A pesar de estos aspectos preliminares de la etiqueta <canvas>, tenga cuidado de no utilizarla en aquellos casos en que sería semánticamente más apropiado recurrir a otras, sobre todo por cuestiones de accesibilidad. Una imagen con un atributo alt deja claro el tipo de contenido que se va a exponer y debería describirlo hasta cierto punto. El primero de los siguientes ejemplos muestra un uso adecuado de la etiqueta <canvas> porque la palabra *spinner* no tiene un significado concreto en inglés y puede ser ignorada fácilmente, mientras que el uso indicado en el segundo se debería evitar.

```
<!-- Uso recomendado -->
<canvas width="45" height="45" id="spinner">Page loading</canvas>
<i>Please wait...</i>

<!-- Uso no recomendado -->
<canvas width="450" height="200" id="comic-strip-cell">A comic strip</canvas>
<i>Have fun!</i>
```

La etiqueta <img> encajaría perfectamente con el tipo de dato presentado en el segundo ejemplo. Emplear un lienzo aquí podría derivar en una peor accesibilidad para los usuarios con scripts desactivados y, probablemente, una peor acogida de los motores de búsqueda. Más adelante en este capítulo le explicaremos cómo utilizar un lienzo como si fuera una imagen. Bueno, estamos seguros de que está impaciente por ver la API de JavaScript en acción. Vamos allá.

El contexto de dibujo

Para acceder al lienzo y trabajar con él, lo primero que tiene que hacer es obtener un contexto. Esto se puede conseguir por medio del método `getContext()` de la API. El siguiente código le permitirá trabajar con un contexto de mapa de bits bidimensional:

```
var canvas = document.getElementById("area");
var context = canvas.getContext("2d");
```

Una vez que haya obtenido una referencia al contexto de este modo, puede empezar a dibujar en el área del lienzo. Cada llamada de `getContext("2d")` devolverá la misma instancia.

Tenga presente que no se podrá acceder a nada de lo que cree dentro del lienzo a través de ninguna interfaz del DOM. Lo único que va a hacer es dibujar píxeles en una superficie. Por ejemplo: para animar una línea tendrá que trazarla toda de nuevo; no es posible moverla ni cambiar sus propiedades como haría con un elemento del DOM.

Nota: *Por ahora, sólo se pueden utilizar contextos bidimensionales. Se está estudiando una versión 3D muy prometedora en la que está involucrado el Khronos Group. Está basada en OpenGL ES 2.0 y se llamará WebGL. Uno de los aspectos de esta evolución es que está directamente asociada al hardware (aceleración mediante GPU), lo que posibilitará crear animaciones mucho más complejas y fluidas. Esperamos que esta tecnología esté disponible pronto para iPhone.*

WebKit hace posible otro modo versátil de definir lienzos, permitiéndole usar uno directamente desde una declaración de estilos, con lo que podrá utilizarlos como fondos o como valor para cualquier otra propiedad que pueda adoptar una imagen. De este modo podría crear, por ejemplo, un gráfico en hélice sin emplear en realidad imágenes. Obviamente, esto no sólo le hará ahorrar parte del ancho de banda y tiempo de apertura, sino que también abrirá la posibilidad de conseguir transparencias alfa reales y una adaptabilidad del color, como explicamos con anterioridad.

```
/* Utilizar un lienzo como valor en una declaración CSS es muy sencillo */
.css-canvas {
   background-image: -webkit-canvas(area);
}
```

En el ejemplo anterior indicamos que se debería generar un nuevo lienzo con el identificador `area`. El lienzo no existe en esta fase pero a partir de aquí podrá inicializarlo y obtener un contexto para él con el método `getCSSCanvasContext()` del objeto `document`, como sigue:

```
var context = document.getCSSCanvasContext("2d", "area", 37, 37);
```

Al igual que con `getContext()`, el primer parámetro es el tipo de contexto deseado y el segundo, como habrá adivinado, es el identificador de su lienzo. Los dos siguientes son las dimensiones requeridas para él. Cada llamada que le haga con los mismos parámetros devolverá la misma instancia, mientras que si cambia las dimensiones en una invocación limpiará el lienzo, como si trabajara con él de manera normal.

Una característica interesante de este modo de uso es que el lienzo definido se puede emplear simultáneamente sobre tantos elementos como desee. En nuestro ejemplo, si crea una animación encima, ésta se dibujará para cada elemento que utilice la clase `.css-canvas`.

Vamos a llevar ahora más lejos nuestra hélice animada para ver el código que hará que cobre vida. En los fragmentos que siguen, vamos a usar unas cuantas propiedades de los lienzos de HTML; pero no se preocupe, todo se explicará a su debido tiempo.

Primero, definimos el objeto que le permitirá inicializar y animar nuestro lienzo fácilmente para agregarlo a la plantilla de nuestra aplicación. Una vez más, si no está acostumbrado a la programación orientada a objetos con JavaScript, no pasa nada. Todo esto se le explicará en el capítulo 10. Por ahora, puede limitarse a ver este código como una serie de funciones reutilizables.

```
/* Constructor del objeto */
var BigSpinner = new Function();

BigSpinner.prototype.init = function(id, color, shadow) {
   /* Inicializa el lienzo y guarda el contexto */
   this.context = document.getCSSCanvasContext("2d", id, 37, 37);

   /* Estilo de las líneas de la hélice */
   this.context.lineWidth = 3;
   this.context.lineCap = "round";
   this.context.strokeStyle = color;

   /* Define una sombra para la hélice */
   if (shadow) {
      this.context.shadowOffsetX = 1;
```

```
            this.context.shadowOffsetY = 1;
            this.context.shadowBlur = 1;
            this.context.shadowColor = shadow;
        }

        /* Variables de animación */
        this.step = 0;
        this.timer = null;
    }

    BigSpinner.prototype.draw = function() {
        /* Limpia el lienzo cada cierto tiempo */
        this.context.clearRect(0, 0, 37, 37);

        /* Prepara el estado del lienzo y dibuja las líneas de la hélice */
        this.context.save();
        this.context.translate(18, 18);
        this.context.rotate(this.step * Math.PI / 180);

        for (var i = 0; i < 12; i++) {
            this.context.rotate(30 * Math.PI / 180);
            this.drawLine(i);
        }
        this.context.restore();

        /* Incrementa la animación */
        this.step += 30;
        if (this.step == 360) {
            this.step = 0;
        }
    }

    BigSpinner.prototype.drawLine = function(i) {
        /* Dibuja una línea con transparencia variable, dependiendo de la
           iteración */
        this.context.beginPath();
        this.context.globalAlpha = i / 12;
        this.context.moveTo(0, 8 + 1);
        this.context.lineTo(0, 16 - 1);
        this.context.stroke();
    }

    BigSpinner.prototype.stop = function() {
        if (this.timer) {
            this.context.clearRect(0, 0, 37, 37);
            window.clearInterval(this.timer);
            this.timer = null;
        }
    }

    BigSpinner.prototype.animate = function() {
        /* ¿Aún en ejecución? Salir... */
        if (this.timer) {
            return;
        }
```

```
    /* El contexto de ejecución (this) será el objeto ventana
       con setInterval() Guarda el contexto correcto en la variable "that"
       y activa el temporizador */
    var that = this;
    this.timer = window.setInterval(function() {
       that.draw();
    }, 100);
}
```

A partir de aquí, resulta muy sencillo crear una nueva hélice personalizada. Basta con incorporar una nueva instancia del objeto `BigSpinner` e inicializarla con el método `init()`, pasándole como parámetros la ID del lienzo, un color y, opcionalmente, un tono de sombra. Para lanzar la animación utilizamos el método `animate()`, como vemos aquí:

```
var spinner = new BigSpinner();
spinner.init("area", "red", "rgba(0,0,0,0.5)");
spinner.animate();
```

El código que sigue pretende imitar la pantalla de inicio de Mac OS X, como muestra la figura 7.2.

```
<!DOCTYPE html>
<html>
    <head>
        <title>Startup Screen</title>
        <meta name="viewport" content="initial-scale=1.0;
            maximum-scale=1.0; user-scalable=no">

        <style>
            html { height: 100% }
            body {
                height: 100%;
                background-color: lightgrey;
                color: gray;
                margin: 0;
            }

            .bigSpinner {
                background-image: -webkit-canvas(spinner);
            }

            .useSpinner {
                background-position: center 70%;
                background-repeat: no-repeat;
                width: 100%;
                min-height: 100%;
                padding-top: 20%;
                -webkit-box-sizing: border-box;
                text-align: center;
                font-size: 100px;
            }
        </style>
```

```
            <script>
                /* Aquí va la definición de la clase BigSpinner
                   ... */
                var spinner = new BigSpinner();
                spinner.init("spinner", "gray");
                spinner.animate();
            </script>
        </head>
<body>

<div class="bigSpinner useSpinner">
    &#63743;<!-- Apple logo -->
</div>

</body>
</html>
```

***Figura 7.2.** La pantalla de inicio de Mac OS X, dibujada con la API Canvas.*

Como puede ver, esta solución es tan sencilla como fácilmente personalizable. Es probable que desee utilizar la misma hélice varias veces, por lo que lo más acertado es crear una simple definición en una clase CSS (`.bigSpinner`) y desarrollarla en otra (`.useSpinner`). Como sólo se abre un elemento, esta práctica representa una notable ganancia en tiempos de descarga y uso de memoria.

De hecho, si creáramos la misma hélice como imagen GIF animada, necesitaríamos más de 3 KB, mientras que este código, de un tamaño inferior, le permite generar tantas hélices como quiera, personalizarlas y ejecutarlas sin contratiempos.

Es más, hoy en día se emplea en muchos servidores la compresión HTTP. Como las imágenes GIF ya están comprimidas, el tamaño de archivo para la hélice GIF no cambiaría, mientras que el código de la hélice del lienzo probablemente ocupe menos de 1 KB una vez comprimido.

Como es obvio, sería preferible lanzar la animación sólo en el momento en que haga falta para no consumir energía de la batería inútilmente. Para controlar la actividad de la hélice puede utilizar el método `stop()` junto con `animate()`.

También es posible adoptar un enfoque más convencional en el uso de lienzos en sus estilos. El método `toDataURL()` del objeto `canvas` está pensado para ello, ya que le permite transformar los datos del lienzo en una URL. De este modo puede emplear datos binarios codificados en base64 directamente en una página HTML, por ejemplo. Así se podría modificar el fondo de un elemento desde un lienzo como sigue:

```
var data = canvas.toDataURL();

/* Utiliza el lienzo como fondo del primer <div> del documento */
var object = document.getElementsByTagName("div");
object[0].style.backgroundImage = data;

/* Utiliza el lienzo en una etiqueta <img> */
var image = document.images[0];
image.src = data;
```

El formato por defecto es PNG, que es el único requerido para la implementación por las especificaciones, aunque puede usar otros, como JPEG, adecuado para pasar el tipo MIME (`image/jpeg`) como parámetro al método `toDataURL()`. De momento, vamos a entrar en los detalles de la API Canvas.

Dibujar formas simples

Con la API Canvas, el modo más sencillo de dibujar son los rectángulos. Para trazar formas más complejas, como círculos, tendrá que recurrir a funciones de trayectorias (que explicaremos en breve). Por el contrario, para hacer un rectángulo dispone de tres opciones, todas ellas bastante intuitivas.

Las tres reciben los mismos parámetros: el origen, dos puntos de referencia (`x, y`) y las dimensiones para la caja (`width,height`). La figura 7.3 muestra el resultado.

```
/* Pinta un rectángulo utilizando el estilo de relleno actual */
context.fillRect(10, 10, 180, 80);

/* Dibuja la caja perfilando el rectángulo indicado
   utilizando el estilo de trazo actual */
```

```
context.strokeRect(10, 110, 180, 80);

/* Deja el área transparente */
context.clearRect(50, 50, 100, 100);
```

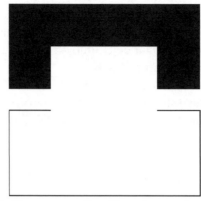

***Figura** 7.3. Formas sencillas dibujadas con la API Canvas.*

Observe que al ejecutar este código, las líneas del rectángulo dibujadas con el método `strokeRect()` son un poco difusas y más gruesas de lo esperado, dado que el borde por defecto tiene una anchura de 1 píxel. Para resolver este problema lo normal sería añadir `0,5` a los puntos de origen, como sigue:

```
context.strokeRect(10.5, 110.5, 180, 80);
```

El motivo de esto es que, aunque las líneas no se tracen sobre una cuadrícula de píxeles, el proceso de dibujo sí depende de la unidad indivisible del píxel. Como es imposible dibujar medio, el renderizador utiliza un suavizado para reducir la densidad de la línea y dar la impresión de que se muestra a lo largo del eje con el grosor esperado. Al mover la línea medio píxel, se consigue dibujarla sobre un píxel completo, no teniendo ya dos mitades, por lo que parece nítida. Este comportamiento se puede observar en la figura 7.4, en la que cada línea es un eje y cada cuadrado es un píxel físico.

Las tres representan el trazado de una línea de 2 píxeles de alto. El primer ejemplo ilustra el problema que comentábamos anteriormente, con un grosor de 1 píxel en las coordenadas `(0,0)`. Los píxeles están suavizados y se extienden a ambos lados del eje vertical.

Al posicionar la misma línea en los puntos `(0.5,0)`, la extensión tiene lugar sobre el nuevo eje y la línea se ajusta al píxel físico. No se necesita ningún efecto visual. La ilustración de la derecha en la figura 7.4 muestra una raya con las mismas características que la primera pero con 2 píxeles de ancho. En este caso, cada uno se puede ver sobre un lado del eje.

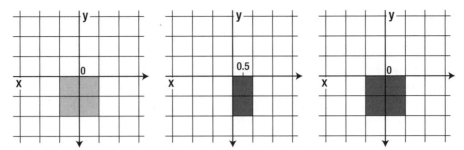

Figura 7.4. *El distinto renderizado de los píxeles dependiendo de la posición y de la anchura de las líneas.*

Colores, degradados y patrones

El color de dibujo y el relleno por defecto en un lienzo es el negro, aunque obviamente esto se puede modificar en cualquier fase. Para ello, haga lo siguiente:

```
context.fillStyle = "red";
context.fillRect(10, 10, 180, 80);

context.strokeStyle = "rgba(0, 255, 0, 0.5)";
context.strokeRect(10, 110, 180, 80);
```

En estos procesos puede emplear cualquier color de CSS que haya visto en el capítulo anterior, incluyendo los de canal alfa, como vimos en algunos ejemplos. La sintaxis disponible le permite utilizar degradados e incluso patrones.

Utilizar degradados

La sintaxis de los degradados de la API Canvas es bastante similar a la que encontramos en CSS con `-webkit-gradient()`. Debería escoger entre uno lineal o radial para usar el método apropiado al instanciar un nuevo objeto `CanvasGradient`.

```
/* createLinearGradient(x0, y0, x1, y1) */
var linear = context.createLinearGradient(0, 0, 100, 100);

/* createRadialGradient(x0, y0, r0, x1, y1, r1) */
var radial = context.createRadialGradient(100, 100, 90, 100, 100, 10);
```

El primer ejemplo dibujará un degradado lineal que abarca desde el punto (0,0) hasta el punto (100,100), creando, por consiguiente, una diagonal. Más allá de estas marcas, los colores continuarán hasta rellenar toda el área del lienzo. Las coordenadas hacen referencia a lugares del espacio del lienzo; por ello, la visualización cambiará dependiendo de la posición de las formas que utilizan este degradado. El segundo ejemplo dibujaría un degradado radial, con parámetros que especifican el centro del círculo inicial, (100,100), su radio, que es 10, y la posición del segundo círculo, (100,10), con un radio de 90 píxeles.

Cuando haya definido el área y los puntos de detención de su degradado, puede añadirle un color con el método addColorStop(). Como ocurría antes, la definición se parece bastante a la que vimos con CSS.

```
linear.addColorStop(0.0, "yellow");
linear.addColorStop(1.0, "green");
```

El primer parámetro es el desplazamiento con el que debería comenzar el color, que va de 0,0 a 1,0; el segundo es, obviamente, el propio color. Ahora que ya tiene listo su degradado, puede utilizarlo con los métodos que vimos antes para el trazo y el relleno (véase la figura 7.5).

```
context.fillStyle = linear;
context.strokeStyle = linear;
```

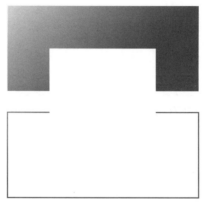

Figura 7.5. *Puede utilizar un degradado tanto para el relleno como para el trazo.*

Esto ya abre bastantes posibilidades. Además, la API Canvas también le permite utilizar un objeto de imagen, vídeos o incluso un lienzo (incluyendo el actual) como patrones dentro del área de dibujo.

Definir patrones

Se pueden crear nuevos patrones con el método createPattern() desde una imagen, un vídeo o un objeto lienzo, que recibe dos parámetros, el objeto fuente y un modo de repetición, como muestra la propiedad background-repeat de CSS.

```
var image = document.getElementById("someImage");
var pattern = context.createPattern(image, "repeat-x");
```

Una vez que haya generado el nuevo patrón, ya se puede usar e, igual que ocurre con los colores planos y los degradados, con las propiedades `fillStyle` y `strokeStyle`. No obstante, recuerde que una vez haya elaborado su objeto patrón, éste no cambiará si, por ejemplo, se altera la imagen utilizada originalmente para crearlo o se limpia el lienzo inicial y se dibuja de otra manera. Por consiguiente, no puede animar automáticamente un patrón, ni siquiera empleando un vídeo o una imagen GIF multicapa.

Formas más complejas con trayectorias

Todos los métodos y propiedades anteriores pueden tener, obviamente, muchos usos interesantes. La API da mucho más de sí pero por ahora nos vamos a seguir limitando a las líneas rectas y a los rectángulos. Mediante las trayectorias, similares a las que se utilizan en Illustrator o Photoshop con la herramienta pluma, es posible conseguir ilustraciones muy complejas. En el área del lienzo, las rutas se deberían definir mediante una o más subtrayectorias, compuestas a su vez de varios puntos de una línea recta o curva. Una subtrayectoria se puede indicar como cerrada, lo que significa que su último punto está conectado al primero por una línea recta. La tabla 7.1 lista los diferentes métodos empleados para definir trayectorias.

Tabla 7.1. Métodos utilizados para definir trayectorias.

Método	Descripción
context.beginPath()	Reinicializa la lista de subtrayectorias.
context.moveTo(x, y)	Crea una nueva subtrayectoria con el punto indicado.
context.lineTo(x, y)	Agrega el punto indicado a la subtrayectoria conectada al punto anterior por una línea recta.
context.rect(x, y, w, h)	Agrega una nueva subtrayectoria cerrada que representa el rectángulo indicado.
context.arc(x, y, radius, startAngle, endAngle, anticlockwise)	Agrega puntos a la subtrayectoria que representa el arco dado, conectada al anterior por una línea recta. Los ángulos se expresan en radianes.
context.arcTo(cpx1, cpy1, cpx2, cpy2, radius)	Agrega dos puntos de control que definen, utilizando el último punto de la subtrayectoria anterior, dos segmentos que se cortan y a su vez son tangentes al círculo definido por los argumentos. La subtrayectoria resultante es un arco que comienza en el punto de intersección con la primera tangente y que termina en el punto de intersección con la segunda. El primer punto está conectado a la subtrayectoria anterior por una línea recta.

Método	Descripción
context.quadraticCurveTo (cpx, cpy, x, y)	Agrega el punto indicado a la subtrayectoria, conectada a la anterior por una curva Bézier cuadrática con el punto de control indicado.
context.bezierCurveTo (cp1x, cp1y, cp2x, cp2y, x, y)	Agrega el punto indicado a la subtrayectoria, conectada a la anterior por una curva Bézier cúbica con los puntos de control indicados.
context.fill()	Rellena las subtrayectorias con el estilo de relleno actual.
context.stroke()	Traza las subtrayectorias con el estilo de trazo actual.
context.closePath()	Cierra la subtrayectoria actual explícitamente e inicia una nueva con el mismo punto como punto anterior.

Las trayectorias se deben inicializar con el método `beginPath()` del objeto de contexto, que vacía la lista de subtrayectorias. El método `closePath()` cierra la actual (pero no la trayectoria en sí), dibujando una línea desde su último punto hasta el primero, como muestra la figura 7.6.

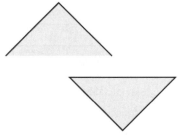

Figura 7.6. *El primer triángulo está cerrado implícitamente, mientras que el segundo se ha cerrado con el método closePath().*

Los métodos `fill()` y `stroke()` hacen que el cierre de la subtrayectoria sea implícito pero no clausuran la trayectoria activa, como haría el método `closePath()`. Sólo puede haber una trayectoria real en cada momento, que es por lo que siempre se le debe especificar al motor cuándo se inicia una trayectoria y dónde se cierra una subtrayectoria. Esto es crítico si se van a definir varias subtrayectorias con estilos similares que no se van a conectar.

```
context.beginPath();

/* Dibuja un primer triángulo */
context.moveTo(20, 90);
context.lineTo(70,40);
context.lineTo(120,90);
```

```
/* Luego se desplaza y dibuja otro triángulo */
context.moveTo(80, 110);
context.lineTo(130,160);
context.lineTo(180,110);
context.closePath();

/* Rellena las subtrayectorias y el trazo */
context.fill();
context.stroke();
```

En este ejemplo comenzamos a crear una primera subtrayectoria para dibujar un triángulo con sólo dos lados y después nos movemos dentro de la trayectoria utilizando `moveTo()` para iniciar otra subtrayectoria en otra área. Por consiguiente, el método `closePath()` cerrará sólo la segunda.

Dibujar arcos

Una vez más, existen varias posibilidades cuando se emplean los métodos anteriores, aunque estos ejemplos siguen recurriendo a las líneas rectas. Para dar rienda suelta a toda la gama de posibilidades que nos ofrece la API Canvas, tendrá que trabajar con los métodos de trayectoria más complejos, es decir, aquellos que se usan para dibujar curvas. Partiendo del método `arcTo()`, observará que los dos puntos que recibe como parámetros ni siquiera pertenecen a la subtrayectoria que le permite dibujar. Son puntos de control, es decir, los que se utilizarán para calcular la posición del arco que va desde su punto de inicio hasta su punto final.

La figura 7.7 muestra el arco dibujado con el siguiente código:

```
context.beginPath();
context.moveTo(120,18);
context.arcTo(140, 20, 110, 100, 100);
context.lineTo(200, 100);
context.stroke();
```

Como puede ver, ninguno de los puntos más claros (los de control) forman parte de la subtrayectoria, sino que se utilizan sólo para definir tangentes, cuyos puntos de intersección se emplean para situar los puntos de la subtrayectoria actual, puesto que el arco va del uno al otro. Como explicábamos en la tabla 7.1, el primer punto está conectado a la subtrayectoria anterior por una línea recta.

Dibujar curvas

Hay otros dos tipos de curva: las B-spline cuadráticas y cúbicas. Se dibujan utilizando los métodos `quadraticCurveTo()` y `bezierCurveTo()`, empleando uno y dos puntos de control, como muestra la figura 7.8. Se usan generalmente en la industria gráfica, ya sea para la creación en 3D o en el diseño de coches, donde fueron desarrolladas.

```
/* Una curva cuadrática */
context.beginPath();
context.moveTo(20, 100);
context.quadraticCurveTo(100, 20, 180, 100);
context.stroke();

/* Una curva cúbica */
context.beginPath();
context.moveTo(20, 100);
context.bezierCurveTo(70, 20, 140, 180, 180, 100);
context.stroke();
```

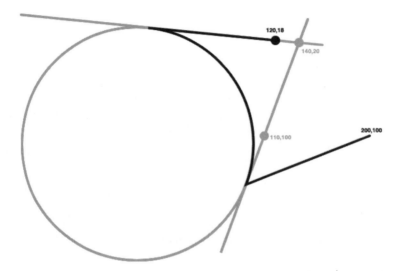

Figura 7.7. *Un arco viene definido por sus puntos de control (los grises), relativos al último punto de la subtrayectoria anterior (el de color negro).*

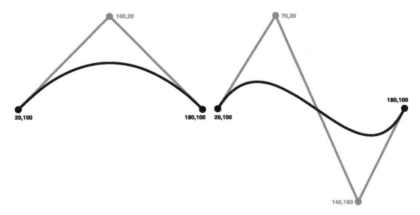

Figura 7.8. *Dos curvas Bézier, una cuadrática y una cúbica.*

De nuevo, los puntos más claros son los de control. Observará que la curva actual es mucho más baja que el punto de control correspondiente. Básicamente, dibujar una curva Bézier es trazar una línea definida hasta el centro de la siguiente línea definida conectada a ésta. Esto le da la posición inicial de la curva. Las líneas recién creadas se utilizarán de la misma manera que explicamos antes. Resulta evidente que esto es muy esquemático pero son los fundamentos del proceso; con un poco de práctica podrá obtener los resultados esperados.

Estilos de línea

Todos los métodos anteriores con configurables, por lo que puede darles estilos a todas las líneas de varias maneras, más allá de los colores y degradados que le presentamos anteriormente. La configuración se ajusta a través del objeto de contexto.

Así pues, `lineWidth` le permite modificar el grosor de sus líneas, `lineCap` le deja escoger el estilo de terminación de cada una y `lineJoin` le permite indicar cómo se encontrarán las unas con las otras, como muestran las figuras 7.9 y 7.10, respectivamente.

```
context.lineCap = "butt"; // Por defecto; también se admiten 'round' y 'square'
context.lineJoin = "miter"; // Por defecto; también se admiten 'round' y 'bevel'
```

Figura 7.9. *Las diferentes terminaciones de líneas.*

Figura 7.10. *Las diferentes opciones de fusión.*

El tamaño por defecto para `miter` es `10,0`. Esto se puede cambiar con la propiedad `miterLimit`. Si el motor de renderización no encuentra espacio suficiente para dibujar el `miter`, lo extenderá hasta el límite definido y después lo cortará, como con el parámetro `bevel`.

Mejorar los menús con los estilos

Ahora que ya sabe cómo crear trayectorias con estilos distintos, puede agregar una nueva funcionalidad a las plantillas de su aplicación Web: la flechita que faltaba en su menú. Añada los siguientes estilos y scripts a los archivos `main.css` y `main.js`. Puede ver el resultado en la figura 7.11.

```css
/* main.css */

.group-wrapper ul li a {
...
    background: -webkit-canvas(chevron-normal) right center no-repeat;
}

.group-wrapper ul li a:active {
...
    background:
        -webkit-gradient(linear,
            left top, left bottom,
            from(rgba(255, 255, 255, .25)), to(transparent) ),
        -webkit-canvas(chevron-active) right center no-repeat #015de6;
...
}
```

```javascript
/* main.js */

initChevron("chevron-normal", "hsl(0, 0%, 50%)");
initChevron("chevron-active", "hsl(0, 0%, 100%)");

function initChevron(id, style) {
    var context = document.getCSSCanvasContext("2d", id, 22, 13);

    context.save();

    context.clearRect(0, 0, 20, 13);
    context.strokeStyle = style;
    context.lineWidth = 3;

    context.beginPath();
    context.moveTo(4, 1);
    context.lineTo(10, 6.5);
    context.lineTo(4, 12);
    context.stroke();

    context.restore();
}
```

Figura 7.11. *Los menús de su plantilla han avanzado otro paso hacia los estilos de aplicación nativos.*

En los capítulos anteriores creó estilos para diferenciar los estados `:active` y `:hover`. Aquí simplemente está ampliando los casos relevantes, sacando partido del soporte para fondos múltiples. Una vez más, este código es fácilmente reutilizable y personalizable. Por ejemplo, podría emplear estilos de dibujo diferentes para los estados normal y activado.

Aplicar transformaciones

La API Canvas ofrece varios métodos para conseguir transformaciones, permitiéndole adoptar un método de trabajo fluido. Podrá modificar la escala, aplicar una rotación o mover la cuadrícula de su lienzo junto a los puntos de sus elementos. Estas transformaciones sólo afectarán a las formas aún por dibujar; las ya dibujadas no se verán alteradas.

```
/* Mueve la cuadrícula 100 píxeles en ambas direcciones */
context.translate(100, 100);

/* Rota la cuadrícula 60 grados */
context.rotate(60 * Math.PI / 180);

/* Redimensiona la cuadrícula, doblando su anchura y reduciendo su altura
   a la mitad */
context.scale(2, 0.5);
```

Todas las transformaciones se calculan desde el origen de la cuadrícula, que inicialmente es la esquina superior izquierda (0,0). El método `translate()` le permite cambiar este valor. El método `rotate()`, que recibe un valor en radianes, se calculará desde el nuevo punto definido por la llamada anterior a `translate()` en el sentido de las agujas del reloj. La ventaja de ambos es que la escala no consistirá simplemente en multiplicar los píxeles. Como ocurre en las herramientas gráficas vectoriales, el proceso de redimensionado será preciso.

Estos métodos de transformación básicos son, en realidad, transformaciones afines, calculadas mediante matrices, donde cada nuevo cambio trae consigo una modificación en la matriz anterior. Puede definir sus matrices de la siguiente manera:

> **Nota:** *Si no está familiarizado con las matrices, no se preocupe porque sólo las necesitará si desea hacer un uso avanzado de las transformaciones del lienzo. En el capítulo 9 verá lo fácil que es calcular las resultantes con el objeto* `CSSMatrix`.

$$T = \begin{bmatrix} a & c & e \\ b & d & f \\ 0 & 0 & 1 \end{bmatrix}$$

Esto se consigue con cualquiera de los dos siguientes métodos:

```
context.transform(a, b, c, d, e, f);
context.setTransform(a, b, c, d, e, f);
```

El primero multiplica la matriz definida por los parámetros actuales de ésta. El segundo limpia la matriz de transformación antes de comportarse como el método `transform()`, aplicando la nueva matriz.

```
/* Estos métodos... */
context.translate(100, 100);
context.rotate(45 * Math.PI / 180);

/* ...son análogos al siguiente */
var cos = Math.cos(45 * Math.PI / 180);
var sin = Math.sin(45 * Math.PI / 180);
context.transform(cos, sin, -sin, cos, 100, 100);
```

Para reinicializar completamente toda la matriz de transformación puede utilizar este potente fragmento de código:

```
context.setTransform(1, 0, 0, 1, 0, 0);
```

De este modo, no tendrá que pasar de nuevo por todas las operaciones de transformación anteriores, con lo que su código será más sencillo y ligero.

Simplificar las modificaciones del estado del dibujo

El método que hemos visto en la sección anterior le permite reinicializar fácilmente todas las transformaciones. Sin embargo, la especificación de HTML5 posibilita un mayor ajuste en las sucesivas alteraciones que realice y le proporciona medios para guardar y recuperar los diferentes estados del lienzo. Cada contexto puede mantener en memoria una pila con los distintos estados de dibujo, de manera que cualquier terminación de línea, color o propiedad de transformación definida con anterioridad se puede enviar a esta pila con el método `save()` y recuperar posteriormente con el método `restore()`, siguiendo el principio "el último que entra es el primero que sale". El próxjmo código ilustra este comportamiento:

```
/* este es el estado actual */
context.strokeStyle = "red";

/* Envía el estado actual a la pila y dibuja un rectángulo verde */
context.save();
context.strokeStyle = "green";
context.strokeRect(10, 10, 180, 180);

/* Recupera el estado y dibuja un rectángulo rojo */
context.restore();
context.strokeRect(20, 20, 160, 160);
```

Puede llamar al método `save()` tantas veces como desee sin acudir a `restore()`, lo que le servirá, por ejemplo, para crear varias funciones que dibujen distintos elementos gráficos, ya que no tendrá que preocuparse por el estado del contexto del dibujo. Aun así, cada llamada del método `save()` precisará de una invocación a `restore()` en algún momento para volver al estado inicial.

De nuevo, esto le permitirá reducir el tamaño del código y optimizar su funcionamiento porque estos métodos los ejecuta el motor de desarrollo de manera nativa, sin interpretarlos.

Utilizar textos

Aunque el renderizado de los textos forma parte de la especificación de Canvas, en la versión 3.2 de iOS aún no está adecuadamente implementado. No obstante, se puede acceder a todos los métodos y propiedades de la API Text sin elevar excepción alguna. Simplemente, no verá resultados en el área del lienzo. Aun así, como esta parte de la especificación ya está incorporada en Desktop Safari, creemos que estas funcionalidades no tardarán en añadirse a las futuras versiones de Mobile Safari.

La fuente y sus características se deben definir de manera similar a como se hace en CSS con la abreviatura `font`. Los valores por defecto son `sans-serif`, `10px`, con un `weight` de 400 (lo que conocemos como `normal`). Sin embargo, no puede cambiar `line-height`, que se define con un valor común y será ignorado en caso de que la defina.

```
context.font = "italic 18px Georgia";
```

Como en CSS, es posible definir los tamaños de fuentes con valores relativos como los ems. En tal caso, se calcularán en función del valor de la propiedad `font-size` procesada aplicable al lienzo en el momento de su creación, en vez de tomar cualquier declaración anterior de `font` con el objeto `context`. Por otra parte, si el lienzo se genera dinámicamente con JavaScript y no está en el código fuente del documento, los valores relativos se basarán en los establecidos por defecto para la propiedad `font` del contexto.

```
<style>
   div { font-size: 13px; }
</style>

<div>
   <canvas id="area" width="200" height="200"></canvas>
</div>

<script>
   var canvas = document.getElementById("area");
   var context = canvas.getContext("2d");

   context.font = "italic 1.4em Georgia";
   context.fillStyle = "red";
   context.fillText("Some Text", 10, 100);

</script>
```

En este ejemplo, como el tamaño de la fuente es relativo, será procesado en relación a la definición de CSS que se encuentra en la declaración de estilos. Como la etiqueta `<canvas>` hereda de su padre `<div>`, el tamaño de la fuente sería de `18px` (`13*1.4`).

Más adelante, en nuestra descripción de lienzos, también veremos cómo se puede cambiar el aspecto de una fuente por el de alguna otra distinta a las que vienen instaladas en el dispositivo, mediante la regla `@font-face` y las fuentes descargables.

Dibujar el texto

Para plasmar fragmentos de texto dispone de dos métodos: dibujar el relleno como en HTML clásico o trazar sólo los contornos. A continuación, vemos un ejemplo de ambos:

```
/* Renderización clásica */
context.fillText("Some Text", 0, 20);

/* Texto con contorno */
context.strokeText("Some Text", 0, 20);
```

Los dos podrían recibir un tercer parámetro opcional, maxWidth, que limita el ancho del contenido con el valor definido. Si el texto ocupase más de este ancho, se comprimiría para que cupiese en el área establecida. Sin embargo, esta tercera condición aún no es compatible con Safari. Por tanto, tendrá que utilizar un método de ajuste junto con el measureText(), que devuelve el tamaño del texto recibido. El siguiente ejemplo muestra cómo emplear esto para obtener unos resultados de este tipo. La figura 7.12 ofrece el resultado.

```
context.font = "bold 15px 'Marker Felt'";

/* La cadena a dibujar */
var str = "The quick brown fox jumps over the lazy dog.";

/* Medida */
var maxWidth = 200;
var metrics = context.measureText(str);

/* Dibuja con y sin restricciones */
context.fillText(str, 0, 20);
if (maxWidth < metrics.width) {
    context.scale(maxWidth / metrics.width, 1);
}
context.fillText(str, 0, 40);
```

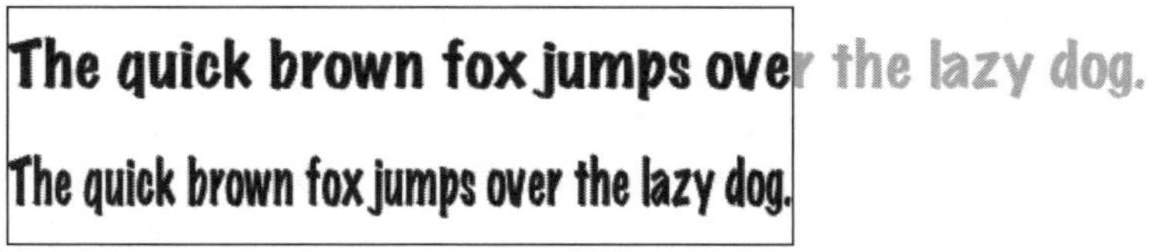

Figura 7.12. *La primera definición permite que el texto rebase los límites del lienzo; con el segundo método, el texto se visualiza completo.*

La única propiedad disponible por ahora para FontMetrics es width, que es de sólo lectura. Representa el ancho renderizado de la cadena pasada como parámetro al método measureText(). Lamentablemente, no hay manera de determinar el `line-height` o la altura actual que alcanzará el texto renderizado, lo que significa que no podrá concretar si encajará verticalmente en el área esperada. Esto puede ser problemático en especial, por ejemplo, si intenta dibujar un objeto como un botón o al centrar en vertical el texto dentro del contenedor.

Línea de base del texto

En cualquier caso, conocer el tamaño de su fuente le puede dar una buena indicación del espacio vertical que ocupará su contenido. De ahí que sea aconsejable determinar cómo se mostrará dentro de la zona ocupada. Esto se puede ajustar con la propiedad `textBaseline`. Aunque la línea de base por defecto para el contenido de tipo texto es la de la medida del em cuadrado, se podría, por ejemplo, forzar el texto para alinearlo en medio de esta área asignándole a `textBaseline` el valor `middle`.

> **Nota:** *El em cuadrado es una altura fija (que, no obstante, varía dependiendo del tamaño de la fuente) dentro de la que se puede dibujar cualquier carácter del juego de la fuente, incluyendo los acentos de las mayúsculas, las letras con astas ascendentes o descendentes, etc.*

Otros valores para la propiedad `textBaseline` son `alphabetic` (valor por defecto), `top` y `bottom`. Puede ver un ejemplo de ellos en la figura 7.13. Existen otros, pero no son compatibles actualmente.

Figura 7.13. *Los distintos valores de la propiedad textBaseline.*

Esto, obviamente, hará que los resultados de su código sean más predecibles. El siguiente ejemplo centraría su texto dentro del contenedor (véase la figura 7.14).

```
context.font = "15px Zapfino";
context.textBaseline = "middle";
context.strokeRect(50.5, 0.5, 100, 80);
context.fillText("Zapfino", 50, 40);
```

En nuestro ejemplo sabemos que la fuente Zapfino es bastante grande, por lo que le hemos dibujado un cuadro algo mayor de los 15 píxeles que nos da su tamaño natural. Después, se dibuja nuestro texto desde la izquierda del marco y se centra verticalmente. Para centrarlo también horizontalmente podríamos utilizar `measureText()` para calcular su posición dependiendo del tamaño del texto pero existe un método mucho más sencillo.

Figura 7.14. *Texto centrado verticalmente.*

Alineamiento del texto

El alineamiento horizontal funciona de una manera más o menos similar al vertical, aunque no se tiene en cuenta el cuadrado em; sólo se precisa de un inicio (`start`), un centro (`center`) y un final (`end`) para el texto, que serán valores de la propiedad `textAlign`. Por tanto, nuestro ejemplo anterior se podrá centrar fácilmente de ambas maneras añadiendo esta declaración (véase la figura 7.15):

```
...
context.textAlign = "center";
context.fillText("Zapfino", 100, 40);
```

Figura 7.15. *El texto está perfectamente centrado en el marco.*

El valor anterior depende de la dirección del texto, según lo definido en el documento HTML con el atributo `dir`. El determinado por defecto para `dir` es `ltr` (*left to right*, de izquierda a derecha), lo que significa que `start` hará que el texto comience en la posición indicada y se expanda de izquierda a derecha; si utiliza `end`, ocurrirá lo contrario. Si le da al atributo `dir` el valor `rtl` (como cuando se escribe en hebreo o árabe), se invertirán estos comportamientos. Si no desea que su lienzo dependa de la dirección del texto, puede recurrir a los valores left y right, que no afectan a la dirección. Obviamente, el valor center no le dará problemas porque lo que haya escrito se expandirá de forma equitativa hacia ambos lados del punto inicial.

Sombras

Como en CSS y HTML, puede aplicar sombras a todo lo que dibuje dentro del lienzo. Se establecen utilizando cuatro propiedades del objeto context. Para ver el efecto de una definición de sombra, sólo tiene que añadir las siguientes líneas al código de nuestro ejemplo anterior (verá los resultados en la figura 7.16).

```
...
context.shadowColor = "gray";
context.shadowOffsetX = 2;
context.shadowOffsetY = 2;
context.shadowBlur = 4;

context.textAlign = "center";
context.fillText("Zapfino", 100, 40);
```

Figura 7.16. *El equivalente a un texto con sombra dentro de un lienzo.*

Con estas pocas líneas de código, todas las formas renderizadas mostrarán una sombra proyectada. Tenga cuidado, pues shadowColor sólo puede recibir un color como valor, a diferencia de strokeStyle y fillStyle, que pueden tomar un degradado o un patrón. Los lienzos no están preparados aún para las sombras multicolor.

Recuerde también que los desplazamientos no se ven afectados por las transformaciones, por lo que las sombras siempre avanzarán en el mismo sentido, incluso tras una rotación, y siempre tendrán el mismo tamaño, a pesar de que se produzca un cambio de escala.

La propiedad shadowBlur le da control sobre la nitidez de la sombra. Su valor debe ser positivo o nulo y aplica a la sombra un desenfoque gaussiano bidimensional. WebKit ignorará cualquier otro valor y lo convertirá en 0 automáticamente.

Nota: *Hay un bug de la implementación de WebKit que se resiste y que afecta a todas las versiones del navegador. Si la propiedad* shadowBlur *tiene asignado el valor* 0 *(el que se establece por defecto), el valor de* shadowOffsetY *se tratará sistemáticamente como negativo. El modo más sencillo de evitar este problema es darle a la propiedad* shadowBlur *un valor prohibido, como* NaN, Infinite *o una cantidad negativa. Es más, la sombra no funcionará si todo el estilo de la forma está basado en un degradado o un patrón.*

Recortar y componer

Por defecto, todas las formas se dibujan las unas encima de las otras en el área habilitada por el lienzo, aunque puede restringir los dibujos a una parte específica.

Recortar el área de dibujo

Para asociar la renderización de un elemento a un área específica debe utilizar el método clip(). Lo que hace es definir la trayectoria actual como zona de dibujo, de modo que no se trace ningún punto o línea fuera de ésta. El siguiente ejemplo ilustra este comportamiento. Puede ver el resultado en la figura 7.17.

```
/* La trayectoria */
context.beginPath();
context.moveTo(30, 70);
context.lineTo(70, 70);
context.lineTo(100, 30);
context.lineTo(130, 70);
context.lineTo(170, 70);
context.lineTo(100, 160);

/* Recorta la trayectoria y la cierra implícitamente (sólo para el
recorte) */
context.clip();

/* Crea un degradado y dibuja una caja rellena */
var linear = context.createLinearGradient(50, 70, 100, 200);
linear.addColorStop(0.0, "red");
linear.addColorStop(0.6, "yellow");
context.fillStyle = linear;
context.fillRect(0, 0, 200, 200);

/* Prepara una sombra */
context.shadowOffsetX = 3;
context.shadowOffsetY = 5;
```

```
context.shadowColor = "rgba(0,0,0,0.3)";

/* Puede agregar también un trazo a su trayectoria, pues se dibuja a lo
largo de la línea (3 dentro, 3 fuera) */
context.lineWidth = 6;
context.closePath();
context.stroke();
```

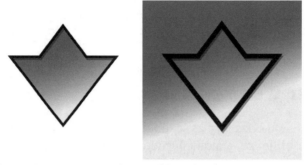

Figura 7.17. *La misma forma, dibujada con y sin recorte.*

Este código define una forma a la que irán vinculados los dibujos subsiguientes. Como puede ver en la figura 7.17, es posible aplicar múltiples operaciones a una trayectoria (`clip()` y `stroke()` en nuestro ejemplo). Hemos añadido una sombra al trazo de la trayectoria, que sólo se dibuja dentro del área de recorte. Si convierte en un comentario la línea `context.clip()`, verá el mismo dibujo sin recortes, con un estilo de línea más amplio y una sombra que rebasa el área de la figura. Por tanto, con el recorte puede lograr sombras internas.

Las llamadas al método `clip()` son acumulativas, lo que significa que cada nueva área de recorte que defina se verá recortada por cualquier zona previamente definida. Debido a ello no podría, por ejemplo, recuperar el estado inicial de recorte llamando al método `clip()` con las dimensiones del lienzo en sí. Tendrá que recurrir a los métodos `save()` y `restore()`, como vimos anteriormente.

Otra limitación del método `clip()` es que sólo se puede aplicar a trayectorias. Aunque éstas son fundamentales en los dibujos de un lienzo, no podrá definir una zona que utilice textos, por ejemplo. Si desea hacer recortes con un contenido de tipo texto, defina un patrón que contenga el material deseado y úselo como `fillStyle` o `strokeStyle`, igual que en los ejemplos anteriores.

Las composiciones y la transparencia global

Los lienzos son inicialmente transparentes, lo que quiere decir que puede crear efectos que combinen un fondo sobre un elemento HTML de detrás y los objetos de su lienzo. Puede ir más allá y sacarle partido también a las funcionalidades de composición avanzada de la API Canvas, utilizando la propiedad `globalCompositeOperation`. La composición es una operación mediante la cual puede combinar varias imágenes para crear una ilustración final. El siguiente código se emplea para dibujar la figura 7.18:

```
/* Dibuja el origen sobre el destino (comportamiento por defecto) */
compositing("source-over", 0, 0);

/* Aplica un OR exclusivo entre el origen y el destino */
compositing("xor", 160, 0);

/* Rellena los píxeles vacíos con la forma de origen */
compositing("destination-over", 320, 0);

function compositing(mode, x, y) {
   context.save();
   context.translate(x, y);

   context.fillStyle = "yellow";
   context.fillRect(0, 0, 100, 100);

   context.globalCompositeOperation = mode;
   context.fillStyle = "blue";
   context.fillRect(50, 50, 100, 100);

   context.restore();
}
```

Figura 7.18. *Una ilustración de las posibilidades de composición.*

La tabla 7.2 lista todos los valores soportados por Mobile Safari para la propiedad `globalCompositeOperation`. Tenga cuidado: todos ellos distinguen entre mayúsculas y minúsculas. La fusión tiene lugar entre el elemento a dibujar y el contenido del lienzo actual, teniendo en cuenta tanto los píxeles transparentes (con un valor alfa menor que 1,0 pero mayor que 0,0) como los no transparentes. Otra característica relativa a la composición nos la trae la propicdad `globalAlpha`, que ya utilizamos en un ejemplo anterior para jugar con la opacidad de las líneas de la hélice. Como su nombre indica, le permite definir un valor de opacidad (que va de 0, 0 a 1, 1) para todos los elementos renderizados. Esto hace posible aplicar un canal alfa incluso a los objetos que en sí no lo admiten, como las imágenes. Debe tener en cuenta que las sombras que no se ven afectadas por las transformaciones toman el valor alfa definido por la propiedad globalAlpha.

Tabla 7.2. *Valores soportados por la propiedad globalCompositeOperation.*

Valor	Descripción
source-over	El origen se dibuja sobre el destino. Éste es el comportamiento por defecto.
source-atop	El origen se dibuja en lo alto del destino, el cual se comporta como una máscara.
destination-over	El origen se dibuja debajo del destino. Es el inverso de source-over.
destination-out	Borra los píxeles que intersectan con el destino.
lighter	Muestra la suma de las imágenes de origen y de destino, con valores de color que toman 1 como límite.
darker	Igual que lighter pero con valores de color que toman 0 como límite.
xor	Aplica una operación OR exclusivo entre las dos imágenes, eliminando los píxeles de la intersección que sean totalmente opacos.

Trabajar con los píxeles del lienzo

Dibujar formas dentro del lienzo puede dar unos resultados excelentes, aunque es posible ir mucho más allá e incluir directamente contenidos de tipo imagen con la API Canvas. Los siguientes métodos le permitirán utilizar imágenes completas como parte de su lienzo, como muestra la figura 7.19:

```
context.drawImage(image, dx, dy);
context.drawImage(image, dx, dy, dw, dh);
context.drawImage(image, sx, sy, sw, sh, dx, dy, dw, dh);
```

La imagen llamada puede ser un elemento <img>, un vídeo o un lienzo (ya sea uno externo o el actual). En el caso de los vídeos, el navegador sólo contemplará para la inserción el fotograma actual de la reproducción. Estos métodos están sujetos a las mismas restricciones que las demás funcionalidades, como la composición o el recorte.

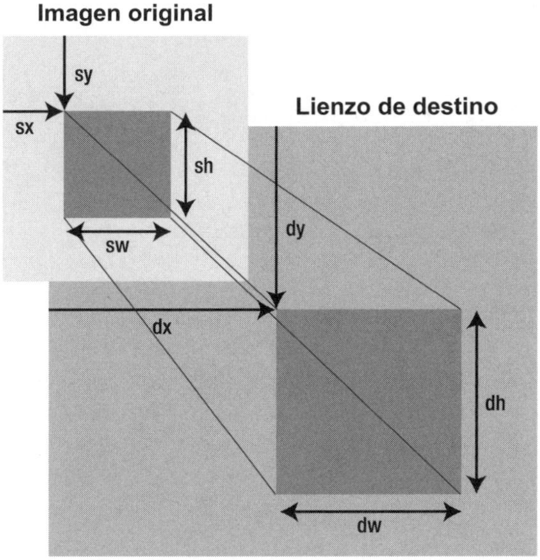

Figura 7.19. El método drawImage() con sus diferentes argumentos.

Nota: *En la versión actual de Mobile Safari intentar acceder a un fotograma de vídeo siempre eleva una excepción* SECURITY_ERR. *Esto sólo ocurrirá si se ha utilizado el método* drawImage() *para copiar una imagen desde un origen distinto al del código ejecutado. Este fallo no se da en Desktop Safari.*

El siguiente código dibujará una imagen con esquinas redondeadas:

```
<canvas id="area" width="400" height="300"></canvas>
<script>

    /* Crea un nuevo objeto Image y le asocia un manejador onload */
    var image = new Image();
    image.onload = drawImage;
    image.src = "panda.jpg";

    function drawImage() {
        /* Obtiene el contexto del lienzo */
        var canvas = document.getElementById("area");
        var context = canvas.getContext("2d");

        /* Lee las dimensiones de la imagen */
        var w = canvas.width;
        var h = canvas.height

        /* Prepara un rectángulo redondeado y lo utiliza como área de recorte */
```

```
        context.save();
        roundedRect(context, 20, 20, w - 40, h - 40, 64);
        context.clip();

        /* Por último, dibuja la imagen */
        context.drawImage(this, 20, 20, w - 40, h - 40);
        context.restore();
    }

    function roundedRect(ctx, x, y, w, h, radius) {
        var x1 = x + radius,
        var x2 = x + w - radius;
        var y1 = y + radius;
        var y2 = y + h - radius;
        ctx.beginPath();
        ctx.arc(x1, y1, radius, Math.PI * 1.0, Math.PI * 1.5);
        ctx.arc(x2, y1, radius, Math.PI * 1.5, Math.PI * 2.0);
        ctx.arc(x2, y2, radius, Math.PI * 2.0, Math.PI * 0.5);
        ctx.arc(x1, y2, radius, Math.PI * 0.5, Math.PI * 1.0);
        ctx.closePath();
    }
```

```
</script>
```

Este ejemplo debería ser lo bastante claro. Definimos una ruta que dibuja una caja con esquinas redondeadas que emplearemos como área de recorte. Obviamente, enviamos el estado del contexto a la pila para que se reinicialice el recorte. Tras ello, el método `drawImage()` renderiza la imagen dentro de esta zona. La figura 7.20 muestra el lienzo resultante.

Figura 7.20. *Una imagen con esquinas redondeadas.*

La imagen se deberá abrir con una llamada a `drawImage()`, pues de lo contrario no aparecerá nada. Por eso invocamos a nuestra función después del evento `onload` de la imagen. El primer parámetro del método `drawImage()` tiene el valor `this`, porque el contexto de ejecución es el objeto que envió el evento: la imagen que definimos anteriormente.

Aunque utilizar imágenes de este modo presenta posibilidades interesantes, la API nos permite aún más, pues podemos acceder directamente a los píxeles del lienzo, por lo que podremos aplicar efectos especiales. En nuestro siguiente ejemplo simplemente vamos a pasar a blanco y negro la imagen en color empleada, invirtiendo además sus colores.

```
<img src="flower.jpg" onload="snap()" width="400" height="300">

<canvas id="area" width="400" height="300"></canvas>

<script>

    function snap() {
        var canvas = document.getElementsByTagName("canvas")[0];
        var context = canvas.getContext("2d");

        /* Dibuja la imagen en el lienzo */
        var w = canvas.width;
        var h = canvas.height;
        context.drawImage(document.images[0], 0, 0, w, h);

        /* Toma el buffer de entrada y crea uno de salida */
        var inp = context.getImageData(0, 0, w, h);
        var out = context.createImageData(inp.width, inp.height);

        /* Recorre los píxeles de la imagen */
        for (var y = 0; y < inp.height; y++) {
            var line = y * inp.width * 4;

            for (var x = 0; x < inp.width; x++) {

                /* Toma un píxel y calcula su luminosidad */
                var pixel = x * 4 + line;
                var light = 255 - (inp.data[pixel + 0] * 0.30 // Red
                    + inp.data[pixel + 1] * 0.59 // Green
                    + inp.data[pixel + 2] * 0.11); // Blue

                var out_r = light;
                var out_g = light;
                var out_b = light;
                var out_a = inp.data[pixel + 3]; // Alpha

                /* Envía el nuevo píxel al buffer */
                out.data[pixel + 0] = out_r;
                out.data[pixel + 1] = out_g;
                out.data[pixel + 2] = out_b;
```

```
                    out.data[pixel + 3] = out_a;
                }
        }

        /* Descarga el buffer en el área del lienzo */
        context.clearRect(0, 0, w, h);
        context.putImageData(out, 0, 0);
    }
```

```
</script>
```

La luminosidad de un color se compone aproximadamente de un 30 por cien de rojo, un 59 por cien de verde y un 11 por cien de azul. Para invertir los tonos de una imagen deberá invertir estos tres valores y asignar los nuevos a cada color. En nuestro ejemplo leemos el componente del color de cada píxel del vector `data` del objeto `ImageData` devuelto por el método `getImageData()`, con lo que obtenemos el resultado que vemos en la figura 7.21.

Figura 7.21. *La imagen original y la imagen transformada con la API Canvas.*

Para almacenar los píxeles transformados utilizamos un buffer creado con el método `createImageData()`, que puede tomar las dimensiones del buffer o de un objeto `ImageData` existente para conseguir los datos necesarios. En ambos casos, el buffer estará vacío. La propiedad `data` es un vector unidimensional que contiene los componentes del color para cada píxel con la notación `RGBA`, siendo éste el motivo de que multipliquemos por cuatro para pasar de un píxel al siguiente.

Una vez que el buffer contenga todos nuestros píxeles transformados, trasladamos la información al lienzo usando el método `putImageData()`, tomando como parámetros un objeto `ImageData` y las coordenadas en las que se debe dibujar la imagen. Opcionalmente, se puede especificar un rectángulo "en sucio", es decir, el área a actualizar, para que en el lienzo sólo se renderice la figura definida.

Cómo utilizar los gráficos vectoriales

La gran ventaja de los gráficos vectoriales frente a los mapas de bits es que son independientes de la resolución con la que se rendericen y se pueden cambiar de escala sin perder calidad por ello. Esto es útil para dibujar el mismo fondo a pantalla completa, independientemente del tamaño del dispositivo (por ejemplo, en un iPhone y en un iPad).

SVG es un lenguaje de marcas para presentaciones basado en XML. Al igual que la API Canvas, es ligero, fácil de comprimir (porque se trata de texto) y, por tanto, rápido de abrir en dispositivos portátiles que, como Mobile Safari en el iPhone, soportan la compresión HTTP incluso para documentos complejos. No obstante, debe tener en cuenta que el rendimiento será peor con SVG que con un lienzo.

Gracias al hecho de que está basado en XML (y, a diferencia de los lienzos, que trabajan con un proceso de dibujo inalterable), SVG posee interfaces DOM específicas, similares a las de HTML, que hacen que sea dinámico y potencialmente interactivo. Es más, no sólo se puede acceder a este dinamismo a través de los scripts.

Tiene un buen soporte nativo para animaciones a través del SMIL (*Synchronized Multimedia Integration Language*, Lenguaje de integración multimedia sincronizada), una especificación basada en XML cuyo fin es facilitar la creación de presentaciones audiovisuales interactivas.

Insertar SVG en sus documentos

HTML5 le permite utilizar de forma directa la etiqueta `<svg>` en sus marcas, sin tener siquiera que especificar un espacio de nombres. Lamentablemente, esto no está soportado aún por Mobile Safari. Para incrustar un documento SVG en sus páginas tendrá que recurrir a una de las siguientes opciones: la etiqueta `<img>`, especificando las ubicaciones de los archivos con el atributo `src`, la etiqueta `<iframe>` (método no aconsejable porque resulta inflexible en Mobile Safari) o la etiqueta `<object>`, con la ubicación del SVG como valor del atributo `data`, igual que en el siguiente ejemplo (véase la figura 7.22):

```
<img src="tiger.svg" alt="A tiger">
<object data="tiger.svg" width="400" height="400" type="image/svg+xml">
</object>
```

Mobile Safari ignora los valores de anchura y altura dados a un `<iframe>` porque ajusta automáticamente el marco para alojar el documento vinculado. Esto es un problema con los SVG, que no tienen un tamaño definido por naturaleza.

Figura 7.22. *El famoso tigre vectorial dibujado con SVG.*

Cómo funciona el sistema de coordenadas

Aunque no vamos a entrar en muchos detalles, es esencial que entienda cómo renderiza el navegador un documento SVG. Así pues, vamos a explicarle los puntos básicos para que sepa cómo se redimensiona dentro de una página HTML en Mobile Safari.

Las dimensiones de un lienzo SVG son infinitas inicialmente, a pesar de que se suelen fijar mediante los atributos width y height de la etiqueta <svg>. El tamaño se tomará en píxeles si no se indica ninguna unidad de medida. Al renderizar, las coordenadas se convierten en píxeles en base a una resolución de 96dpi. Esto significa que una línea de 4 centímetros (siempre que la ventana de visualización del documento HTML esté correctamente configurada para la escala y ésta sea de 1, 0) se renderizará en 151 píxeles: 4 / 2,53 * 96 (donde 2,53 es un valor de 1 pulgada, redondeado).

Como ejemplo, vamos a tomar un simple documento SVG en el que se dibujan un rectángulo y un círculo con las etiquetas <rect> y <circle> (véase la figura 7.23). La declaración de XML y el DOCTYPE no son obligatorios.

```
<?xml version="1.0" ?>
<!DOCTYPE svg PUBLIC "-//W3C//DTD SVG 1.1//EN"
   "http://www.w3.org/Graphics/SVG/1.1/DTD/svg11.dtd">
<svg xmlns="http://www.w3.org/2000/svg">
```

```
<rect x="0" y="0" width="100%" height="100%" fill="lightgrey"
   stroke="black" stroke-width="4" />

<circle cx="110" cy="110" r="100" fill="yellow"
   stroke="red" stroke-width="2" />

</svg>
```

Para añadir esto a nuestro documento HTML vamos a utilizar la etiqueta `<object>`. La etiqueta `<img>` no es la mejor solución para insertar elementos SVG y realmente es poco probable que llegue a tener que usar esta opción. Por tanto, vamos a emplear por sistema la etiqueta `<object>` y a ofrecer más información cuando surjan diferencias notables en el comportamiento. Por ahora, hagamos que nuestro objeto tenga 320 píxeles cuadrados.

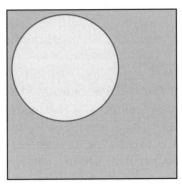

Figura 7.23. *Un sencillo documento SVG dentro de un HTML.*

Como no hemos especificado las dimensiones del lienzo SVG, se utilizarán las indicadas en la etiqueta `<object>` para definir el tamaño renderizado, que serán las mismas de la ventana de visualización SVG, es decir, el área en la que se dibujará el documento. De este modo, en la figura 7.23 el rectángulo delimita completamente la ventana de visualización y, como esperábamos, el círculo tiene un radio de 100 píxeles (el atributo `r`) y abarca 200 píxeles.

Vamos a definir ahora explícitamente el tamaño de la ventana de visualización añadiendo los atributos `width` y `height` a la etiqueta `<svg>`:

```
...
<svg xmlns="http://www.w3.org/2000/svg"
   width="400" height="400">
...
</svg>
```

Como, según lo definido, la ventana de visualización es más grande que el área `object`, el rectángulo rebasa sus límites (véase la figura 7.24) y el contenido se recorta. Aquí el comportamiento sería diferente si se utilizara una etiqueta `<img>`.

De hecho, al emplear `img` el documento SVG se considera un elemento de mapa de bits, por lo que se redimensionará para adaptarlo al área definida por sus propios atributos sin tener en cuenta la proporción inicial.

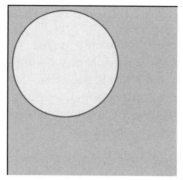

Figura 7.24. *Con una ventana de visualización explícitamente más grande, el documento se recorta.*

Si no se define un valor dentro del documento SVG, se considerará que tiene las mismas dimensiones que el documento HTML que lo contiene. Esto nos parece una limitación de la etiqueta `<img>`, aunque en algunos casos específicos puede resultar útil. Esta limitación es especialmente sensible porque en aquellos casos en los que es deseable determinar el área del documento que se debería extender para ajustarse a un contenedor específico (así como para concentrarnos en la misma), esto se puede hacer con el atributo `viewBox`, el cual le permite definir las coordenadas del rectángulo para asociarlo a la ventana de visualización. Por defecto, el cambio de escala no afectará a las proporciones iniciales (véase la figura 7.25).

```
...
<svg xmlns="http://www.w3.org/2000/svg"
    width="320" height="320" viewBox="0 0 150 800">
...
</svg>
```

Para dejar las cosas claras, vamos a ajustar las dimensiones de la ventana de visualización para hacer que se adapten a las del elemento `<object>`. Como puede ver en la figura 7.25, el atributo `viewBox` tiene un efecto en las coordenadas relativas como las definidas por el rectángulo, pero no recorta las líneas de dibujo, con lo que el círculo se extiende por fuera del área. Es más, como la zona definida es más alta que la ventana de visualización (`800px`), la imagen se redimensiona. Este comportamiento por defecto se puede modificar con `preserveAspect Ratio`, asignándole `none`. De este modo, el cambio de escala tendrá lugar con independencia del área definida y se extenderá hacia ambos lados para rellenar la ventana de visualización, como muestra la figura 7.26.

Figura 7.25. *El mismo documento utilizando el atributo viewBox.*

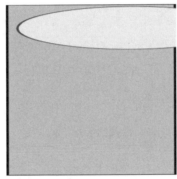

Figura 7.26. *La proporción de aspecto se puede cambiar con un atributo.*

Éstas son las principales funcionalidades de que dispone al utilizar SVG en documentos HTML. Todas trabajan con la etiqueta `<object>`. Al emplear una `<img>`, no sólo será diferente el comportamiento en lo referente a las dimensiones; tampoco se renderizarán las animaciones ni podrá usar los scripts o las interacciones definidas en el documento. Es más, perderá el acceso al DOM de SVG a través de JavaScript desde el documento contenedor.

Dibujar formas

Como comentamos anteriormente, SVG es un lenguaje con el que realizar presentaciones que posee abundantes etiquetas para dibujar la mayoría de las formas habituales de los gráficos vectoriales (líneas, rectángulos, polígonos y trayectorias) y para definir colores, estilos de trazo, rellenos, degradados y transiciones. Todas las opciones disponibles para el área del lienzo están presentes también en

SVG, aunque en lugar de controlarse mediante scripts, se describen con XML. El siguiente código contiene ejemplos de buena parte de las formas existentes. Puede ver los resultados en la figura 7.27.

```
<svg xmlns="http://www.w3.org/2000/svg">
    <g fill="yellow" stroke="red" stroke-width="4" transform="translate(5,5)">
        <circle cx="45" cy="45" r="45" />
        <rect x="100" y="0" width="90" height="90" rx="10" ry="10" />
        <ellipse cx="245" cy="45" rx="45" ry="30" />
    </g>

    <g fill="yellow" stroke="red" stroke-width="4" transform="translate(5,105)">
        <polyline
            points="0,0
                0,90 20,90 20,80 30,80
                30,90 40,90 40,80 50,80
                50,90 60,90 60,80 70,80
                70,90 90,90 90,45" />

        <polygon transform="translate(100, 0)"
            points="0,0
                0,90 20,90 20,80 30,80
                30,90 40,90 40,80 50,80
                50,90 60,90 60,80 70,80
                70,90 90,90 90,45" />

        <line x1="200" y1="0" x2="290" y2="90" />
    </g>
</svg>
```

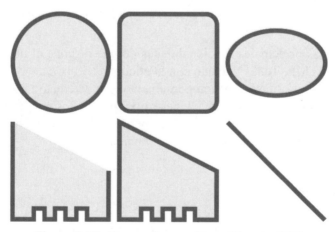

Figura 7.27. *Algunas formas disponibles con SVG.*

Este fragmento de código ya le ofrece una idea del tipo de posibilidades de que dispone con SVG. Como puede ver, no necesita utilizar trayectorias para dibujar esquinas redondeadas en un rectángulo, definiendo los atributos opcionales rx y ry en el elemento `rect`. También habrá observado que la única diferencia entre los elementos `<polyline>` y `<polygon>` es que el primero no cierra automáticamente la forma. Para que esto sea más evidente nuestras dos formas usan los mismos puntos, excepto en las coordenadas iniciales (para que la segunda no tape a la primera). Por último, el atributo `transform` no sólo permite desplazamientos: también puede hacer rotaciones, cambiar el tamaño o inclinar el objeto (horizontal o verticalmente, con `skewX` y `skewY`). Además, puede utilizar una matriz personalizada, como con Canvas. Tenga en cuenta que, aunque la API Canvas no posee opciones nativas para inclinar, esto se puede conseguir fácilmente mediante una matriz. Como comentamos antes, todas las transformaciones son en realidad afines. No vamos a entrar en más detalle sobre el código SVG porque el modo más eficaz de crear documentos de este tipo probablemente sea con una herramienta dedicada como Adobe Illustrator o Inkscape. Por ejemplo, las trayectorias suelen ser complejas y resultan más fáciles de controlar, dibujar y modificar con un ratón y con una interacción visual. Por los mismos motivos que recomendamos Komodo Edit, le aconsejamos que utilice Inkscape, que es un sólido editor gráfico de SVG, rico en funcionalidades, gratuito y de código libre.

> **Nota:** *Inkscape es la herramienta de código libre de referencia para crear gráficos vectoriales. Está disponible para todos los sistemas operativos y se puede descargar gratuitamente y sin restricciones desde el sitio Web oficial,* `www.inkscape.org`.

Interoperabilidad

Una vez elaborado su documento, puede agregarlo a su HTML. Como habrá ocasiones en las que desee hacer algo más con sus imágenes que dejarlas en medio de la pantalla, vamos a seguir comentando las posibilidades de SVG. Como modelo de interoperabilidad, empezaremos por crear la misma flechita que insertamos en un lienzo en un ejemplo anterior y que utilizamos como fondo CSS. Como es un dibujo bastante sencillo, podemos crearlo directamente en Komodo Edit, sin recurrir a una herramienta de diseño específica. Éste es el código del documento de la flechita, `chevron.svg`:

```
<svg xmlns="http://www.w3.org/2000/svg" width="23" height="13">
   <polyline
      fill="none" stroke="gray" stroke-width="3"
      points="4,1 10,6.5 4,12"
   />
</svg>
```

Esto devolverá exactamente el mismo resultado que el lienzo JavaScript anterior pero utilizando sólo XML. Puede sustituir sus reglas CSS de la flechita por lo siguiente:

```
/* main.css */
.group-wrapper ul li a {
    ...
    background: url(images/chevron.svg) right center no-repeat;
}
```

Observe que la regla `no-repeat` es crucial. No sólo puede no aplicar una repetición a una imagen SVG, sino que es posible que al no hacérselo a una imagen de este tipo no se llegue a mostrar nada por la pantalla. Es más, ya no se podría utilizar la propiedad `background-size` de CSS3.

> **Nota:** *Como quizá sepa, se pueden activar las características de accesibilidad desde los ajustes del iPhone y el iPad. Al hacerlo, observará que el zoom para personas con dificultades visuales no aprovecha las posibilidades de cambio de escala de los documentos SVG. De hecho, esta opción amplía los píxeles de la pantalla, pero no redimensiona los gráficos SVG o las fuentes.*

Con esta nueva definición, su flechita se renderizará perfectamente con independencia de la resolución de la pantalla y de la escala que pueda tener aplicada. Por ejemplo, puede ajustar la ventana de visualización para multiplicarla por un factor del 2,4, con el fin de que su aplicación tenga el mismo ancho en el iPhone que en el iPad (algo poco aconsejable), con el siguiente código:

```
<meta name="viewport" content="initial-scale=2.4; maximum-scale=2.4;
user-scalable=no">
```

Con esta configuración, debería ver una clara diferencia en la calidad de sus gráficos, como muestra la figura 7.28:

En cualquier caso, por ahora, con SVG no puede hacer casi todo lo que sí puede con un lienzo. De hecho, en nuestro ejemplo anterior podríamos modificar fácilmente el color de la flechita mediante la función `initChevron()`. Esto no se realiza del mismo modo con un SVG utilizado como una imagen.

Para lograr cambiar el color vamos a agregar el código SVG directamente al código JavaScript (lo cual no es un problema porque es realmente corto) y después lo abriremos usando un esquema de URL, que es un estándar IETF (RFC 2397) que hace posible incluir instancias en línea en archivos HTML, CSS o JavaScript. Esto también le servirá para ahorrarse algunas peticiones HTTP.

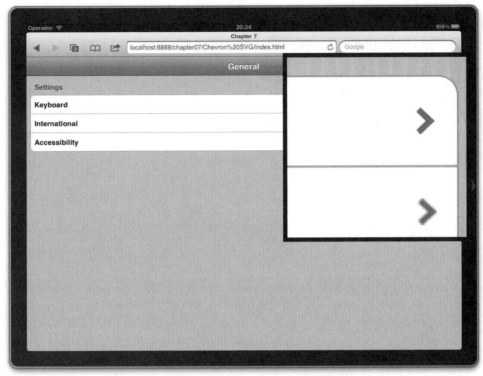

Figura 7.28. *Al ampliar se acentúa la diferencia entre los mapas de bits (lienzos) y los gráficos vectoriales (SVG).*

El esquema admite datos codificados en base64 (especialmente útiles para alojar información binaria, como las imágenes) o URL codificadas, que son las que vamos a emplear en este caso.

Empezaremos poniendo nuestro documento SVG en una variable JavaScript, teniendo cuidado de eliminar los saltos de línea:

```
/* Documento inicial en texto sin formato para que sea fácil de modificar */
var chevron = '<svg xmlns="http://www.w3.org/2000/svg" width="23"
height="13"> <polyline fill="none" stroke="ADD_COLOR" stroke-width="3"
points="4,1 10,6.5 4,12" /></svg>';

/* Codificamos la cadena como una URL */
chevron = encodeURIComponent(chevron);
```

Al hacer esto, fíjese que hemos sustituido el color del trazo por ADD_COLOR para reemplazar fácilmente la cadena más adelante. Después, la URL de datos tomará esta forma:

```
chevron = "data:image/svg+xml;charset=utf-8," + chevron;
```

La URL comienza con el esquema en cuestión, que en este caso es `data:`. Luego, declaramos el tipo MIME para documentos SVG y el juego de caracteres, separados por un punto y coma. Los datos reales empiezan tras la coma. Veamos ahora cómo se gestiona esto en la hoja de estilos `main.css`:

```css
/* main.css */
.group-wrapper ul li a {
    ...
    background: url(#chevron,gray) right center no-repeat;
}
.group-wrapper ul li a:active {
    ...
    background:
        -webkit-gradient(linear,
            left top, left bottom,
            from(rgba(255, 255, 255, .25)), to(transparent) ),

        url(#chevron,white) right center no-repeat #015de6;
    ...
}
```

Hemos añadido un identificador para hacer posible la comunicación con el SVG y tener mayor flexibilidad; el color se añade directamente a los estilos, como sería lógico. Como es obvio, esta declaración de estilos es un CSS perfectamente válido porque `#chevron` es un *hash* que debería llamar a parte del documento actual. A continuación, necesitamos un script que modifique de manera dinámica la definición de CSS utilizando la URL de datos:

```javascript
/* main.js */
var list = { "chevron": chevron };
applySVGBackground();

function applySVGBackground() {
    /* Obtiene todo el CSS vinculado al documento */
    var css = document.styleSheets;

    /* Lo analiza entero en busca de la url() del fondo */
    for (var i = 0; i < css.length; i++) {
        var rules = css[i].rules;

        for(var j = 0; j < rules.length; j++) {
            var rule = rules[j].style.getPropertyCSSValue("background-image");

            /* Devuelve un único objeto, una colección vacía.
            Asegúrese de tener siempre una lista de objetos */
            if (!rule) {
                continue;
            } else if (!rule.length) {
                rule = [rule];
            }

            for (var k = 0; k < rule.length; k++) {
```

```
        /* Only handle certain objects */
        if (!rule[k].getStringValue) {
          continue;
        }

        var r = rule[k],
          text = r.getStringValue(r.CSS_URI) || "";

        /* Si tiene un hash, pruebe a aplicárselo al estilo SVG */
        var start = text.indexOf("#");
        if (start != -1) {
          var defs = text.substr(start + 1).split(",");
          r.setStringValue(r.CSS_URI, getSVG(defs[0], defs[1]));
        }
      }
    }
  }
}

function getSVG(id, color) {
  if (list[id] != undefined) {
    color = color.replace("[", "%28").replace("]", "%29");
    return list[id].replace("ADD_COLOR", color);
  }
}
```

Primero, guardamos nuestra flechita en el objeto `lista`, que permitirá la comunicación entre el *hash* leído del archivo CSS y la URL de datos a utilizar. La función `applySVGBackground()` emplea la propiedad `document.styleSheets` para reunir una colección de objetos que contiene los estilos del documento HTML, independientemente de que estén declarados como vínculos a hojas de estilo externas o como estilos en línea. Esta colección se analiza en busca de reglas que sean relevantes para nuestro propósito. Los resultados obtenidos están en un estilo procesado, que es por lo que podemos acceder a la propiedad `background-image` aunque en la hoja real se utilice la abreviatura `background`. Debemos tener cuidado aquí al manejar varias definiciones de fondos para no perder estilos en el proceso.

A continuación, una vez que hemos conseguido un vector de dos elementos (identificador y color), se lo pasamos a la función `getSVG()`, la cual devuelve la URL de datos relativa al identificador, insertando el color enviado en el lugar esperado. A partir de aquí, todo es automático.

Se pueden usar todas las definiciones de color de CSS2.1, así como los nombres de colores introducidos por SVG. Por otra parte, en los tonos indicados mediante una declaración `rgb()`, debería sustituir los paréntesis por corchetes para no generar una regla CSS errónea que no sería accesible y que, por tanto, nuestro script no podría modificar. La función `getSVG()` se ocupará de devolver los corchetes a su forma habitual.

```
/* Definición no válida */
url(#chevron,rgb(0,0,0))

/* Definiciones correctas */
url(#chevron,rgb[0,0,0])
url(#chevron,black)
url(#chevron,#000)
```

El punto fuerte de este script es que es muy genérico y que se puede utilizar sin hacerle cambios. Para emplearlo con otros documentos SVG, lo único que tiene que hacer (aparte de declarar estilos en el CSS) es añadirlo al objeto lista con el identificador y los datos codificados.

```
var list = { "chevron": chevron , "identifier": svgDataUrl };
```

Ahora quizá se esté preguntando qué ocurre al trabajar con documentos más complejos si desea incidir directamente sobre el DOM. Como dijimos antes, esto no es posible cuando se usa la etiqueta <img> para insertar el documento SVG, ni tampoco lo es cuando se emplea el SVG como background-image. Sin embargo, si se incorpora mediante la etiqueta <object>, podrá comunicarse con dicho documento siempre que su DOM se haya abierto completamente y tenga el mismo origen que el HTML y los scripts (es decir, esté en el mismo dominio). En este caso podríamos recurrir al evento onload del HTML; en vez de ello, vamos a experimentar con las posibilidades de comunicación entre SVG y HTML.

Comunicación

Como hemos comentado, SVG posee soporte para scripts, por lo que podemos agregar JavaScript directamente a su documento. Así es cómo modificaremos nuestro archivo anterior:

```
<?xml version="1.0" ?>
<!DOCTYPE svg PUBLIC "-//W3C//DTD SVG 1.1//EN"
    "http://www.w3.org/Graphics/SVG/1.1/DTD/svg11.dtd">
<svg xmlns="http://www.w3.org/2000/svg" onload="notify()">

<rect x="0" y="0" width="100%" height="100%" fill="lightgrey"
    stroke="black" stroke-width="4" />

<circle cx="110" cy="110" r="100" fill="yellow"
    stroke="red" stroke-width="2" />

    <script type="text/ecmascript"><![CDATA[
        function notify() {
            parent.svgLoaded(this);
        }
    ]]></script>
</svg>
```

El evento `onload` se añade de manera directa al documento SVG. La función llamada avisa al HTML de que el SVG está listo. A partir de ahí, el documento SVG puede acceder a los elementos HTML mediante el objeto `parent`. Por defecto, el lenguaje de programación para SVG es ECMAScript, una especificación de la que JavaScript es heredera. Por tanto, el código debería ser bastante claro. Hemos añadido el siguiente ejemplo y JavaScript dentro del documento HTML:

```
<script>
    function svgLoaded(svg) {
        var circles = svg.document.getElementsByTagName("circle");
        circles[0].setAttribute("r", 200);

        var ellipse = svg.document.createElementNS("http://www.w3.org/2000/svg",
        "ellipse");
        ellipse.setAttribute("cx", "50%");
        ellipse.setAttribute("cy", "50%");
        ellipse.setAttribute("rx", "150");
        ellipse.setAttribute("ry", "50");

        circles[0].parentNode.appendChild(ellipse);
    }
</script>

<object data="notify.svg" width="320" height="320"
    type="image/svg+xml" id="mySVG"></object>
```

La función `svgLoaded()` recibe una referencia al documento SVG, modifica el radio del círculo y crea la elipse (`ellipse`) que se insertará en el documento. Aquí es necesario utilizar la versión del espacio de nombres del método `createElement()`. En caso contrario, el objeto se creará con un tipo de elemento erróneo y será imposible añadirlo al documento SVG.

> **Nota:** *En este ejemplo, el SVG establece una comunicación con el documento HTML. El JavaScript del HTML no pide acceso explícitamente al SVG (como sí haremos más adelante en esta sección). Por tanto, puede servirnos para identificar el documento en cuestión. Para ello, puede servirse de la propiedad* `location` *del objeto* document *de SVG, que contiene las distintas partes de la URL del documento. Para obtener una ID, se podría agregar a la URL del parámetro* data *de la etiqueta* <object> *un hash que contuviese su SVG y la reuniese mediante la propiedad* hash *del objeto* Location.

En la figura 7.29 se utiliza este método sobre el objeto `document` del SVG pero también podríamos haberlo hecho sobre el objeto `document` del DOM de HTML.

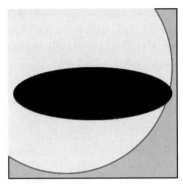

Figura 7.29. *El documento modificado.*

Asimismo, es posible obtener un control total sobre su documento HTML desde el archivo anfitrión. Lo que sigue es el código que tendríamos que haber utilizado para crear etiquetas HTML en el documento del mismo lenguaje desde un script en el SVG.

```
/* Crea un nuevo elemento <div> en el documento anfitrión */
var div = document.createElementNS("http://www.w3.org/1999/xhtml", "div");
div.style.width = "100px";
div.style.height = "100px";
div.style.backgroundColor = "green";

parent.document.body.appendChild(div);
```

Aquí es el SVG quien debería indicar cuándo está disponible para que su anfitrión le pueda hacer referencia. Si hubiéramos utilizado el evento `onload` del documento HTML, podríamos haber recurrido al método `getSVGDocument()` para obtener una referencia al SVG que, por ejemplo, tendría el siguiente aspecto:

```
var svg = document.getElementById("mySVG").getSVGDocument();
```

A partir de aquí, el resto del código sigue siendo válido y debería devolver los mismos resultados. Es simplemente otro método de acceder al SVG desde el documento HTML. Estas técnicas incluso le van a permitir animar sus páginas mediante scripts, tanto desde el XML como desde el HTML.

Animaciones con y sin scripts

Aunque puede animar elementos SVG con un lenguaje de programación, éste no es el único modo de hacerlo. De hecho, SVG integra el SMIL (*Synchronized Multimedia Integration Language*, Lenguaje de integración multimedia sincronizada), que se utiliza generalmente para producir contenido multimedia, y más específicamente la SMIL Animation Specification, que elaboraron de manera colaborativa los grupos de trabajo de SMIL y SVG, la cual hereda gran parte de su funcionalidad y sus posibilidades de animación de estas tecnologías.

Una vez más, vamos a tomar el ejemplo de la hélice que creamos en un lienzo y lo vamos a adaptar a SVG puro. El primer paso es dibujarla por medio de XML:

```
<svg xmlns="http://www.w3.org/2000/svg"
    xmlns:xlink="http://www.w3.org/1999/xlink"
    viewBox="0 0 37 37">

<defs>
    <line x1="0" y1="9" x2="0" y2="15" id="line" />
</defs>
<g transform="translate(18,18)" stroke="rgb(0,0,0)" opacity="0.5"
    stroke-width="3" stroke-linecap="round">

<use xlink:href="#line" transform="rotate(-30)" opacity="0.85">
 <use xlink:href="#line" transform="rotate(-30)" opacity="0.85">
  <use xlink:href="#line" transform="rotate(-30)" opacity="0.85">
   <use xlink:href="#line" transform="rotate(-30)" opacity="0.85">
    <use xlink:href="#line" transform="rotate(-30)" opacity="0.85">
     <use xlink:href="#line" transform="rotate(-30)" opacity="0.85">
      <use xlink:href="#line" transform="rotate(-30)" opacity="0.85">
       <use xlink:href="#line" transform="rotate(-30)" opacity="0.85">
        <use xlink:href="#line" transform="rotate(-30)" opacity="0.85">
         <use xlink:href="#line" transform="rotate(-30)" opacity="0.85">
          <use xlink:href="#line" transform="rotate(-30)" opacity="0.85">
           <use xlink:href="#line" transform="rotate(-30)" opacity="0.85"/>
          </use>
         </use>
        </use>
       </use>
      </use>
     </use>
    </use>
   </use>
  </use>
 </use>
</use>

<animateTransform attributeName="transform" attributeType="XML"
    type="rotate" values="0;30;60;90;120;150;180;210;240;270;300;330"
    calcMode="discrete" repeatCount="indefinite" additive="sum" dur="1.2s"
/>

</g>

</svg>
```

La lógica que hay detrás de este código sigue siendo muy cercana a la empleada en la API Canvas y verá que el resultado es el mismo que el del lienzo. Hasta las terminaciones de línea y los estilos de trazo se calculan de la misma manera, píxel a píxel. En primer lugar, añadimos el espacio de nombres que nos permite hacer referencia a objetos desde algunas etiquetas. Lo que hace la etiqueta `<defs>` es definir elementos reutilizables; en nuestro ejemplo es muy útil para crear la línea principal con un final redondeado que repetiremos dentro de la etiqueta `<g>`.

En `ella` añadimos varios atributos que nos permiten definir los estilos básicos para sus hijos. SVG también admite reglas CSS, por lo que esto se podría haber hecho con el código que veremos a continuación. Pero tenga cuidado al hacerlo porque ya no le será posible modificar los atributos de los elementos con el método `setAttribute()`.

```
<!-- Styles defined with the style attribute -->
<g transform="translate(18,18)"
   style="stroke:rgb(0,0,0);opacity:0.5;stroke-width:3;stroke-
linecap:round">
</g>

<!-- Estilos definidos utilizando la etiqueta <style> -->
<defs>
    <style type="text/css"><![CDATA[
        g {
            stroke: rgb(0,0,0);
            opacity: 0.5;
            stroke-width: 3;
            stroke-linecap: round;
        }
    ]]></style>
</defs>
```

A continuación, vamos a agregar varias etiquetas `<use>` para que cada una herede de su padre, de modo que todas juntas dibujen nuestra hélice de 12 palas. De esta manera, la definición es la misma para cada pala pero, como cada cual hereda de su padre y la rotación y la opacidad son relativas a él, acabamos con una forma circular con un efecto de fundido progresivo.

La etiqueta `<use>` le permite hacer referencia a un objeto definido con su `id` a través del atributo `xlink:herf`. A partir de ahí, como con cualquier otra forma, puede asociarle atributos de estilo o transformación.

La última etiqueta que se utiliza es `<animateTransform>`. Su objetivo es bastante obvio: llevar la animación a las transformaciones aplicadas a los objetos, `rotate()` en nuestro ejemplo. Para evitar la interpolación entre los diferentes pasos de la animación y en vez de ello conseguir un movimiento fluido de la forma en su conjunto, recurrimos al atributo `values`, que nos permite establecer una serie de valores a aplicar a la propiedad que queramos animar. El valor `discrete` del atributo `calcMode` es lo que evita la interpolación. De este modo, la forma en sí no parece moverse y nos da la impresión de que rotan los colores. Para que una vuelta completa dure 100 ms., hemos asignado el valor `1,2s` al atributo `dur` porque sigue habiendo 12 pasos. El valor `sum` del atributo `additive` hace que la animación sea acumulativa, de manera que no se pierda ninguna transformación. Si se hubiera definido como `replace`, habríamos perdido el desplazamiento y la forma habría cambiado su origen desde la primera iteración.

Obviamente, el dibujo de la hélice se podría haber hecho más corto y, por tanto, más fácil de mantener pero queríamos que el código fuera sencillo de entender. Por ejemplo, podría reemplazar todas las etiquetas `<use>` que hay tras la etiqueta `<g>` por el siguiente script:

```
...
<script type="text/ecmascript"><![CDATA[

    var g = document.getElementsByTagName("g");
    var use, prev = g[0];

    for (var i = 0; i < 12; i++) {
        use = document.createElementNS("http://www.w3.org/2000/svg", "use");
        use.setAttributeNS("http://www.w3.org/1999/xlink", "href", "#line");
        use.setAttribute("transform", "rotate(-30)");
        use.setAttribute("opacity", "0.85");

        prev.appendChild(use);
        prev = use;
    }

]]></script>
...
```

Para crear objetos adecuadamente, de nuevo utilizamos `createElementNS()` seguido de `setAttributeNS()` para definir el atributo `href` que no forma parte del espacio de nombres SVG. El bucle generará automáticamente las 12 etiquetas `<use>`, que a su vez dibujarán las 122 palas, entrelazándolas como en el código XML anterior.

La nueva hélice ya está lista para que la añada a cualquiera de sus documentos HTML, con la misma calidad para cualquier tamaño, como vemos en la figura 7.30. De hecho, como en nuestro ejemplo hemos utilizado `viewBox`, el dibujo SVG se adaptará para rellenar su contenedor. Lo único que tiene que hacer es definir los atributos `width` y `height` ajustándolos a las circunstancias.

Copiar con bugs temporales

La única noticia mala es que hay un *bug* reciente en Safari que impide que los gráficos SVG se muestren como transparentes al insertarlos mediante una etiqueta contenedora. Esto significa que siempre aparecerá un fondo blanco detrás de las áreas total o parcialmente transparentes. Al menos esto se puede remediar en los casos en los que se definía un fondo plano para sus gráficos añadiendo una opción a nuestro script anterior, como hicimos para el color de la flechita. Una vez más, podemos tomar esta opción del *hash*. La definición de <object> tiene este aspecto:

```
<object data="spinner.svg#green,red,0.5"
  width="320" height="320" type="image/svg+xml"></object>
```

Figura 7.30. *Una hélice bastante grande.*

Luego, basta con agregar lo siguiente al final del script anterior en el documento SVG:

```
var hash = window.location.hash;

if (hash != "") {
   var defs = hash = hash.substr(1).split(",");

   /* Crea el color del fondo */
   if ((defs[0] || "transparent") != "transparent") {
      var rect = document.createElementNS("http://www.w3.org/2000/svg", "rect");
      rect.setAttribute("width", "100%");
      rect.setAttribute("height", "100%");
      rect.setAttribute("fill", defs[0]);

      g[0].parentNode.insertBefore(rect, g[0]);
   }

   /* Si están definidos, cambia además el color y la opacidad de la hélice */
   if (defs[1]) {
      g[0].setAttribute("stroke", defs[1]);
   }
```

```
if (defs[2]) {
   g[0].setAttribute("opacity", defs[2]);
   }
}
```

El código SVG podrá identificar esta información en la URL utilizando de nuevo la propiedad `location.hash`, con lo que alteraremos el color de fondo (`green`), el de la hélice (`red`) y la opacidad de las palas (`0,5`).

Un aspecto interesante de este método, comparado con el uso de un script en el documento HTML anfitrión para aplicar modificaciones, es que no tiene que estar pendiente de esperar a que se abra el documento SVG antes de llamar a la función. Como no hay dependencia entre ellos, es más fácil controlar las funcionalidades.

Fuentes preinstaladas y descargables

Hay ocasiones en las que emplear fuentes distintas a las predeterminadas (serif, sans-serif y monospace) es un paso crucial para que las páginas Web sean más atractivas. iOS trae ya instaladas varias en las que puede apoyarse con toda seguridad. A continuación, mostramos la lista y el aspecto que presentan en pantalla:

- American Typewriter.

- Arial.

- Arial Rounded MT Bold.

- Courier New.

- Georgia.

- Helvetica.

- Marker Felt.

- Times New Roman.

- Trebuchet MS.

- Verdana.

- Zapfino.

Hay instaladas otras fuentes, aunque sólo se utilizan para reproducir alfabetos diferentes, como el hebreo, el japonés o el árabe. No bastaría con emplear simplemente sus nombres en nuestras hojas de estilo porque son juegos de caracteres ampliados, concebidos para ser fuentes del sistema para alfabetos extranjeros.

No obstante, algunos presentan interesantes versiones del juego de caracteres Roman. Por ejemplo, pruebe con "Heidi J" or ".Helvetica LT MM" (no olvide el punto inicial).

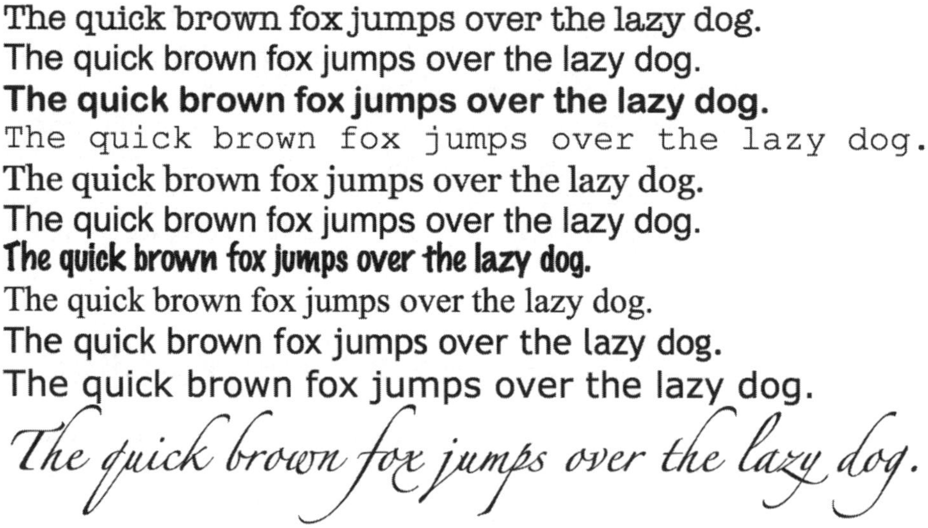

The quick brown fox jumps over the lazy dog.

The quick brown fox jumps over the lazy dog.

The quick brown fox jumps over the lazy dog.

The quick brown fox jumps over the lazy dog.

The quick brown fox jumps over the lazy dog.

The quick brown fox jumps over the lazy dog.

The quick brown fox jumps over the lazy dog.

The quick brown fox jumps over the lazy dog.

The quick brown fox jumps over the lazy dog.

The quick brown fox jumps over the lazy dog.

The quick brown fox jumps over the lazy dog.

Figura 7.31. *Fuentes nativas disponibles en iOS.*

> **Nota:** *Si desea descubrir todas las fuentes disponibles en su dispositivo, puede descargarse de la App Store la aplicación gratuita Typefaces (la antigua Cédille), de Tomoaki Nakano.*

De todas maneras, en caso de que las fuentes instaladas no se ajusten a sus necesidades específicas, también puede usar las que no estén incorporadas de verdad en el sistema. Probablemente, en estos casos haya recurrido a imágenes y trucos de CSS más o menos complicados. Crear una cabecera en cada página con este tipo de técnica puede ser molesto y poco productivo, especialmente en los sitios multilenguaje, aparte de que esto puede hacer que se aleje de su diseño inicial.

Mobile Safari, a partir de la versión 3.1, admite la propiedad @font-face de CSS3, que le permite especificar una fuente descargable de la creciente lista con la licencia apropiada. Esto es lógicamente mucho más flexible porque hará que la que elija esté casi tan disponible como cualquier otra que pudiera estar instalada en el sistema operativo. Mobile Safari sólo tiene soporte para fuentes SVG. Está permitido concretar varias utilizando la etiqueta <form>, que podrá añadir directamente al documento. No obstante, como las definiciones de carácter con frecuencia utilizan muchas trayectorias complicadas y necesitan un gran ajuste del espaciado, es más productivo emplear una aplicación de creación de fuentes.

Advertencia: *La limitación más importante de esta propiedad es el asunto de la licencia. Que una fuente esté instalada en su propio sistema o sea descargable no implica necesariamente que se pueda utilizar en todos los casos y para todos los fines. Para cada una que elija debe comprobar si todo está en orden para que pueda recurrir a ella en su caso específico. Verifique siempre la licencia o contacte con el autor antes de emplearla.*

FontForge es un potente editor y conversor de fuentes de código abierto que funciona en todas las plataformas y que no le costará nada. Puede manejar TrueType (TTF), OpenType (OTF) y por supuesto SVG. Descárguelo desde el sitio Web de SourceForge, en `http://fontforge.sourceforge.net/`.

Lo normal no es crearse uno sus propias fuentes; lo aconsejable es convertir las existentes. Ya sea para una que está instalada en su sistema pero que se sabe que no es habitual en otros o para otra que se ha descargado, el software le pedirá que elija una cuando lo inicie. Es poco probable que desee convertir fuentes como Arial, Verdana o Times para incluirlas en `@font-face`. La tabla 7.3 le muestra las carpetas por defecto para los archivos de fuentes en los distintos sistemas operativos.

Tabla 7.3. Disponibilidad de las fuentes en los principales sistemas operativos.

Mac OS X	Windows	Linux
`~/Library/Fonts/`	`%windir%\fonts\`	`~/.fonts/`
`/Library/Fonts/`		`/usr/share/fonts/`
`/System/Library/Fonts/`	(`%windir%` suele ser `C:\Windows`)	

Escoja la fuente con la que desea trabajar y haga clic en **OK**. Si contiene alguna información sobre la licencia, FontForge le preguntará si posee los derechos necesarios para editarla (véase la figura 7.32).

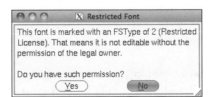

Figura 7.32. Puede que FontForge le pida permiso para incorporar la fuente.

Una vez que haya instalado la fuente en el software, se enseñará una nueva ventana que contiene todas las representaciones gráficas disponibles (véase la figura 7.33). Desde el menú de esta ventana, escoja File>Generate fonts (Archivo>Generar fuente), asígnele un nombre, seleccione el formato SVG y guárdela. Ya casi ha terminado.

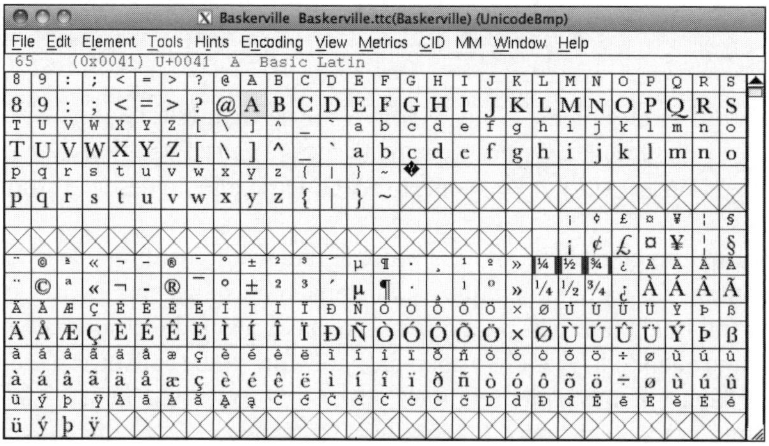

Figura 7.33. *La ventana de fuentes con las representaciones gráficas y el cuadro de diálogo de exportación.*

Decimos "casi" porque, como explicamos antes, Mobile Safari necesita la definición de los espacios de nombres para interpretar correctamente la fuente y FontForge no la agrega. Por tanto, tendrá que editar el original utilizando, por ejemplo, Komodo Edit. Lo que tiene que modificar es la etiqueta `<svg>` como sigue:

```
<svg xmlns="http://www.w3.org/2000/svg">
```

Cuando haya hecho esto, sólo tiene que guardar el documento. Ahora su fuente ya está preparada para la Web. Lo único que tiene que hacer es añadir la siguiente regla en la hoja de estilos pertinente. Mientras que Desktop Safari le pedirá permiso antes de descargar la fuente, la versión móvil del navegador lo hará sin quejarse.

```
@font-face {
    font-family: "My Font Face";
    src: local("Baskerville"), url("pathto/mybaskerville.svg#fontID")
format("svg");
}
```

Aquí hay varios pasos que son importantes. Primero, necesita darle un nombre a su fuente para poder utilizarlo más adelante con la propiedad `font-family`. Para ello, evite emplear denominaciones de familias de fuentes para no entrar en conflicto con éstas. En nuestro ejemplo hemos exportado la fuente "Baskerville" y la hemos llamado "My Font Face". Como no hay nada que nos indique que no vaya a ser instalada en las futuras versiones de iOS, lo mejor será no descargarla por sistema, puesto que podría ser inútil. Por tanto, le diremos al navegador que busque primero la fuente con el nombre original entre las del sistema operativo. Esto se hace con la función `local()`. La función `url()`, al igual que `background-image`, se utiliza para indicar una URL remota, que en este caso es la ruta de la fuente descargable. Para que la regla funcione es necesario especificar el formato, como lo es la referencia al identificador de la etiqueta `<font>` en el *hash* de la URL (`fontID`, en nuestro ejemplo). No olvide que esta última es obligatoria incluso aunque sólo exista una etiqueta `<font>` en el documento. Como SVG es ante todo un formato pensado para describir documentos vectoriales, es perfectamente posible definir varias fuentes en un mismo documento. Esto puede serle útil si necesita determinar diferentes fuentes SVG porque limitaría el número de peticiones HTTP. Ahora ya puede usar en sus documentos la que acaba de definir como cualquier otra (véase la figura 7.34).

```
<!DOCTYPE html>
<html>
    <head>
        <title>Definition</title>
        <meta name="viewport" content="initial-scale=1.0;
            maximum-scale=1.0; user-scalable-no">

        <style>
            body {
                background: #fce9cb -webkit-gradient(linear,
                    left top, left 50%,
                    from(rgba(95,66,21,0.5)), to(transparent)) repeat-x;
                color: #5f4215;
                font-family: "Marker Felt";
                font-size: 16px;
                margin:15px;
            }
            h1 {
                font: 100 normal 35px/50px "Anagram";
                text-shadow: #fce9cb -1px -1px 3px;
                border-bottom: 1px dotted currentColor;
                text-align: center;
            }
            p:nth-of-type(3) {
                font-family: "Zapfino";
                text-align: right;
            }

            @font-face {
                font-family: "Anagram";
                src: url("anagram.svg#Anagram") format("svg");
            }
```

```
        </style>
    </head>
<body>

    <h1>Anagram</h1>

    <p>Lorem ipsum dolor sit amet, consectetur adipiscing elit. In
        tristique sodales dui, in porttitor orci sodales quis. Vivamus et
        lobortis nisl. Nullam et varius ante. Sed ante erat, laoreet vitae
        tristique sed, placerat ut lacus. Sed at dictum odio. Nam iaculis
        dictum quam, et fermentum tellus ultricies vel.</p>

    <p>Pellentesque habitant morbi tristique senectus et netus et
        malesuada fames ac turpis egestas. Donec fringilla odio vel arcu
        ullamcorper pretium. Mauris arcu ipsum, semper eu auctor accumsan,
        dignissim et diam.</p>

    <p>by Lorem Ipsum</p>

</body>
</html>
```

Figura 7.34. *Una bonita presentación que utiliza la fuente Anagrama de Nick Curtis y algunas otras nativas.*

Si ha exportado la fuente como le hemos explicado, quizá se haya fijado en que el tamaño del archivo es bastante grande. Esto se debe a que la de SVG contiene todas las representaciones gráficas que tenía la original, aunque puede que esto no le haga falta en su caso. Es bastante habitual que algunas definiciones de fuente copien las representaciones de las mayúsculas en las minúsculas. En tales casos, puede beneficiarse fácilmente de las posibilidades de programación de FontForge.

Una vez que haya seleccionado una fuente, se habrá dado cuenta de que al escoger una representación gráfica aparece cierta información en la parte superior de la ventana: es el código Unicode (véase la figura 7.35). Es justo lo que nos hace falta para seleccionar sólo las representaciones que añadiremos a nuestra fuente SVG exportada.

Figura 7.35. *La ventana del código.*

Vamos a utilizar un script para exportar sólo los caracteres que necesitamos. Las funcionalidades del código serán accesibles desde el menú File>Execute Script (Archivo>Ejecutar script). En la nueva ventana que se mostrará seleccione FF en la parte inferior (para activar el modo FontForge) y escriba lo siguiente:

```
Select(0u0041);
```

Este comando selecciona sólo la letra A mayúscula. Para escoger a la vez varias representaciones gráficas tendrá que especificar la primera y la última de la serie. El siguiente código elegiría todas las letras mayúsculas de la A a la Z:

```
Select(0u0041, 0u005a);
```

Lo que hace la función `Select()` es posibilitar la selección de grupos de caracteres como pares de referencias, indicando el primer y el último carácter de la lista, respectivamente. Se verán afectados todos los del intervalo. Si desea escoger sólo una representación gráfica, especifique una referencia; si desea elegir una dentro de una lista de intervalos, tiene que determinar el mismo punto de partida y el punto final. Éste es el código que le permitirá exportar sus fuentes SVG cuando le sea preciso:

```
Select(0u0030, 0u0039, 0u0041, 0u005A, 0u0061, 0u007a, 0u00ab, 0u00ab,
0u00bb);
SelectInvert();
Cut();
Generate("exported.svg");
SelectNone();
Revert();
```

Puede comprobar que exporta los conjuntos 0-9, a-z y A-Z junto a los corchetes angulares izquierdo y derecho. Después, invertimos nuestras selecciones para emplear la función `Cut()` y borramos de la fuente las representaciones que no utilicemos. Naturalmente, debe tener cuidado de introducir la ruta correcta para la función `Generate()`. Para finalizar nuestro script cancelamos nuestra selección y regresamos a la fuente original para evitar accidentes. Ahora su fuente debería ser bastante más ligera.

Tenga en cuenta que si quiere utilizar sólo letras mayúsculas, debería tener cuidado de escribir todo su texto de esta manera, o mejor aún, dejar que una regla de estilo se ocupe automáticamente de esto:

```
.upper {
   text-transform: uppercase;
}
```

En cualquier caso, recuerde que las fuentes importadas con `@font-face` tienen algunas limitaciones en los navegadores WebKit. La principal es que, incluso aunque haya importado las representaciones gráficas en mayúsculas, no podrá darle el valor `small-caps` a `font-variant`. Aunque la especificación indique explícitamente que los agentes de usuario deban utilizar letras mayúsculas redimensionadas para las versalitas si éstas no están definidas, WebKit simplemente ignorará los caracteres definidos por `@font-face` si hay establecida una regla `font-variant`, por lo que regresan a la fuente heredada por defecto.

```
.small-caps {
   font-size: 0.71em; /* Reduce el texto */
   text-transform: uppercase;
}

.small-caps::first-letter {
   font-size: 1.41em;
   /* Reinicializada al 100% del tamaño de fuente heredado */
}
```

A pesar de que esta solución sólo abarca la primera letra, puede bastar para algunos usos. Otra limitación que debería tener presente es que, a diferencia de las fuentes que ya están instaladas en el sistema del usuario, las de la Web se han de descargar (en la primera visita, pues es possible guardarlas en caché). Esto puede llevar tiempo porque las fuentes SVG son esencialmente más pesadas que las TTF o las OTF y se tarda más en renderizarlas, en especial si su fuente es compleja y depende de una gran cantidad de código. Tenga cuidado con esto porque Mobile Safari podría congelarse; limite siempre esta práctica a tamaños de archivo razonables.

Resumen

Los ejemplos utilizados en este capítulo son sólo una pequeña muestra de lo que se puede hacer con los lienzos y los gráficos vectoriales. Aparte de lo útil que puede ser la hélice que hemos creado (por ejemplo, empleada junto con Ajax, para proporcionar cierta interacción al usuario), hemos recurrido a pequeñas cantidades de código y formas sencillas y repetitivas. Si tiene algo de experiencia con algún software de creación de gráficos vectoriales, pronto comprobará las posibilidades que le ofrece el soporte para SVG. El uso de los lienzos posee, además, un gran potencial para aquellos que prefieren los scripts al diseño gráfico. Consulte también los siguientes capítulos sobre vídeo y animaciones porque le ayudarán a dotar de vida sus creaciones.

En los siguientes capítulos vamos a utilizar estas tecnologías, como por ejemplo en el 14, para crear una brújula o en el 12, donde usaremos nuestra hélice para mostrar una reacción al usuario durante nuestras peticiones con Ajax. Trabaje a su manera con estas nuevas características pero pregúntese siempre qué solución es la mejor de las dos y si cada cual es más ventajosa que otras alternativas, por ejemplo, una opción basada en CSS. Como ocurre con las imágenes de mapas de bits, con Flash y con la mayoría de las cosas en Internet, utilícelas cuando vayan a mejorar la experiencia del usuario.

8. Insertar audio y vídeo en su aplicación Web

Como comentamos anteriormente, Mobile Safari no admite contenidos de tipo Flash. Sin embargo, iOS es una extraordinaria plataforma multimedia que hereda la calidad de iPod para contenidos de tipo audio y vídeo. El que la aplicación YouTube venga por defecto con el sistema operativo es un síntoma de la importancia dada al contenido multimedia tanto por Apple como por los sitios Web externos.

El número de empresas que optimizan sus sitios para iPhone e iPad no para de crecer. Es el caso de Vimeo (que vemos en la figura 8.1), donde el habitual contenido en Adobe Flash se sustituye por vídeos en H.264, el formato adoptado por Apple. Incluso YouTube está ofreciendo una nueva versión para móviles de su sitio Web, sobrepasando a la aplicación nativa del iPhone en el uso de las nuevas características de HTML5.

Hay muchos signos que indican que los protagonistas de la Web están tomándose cada vez más en serio los formatos alternativos específicos para ésta; incluso Adobe ha implementado H.264 en su reproductor de Flash.

Este movimiento también viene del excelente soporte para los últimos estándares Web en navegadores para móviles como Mobile Safari, que ofrece una eficaz plataforma para los contenidos multimedia. De hecho, como va a ver, Apple ya no le aconseja que emplee la etiqueta <embed> dentro de Safari y le recomienda que recurra a <audio> y <video> de HTML5, que vienen con sólidas API que le permitirán controlar muchos aspectos de la reproducción y recopilar información en tiempo real sobre el estado del contenido mediante toda una gama de eventos.

Figura 8.1. *La aplicación Web de Vimeo, optimizada para iPad.*

Nota: *Para ilustrar este capítulo vamos a utilizar la magnífica película de animación "Big Buck Bunny" (con licencia Creative Commons, copyright de Blender Foundation, que puede descargarse de* www.bigbuckbunny. org *en muchos formatos, iPhone incluido).*

Antes de HTML5, como no había un estándar para integrar contenidos multimedia en una página Web, los navegadores solían recurrir a plugins externos, que en muchos casos tenía que instalar el usuario, algo que no sería posible dentro de Mobile Safari. Esto ya no es necesario.

Insertar contenidos de tipo vídeo

El vídeo es, probablemente, el medio más popular de Internet hoy en día. Incluso aunque no cree su propio contenido, puede agregar el material multimedia a su sitio con facilidad. Por ejemplo, esto se puede conseguir de forma sencilla utilizando YouTube, con un código similar al siguiente:

```
<a href="http://www.youtube.com/v/VIDEO_IDENTIFIER">
    <img src="poster.jpg" alt="Breaking News Video Poster">
</a>
```

VIDEO_IDENTIFIER es el valor del parámetro v que se encuentra en todas las URL de vídeos de YouTube. Sin embargo, si inserta este vídeo así, lo que hará será iniciar la aplicación YouTube, con lo que al final de la secuencia el usuario se quedará dentro de dicha plataforma.

Obviamente, al crear su programa, el objetivo es el de mantener al usuario dentro de éste el mayor tiempo posible y aproximar la experiencia a la de una aplicación nativa en la medida de lo posible. Con HTML5, reproducir el contenido multimedia directamente desde dentro del navegador es tan fácil como utilizar la nueva etiqueta <video>.

Esto es un modo simple pero enriquecedor de integrar vídeos, similar en algunos aspectos a la etiqueta <embed> que se usaba antes, con la que comparte varios atributos.

```
<video src="myvideo.m4v" poster="preview.png"
    id="myvideo" width="320" height="240"></video>
```

Como en la etiqueta <canvas>, el tamaño por defecto para <video> es de 300 píxeles de ancho y 150 píxeles de alto. Si desea especificar otras dimensiones, debe utilizar los atributos width y height. Si la proporción de la película es diferente a la del área definida, se mostrarán franjas negras a lo largo del espacio no ocupado y se redimensionará el vídeo para que conserve su medida inicial. Lamentablemente, no hay manera de cambiar el color de las rayas, como por ejemplo, aplicando un tono de fondo, como cabría esperar.

Por defecto, la etiqueta <video> es un elemento en línea que se debe cerrar, como en nuestro ejemplo. De no hacerlo, el código que venga a continuación se considerará como contenido en caso de fallo. Como verá pronto, la etiqueta <video> puede encerrar no sólo información de este tipo, sino también otras etiquetas, como <object> o <embed>, u otros elementos que le permitirán refinar la definición del tipo de contenido e incorporar funcionalidades adicionales para mejorar la reproducción normal.

Obtener información sobre el vídeo

Si por alguna razón no conoce específicamente la proporción inicial de la película que va a insertar, puede acceder a estos datos utilizando las propiedades del objeto HTMLVideoElement y, por ejemplo, ajustar adecuadamente el tamaño de su contenedor. Esto podría resultar útil si emplea un formato por defecto para su película pero ofrece varios en función de la velocidad de conexión del dispositivo del usuario.

> **Nota:** *Al usar las propiedades* width *y* height *en la función* adjustVideo(), *los valores devueltos serán los de los atributos correspondientes. Sin embargo, si estos valores no están definidos o para ello se ha recurrido a un porcentaje, no se podrán utilizar. Por tanto, preferimos las propiedades* offsetWidth *y* offsetHeight *del DOM.*

```
var video = document.getElementById("myvideo");
video.addEventListener("loadedmetadata", adjustVideo, false);

function adjustVideo(event) {
   var video = event.target;

   /* Tamaño original (sólo lectura) */
   var vw = video.videoWidth;
   var vh = video.videoHeight;

   /* Tamaño del elemento */
   var ew = video.offsetWidth; // Could be video.width
   var eh = video.offsetHeight; // Could be video.height

   /* Ajusta el contenedor si es necesario */
   var vratio = vw / vh;
   var eratio = ew / eh;

   if (vratio != eratio){
      video.height = ew / vratio;
   }

}
```

Si el navegador no ha descargado la información mínima para identificar el vídeo, los datos específicos de la película no estarán disponibles. El atributo preload, que indica que los metadatos del vídeo se deberían abrir con anterioridad junto con la página HTML, no vienen soportados actualmente por Mobile Safari, sobre todo para limitar el tráfico HTTP. Se podrá acceder a este tipo de información una vez que se haya elevado el evento loadedmetadata. La API asociada a las nuevas etiquetas para multimedia de HTML5 posee muchos otros eventos específicos, como `timeupdate`, que nos permitirá trabajar con subtítulos personalizados. Los veremos más adelante en el capítulo.

El contenedor del vídeo

En Mobile Safari no se descarga ningún dato relativo al vídeo hasta que éste se inicia; al menos ninguno que le pueda servir para algún uso. Conforme espera esta información, si está definido el atributo `poster`, la imagen definida se utilizará como contenedor, con la misma proporción de aspecto que la propia película. Obviamente, la imagen escogida debería ser lo más representativa posible del vídeo. Si no hay ninguna definida o la URL de procedencia es incorrecta, tanto en el iPhone como el iPod touch se empleará como contenedor un degradado azul, como vemos en la figura 8.2.

Figura 8.2. *El contenedor de vídeo por defecto en el iPhone.*

Esto es lo que ocurre en las versiones del sistema operativo anteriores a la 3.2 pero en las más recientes (incluyendo la 3.2 que viene con el nuevo iPad), si no se especifica el atributo `poster`, todo el área del vídeo se mostrará en negro, sin ninguna otra indicación. Esto probablemente sea porque uno de los grandes pasos dados por el iPad es que se pueden reproducir películas de forma directa en el navegador, sin iniciar el reproductor de QuickTime a pantalla completa, como pasaba en las primeras versiones. Así pues, puede crear contenidos multimedia que se integren en su página, puesto que el color negro neutral hará que esta operación sea más flexible.

Reproducir el vídeo

En el iPhone y el iPod touch, para iniciar un vídeo, el usuario tiene que golpear el contenedor, lo que iniciará el reproductor externo (véase la figura 8.3). Es posible que, como abandonamos el contexto del navegador, dé por hecho que se perderán todos los eventos asociados a la etiqueta. En realidad, esto no es cierto. El uso de un reproductor externo no impide que tengan lugar eventos relacionados con los vídeos o se ejecuten acciones sobre estos, como redimensionar el contenedor, igual que vimos anteriormente.

Figura 8.3. *El reproductor multimedia de QuickTime en el iPhone.*

En el iPad, el uso de la etiqueta `<video>` no devuelve los mismos resultados. La película no se inicia automáticamente ni ocurre nada si se golpea el contenedor. Para permitir que se reproduzca el vídeo tendrá que agregar el atributo `controls`, el cual indica que el reproductor deberá mostrar de manera visible para el usuario unos controles estándar o bien utilizar el método `play()` sobre el objeto de vídeo para lanzarlo dinámicamente. En el primer método, el reproductor tendrá un botón de reproducción, como en las versiones anteriores. Cuando se activan los controles, estos cubren parte de la película (como muestra la figura 8.4) pero desaparecen automáticamente tras unos cuantos segundos. Es algo bastante habitual en la mayoría de las aplicaciones modernas y resulta muy cómodo para el usuario final.

```
<video src="myvideo.mp4" poster="preview.png"
   id="myvideo" width="320" height="240" controls></video>

<!-- Controla la reproducción del vídeo utilizando javascript -->
<button onclick="document.getElementById('myvideo').play()">Watch Video</
button>
```

Fíjese en que el elemento de vídeo en sí no admite el evento `onclick` para no interferir con estos controles, incluso a pesar de que se encuentre dentro de algún otro contenedor. Éste es el motivo por el cual se utiliza un botón independiente que debe estar fuera del contenedor del vídeo.

Sea cual sea la solución que elija, el vídeo sólo se podrá iniciar mediante una acción del usuario final. El atributo `autoplay` está soportado en un caso muy específico, que explicaremos más adelante en este capítulo. Estas mismas limitaciones se aplican al método `play()`, lo que significa que no podrá emplear el `window.setTimeout()` para iniciar su vídeo después de un retardo. Esto probablemente sea porque en las redes móviles sigue siendo común el cobro por unidad y al usuario quizás le siente mal tener que gastarse una fortuna porque el diseñador de la aplicación Web le ha hecho descargarse un archivo pesado sin su consentimiento.

Figura 8.4. *Si los controles están activados, sobre el vídeo aparecerá un icono de reproducción. Al pulsar el botón se iniciará la película y se mostrará el resto de los controles.*

Insertar contenidos de tipo audio

La etiqueta `<embed>` solía ser la recomendada no sólo para contenidos de tipo vídeo, sino también para los de tipo audio. En HTML5 esto ha cambiado porque los desarrolladores disponemos de una nueva y elegante solución:

```
<audio src="myaudo.mp3" id="myaudio"></audio>
```

La interfaz DOM asociada es `HTMLAudioElement`, de modo que puede crear dinámicamente un objeto de audio con JavaScript empleando el habitual método DOM `createElement()` pero utilizando también un nuevo constructor HTML5 que toma como parámetro una URL de origen. La ventaja de este método es que, como sólo concierne al sonido, el elemento se puede inicializar y reproducir de inmediato sin que haya que agregarlo al árbol del documento.

```
var audio1 = document.createElement("audio"); // el estilo del DOM
var audio2 = new Audio("myaudio.mp3"); // el estilo de HTML5
```

Como no hay ninguna secuencia o imagen que enseñar, los atributos `width` y `height` no están soportados. El bloque tendrá por defecto 200 por 16 píxeles. En el iPhone y el iPod touch se mostrará el mismo contenedor que para la etiqueta

`<video>`, lo que permitirá que el contenido sonoro se inicie golpeando con los dedos y que éste se pueda redimensionar mediante estilos. Este contenedor es el único modo de lanzar sonidos en el dispositivo sin recurrir a JavaScript.

En el iPad, la configuración es ligeramente diferente. La ventana por defecto de la etiqueta `<audio>` es una simple área vacía, que se sustituye por los controles pertinentes (véase la figura 8.5) cuando se define el atributo `controls`, como ocurre con la etiqueta `<video>`. Si están activados, los controles del sonido se representan con las dimensiones por defecto o con las que vengan definidas por cualquier regla de estilo. No obstante, tenga cuidado porque se pueden hacer más anchos pero no más altos. Si especifica un valor para la altura superior a los 16 píxeles, los controles sencillamente se alinearán en vertical dentro del área definida.

Figura 8.5. *Los controles de audio del iPad.*

En cualquier caso, el reproductor de audio no es especialmente atractivo. Disponer de una solución alternativa le permitiría tanto mejorar la usabilidad como hacerlo independiente del dispositivo, sin tener que recurrir a `DOMWindow navigator.platform` o a la propiedad `navigator.userAgent`. Puede asociar fácilmente un evento a una imagen, como una portada de un álbum, e iniciar el método `play()` para su etiqueta `<audio>` de este modo.

Manténgase dentro de lo razonable

Como ha visto, integrar contenidos de tipo audio en sus páginas se ha vuelto muy sencillo pero debe tener cuidado de no excederse. Por ejemplo, si desea mostrar una lista de vídeos en una página, como en YouTube o Vimeo (véase la figura 8.6), no le recomendamos que utilice una etiqueta `<video>` para cada elemento. Como en el iPhone y en el iPod se inicia QuickTime al golpear en el reproductor, podría tener la tentación de hacer esto para que fuera más fácil acceder a su contenido. Aun así, debe tener presente que multiplicar las etiquetas multimedia en la misma página ralentizará considerablemente la navegación y el funcionamiento del navegador.

Como alternativa podría mostrar una lista de imágenes, donde cada una enviara al usuario a su respectiva página de reproducción. Esto mejoraría la practicidad de la aplicación, en especial para los usuarios de iPad que reproducirán el vídeo directamente en el navegador y esperarán a visualizarlo en unas dimensiones mucho mayores que las que le proporciona la miniatura del vídeo de la lista.

Figura 8.6. *Una lista de vídeos de la aplicación Web YouTube.*

Tome el control de su contenido

Como afirmamos anteriormente, una vez que el usuario ha iniciado la reproducción del video o del audio, se puede recopilar la información sobre este contenido. La API asociada a las nuevas etiquetas multimedia de HTML5 viene con toda una gama de nuevos eventos del DOM que le permitirán conocer exactamente lo que está pasando mientras se reproduce el material.

Para ilustrar algunas de las posibilidades ofrecidas por la API, vamos a crear una página que mostrará la información en tiempo real sobre el estado de una película en reproducción. En la mayoría de los casos vamos a utilizar el objeto `TimeRanges`, que se emplea en la interfaz `HTMLMediaElement` de la que heredan los objetos de vídeo y de audio, y sus propiedades asociadas para este tipo de objetos.

Esta interfaz es muy sencilla, pues contiene sólo la propiedad `length`, que alberga la información sobre el número de rangos disponibles, y dos métodos, `start()` y `end()`, que ofrecen datos acerca del rango en segundos y que reciben como parámetro un índice.

Si al indicarlo se da un valor fuera de rango y genera un error, se lanzará una excepción `INDEX_SIZE_ERR`.

Cómo utilizar los rangos

La interfaz HTMLMediaElement tiene varias propiedades, entre las que se incluyen buffered, que proporciona información sobre el estado de los datos descargados disponibles para reproducir el contenido multimedia, y played, que indica los rangos ya reproducidos. Debe tener en cuenta que en Mobile Safari se considera con frecuencia que la propiedad played sólo posee un rango.

La propiedad seekable, que también utiliza el objeto TimeRanges, señala qué rangos puede buscar el navegador. No la vamos a usar aquí porque normalmente devuelve uno igual al que va de la propiedad startTime (para el objeto de vídeo) a la propiedad duration. Entre los casos en los que no se cumple esto están los contenidos multimedia de servidores Web que no soportan un rango HTTP para descarga parcial; esto es algo que se utiliza, por ejemplo, para permitir a los usuarios reanudar una descarga interrumpida. Además, en las versiones antiguas de iOS, el rango se definía en función del buffer disponible y elevaba un INDEX_SIZE_ERR si se intentaba asignar a la propiedad currentTime un valor fuera de él.

> **Nota:** *Aunque los contenidos multimedia se reproducen directamente en el navegador en el iPad, la información se actualiza también en los demás dispositivos con iOS. Aun así, en las versiones anteriores a la 3.2 la propiedad* played *no contiene ningún rango, lo que no debería ser un problema porque, por lo general, es preferible utilizar* startTime *y* currentTime *para obtener la posición de reproducción actual.*

En este ejemplo vamos a empezar por las etiquetas HTML de nuestra aplicación:

```
<!DOCTYPE html>
<html>
   <head>
      <title>Media Demo</title>
      <meta name="viewport" content="initial-scale=1.0;
         maximum-scale=1.0; user-scalable=no">

      <link rel="stylesheet" href="styles/video.css">
      <script src="scripts/video.js"></script>
   </head>

<body onload="setup()">
   <div class="info">
      <h1>Big Buck Bunny</h1>
      <p>A fantastic movie under Creative Commons License
         freely available for download to everyone.</p>
```

```
    </div>
    <div class="video">
      <div class="media">
        <time>Waiting...</time>
        <video src="media/BigBuckBunny_640x360.m4v"
          width="100%" height="360" controls></video>
      </div>

      <div id="buffered"><meter></meter><mark></mark></div>
      <div id="played"></div>
    </div>
    </body>
</html>
```

Observe que el `<div>` identificado como `buffered` tiene dos hijos. El primero es una barra de progreso que mostrará lo lleno que está el buffer, mientras que el segundo contendrá una flecha que indicará la posición de reproducción actual. Los rangos reproducidos se añadirán al `<div>` identificado como `played`.

A continuación, vamos a crear una hoja de estilo específica para nuestras páginas de vídeo, con el previsible nombre de `video.css`:

```
body {
    background-color: #444;
    color: white;
    font-family: helvetica;
    text-shadow: black 2px 2px 2px;
}

.video { margin-right: 200px; }
.media { position: relative; }

.media time {
    position: absolute;
    top: 0;
    left: 0;
    right: 0;
    background-color: rgba(0, 0, 0, 0.5);
    padding: 5px;
    color: white;
    font: bold 10px verdana;
}

.media video {
    display: block;
    background: black;
    -webkit-box-shadow: 0 4px 20px black;
}

.info {
    float: right;
    width: 190px;
    font-size: 13px;
}
```

```css
.info h1 { font-size: 18px; }

#buffered, #played {
   position: relative;
   background-color: black;
   -webkit-box-shadow: 0 4px 20px black;
   margin: 1px;
}

#buffered {
   background-color: #444;
}

/* Barra de progreso */
meter, mark {
   display: block;
   height: 10px;
}

#buffered meter {
   background-color: gray;
   -webkit-box-sizing: border-box;
   border:1px solid black;
   border-width:0 1px;
}

/* Indicador de la flecha */
#buffered mark {
   position: absolute;
   border: 5px solid transparent;
   border-bottom-color: white;
   margin: -10px 0 0 -5px;
   height: 0;
}
```

Por último, esto no tendría sentido sin los scripts apropiados que mostraran la información esperada. Crearemos un archivo llamado `video.js`, al que añadiremos la función `adjustVideo()` que vimos anteriormente. Después, la primera función que vamos a crear es a la que llamaremos con el evento `onload` del documento y que inicializa los inspectores.

```javascript
function setup() {
   var video = document.getElementsByTagName("video")[0];
   window.setInterval(checkBuffered, 500, video);
   video.addEventListener("timeupdate", checkPlayed, false);
   video.addEventListener("loadedmetadata", adjustVideo, false);
}
```

La función `checkBuffered()` comprueba el estado del buffer cada 500 milisegundos y muestra esta información como una barra de progreso gris debajo del vídeo. Al utilizar Desktop Safari habría disponible más memoria pero en los dispositivos portátiles al navegador se le asigna una cantidad mucho menor, lo que significa que el buffer cambiará de forma constante sin llegar a contener la película en su totalidad. Fíjese también en que empleamos un temporizador porque actualmente no está soportado el evento `progress`, que corresponde al estado de actualización del buffer.

```
function checkBuffered(video) {
   if (video.buffered.length && video.duration) {
      var pos = calcPosition(video.buffered.start(0),
         video.buffered.end(0), video.duration);

      var bar = document.getElementById("buffered");
      updateBar(bar.firstChild, pos);
   }
}
```

A continuación, la función `checkPlayed()` muestra el rango reproducido, una vez más en forma de barra de progreso situada bajo el vídeo. En Mobile Safari, como nunca hay más de un rango ya reproducido que abarque desde el comienzo del vídeo hasta el estado de reproducción actual, sólo se enseñará una barra, mientras que en Desktop Safari cada uno se reproducirá independientemente.

Por tanto, se añadirá uno nuevo, por ejemplo, cuando salte a otro fotograma de la película mediante el cursor temporal. Cuando dos rangos se solapan, se fusionan para convertirse en uno solo y reducir su número. Por eso limpiamos el contenedor `played` con cada evento `updatetime`, haciendo que se actualice la barra de progreso.

```
function checkPlayed(event) {
   var video = event.target;

   /* Actualiza la posición del cursor temporal */
   var progress = document.getElementById("buffered");
   progress.lastChild.style.left = (video.currentTime / video.duration *
100) + "%";

   /* Actualiza la progresión del tiempo del vídeo */
   updateTime(video);

   /* Limpia y añade los rangos reproducidos, de haberlos */
   var container = document.getElementById("played");
   container.innerHTML = "";

   for (var i = 0; i < video.played.length; i++) {
      var pos = calcPosition(video.played.start(i),
         video.played.end(i), video.duration);

      addRange(container, pos);
   }
}

function addRange(dest, pos) {
```

```
var bar = document.createElement("meter");
bar.style.backgroundColor =
    "hsl(" + (pos.from * 360 / 100 | 0) + ", 100%, 50%)";

updateBar(bar, pos);
dest.appendChild(bar);
}
```

Las siguientes funciones calculan el progreso y controlan la visualización de la barra correspondiente. La primera determina los porcentajes necesarios para que la segunda posicione de manera correcta las barras en su contenedor y represente visualmente el rango reproducido que se le pasa como parámetro a `calcPosition()`.

```
function calcPosition(start, end, max) {
    return {
        from: (start / max * 100),
        to: (end / max * 100)
    }
}

function updateBar(bar, pos) {
    bar.style.width = (pos.to - pos.from) + "%";
    bar.style.marginLeft = pos.from + "%";
}
```

Por último, tenemos que controlar la duración. La función `updateTime()` evalúa el tiempo transcurrido y el restante y los convierte con la función `formatTime()`, que los pasa de segundos a un formato temporal más legible.

```
function updateTime(video) {
    if (video.duration) {
        var elapsed = video.currentTime - video.startTime;
        var state = video.paused ? "Paused" : "Playing";

        document.getElementsByTagName("time")[0].textContent = state + ": " +
            formatTime(elapsed) + " / " +
            formatTime(video.duration) + " (-" +
            formatTime(video.duration - elapsed) + ")";
    }
}

function formatTime(time) {
    /* ¿Tenemos horas? */
    var cut = time < 3600 ? 4 : 1;
    var str = "";

    for (var i = 2; i >= 0; i--) {
        var step = Math.pow(60, i);
        var part = (time / step) | 0; // Un modo rápido de calcular Math.
floor()

        time -= part * step;
```

```
        str += ":" + ("0" + part).substr(-2); // Añade un 0 al principio
    }

    return str.substr(cut);
}
```

Abra ahora la página creada en Mobile Safari (o en el navegador con el que desarrolle) para ver los distintos rangos e iniciar el vídeo. Debería obtener un resultado similar al de la figura 8.7.

Figura 8.7. *El tiempo se muestra en la parte superior; la progresión del buffer y de la reproducción se enseña en forma de barras en la parte inferior.*

Como ocurre en Mobile Safari, la descarga del vídeo sólo comenzará a partir de una acción del usuario. Hasta que esto ocurra, no habrá datos disponibles, ni siquiera la longitud de la película. Cuando comience la descarga, la información se recopilará y se mostrará, representándose la progresión del modo adecuado.

Eventos soportados

En nuestro ejemplo anterior sólo trabajamos con unos cuantos eventos pero puede utilizar muchos más. La tabla 8.1 muestra la lista completa de los soportados con su significado en iOS. El objeto `Event` que le pasamos como parámetro a los manejadores no posee ninguna propiedad específica relacionada con el tipo de evento en sí, como lo está la reproducción actual con el `timeupdate`. Se puede acceder directamente a los datos necesarios a través del objeto que recibe el evento, como ya ha visto en el ejemplo (`event.target`).

Tabla 8.1. *Lista de eventos soportados por Mobile Safari.*

Nombre del evento	Descripción
abort	La recepción ha sido interrumpida antes de que el navegador haya acabado de descargar el contenido.
emptied	Un contenido ya iniciado se ha reiniciado.
play	Se ha iniciado la reproducción, como ocurre después de que el usuario pulse el botón para reproducir.
pause	Se ha detenido la reproducción, como ocurre después de que el usuario pulse el botón de pausa.
loadedmetadata	Está disponible la información sobre las dimensiones y la duración del contenido.
loadeddata	Ya está disponible la información solicitada para la reproducción del contenido.
waiting	La reproducción se ha detenido porque el siguiente fotograma no está disponible.
playing	Se ha iniciado la reproducción.
canplay	Los datos para la reproducción están disponibles, sin la certeza de que se puedan reproducir sin almacenar en el buffer.
canplaythrough	Los datos para reproducir el contenido están disponibles y el navegador estima que se podrá reproducir sin almacenar en el buffer.
seeking	El navegador tiene que encontrar una nueva posición de reproducción. Este evento sólo se disparará si la búsqueda lleva más tiempo del razonable.
seeked	El navegador ha terminado de buscar una nueva posición.
timeupdate	La posición de reproducción actual ha cambiado.
ended	La reproducción se ha detenido porque se ha alcanzado el final del contenido.
ratechange	Se ha modificado la velocidad de reproducción.
durationchange	La longitud del contenido ha cambiado, como ocurre cuando se modifica la fuente original del contenido.
volumechange	El volumen ha cambiado. Este evento no se dispara si se modifica el volumen utilizando los controles del reproductor.

Puede que algunos comportamientos de estos eventos le sorprendan. Los `ratechange` y `volumechange` están soportados en Mobile Safari pero con un uso limitado. Es más, las propiedades asociadas de los objetos multimedia no tienen efecto actualmente. Al modificar los valores de `playbackRate`, `defaultPlaybackRate` y `volume` (lo que debería cambiar la velocidad de reproducción y el volumen) se disparará el evento pero la reproducción no se verá afectada. Para implementar una función de avance rápido tendrá que utilizar `currentTime`, pero no se beneficiará de la misma fluidez de desarrollo que si empleara las propiedades que afectan directamente a la velocidad de reproducción. Al recurrir a `currentTime` se disparará de manera automática un evento `seeked`. Técnicamente, el uso de `currentTime` cambia la propiedad `seeking` a `true`, indicando que se está realizando una búsqueda. El `seeked` se enviará cuando la propiedad tome el valor `false`. Si el proceso lleva más de lo esperado, y sólo en este caso, se activará un evento `seeking`.

También se dispara el mismo evento cuando se llega al final del contenido multimedia y está definido el atributo `loop` de la etiqueta `<audio>` o `<video>`. En tal caso, el evento `ended` no se disparará nunca porque no está previsto que se detenga la película. Por tanto, tendrá que comprobar manualmente si la reproducción se ha completado utilizando las propiedades `currentTime` y `duration` junto con el evento `seeked`. Esto le será útil en caso de que sólo desee desarrollar el contenido un cierto número de veces.

Añadir subtítulos y capítulos al contenido

La especificación de HTML5 está pensada para que se puedan enlazar recursos externos de modo que los contenidos multimedia sean más accesibles, especialmente para los usuarios discapacitados. En el momento de escribir el libro, esta funcionalidad aún está en desarrollo y no se ha implementado en ningún navegador, aunque llegado el momento podrá especificar uno o varios recursos utilizando la etiqueta `<track>`, como en el siguiente ejemplo:

```
<video src="myvideo.mp4" poster="preview.png"
   id="myvideo" width="320" height="240">

   <track kind="subtitles"
      src="mysubtitles-us.srt" srclang="en-US" label="English Subtitles">

   <track kind="subtitles"
      src="mysubtitles-fr.srt" srclang="fr-FR" label="Sous-Titres en Français">
</video>
```

Los atributos específicos le permiten determinar los tipos de recursos (`subtitles`, en nuestro ejemplo), así como el idioma utilizado, en el formato BCP 47, similar al devuelto por el navegador con la propiedad `navigator.language` del objeto `window`. El atributo `label` contiene el título de la pista, que se puede emplear en un menú para seleccionar recursos. Por tanto, no se debe dejar vacío, debe ser representativo y lo ideal es que sea diferente para los atributos con el mismo valor de `kind`.

Cómo crear sus propios subtítulos

Como los subtítulos pueden ser una funcionalidad deseable para mejorar la usabilidad de sus aplicaciones y hacerlas más atractivas, vamos a escribir algo de código para sustituir la etiqueta `<track>` no soportada. Obviamente, los subtítulos sólo serán de interés cuando se dirija a dispositivos que permiten reproducir contenidos de forma directa dentro del navegador; no se pueden añadir funcionalidades a los reproductores externos. Por el contrario, en todos los navegadores será posible desplazarse entre capítulos porque se le podrán pasar eventos al reproductor.

En nuestros ejemplos anteriores aprendió a obtener la posición de reproducción actual. Partiendo de esto, sólo tiene que encontrar un modo de insertar en su página los elementos relevantes en el momento apropiado. Para ello, vamos a recurrir a un sencillo formato para subtítulos ampliamente utilizado: SRT. Los archivos `.srt` fueron creados en principio para la aplicación SubRip, que se emplea para extraer subtítulos en tiempo real de un *stream* de vídeo. Este formato es cercano al formato WHATWG en desarrollo, WebSRT, y es más simple que el actual Timed Text Markup Language (Lenguaje de marcado de texto sincronizado o TTML) del W3C, que es por lo que vamos a usarlo.

Mostrar subtítulos

Los SRT son archivos de texto con una serie de bloques multilínea que representan la siguiente información:

- Un número ordinal.

- El rango en el que debe mostrarse el subtítulo.

- El texto del subtítulo (que puede abarcar varias líneas e incluir otras nuevas, pero no espacios vacíos).

- Una línea en blanco indicando que sigue un nuevo subtítulo.

En nuestro ejemplo vamos a utilizar un archivo SRT con cinco subtítulos y con etiquetas HTML para poder transformar fácilmente nuestro contenido:

```
1
00:00:16,000 --> 00:00:18,000
Tweet tweet! I'm a bird!

2
```

```
00:00:19,500 --> 00:00:20,000
Tweeet... <span>Ouch!</span>

3
00:00:20,000 --> 00:00:21,000
Tweeet... Ouch!

4
00:00:47,000 --> 00:00:50,000
Oh, it's already morning.
What a beautiful day!

5
00:01:03,000 --> 00:01:05,000
Humm, that smells nice... what is it?
```

Obviamente, estos subtítulos son de un interés limitado pero bastan para darles voz a nuestros personajes animados. Sin dejar de utilizar la película "Big Buck Bunny", vamos a explorar las posibilidades ofrecidas por esta solución.

Primero definiremos una hoja de estilos que nos permita convertir los textos, como entre los subtítulos 2 y 3. Queremos que el texto ("Tweeet...") no parpadee cuando aparezca la parte "Ouch!" tras unos segundos. En la hoja de estilos del ejemplo anterior añada lo siguiente:

```
#textual span {
   visibility: hidden;
}
```

Naturalmente, también necesitará estilos genéricos para colocar y dotar de una determinada apariencia a los subtítulos, que irán en la parte inferior del vídeo. Aplíqueles un `text-shadow` para que el texto siga siendo legible independientemente de la imagen que se muestre en la película.

```
#textual {
   position: absolute;
   left: 0;
   right: 0;
   bottom: 16px;
   text-align: center;
   color: white;
   font-weight: bold;
   text-shadow:
      black 0 0 3px,
      black 1px 1px 2px;
}
```

A continuación, vamos a modificar el código HTML para agregar un contenedor a los subtítulos (con la ID `textual`):

```
...
<div class="media">
   <div id="time">Waiting...</div>
   <video src="media/BigBuckBunny_640x360.m4v"
```

```
        width="100%" height="360" controls>

        <track kind="subtitles"
           src="srt/subtitles-us.srt" srclang="en-US" label="English
           Subtitles">

        <track kind="subtitles"
           src="srt/subtitles-fr.srt" srclang="fr-FR" label="Sous-Titres
           en Français">

   </video>
   <div id="textual">(Press Play)</div>
</div>
...
```

Ahora vamos a ponerlo todo junto, utilizando para ello JavaScript:

```javascript
var TimedInfo = function(media, container) {
   this.owner = media;
   this.element = container;

   /* Pista activa */
   this.current = 0;

   /* Auto-inicialización */
   this.parse();
   var that = this;
   this.owner.addEventListener("timeupdate", function() {
      that.shouldDisplay();
   }, false);
}


TimedInfo.prototype.parse = function() {
   var tracks = this.owner.getElementsByTagName("track");

   /* Agrega toda la información disponible sobre las pistas */
   this.data = [];
   for (var i = 0; i < tracks.length; i++) {
      this.data.push({
         src: tracks[i].getAttribute("src"),
         label: tracks[i].getAttribute("label") || "Untitled",
         readyState: 0
      });
   }
}


TimedInfo.prototype.loadResource = function(index) {
   var that = this;
   var req = new XMLHttpRequest();
   req.open("get", this.data[index].src);
   req.onreadystatechange = function() { that.handleAsyncState(this,
index) };
   req.send();
}
```

```
TimedInfo.prototype.handleAsyncState = function(req, index) {
    if (req.readyState == 4) {
        if (req.status != 200) {
            this.data[index].readyState = 3;
        } else {
            this.data[index].srt = this.extract(req.responseText);
            this.data[index].readyState = 2;
            this.shouldDisplay();
        }
    }
}

TimedInfo.prototype.extract = function(text) {
    var i, j, res = [];
    var parts = text.split("\n\n");

    /* Recorre cada uno de los bloques */
    while ((i = parts.shift())) {

        /* Divide las líneas de los bloques... */
        i = i.split("\n");
        j = i[1].split(" --> ");

        /* ...y toma la información sobre el tiempo (inicio y final) */
        for (var n = 0; n < 2; n++) {
            j[n] = j[n].split(":");

            for (var t = 0, m = 0; m < 3; m++) {
                t = t * 60 + 1 * j[n][m].replace(",", ".");
            }
            j[n] = t;
        }

        /* Agrega la información */
        res.push({ time: j, text: i.slice(2).join("<br>") });
    }

    return res;
}

TimedInfo.prototype.shouldDisplay = function() {
    if (!this.checkReadyState(this.current)) {
        return;
    }

    /* La información se ha instalado */
    var st = this.data[this.current].srt;
    var ct = this.owner.currentTime - this.owner.startTime;

    /* Busca el subtítulo apropiado */
    this.element.innerHTML = "";
    for (var i = 0; i < st.length; i++) {
        if (ct >= st[i].time[0] && ct < st[i].time[1]) {
            this.element.innerHTML = st[i].text;
            break;
```

```
        }
    }
}

TimedInfo.prototype.checkReadyState = function(index) {
    if (index == -1) {
        return false;
    }

    /* Comprueba si la información está disponible */
    switch (this.data[index].readyState) {
        case 0:
            this.loadResource(index);
            this.data[index].readyState = 1;
        case 1:
        case 3:
            return false;
    }

    return true;
}
```

Un buen trozo de código, sin duda. Se crea un objeto, `TimedInfo`, inspirado en parte en el `TimedTrack` de las especificaciones de HTML5. Éste lee las etiquetas `<track>` relacionadas con los contenidos pasados al constructor y luego muestra los subtítulos utilizando un manejador para el evento `timeupdate`. De este modo, los subtítulos aparecerán de la manera adecuada tanto en modo reproducción como en modo búsqueda.

Puede iniciar una instancia del objeto con sólo pasarle el objeto del contenido y el contenedor para los subtítulos. El constructor conservará estos parámetros, obtendrá los datos requeridos de las pistas mediante el método `parse()`, luego tendrá en cuenta las notificaciones de `timeupdate` y mostrará los subtítulos de la forma correcta con el método `shouldDisplay()`.

```
var ti = new TimedInfo(mediaObject, containerObject);
```

El método `parse()` leerá los atributos de las pistas y los recopilará en el vector `data`. Como en este momento no hay datos disponibles, añadimos una propiedad `readyState` con el valor 0, indicando que el recurso no se ha descargado.

Cuando se dispara un evento `timeupdate`, el método `shouldDisplay()` comprueba si el recurso activo está disponible. Si no fuera éste el caso, solicitaría que se descargase el archivo SRT mediante el método `loadResource()` y pondría a 1 la propiedad `readyState`, señalando que se ha iniciado una petición de descarga. Mientras el recurso siguiese sin estar disponible, el método `shouldDisplay()` simplemente esperaría. Una vez incorporados los datos, el método busca los subtítulos pertinentes para la reproducción actual y los enseña si los hay.

El objeto XMLHttpRequest, que detallaremos en un futuro capítulo, es utilizado por loadResource() para iniciar la descarga de recursos en modo asíncrono. Una vez completada la petición, la función handleAsyncState() extrae los datos devueltos por el servidor a través de la propiedad responseText y se los pasa a extract(), que dividirá el archivo SRT y devolverá un vector con los datos organizados.

Cuando se haya añadido el objeto al archivo video.js, sólo tendrá que modificar la función setup() que creamos antes y agregarle las siguientes líneas:

```
var timed; // Globally stored for future use

function setup() {
...
    timed = new TimedInfo(video, document.getElementById("textual"));
}
```

Al abrir su página con Mobile Safari podrá ver la película con los subtítulos correspondientes a la imagen visualizada, como muestra la figura 8.8.

Figura 8.8. Ahora el vídeo aparece con los subtítulos apropiados.

Selección automática del idioma

Sólo ha utilizado unos cuantos atributos de la etiqueta <tag> y de la primera <track> del código HTML, aunque se definió alguna más. El siguiente código emplea el atributo srclang para seleccionar automáticamente un idioma para los subtítulos, dependiendo del lenguaje del navegador. La información se guardará en el vector.

```
TimedInfo.prototype.parse = function() {
...
    for (var i = 0; i < tracks.length; i++) {
```

```
    var l1 = tracks[i].getAttribute("srclang");
    var l2 = window.navigator.language;
    if (l1.toLowerCase() == l2.toLowerCase()) {
      this.current = i;
    }

    this.data.push({
      language: l1,
...
    });
  }
}
```

Para probar este código sólo tiene que añadir el idioma de su navegador en segunda posición en la etiqueta <video> y crear los archivos SRT asociados. Ésta es la versión francesa de los subtítulos:

```
1
00:00:16,000 --> 00:00:18,000
Cui cui ! Je suis un oiseau !

2
00:00:19,500 --> 00:00:20,000
Cuuiii... <span>Aïe !</span>

3
00:00:20,000 --> 00:00:21,000
Tweeet... Ouch!

4
00:00:47,000 --> 00:00:50,000
Oh, et bien c'est déjà le jour.
Quelle belle journée !

5
00:01:03,000 --> 00:01:05,000
Humm, ça sent bon... Qu'est-ce que c'est ?
```

Al hacer la prueba, no se olvide de verificar el idioma de su navegador para definir adecuadamente el atributo srclang. Puede comprobarlo de manera sencilla escribiendo window.navigator.language en la consola.

Dejar que el usuario escoja

La selección automática es buena pero, como de costumbre, es mejor dejar que el usuario elija por sí mismo. Por ese motivo, vamos a añadir ahora algunos métodos que obtienen la lista de pistas disponible para un determinado kind y activan la deseada. Las especificaciones permiten que este atributo admita varios valores, como vemos en la tabla 8.2. Estos pueden darle una idea de lo que es posible crear mientras espera el soporte adecuado para esta funcionalidad. Como es lógico, algunas palabras clave serán difíciles de implementar porque están estrechamente relacionadas con el sistema y la capacidad de comunicarse con éste, como el valor `descriptions`.

Tabla 8.2. *Las palabras clave de kind, según lo definido en la especificación de HTML5.*

Palabra clave	Descripción
subtitles	Una traducción para el contenido utilizado cuando existe sonido pero éste no es inteligible.
captions	Transcripción de la banda sonora en caso de que el sonido esté apagado y para los espectadores discapacitados.
descriptions	Transcripción de las imágenes mostradas para utilizarla con sintetizadores de voz para invidentes.
chapters	La finalidad de los capítulos es hacer que se pueda acceder mejor a las distintas partes del contenido.
metadata	Pistas definidas por el desarrollador para utilizarlas con scripts.

En el método `parse()` no se recoge información para el atributo `kind`. Esto lo hacemos con el siguiente código, filtrando los tipos de pista:

```
TimedInfo.prototype.parse = function() {
...
   this.data.push({
      kind: tracks[i].getAttribute("kind"),
      src: tracks[i].getAttribute("src"),
      label: tracks[i].getAttribute("label") || "Untitled",
      language: ll,
      readyState: 0
   });
...
}
```

A continuación, añadiremos dos sencillos métodos que obtienen la lista de las pistas disponibles para un tipo definido y activan el recurso pertinente. El `activate()` agrega una clase al contenedor para los datos de tipo texto en función de `kind` e incorporar finalmente estilos diferentes dependiendo de su valor.

```
TimedInfo.prototype.getFilteredIndex = function(kind) {
   var list = [];

   for (var i = 0; i < this.data.length; i++) {
      if (this.data[i].kind == kind) {
         list.push(i);
      }
   }

   return list;
```

```
}

TimedInfo.prototype.activate = function(index) {
    if (index >= 0 && index < this.data.length) {
        this.current = index;
        this.element.className = this.data[this.current].kind;
    }
}
```

Partiendo de esto, puede construir un cuadro de selección con los datos devueltos por `getFilteredIndex()`:

```
function buildList() {
    var list = timed.getFilteredIndex("subtitles");
    var select = document.createElement("select");

    for (var i = 0; i < list.length; i++) {
        var index = list[i];
        var option = document.createElement("option");

        option.textContent = timed.data[index].label;
        option.value = index;
        option.selected = (timed.current == option.value);

        select.appendChild(option);
    }

    select.onchange = selectionChanged;
    return select;
}

function selectionChanged(event) {
    timed.activate(event.target.value);
}
```

La función `buildList()` crea un elemento `<select>` que se rellena con las etiquetas de las pistas, leyendo directamente la propiedad `data` del objeto `TimedInfo`. Como ahora el idioma se selecciona de modo automático cuando se inicializa el método `parse()`, sólo tiene que activar la opción (`option`) asociada para no mostrar una información incorrecta al usuario. Se añade un manejador a la etiqueta `<select>` para cambiar de inmediato el idioma cuando se modifica la sección. Ahora puede modificar el código HTML para agregar el contenedor de la lista y que reciba la etiqueta `<select>`:

```
<div class="info">
...
    <form id="list"></form>
</div>
```

Éstas son las reglas para dotar de estilos al cuadro de selección y colocarlo sobre el vídeo, a la derecha:

```
#list {
   height: 20px;
   border: 1px solid gray;
   -webkit-border-radius:4px;
   -webkit-box-shadow:2px 2px 4px black;
   background-image:-webkit-gradient(
      linear, left bottom, left top,
      from(transparent), to(rgba(255,255,255,0.2))
   );
}
#list select {
   border: 0;
   background: none;
   color: white;
   font-size: 13px;
   line-height: 18px;
   text-shadow: black 1px 1px 1px;
}
/* Crea una pequeña flecha a la izquierda */
#list::before {
   content: '';
   display: inline-block;
   width: 10px;
   height: 10px;
   margin-right: -10px;
   border: 5px solid transparent;
   border-left-color: gray;
   -webkit-box-sizing: border-box;
}
```

En Mobile Safari, el elemento <select> puede recibir todo tipo de estilos. Por ejemplo, es posible quitarle el borde y la flecha, como hacemos aquí.

El toque final consiste en llamar a la función buildList() y agregar a las etiquetas el objeto devuelto. Una vez más, modificamos la función setup(), añadiendo una línea al final:

```
function setup() {
...
   document.getElementById("list").appendChild(buildList());
}
```

Pruebe ahora todo esto en su navegador; debería tener un aspecto similar al de la figura 8.9. Como puede ver, el <select> por defecto del iPad no necesita estilos adicionales.

Facilitar la navegación mediante capítulos

Con los ejemplos anteriores ya está agregando importantes funcionalidades a la implementación por defecto de los contenidos multimedia. Para acercarnos más a lo que suele ofrecer un reproductor, vamos a darle ahora al usuario la posibilidad de pasar de una parte del contenido a otra específica o de abrir varios sonidos en la misma etiqueta multimedia y disparar uno u otro mediante una acción del usuario. Seguiremos ampliando el ejemplo anterior.

Figura 8.9. *Ahora el usuario puede seleccionar fácilmente un idioma.*

Primero incorporaremos un objeto al código JavaScript que controla las pistas con el tipo `chapter`:

```
TimedInfo = function(media, container) {
...
    /* Pista activa */
    this.current = 0;
    this.chapter = { index: -1 };
...
}
```

Después vienen los métodos que activan un capítulo específico (`number`) en función de un recurso determinado (`index`):

```
TimedInfo.prototype.play = function(index, number, shouldStop) {
    /* Para no solicitar dos veces el mismo capítulo mientras se carga
       el archivo SRT */
```

```
    if (index != this.chapter.index || number != this.chapter.number) {
        this.chapter.index = index;
        this.chapter.number = number;
        this.chapter.shouldStop = shouldStop;
        this.chapter.timeChanged = false;

        this.handleChapter();
    }
}
TimedInfo.prototype.handleChapter = function() {
    if (!this.checkReadyState(this.chapter.index)) {
        return;
    }
    var nb = this.chapter.number - 1;
    var st = this.data[this.chapter.index].srt;

    /* Tenemos datos, podemos definir la posición actual */
    if (!this.chapter.timeChanged) {
        if (this.owner.paused) {
            this.owner.play();
        }
        if (this.owner.readyState == this.owner.HAVE_NOTHING) {
            return;
        }
        this.owner.currentTime = this.owner.startTime + st[nb].time[0];
        this.chapter.timeChanged = true;
    }

    /* Si tenemos que parar al final del capítulo */
    if (this.chapter.shouldStop) {
        var ct = this.owner.currentTime - this.owner.startTime;
        var et = st[nb].time[1];
        if (ct >= et) {
            this.chapter = { index: -1 };
            this.owner.pause();
        }
    }
}
```

El método `handleChapter()` es el más artificioso porque debe tener en cuenta muchos parámetros. Como vimos antes, tiene que descargar el archivo SRT de manera asíncrona pero también debe controlar el estado de los datos del contenido para evitar generar una excepción `INVALID_STATE_ERR` al corregir la propiedad `currentTime`.

> **Nota:** *El algoritmo de descompresión integrado en el dispositivo no permite un posicionamiento preciso. Tendrá que desplazar sus tiempos unos cuantos segundos hacia adelante para que estén en el punto exacto. La posición que se escribe en* `currentTime` *no es fiable, aunque no hay problema en leerla.*

Primero se comprueba si se está reproduciendo el vídeo, leyendo la propiedad `paused`, y se inicia la reproducción si es necesario. Luego se verifica el estado de `readyState`, que debe tener al menos el valor 1 (`HAVE_METADATA`), el mínimo que indica que los datos están disponibles para su reproducción (véase la tabla 8.3). Si es inferior, se elevará el error anteriormente señalado. A partir de ahí, podemos definir la posición de lectura dependiendo de los datos del capítulo escogido.

Si se especifica un valor para `currentTime` que no esté dentro del rango de búsqueda del navegador, en el iPhone y en el iPod touch se lanzará una excepción `INDEX_SIZE_ERR`. Sin embargo, en el iPad, el navegador comenzará a descargar un nuevo rango para que se pueda leer en la posición indicada.

Tabla 8.3. *Valores posibles de la propiedad readyState.*

Constante	Descripción
`media.HAVE_NOTHING (0)`	No hay información disponible sobre el contenido.
`media.HAVE_METADATA (1)`	La información disponible es suficiente para determinar la duración del contenido. En el caso de los vídeos, también se conocen sus dimensiones. Eso sí, no hay bastante información como para reproducir el clip.
`media.HAVE_CURRENT_DATA (2)`	La información disponible es suficiente para reproducir la posición actual del contenido pero no permite avanzar dentro de éste.
`media.HAVE_FUTURE_DATA (3)`	Se ha reunido información suficiente para reproducir el contenido sin que éste se interrumpa de inmediato.
`media.HAVE_ENOUGH_DATA (4)`	Hay información suficiente para reproducir correctamente el contenido.

La propiedad `shouldStop` determina si el reproductor se debería detener tras completarse el capítulo. Si toma el valor `true`, revisamos el valor de `currentTime` para saber si la reproducción ha llegado al final del vídeo y utilizar el método `pause()` en tal caso. Para controlar esta opción se debe llamar también a `handleChapter()` durante el evento `timeupdate`. Si quiere hacerlo, deberá agrupar ambos métodos en el mismo manejador.

```
TimedInfo.prototype.handleTracks = function() {
    this.handleChapter();
    this.shouldDisplay();
}
```

Obviamente, deberá modificar el receptor con este nuevo manejador:

```
TimedInfo = function(media, container) {
...
    /* Auto-inicialización */
    this.parse();
    var that = this;
    this.owner.addEventListener("timeupdate", function() {
        that.handleTracks();
    }, false);
}

TimedInfo.prototype.handleAsyncState = function(req, index) {
...
    } else {
        this.data[index].srt = this.extract(req.responseText);
        this.data[index].readyState = 2;
        this.handleTracks();
    }
...
}
```

Por último, deberá evitar la activación de un capítulo como un subtítulo:

```
TimedInfo.prototype.parse = function() {
...
    if (tracks[i].getAttribute("kind") != "chapters" &&
    l1.toLowerCase() == l2.toLowerCase()) {
        this.current = i;
    }
...
}
```

De este modo, si modifica el código HTML para añadir una referencia a un recurso de un capítulo, no se seleccionará por error:

```
<video src="BigBuckBunny_640x360.m4v" width="100%" height="360" controls>

    <track kind="subtitles"
        src="subtitles-us.srt" srclang="en-US" label="English Subtitles">

    <track kind="subtitles"
        src="subtitles-fr.srt" srclang="fr-FR" label="Sous-Titres en Français">

    <track kind="chapters"
        src="srt/chapters-us.srt" srclang="en-US" label="English Chapters">
</video>
```

Por ahora, puede mostrar una lista de capítulos recurriendo a algo similar a la función `buildList()` utilizada para mostrar las opciones de los subtítulos e iniciar el capítulo mediante el método `play()` del objeto `TimedInfo`. Con nuestro código anterior podría, por ejemplo, tener el siguiente archivo SRT:

```
1
00:00:00,000 --> 00:00:24,000
In the begining...

2
00:00:24,900 --> 00:00:50,300
The rabbit wakes up.
```

Entonces tendría que activar el segundo capítulo con un código similar a este:

```
<button onclick="timed.play(2, 2, false)">The rabbit wakes up.</button>
```

Sin embargo, en Mobile Safari, saltar directamente a un capítulo específico sólo será posible si la reproducción la inicia una acción del usuario, como comentamos antes. Como los recursos multimedia se descargan de manera asíncrona, la llamada real a `play()` se retrasa con respecto a la acción del usuario y, por tanto, no se aplica. Aun así, tan pronto como se inicie la reproducción del contenido, el código funcionará.

Solución de problemas

En Mobile Safari, aparentemente, no es posible desarrollar un recurso multimedia de manera automática porque haría falta una acción del usuario para iniciar la reproducción. Esto puede ser incómodo, ya que quizá desee activar automáticamente un archivo de sonido, teniendo en cuenta que podría no ser más grande que uno de imagen medio. En tal caso, lo ideal sería que se descargara de forma rápida, tan rápido como el resto de archivos que no sufren ninguna restricción. Esta limitación se puede evitar en iOS 3.2 (y versiones posteriores) utilizando el método `load()`, el cual fuerza la descarga del contenido, lo que hará que se pueda reproducir automáticamente empleando un código como el siguiente. Eso sí, quizá tenga que esperar unos momentos a que se llene el buffer antes de llamar a `play()`.

```
var audio = document.getElementsByTagName("audio")[0];
audio.load();
audio.play();
```

De este modo, para iniciar un capítulo de inmediato tras la apertura del SRT sólo tendría que agregar una llamada al método `load()` en la función `setup()`.

```
function setup() {
    var video = document.getElementsByTagName("video")[0];
    video.load();
...
}
```

En realidad, el navegador siempre descarga una información mínima para comprobar la integridad del contenido, que es por lo que aparece en nuestro reproductor un botón con una franja cruzada (véase la figura 8.10) cuando el formato relacionado con el atributo `src` no está soportado en Mobile Safari. El navegador también asigna el valor 1 (`NEWTWORK_IDLE`) a la propiedad `networkState`, indicando que no está en uso en este preciso momento. Sin embargo, esto no dispara ningún evento, ni siquiera `loadedmetadata`, hasta que el usuario golpea el botón de reproducción y se inicia la descarga real de los datos reproducibles.

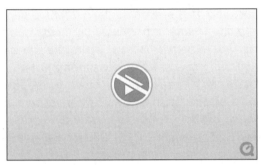

Figura 8.10. *Si el contenido no se puede reproducir o no se encuentra, Safari mostrará un botón como éste.*

Cuando se llama al método `load()`, el navegador comprueba primero el `networkState` y, si no tiene el valor 0 (`NETWORK_EMPTY`, que nos indica que el elemento no ha sido inicializado), lo reinicializará, enviará sucesivamente dos eventos (`abort` y después `emptied`) y volverá a comenzar el desarrollo desde el principio. Por último, una vez que se haya validado el recurso, continuará la descarga de los metadatos y de la información necesaria para la reproducción.

Al utilizar este método podrá iniciar sus contenidos de audio y vídeo sin las restricciones que comentamos anteriormente. Aun así, debe tener presente que Mobile Safari sólo puede reproducir los contenidos de uno en uno porque algunos se desarrollan utilizando directamente el hardware, por lo que no se podrán decodificar varias fuentes de manera simultánea. Esto le impide, por ejemplo, superponer varios efectos de sonido.

Multimedia para iPhone e iPad

En un ordenador, Safari puede controlar muchos formatos de audio y vídeo empleando los diferentes códecs pero iOS sólo soporta unos cuantos. Pese a ello, la mayoría de los admitidos están basados en estándares muy ricos e implementados masivamente. También son bastante fáciles de utilizar una vez conocidos.

Formatos de vídeo

La decodificación de vídeos es una operación que consume muchos recursos y, por ello, el iPhone usa un chip específico que trabaja con el flujo de información directamente desde el hardware. Esto es mucho más ligero que emplear el procesador principal, con lo que se ahorra un precioso tiempo de uso de la batería.

Advertencia: El uso del códec H.264 está sujeto a derechos de autor, ya sea para la distribución o para el empleo del contenido de tipo vídeo. Como productor del contenido visual, deberá asegurarse de que posee la licencia apropiada para sus necesidades, la cual no forma parte del software de compresión de vídeo que pueda estar utilizando para producir contenidos legibles con H.264. Todo el software de Apple y Adobe viene con una licencia del códec para un uso personal y no comercial pero la licencia Internet Broadcast AVC Video especifica que la distribución gratuita del contenido no estará sujeta a regalías hasta 2015. Si está especialmente interesado en este asunto, puede obtener más información en `www.mpegla.com`.

La tabla 8.4 presenta las características soportadas actualmente que le permitirán configurar de modo correcto su software de creación de vídeo.

Tabla 8.4. *Formatos de vídeo soportados.*

Video/Audio	Tasa de bits	Formato máximo	Fotograma/ Canal	Perfil de vídeo	Contenedor
H.264	1,5 Mbps	640x480	30 fps	Perfil de línea de base de baja complejidad	`.m4v,`
AAC-LC	160 Kbps	48 KHz	sonido estéreo		`.mp4,` `.mov`
H.264	2,5 Mbps	640x480	30 fps	Perfil de línea de base nivel 3.0	`.m4v,`
AAC-LC	160 Kbps	48 KHz	sonido estéreo		`.mp4,` `.mov`
MPEG-4	2,5 Mbps	640x480	30 fps	Perfil simple	`.m4v,`
AAC-LC	160 Mbps	48 KHz	sonido estéreo		`.mp4,` `.mov`
H.264	14 Mbps	1280x720	30 fps	(Sólo iPad) Perfil principal nivel 3.1 en 720p	`.m4v,`
AAC-LC	160 Kbps	48 KHz	sonido estéreo		`.mp4,` `.mov`
M-JPEG	35 Mbps	1280x720	30 fps	(Sólo iPad) JPEG en movimiento	`.avi`
PCM		Codificación μ-law	sonido estéreo		

En ocasiones, se hace referencia a H.264 como MPEG-4/AVC o MPEG-4 Parte 10. Esto no es lo mismo que el MPEG-4 (Parte 2) de la tabla, que depende de un estándar de la industria diferente y utiliza un método de compresión distinto. Sin embargo, los formatos soportados globalmente son estándares MPEG-4, muy empleados actualmente y que también se usan en el 3GP, un formato de vídeo de baja calidad que se suele manejar para servicios móviles multimedia porque es fácil de leer en redes de este tipo y recibe un amplio soporte en los teléfonos. El M-JPEG está muy extendido en cámaras numéricas con capacidades de vídeo.

Los perfiles y niveles asociados determinan los aspectos específicos soportados en el formato, como los modos de compresión, la tasa de bits y de fotogramas, la resolución máxima, etc. El soporte de iOS para niveles es incompleto, motivo por el cual se indica en la tabla el valor más alto posible.

Obviamente, no necesita entender todos y cada uno de los detalles de estos códecs para utilizarlos, aunque sí debe tener cuidado porque el perfil de línea de base de baja complejidad no forma parte del estándar MPEG-4/AVC, a pesar de que es una variante simplificada con sólo un fotograma de referencia. La compresión de los vídeos se basa en las diferencias entre uno o más fotogramas del vídeo, lo que reduce la cantidad de datos a almacenar. Con esta simple modificación, la imagen a mostrar se calcula únicamente desde un fotograma, lo que también simplifica el proceso de decodificación pero implica una menor eficacia en la compresión y una calidad más baja.

La pista de audio de los vídeos emplea la Codificación Avanzada de Audio (AAC-LC), la más utilizada hoy en día. AAC es un formato de compresión con pérdida que está por detrás de MP3 pero que produce una mejor calidad de sonido con una tasa de bits similar y mayor flexibilidad. Sin embargo, al igual que en MPEG-4, el soporte no es completo y está limitado a una tasa de muestreo de 48KHz en estéreo, como en MP3, donde el propio AAC puede alcanzar 96kHz con 48 canales (con una calidad mucho mejor).

AAC, a diferencia de MPEG-4, no está sujeto a ninguna licencia de distribución y los contenidos que lo utilizan se pueden distribuir libremente con independencia del modo elegido.

Cómo trabajar con los formatos de audio soportados

Naturalmente, los dispositivos Apple tienen soporte para otros formatos que puede usar con la etiqueta `<audio>`. La tabla 8.5 muestra una lista no exhaustiva.

Tabla 8.5. *Formatos de audio soportados.*

Formato	Descripción
AAC (Codificación Avanzada de Audio MPEG-4) y HE-AAC (Alta eficiencia)	HE-AAC es una extensión del formato AAC optimizada para bajas tasas de bits, ideal para aplicaciones que, por ejemplo, utilicen el *streaming*.
ALAC (Apple Lossless)	Formato creado por Apple. A diferencia de MP3 y AAC, la compresión no tiene pérdida y no se apreciará una inferior calidad. El vídeo comprimido debería tener aproximadamente la mitad del tamaño del original.
IMA4 (IMA/ADPCM)	El Interactive Multimedia Association (IMA) es un algoritmo de compresión diseñado para utilizarse en las aplicaciones multimedia para entretenimiento. Codifica y decodifica particularmente rápido.
PCM lineal (Linear Pulse Code Modulation)	Al igual que WAV (Windows) y AIFF (Mac), se trata de un formato no comprimido reproducible por software. Requiere un cierto procesamiento, porque no necesita ser decodificado pero sus archivos pueden tener un gran tamaño.
MP3 (MPEG-1 audio layer 3)	El extendido formato que todo el mundo conoce. La tasa de compresión es mejor que la de AAC pero la calidad no es tan buena. También está soportado el modo VBR (tasa de bits variable).

Es posible que opte por servirle al usuario un formato que ofrezca una buena calidad; aun así, debería tener en cuenta la audiencia a la que se dirige. Un archivo WAV será más grande que un AAC, necesitará más ancho de banda y más tiempo de descarga y tendrá un mayor coste potencial para el usuario.

Si tiene constancia de que estas desventajas pueden repercutir sobre su audiencia, considere el uso de otros como Low Bitrate Codec (iLBC); μ-law y a-law, que son formatos de baja calidad utilizados en telecomunicaciones (generalmente, para la codificación de voces), o Adaptive Multi-Rate (AMR), empleado para aportar sonidos a los servicios de mensajería multimedia (MMS).

Codificar para la Web

Cuando planee realizar una codificación de cualquier contenido, en especial si es de tipo vídeo, debería comenzar por el material en alta calidad porque la compresión suele conllevar pérdidas. De igual modo, si desea probar o generar varios formatos, recurra siempre a la fuente original para cada nueva producción, ya que las sucesivas compresiones podrían derivar en una calidad desastrosa. Esto tiene su importancia porque al trabajar para Internet es aconsejable ofrecer varios formatos entre los que QuickTime pueda escoger dependiendo de las circunstancias (y, más concretamente, de la conexión) bajo las que el usuario esté intentando ver el contenido.

Este último comportamiento es posible mediante el uso de una película de referencia, que no es más que un archivo binario que enlaza con diferentes recursos relativos a aspectos de la red. Lo genera automáticamente el reproductor de QuickTime al exportar un vídeo para la Web, como veremos más adelante.

Si no es posible o no desea utilizar un software profesional como Apple Final Cut o Adobe Premiere, al ser usuario de Snow Leopard puede contar con QuickTime X, que le permite exportar vídeos para el iPhone sin coste adicional. Los usuarios de Windows y de Mac OS X con una versión anterior a la 10.6 tendrán que hacerse con QuickTime Pro (7 o superior). Aun así, su precio está muy lejos del de los productos profesionales citados anteriormente.

Cómo utilizar el reproductor de QuickTime

Utilizar el reproductor de QuickTime es muy sencillo. Inicie el software y abra un vídeo desde el menú mediante Archivo>Abrir Archivo. Se mostrará una nueva ventana de reproducción con el primer fotograma de la película. Desde el mismo menú escoja Archivo>Guardar para web. Aparecerá una ventana con opciones, como la de la figura 8.11.

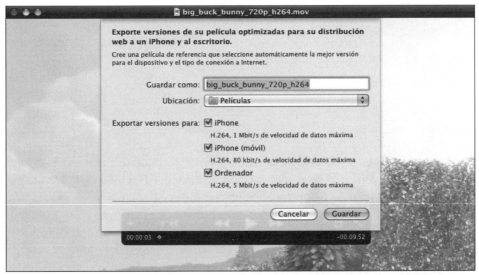

Figura 8.11. La ventana de exportación de QuickTime.

Para finalizar su exportación asígnele un nombre a su vídeo, escoja un directorio para guardarlo (Películas, en este caso) y seleccione los formatos a los que necesita exportar. Como norma general, deje marcados todos. Por ejemplo, el primero se utilizaría para un iPhone con una conexión inalámbrica, el segundo para una 3G o conexión EDGE y el tercero para un iPad o un ordenador conectado a una red inalámbrica.

Al hacer clic en el botón **Guardar** aparecerá una ventana de progreso (véase la figura 8.12). Espere a que termine la exportación; cuando esto ocurra, la barra desaparecerá.

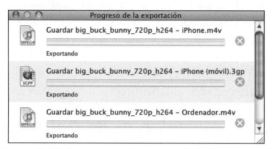

Figura 8.12. *La ventana Progreso de la Exportación.*

Cuando se completen todas las operaciones, el directorio que haya elegido contendrá una nueva carpeta con varios archivos; seguimos utilizando la misma película de ejemplo:

* Big Buck Bunny – Computer.m4v
* Big Buck Bunny – iPhone (Cellular).3gp
* Big Buck Bunny – iPhone.m4v
* Big Buck Bunny.html
* Big Buck Bunny.jpg
* Big Buck Bunny.mov

Los primeros tres son los vídeos en sí, empleando formatos diferentes y la misma nomenclatura especificada en la ventana de exportación. El archivo HTML contiene las marcas y la información apropiadas para insertar el contenido en una página Web normal. El archivo JPEG es el que debe utilizar en el atributo poster de su etiqueta <video>, mientras que el .mov es el que se asignará al atributo src; ésta es la película de referencia. No se olvide tampoco de colocar los archivos de vídeo en el mismo nivel que los .mov para que el reproductor pueda encontrar todos los datos cuando analice la película de referencia.

Un codificador alternativo

Este método para comprimir vídeos es muy sencillo (y, afortunadamente para los usuarios de Snow Leopard, económico) pero no ofrece ningún control sobre las dimensiones o la tasa de bits del contenido. Si su objetivo son los usuarios del iPad, probablemente prefiera formatos más grandes y una mejor calidad. Es más, los desarrolladores de otras plataformas se sentirán frustrados al verse obligados a pagar por este servicio, por no mencionar a los usuarios de Linux que no pueden instalar QuickTime directamente. Por tanto, una vez más, vamos a presentarle una alternativa gratuita, de código libre e independiente de la plataforma que también proporciona un mayor control sobre las opciones de exportación.

Su nombre es HandBrake y la puede obtener en `http://handbrake.fr/`. Una vez terminada la descarga y superado el sencillo proceso de instalación, es posible iniciar el programa. Se mostrará el selector de archivos, que le permitirá escoger el archivo multimedia de su equipo que desea convertir. De no ser así, haga clic en el botón **Source** (Origen) de la parte superior de la ventana.

Cuando la película elegida esté incorporada, la interfaz se actualizará (véase la figura 8.13) para enseñar los parámetros de salida por defecto, dependiendo de los ajustes predeterminados que aparezcan en la barra lateral derecha (Regular>Normal). Si lo desea, puede cambiar estos valores. Comience por escoger el perfil Apple>iPhone & iPod Touch en la barra lateral para filtrar las opciones de las que dispone y hacer más fácil la configuración. Esto, por ejemplo, desactivará la opción de fotogramas-B de la pestaña Advanced (Avanzada), que no está soportada en el dispositivo.

En la pestaña Video (cerca del centro de la ventana) puede acceder a las opciones de configuración de la codificación *stream* de vídeo. Por defecto, se prioriza la calidad, por lo que se evalúa la tasa de bits para obtener la mejor posible, que no es siempre la elección adecuada cuando se trabaja con los dispositivos Web en mente. De modo muy oportuno, podemos definir una tasa de bits específica.

Al utilizar QuickTime, el valor por defecto es de 80 Kb/s para la versión para móviles de nuestra película, de 1 Mbit/s para un iPhone conectado a una red inalámbrica y de 5 Mbit/s en la mejor calidad. Nosotros escogeremos la opción Average bitrate (Tasa de bits intermedia), dentro de la sección Quality (Calidad).

Nota: *Cuanto más importantes sean las dimensiones del vídeo, mayor deberá ser la tasa de bits para conservar una calidad óptima. Previsualice siempre su contenido antes de iniciar el proceso de codificación para comprobar si el resultado es el esperado. Recuerde también que cuanto mayor sea la tasa de bits, más difícil será ver el vídeo en un dispositivo móvil.*

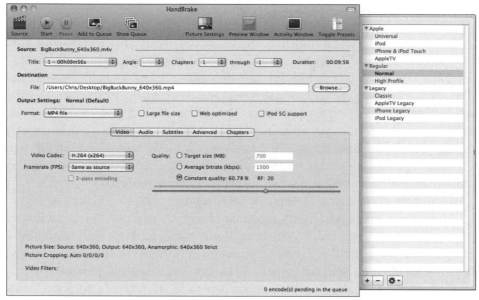

Figura 8.13. *La interfaz de HandBrake con los parámetros del vídeo.*

Ahora vamos a crear un vídeo con la tasa de bits más baja (80 Kb/s) y a reducir sus dimensiones para conseguir una calidad satisfactoria. Para ello, haremos clic en el botón **Picture Settings** (Preferencias de la película) en la barra de herramientas (o en la pestaña **Picture** -Película-, si no trabaja con un Mac) y escogiendo **none** (ninguno) en el cuadro desplegable **Anamorphic** (Anamórfico) de la ventana que se mostrará (véase la figura 8.14). Cambie el ancho a 174, mantenga la proporción de aspecto para que no se deforme la película y cierre la ventana.

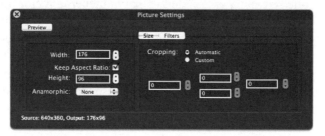

Figura 8.14. *La ventana Picture Settings.*

De nuevo dentro de la pestaña **Video**, escoja **H.264 (x264)** en lugar de **FFmpeg** **(for MPEG-4 Part 2)** en el desplegable **Video Codec**, y elija **Same as Source** (Igual que el original) en **Framerate** (Tasa de fotogramas) para mantener una buena fluidez al reproducir la película.

Después, como muestra la figura 8.15, acceda a la pestaña Audio y cerciórese de que el códec de audio es AAC (CoreAudio), si utiliza un Mac, o el más pobre pero único disponible AAC (faac), para las demás plataformas. Si lo necesita, puede reducir explícitamente la calidad del audio limitando la tasa de muestreo, la tasa de bits o ambas. Esto podría ser necesario, por ejemplo, si la tasa de bits original superase los 160 Kb/s, que es el límite soportado en los dispositivos a los que se dirige.

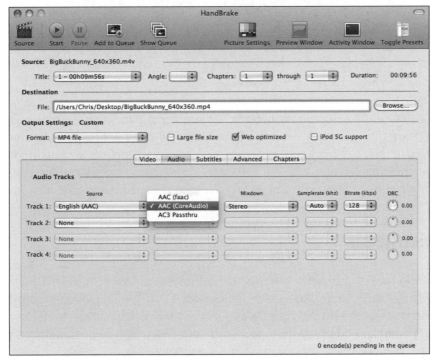

Figura 8.15. *Los parámetros del audio.*

Ya puede finalizar la configuración y exportar para la Web. En el área superior de la ventana, dentro de Output Settings (Ajustes de salida), el formato deberá ser MP4 file (Archivo MP4). También debería seleccionar la opción Web Optimized (Optimizar para Web) para permitir una descarga progresiva, de modo que el usuario pueda reproducir el vídeo antes de que tenga toda la información disponible.

Para comprobar la calidad del material antes de exportarlo haga clic en el botón Preview Window (Ventana de vista previa) de la ventana principal y, en el visor que se mostrará, pulse en Live Preview (Vista previa interactiva), como se ve en la figura 8.16. Si el resultado es el esperado, haga clic en **Start** (Inicio) para comenzar la conversión.

Figura 8.16. *La ventana de previsualización de HandBrake.*

Este conjunto de opciones debería ser suficiente para crear exactamente los formatos multimedia que necesite. HandBrake es una potente herramienta que también le permitirá realizar procesos por lotes y agrupar sus contenidos. La documentación del sitio Web del software es muy completa; sírvase de ella para descubrir el mejor modo de obtener el resultado riguroso que estaba buscando.

Resumen

Como ha visto, insertar contenidos multimedia al estilo de HTML5 es más específico e interesante que con las opciones de que disponían los desarrolladores anteriormente. No sólo hace que las etiquetas sean más semánticas; también viene con un completo conjunto de maneras de interactuar con el contenido y ofrece mejores posibilidades, más profundas y personalizables. Al combinar todo esto con la etiqueta <canvas>, la API relacionada con ésta y el uso de SVG, puede crear aplicaciones que realmente cobren vida, dando a los usuarios la impresión de inmediatez y movimiento que probablemente esperan en sus dispositivos.

9. Controlar las transformaciones, las animaciones y los efectos especiales con CSS

Hace tiempo que Desktop Safari le permite crear efectos visuales avanzados directamente desde las hojas de estilo y, lógicamente, Mobile Safari ha heredado esta capacidad. No sólo es posible aplicarlos en dos y tres dimensiones a muchos de los elementos de las páginas; ahora también se pueden definir con precisión animaciones avanzadas para hacer que sus aplicaciones Web sean más alegres y atractivas, todo ello sin utilizar una sola línea de JavaScript ni basarse en plugins externos. Una vez más, Flash ya no es una necesidad para originar páginas no estáticas. Estas mejoras están disponibles gracias a la especificación de CSS3, además de algunos obsequios adicionales que nos trae el propio WebKit, como las máscaras CSS.

Transforme sus elementos

Las transformaciones son posibles desde la versión 2.0 de iOS. Se pueden aplicar de una manera similar a la que hemos visto para los lienzos o los elementos SVG, mediante matrices. Se accede a todas ellas a través de la propiedad `transform` de CSS, prefijada por `-webkit-`, aunque esta característica está soportada desde hace ya algún tiempo. Existen cuatro transformaciones básicas: `rotate()`, `translate()`, `scale()` y `skew()`. La mayoría admiten bastantes variaciones, que veremos en este capítulo. También puede definir sus propias matrices utilizando la función `matrix()`.

La propiedad `transform` recibe como valor una lista de transformaciones separadas por espacios. No obstante, tenga presente que las reglas de transformación no son acumulativas, lo que significa que cada definición de una nueva regla de la propiedad `transform` limpiará la anterior.

```
.transformation {
   -webkit-transform: rotate(90deg) scale(2.0) translateX(15px);
}
```

En el código anterior ya estamos haciendo muchas cosas. Primero, rotamos nuestro elemento en el sentido de las agujas del reloj 90 grados, después duplicamos sus dimensiones y, por último, lo desplazamos 15 píxeles hacia la derecha en el eje x. Tenga en cuenta que éste es relativo a la posición del elemento en el espacio, lo que significa que en nuestro ejemplo moverse a la derecha quiere decir ir hacia abajo.

En el ejemplo anterior, las transformaciones no se aplican una tras otra. El motor de renderización las procesa para aplicar la matriz resultante. Esto posee la ventaja de ser muy eficaz, con el añadido de que las transformaciones se gestionan desde el hardware, lo que hace que la diferencia sea notoria con respecto a los lienzos o los SVG, que pueden ser más lentos en el iPhone cuando se dibujan varios elementos.

Nota: *La transformación también modifica todas las reglas de estilo que afectan a los elementos transformados. Por consiguiente, las sombras proyectadas combinadas con una rotación se mostrarán en relación al objeto al que están asociadas, en lugar de guardar una coherencia con los elementos que las rodean. Esto es diferente al comportamiento de los lienzos.*

Tenga en cuenta además que, al igual que ocurre con los objetos que tienen una posición relativa o absoluta (`relative` o `absolute`, respectivamente), los elementos a los que se les aplica `transform` no afectan al flujo del documento. Las transformaciones se aplican localmente.

No obstante, sí hay diferencias en lo que respecta al valor de `overflow` de los elementos padre. Como ocurre con los posicionados relativamente, los transformados no se enseñarán por fuera de los límites de un padre cuyo `overflow` tenga el valor `hidden`; sin embargo, con los primeros, un bloque transformado no mostrará barras de desplazamiento si el `overflow` del padre tiene un valor `auto`. Por último, las transformaciones no se pueden aplicar a los elementos en línea.

Comprobar el soporte para las transformaciones

Para probar las transformaciones sólo en aquellos navegadores que las soporten, puede realizar una consulta al medio de destino con el siguiente código:

```
@media all and (-webkit-transform-2d) { ... }
```

Esto le permitirá crear comportamientos alternativos directamente desde sus hojas de estilo, sin recurrir a JavaScript.

Aplicar rotaciones

Las rotaciones se definen en el sentido de las agujas del reloj por medio de la función `rotate()`. Como estamos trabajando en un área bidimensional, la función recibe sólo un parámetro, un ángulo en grados (denotado como `deg`) que se aplica por defecto desde el centro del elemento.

> **Nota:** *Recuerde que los elementos de bloque ocupan todo el espacio disponible a menos que especifique un valor* `width`. *Por tanto, su centro puede ser también el de la pantalla, por lo que quizá se pregunte a dónde ha ido a parar el contenido de su bloque tras la rotación. Una solución para esto es cambiar el valor de* `display` *de su bloque por* `inline-block` *porque de este modo se adaptará al ancho de lo que contiene.*

Utilizando esta función puede dibujar textos vertical o diagonalmente, una técnica que se emplea con frecuencia con imágenes, ya sea para ahorrar espacio en la pantalla o para crear un diseño más atractivo.

```
<style>

ul {
    background: lightgrey;
    height: 44px;
    font: bold 12px/2.5 sans-serif;
    margin: 0;
    padding: 0;
    list-style: none;
    border: solid 1px black;
}
```

```
li {
    -webkit-transform: rotate(-45deg);
    width: 100px;
    background: white;
    display: inline-block;
    margin: 0 -65px 0 10px;
    text-indent: 10px;
    border: black 1px solid;
}

div {
    overflow: hidden;
    padding-bottom: 30px;
}

</style>

<div>
    <ul>
        <li>Home</li>
        <li>Tools</li>
        <li>Contact</li>
    </ul>
</div>
```

El código anterior generará un diseño como el de la figura 9.1. Una vez aplicada la rotación, el flujo de la página permanece intacto y las pestañas están demasiado lejos las unas de las otras; por eso hemos añadido un margen negativo a cada elemento de la lista.

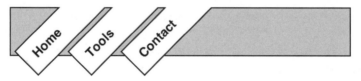

Figura 9.1. *Las pestañas están inclinadas 45 grados.*

Este tipo de posibilidades pueden facilitarle su proceso de desarrollo y hacer que sus aplicaciones sean más eficaces en lo que a tamaño se refiere. Por ejemplo, ahora puede obtener el efecto que vimos en la aplicación Fotos del iPad sin recurrir a mostrar varias imágenes con orientaciones diferentes.

Modificar las coordenadas de los elementos

La función `translate()` le permite reubicar los elementos en relación a su posición física en la página sin afectar al diseño. Toma como parámetros los valores x e y del desplazamiento, aunque la especificación también proporciona las funciones abreviadas `translateX()` y `translateY()` para trabajar con sólo una coordenada. El ejemplo anterior se podría mejorar fácilmente para mostrar al usuario una reacción visual, desplazando nuestras pestañas al pasar por encima el ratón, con la siguiente regla:

```
li:hover {
   -webkit-transform: rotate(-45deg) translateX(-10px);
}
```

Esto ya le permite conseguir unos cuantos efectos visuales. Aun así, como veremos, los desplazamientos (y, en general, las transformaciones) son mucho más interesantes si se combinan con las transiciones, que le posibilitarán animar los elementos en el tiempo utilizando sólo CSS.

Redimensionar el contenido de la página

La función `scale()` funciona de un modo similar a `translate()` y también tiene disponibles las funciones abreviadas `scaleX()` y `scaleY()`. `scale()` recibe como parámetros dos coeficientes de escala que se aplicarán sobre los ejes x e y. Si especifica sólo un valor, se utilizará para ambos parámetros. Como en todas las funciones de transformación, se tomará como origen el centro del elemento.

Igual que ocurre con la propiedad `zoom` de CSS, se redimensionan todos los estilos, lo que significa que se mantendrá la calidad reproducida incluso para valores extremos. Una ventaja de la función `scale()` sobre la propiedad `zoom` es que le ofrece control sobre ambos ejes; por tanto, puede estirar los elementos en una única dirección, como en el texto de la figura 9.2. Observará que, en el caso de las imágenes, las limitaciones son las mismas que al forzar el tamaño de una empleando CSS o los atributos `width` y `height` de la etiqueta `<img>`. Cuanto mayor sea la diferencia con el tamaño original, inferior será la calidad.

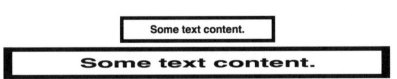

Figura 9.2. *La calidad no se ve afectada por los cambios de coeficiente.*

Distorsionar elementos

La especificación le permitirá aplicar una matriz de distorsión a sus elementos utilizando la función `skew()`. Los parámetros de esta función son los ángulos con los que se aplicará la transformación (véase la figura 9.3).

```
<style>

div {
   width: 320px;
   border: 5px solid black;
   padding: 5px;
   font: bold 15px helvetica;
   text-align: center;
   -webkit-transform: skewX(-30deg);
}

</style>

<div>Some text content.</div>
```

Figura 9.3. *Aplicamos una inclinación de 30 grados sobre el eje x.*

Como en el caso de `translate()` y `scale()`, dispone de dos funciones abreviadas para crear transformaciones en una sola dirección, `skewX()` y `skewY()`.

Transformaciones personalizadas con matrices

En lugar de encadenar transformaciones predefinidas para lograr un objetivo, la especificación también le permite definir una matriz completa empleando la función `matrix()`. Esto le puede servir para reducir el tamaño de su código o para generar sus propias transformaciones personalizadas. Recibe seis parámetros, que se utilizan en la siguiente matriz:

$$T = \begin{bmatrix} a & c & e \\ b & d & f \\ 0 & 0 & 1 \end{bmatrix}$$

Puede combinar todas las opciones disponibles para obtener un control total sobre los efectos que desee crear con la regla de transformación. Esto le permite definir toda una gama de transformaciones en una sola declaración, reduciendo el tamaño de los archivos de estilo pero también la legibilidad de todo el código. Esto se corresponde con lo que el motor de renderización calcula antes de aplicar el efecto. Veremos más sobre el uso de matrices para realizar transformaciones más adelante en este capítulo, con el objeto `CSSMatrix` de JavaScript.

El origen de la transformación

Como comentamos anteriormente, el origen por defecto para las transformaciones es el centro del elemento transformado. Esto se puede modificar usando la propiedad `transform-origin` (véase la figura 9.4).

```
<style>

.box {
    width: 100px;
    height: 100px;
    background-color: black;
    float: left;
}

.box + .box {
    background-color: gray;
    -webkit-transform: rotate(-45deg);
    -webkit-transform-origin: 50% 50%;
}

</style>

<div class="box"></div>
```

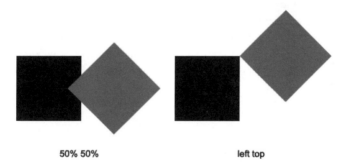

50% 50%   left top

Figura 9.4. *La misma rotación, basada en valores diferentes de transform-origin.*

Esta propiedad admite como parámetros todas las palabras clave habituales para posiciones, así como cualquier valor numérico (px, em...), como ocurría, por ejemplo, en el caso de la regla `background-position`.

Trabajar en un entorno tridimensional

Mobile Safari no sólo ofrece la posibilidad de realizar transformaciones bidimensionales, sino también implementar funcionalidades de la especificación de CSS para crear efectos tridimensionales. Esto hace posible renderizar elementos sobre los ejes X, Y y Z. La especificación también presenta nuevas propiedades que le permitirán definir el nivel de perspectiva, así como controlar la cara oculta de sus elementos.

Aun así, debe ser consciente de que, a diferencia de los cambios aplicados a los ejes x e y, los estilos no se redimensionarán en las transformaciones realizadas sobre el eje z y la calidad sólo se verá reducida cuando cambie el factor de la transformación.

Como ocurre con las que se hacen en 2D, puede dirigirse sólo a aquellos navegadores con soporte para las funcionalidades empleando la condición `-webkit-transform-3d` en las peticiones de contenido.

Nuevas funciones de transformación

La especificación amplía el módulo de transformaciones en 2D añadiendo nuevas funciones para controlar el eje z. Ahora hay disponibles más variantes de las funciones bidimensionales, que tienen las terminaciones `Z()` y `3d()`. Como las rotaciones se pueden ejecutar en todo el espacio, también se puede trabajar con las nuevas `rotateX()`, `rotateY()`, `rotateZ()` y `rotate3d()`.

Todas las funciones para 3D utilizan una matriz 4x4 homogénea que le permitirá trabajar en el espacio tridimensional y proyectar una perspectiva. Por tanto, la función `matrix3d()` tomará 16 valores, listando las columnas en secuencia (los elementos de la matriz se leen de arriba abajo y de izquierda a derecha), como se representa a continuación:

$$
T = \begin{bmatrix} m11 & m21 & m31 & m41 \\ m12 & m22 & m32 & m42 \\ m13 & m22 & m33 & m43 \\ m14 & m24 & m34 & m44 \end{bmatrix}
$$

Las siguientes definiciones son equivalentes a la matriz anterior:

```
matrix(a, b, c, d, e, f)
matrix3d(a, b, 0, 0, c, d, 0, 0, 1, 0, e, f, 0, 1)
```

> **Nota:** *De nuevo, no es necesario que comprenda totalmente la matriz para poder utilizarla, pues cuenta con la ayuda de* `CSSMatrix`. *Los datos más útiles que debe extraer de ella son los componentes* `m41` *y* `m42`, *que le dan las posiciones calculadas* x *e* y *del elemento.*

No obstante, el uso de alternativas 3D no tendrá un efecto notable mientras que no se especifique el nivel de la perspectiva, ya que no se observará proyección alguna. Por ejemplo, una rotación sobre el eje y sólo comprimiría el elemento horizontalmente, sin proyectarlo.

Definir la perspectiva

La perspectiva se puede representar utilizando uno de estos dos procesos: la función `perspective()`, que se puede usar dentro de la propiedad `transform` para modificar un tipo de elemento, o la propiedad `perspective`, que puede emplear para cambiar la perspectiva de los hijos transformados del elemento al que está asociada. Ambos reciben un valor positivo o nulo, sin especificar la unidad.

```
/* Nivel del elemento */
.perspective {
    -webkit-transform: perspective(500) rotateY(45deg);
}

/* Nivel del hijo */
.perspective {
    -webkit-perspective: 500;
}

.child {
    -webkit-transform: rotateY(45deg);
}
```

La gran ventaja de este método es que todos los hijos se representan dentro de un entorno 3D uniforme, lo que le permite crear animaciones con efectos de profundidad interesantes y realistas.

Para estimar los valores de la propiedad `perspective`, debería considerarla como la distancia entre el observador y un elemento del eje z. Un objeto que tenga la posición 0 en el eje z se mostrará con su tamaño normal, mientras que uno cuya ubicación asignada sea la mitad de la distancia, se verá el doble de grande.

```
/* El elemento se verá el doble de grande*/
.perspective {
    -webkit-transform: perspective(1000) translateZ(500px);
}
```

Nota: *Recuerde que los desplazamientos se aplican en relación al plano del elemento. Por tanto, en una rotación de 90 grados sobre el eje y, se aplicará sobre el que se considera el eje x, en lugar del eje z.*

Según se acerque el observador, las distancias se harán más grandes, los puntos de desvanecimiento se aproximarán los unos a los otros y los comienzos de las líneas paralelas se separarán, creando un efecto de perspectiva extrema (como el que muestra la figura 9.5). De ahí que, cuanto menor sea el valor, más estirado aparecerá el elemento en el eje z; cuanto mayor sea, menos perceptible será el efecto de la perspectiva. En términos generales, el valor deberá estar entre 500 y 1.000.

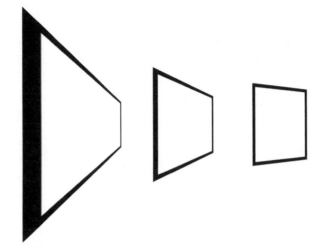

Figura 9.5. *Un elemento de 100x100 píxeles con una perspectiva de 125, 250 y 1.000, respectivamente.*

La posición del punto de desvanecimiento es, por defecto, el centro del elemento. Esto se puede cambiar con `perspective-origin` (con el prefijo `-webkit-`). Puede recibir tres valores, los cuales indican la posición del punto en un entorno tridimensional; primero se señala el punto x, después el y y por último el z. Esto significa que también es posible cambiar la distancia, modificando sólo el valor z y manteniendo el valor de `perspective`.

Preservar el aspecto tridimensional

Cuando se representa un elemento en perspectiva dentro de su padre, se dibuja realmente en pantalla para dar una impresión creíble. Sin embargo, si se aplica una transformación al padre en un entorno 3D, los elementos hijo se acoplarán al plano de su padre independientemente de su posición en el espacio. Como es obvio, sería preferible que cada uno mantuviese su propia profundidad para que todo se representase de forma coherente dentro de un espacio tridimensional, empleando la misma perspectiva. El siguiente código muestra cómo conseguirlo:

```
<style>

div { border: 5px solid black; }

.perspective {
   border: 0;
   -webkit-perspective: 150;
}

.parent {
   margin: 0 auto;
   width: 100px;
   height: 100px;
   padding: 10px;
   -webkit-transform: rotateY(60deg);
   -webkit-transform-style: preserve-3d;
}
.child {
   height: 100%;
   -webkit-box-sizing: border-box;
   -webkit-transform: translateZ(-50px) rotateX(45deg);
}
</style>

<div class="perspective">
   <div class="parent">
      <div class="child"></div>
   </div>
</div>
```

Como se ve en la figura 9.6, utilizando `flat`, que es el valor por defecto para la propiedad `transform-style`, los elementos no se proyectarán fuera de sus padres. El resultado será similar a aplicar una rotación a un objeto en dos dimensiones, como con una imagen. El valor `preserve-3d` le permite mantener la profundidad de cada elemento, con lo que podrá crear efectos muy realistas, especialmente con las animaciones CSS, que veremos en breve.

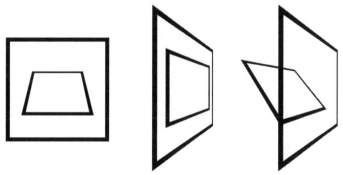

Figura 9.6. *La segunda ilustración utiliza el valor flat para la propiedad transform-style; la tercera toma el valor preserve-3d.*

La visibilidad de la cara oculta

En un espacio tridimensional, un elemento tiene dos caras, como si de una carta transparente se tratara. La que se muestra en principio es la clásica visualización HTML. Al rotar el elemento 180 grados sobre el eje y, la otra es lógicamente la misma vista sólo que invertida, como se ve en la figura 9.7.

Figura 9.7. *El estado inicial del elemento y el resultante tras una rotación de 180 grados.*

Durante una animación, cuando dos elementos se colocan dándose la espalda, no se suele mostrar ninguna inconsistencia si ambos son opacos porque los píxeles se solaparán sin revelar lo que hay detrás. Pero como ambos utilizan el mismo espacio, la representación no será la esperada y, en la mayoría de los casos, los dos se intercambiarán de manera desordenada.

```
<style>

.parent {
   width: 110px;
   margin: 0 auto;
   -webkit-perspective: 1000;
}

.parent div {
   width: 100%;
   height: 150px;
   line-height: 150px;
   text-align: center;
   position: absolute;
   float: left;
```

```
    color: white;
    background: black;
    -webkit-border-radius: 8px;
    -webkit-transition: -webkit-transform 1s linear;
}

.face { -webkit-transform: rotateY(0deg); }
.back { -webkit-transform: rotateY(-180deg); }

.parent:hover .face { -webkit-transform: rotateY(180deg); }
.parent:hover .back { -webkit-transform: rotateY(0deg); }

</style>

<div class="parent">
    <div class="face">FACE</div>
    <div class="back">BACK</div>
</div>
```

En nuestro ejemplo creamos dos elementos que se dan la espalda. El segundo está rotado 180 grados para que su parte frontal se vea tras la transición. Si coloca ahora su ratón o dedo sobre él, la carta se dará la vuelta pero la renderización será decepcionante. Podría resolver esto moviendo ambos elementos a lo largo del eje z para que ya no ocupen el mismo espacio pero también tendría que modificar la posición original de la transformación, con lo que el control resultaría más pesado de manera innecesaria.

Para solventar este problema se debería recurrir a la propiedad `backface-visibility`, que puede tomar los valores `visible` (por defecto) o `hidden`.

```
.parent div {
...
    -webkit-backface-visibility: hidden;
}
```

Esto obligará al motor a ocultar el reverso del elemento durante la rotación, de modo que simplemente desaparecerá, dejando un área transparente que resolverá el problema del posicionamiento aproximado. Esta nueva propiedad, junto con las que vimos anteriormente, le permitirá controlar con precisión sus elementos dentro del plano tridimensional.

Combinar estilos con JavaScript

Como todas las propiedades de CSS, las transformaciones se pueden leer y modificar utilizando JavaScript. Esto se puede emplear para lograr la interactividad con el usuario o para crear animaciones.

Acceder a los estilos actuales

Para acceder y aplicar transformaciones a través de JavaScript debería usar la propiedad `webkitTransform` del objeto `CSSStyleDeclaration` asociada al elemento en cuestión.

```
var element = document.getElementById("myElement");
element.style.webkitTransform = "translateX(100px)";
```

De igual modo que en las declaraciones de CSS, cualquier modificación sobrescribe las anteriores. Si necesita aplicar una transformación sobre el estado actual, tendrá que leer primero su estilo procesado mediante el método `getComputedStyle()` del objeto `DOMWindow`. Esto devuelve un objeto `CSSStyleDeclaration` que le permitirá acceder a los estilos en uso (a través de una hoja de estilos o un script), como con la propiedad `style`.

```
var iter = 0;

var timerID = window.setInterval(function() {
   var current = window.getComputedStyle(element);
   element.style.webkitTransform = current.webkitTransform + "
translateY(10px)";

   if(iter++ == 5) {
      window.clearInterval(timerID);
   }
}, 200);
```

En este fragmento de código desplazamos nuestro elemento hacia abajo 10 píxeles cada 200 milisegundos. El movimiento es relativo a la posición anterior porque añadimos nuestra nueva transformación al estado actual, con lo que se tienen en cuenta las anteriores. Si observa el valor devuelto por `current.webkitTransform`, verá que es siempre una función `matrix()` única (o `matrix3d()`, si el elemento ha sido transformado en un entorno 3D) y no una lista sucesiva de llamadas a la función; como comentamos anteriormente, el motor siempre procesa una matriz que sintetiza todas las que se deberían aplicar.

Un objeto nativo para procesar matrices

El proceso utilizado en nuestro ejemplo devuelve el resultado esperado, pero no es muy flexible, ni es óptimo porque le obliga a manejar cadenas potencialmente largas que pueden resultar engorrosas si llevan muchos parámetros seguidos. La especificación de las transformaciones nos trae un nuevo objeto para remediar esto: `CSSMatrix`, que recibe soporte desde la versión 2.0 de iOS y que le permite calcular matrices fácilmente. Veamos cómo se puede emplear:

```
var timerID = window.setInterval(function() {
    var current = window.getComputedStyle(element);
    var matrix = new WebKitCSSMatrix(current.webkitTransform);
    element.style.webkitTransform = matrix.translate(0, 10);

    if(iter++ == 5) {
        window.clearInterval(timerID);
    }
}, 200);
```

Como en nuestro ejemplo, este objeto toma como parámetro la matriz anterior. Al constructor le puede pasar una cadena que contenga una función `matrix()` o `matrix3d()` u otro objeto `CSSMatrix`. Si no se especifica ningún parámetro, se devolverá una nueva matriz vacía. La tabla 9.1 muestra los distintos métodos disponibles para interactuar con ella.

Tabla 9.1. *Métodos aplicables al objeto CSSMatrix.*

Método	Descripción
`matrix.setMatrixValue(newMatrix)`	Modifica la matriz utilizando la que se ha pasado como parámetro.
`matrix.multiply(matrix)`	Devuelve un nuevo objeto `CSSMatrix`, resultante de la multiplicación de la matriz actual por la que se ha pasado como parámetro.
`matrix.inverse()`	Devuelve un nuevo objeto `CSSMatrix` que es la inversa de la matriz a la que se aplica el método.
`matrix.translate(x, y, z)`	Devuelve un nuevo objeto `CSSMatrix`, resultante de la multiplicación de la matriz por la matriz de traslación utilizando los valores pasados como parámetros. El valor z se puede omitir; se tomará 0 por defecto.
matrix.scale(x, y, z)	Devuelve un nuevo objeto `CSSMatrix`, resultante de la multiplicación de la matriz por la matriz de escala, utilizando los valores pasados como parámetros. El valor z se puede omitir; se tomará 1 por defecto. Éste también se puede omitir, en cuyo caso tomará el mismo valor que x.
`matrix.rotate(x, y, z)`	Devuelve un nuevo objeto `CSSMatrix`, resultante de la multiplicación de la matriz por la matriz de rotación, utilizando los valores pasados como parámetros. Las rotaciones se aplican de una en una en el mismo orden que los parámetros. Los ángulos se definen en grados.

Método	Descripción
	Si no se definen y ni z, se considerará que el objeto es (0, 0, z) para que sea compatible con la versión 2D del objeto `CSSMatrix`.
`matrix.rotateAxisAngle(x, y, z, angle)`	Este método le permite definir un nuevo eje y realizar una rotación sobre éste. Al igual que los métodos anteriores, devuelve una nueva matriz.
`matrix.toString()`	Devuelve la matriz como una cadena que contiene una función `matrix()` o `matrix3d()`, según lo definido por la propiedad `transform` de CSS.

Sólo el primer método modifica el objeto `CSSMatrix`. Los demás devuelven un nuevo `CSSMatrix` que contiene la matriz resultante. Sorprendentemente, no hay ningún método `skew()`, por lo que tendrá que crear su propia matriz. A continuación, vemos un ejemplo de cómo hacerlo:

```
/* Define una matriz para skew(45deg, 30deg) */
var matrix = new WebKitCSSMatrix();
matrix.b = Math.tan(30 * Math.PI / 180);
matrix.c = Math.tan(45 * Math.PI / 180);
```

Se puede acceder a cada valor de la matriz a través de las propiedades pertinentes, que van, como vimos anteriormente, de la `a` a la `f` (soportadas desde la versión 3.0 del sistema operativo) para la versión 2D y de `m11` a `m44` para la versión 3D. Esto implica seis valores para la matriz bidimensional y dieciséis para la tridimensional. Tenga en cuenta que, obviamente, podría utilizar una función similar para calcular matrices dentro de lienzos con los métodos `transform()` y `setTransformation()` del objeto `CanvasRenderingContext2D`. Se puede hacer como sigue:

```
context.translate(50, 50);
context.rotate(Math.PI * 0.5);
```

Que equivale a lo siguiente:

```
var matrix = new WebKitCSSMatrix().translate(50, 50).rotate(45);
context.transform(matrix.a, matrix.b, matrix.c, matrix.d, matrix.e, matrix.f);
```

Como puede ver, la especificación de los ángulos es diferente en los lienzos y en el objeto `CSSMatrix`. No obstante, al leer sus propiedades, los valores de los ángulos se convertirán a radianes.

Este objeto también le permitirá saber dónde está situado un elemento en algún momento dado, por ejemplo, leyendo la matriz actual durante una animación, como se hace en las transiciones.

Transiciones

Ya hemos visto cómo es posible mover un elemento dentro de la página utilizando un temporizador y el objeto `CSSMatrix`, que se ha empleado para leer el estado actual de la matriz aplicada a un elemento. Aun así, puede definir este tipo de transiciones sin recurrir a JavaScript, usando directamente las reglas CSS.

> **Advertencia:** *Para mejorar el rendimiento, el motor rasterizará los elementos para que las animaciones las gestione el hardware de forma directa. Esto no significa que pueda hacer cualquier cosa con CSS sin preocuparse por el rendimiento. Si sus hojas de estilo se vuelven demasiado complejas podría acabar fácilmente teniendo saltos en sus animaciones, en especial en el iPhone y el iPod touch. Con frecuencia descubrirá que si tiene demasiados elementos posicionados de manera absoluta o relativa, la tarea de renderización será mucho más dura, lo que derivará en una peor calidad. Revise siempre el código en busca de estilos inútiles e intente buscar la solución más eficiente para sus fines.*

Hay muchas propiedades de CSS que se pueden animar: los colores y los degradados (siempre que conserven la misma cantidad de detenciones de color), las dimensiones, los tamaños de las fuentes y otras. Debería poder interactuar de esta manera con la mayoría de las reglas de estilo. Tenga en cuenta que, como la opacidad y las transformaciones se gestionan a nivel del hardware, el rendimiento será mejor para estos que para los demás estilos. La mayoría de las transformaciones explicadas anteriormente se enriquecen en gran medida con las transiciones.

La propiedad transition de CSS

El principio de las transiciones de CSS es realizar una interpolación partiendo de un valor CSS inicial. Esto se hace utilizando la propiedad `transition` del siguiente modo:

```
transition: <propiedad> <duración> <función-temporizadora> <retardo>
```

La propiedad `transition` es una abreviatura de una serie de propiedades relativas a las transiciones. Estas dos declaraciones son, de hecho, equivalentes:

```
/* Abreviatura */
-webkit-transition: opacity 0.5s linear 200ms;

/* Versión expandida */
-webkit-transition-property: opacity;
-webkit-transition-duration: 0.5s;
-webkit-transition-timing-function: linear;
-webkit-transition-delay: 200ms;
```

También puede definir varias transiciones en una misma declaración (un uso de la propiedad `transition`) separándolas por comas. El valor por defecto de `transition-property` es `all`, lo que significa que se verán afectadas todas las propiedades que las soportan.

Iniciar una transición

La transición comienza en el preciso momento en el que se modifica el valor de la propiedad, incluso después del retraso definido por `transition-delay`. La modificación debe tener lugar fuera de la definición inicial del valor, lo que quiere decir que puede disparar una transición por alguna acción del usuario.

```
<style>

.box {
   width:100px;
   height:100px;
   background-color: black;

   -webkit-transition-property: -webkit-transform;
   -webkit-transition-duration: 2s;
}

.box:hover {
   -webkit-transform: translateX(100px);
}

</style>

<div class="box"></div>
```

> **Nota:** *En iOS 3.x, la aceleración de hardware da problemas con algunas traslaciones, lo que deriva en una renderización escalonada. Para animar sólo estas propiedades debería utilizar el método* `translate3d()` *para obtener transiciones fluidas.*

En nuestro ejemplo, cuando el usuario sitúe su dedo sobre el <div>, el cuadrado negro se moverá 100 píxeles hacia la derecha con intervalos de dos segundos. Cuando abandone el área cuadrada, se restaurará el valor de la propiedad y la animación se invertirá, incluso si su primer movimiento no está completo.

Sin embargo, esto significa que, si se utiliza la misma configuración de transición, la animación será asimétrica porque el punto de partida no coincidirá con el de destino esperado anteriormente. Como es lógico, esto parecerá antinatural a los usuarios, que esperan el mismo movimiento a la inversa. Este problema surge cuando se usan funciones temporizadoras no lineales.

La especificación describe un comportamiento específico en tales casos, lo que mantendrá la consistencia al invertir las transiciones. El motor de renderización procesará la curva de la función temporizadora y buscará la fase en la que se debería encontrar en el fotograma clave actual. La animación inversa se iniciará entonces desde dicho punto.

La curva de la función temporizadora

Como sugerimos anteriormente, la curva de animación no siempre es lineal; de hecho, no lo es en la mayoría de los casos. Mobile Safari admite el uso de varias palabras clave con la propiedad transform-timing-function, lo que le permite definir la mayoría de las curvas de animación habituales, como muestran la tabla 9.2 y la figura 9.8.

Tabla 9.2. Palabras clave soportadas para transform-timing-function y sus definiciones de cubic-bezier() relacionadas.

Palabra clave	Configuración
ease (valor por defecto)	cubic-bezier(0.25, 0.1, 0.25, 1.0)
linear	cubic-bezier(0.0, 0.0, 1.0, 1.0)
ease-in	cubic-bezier(0.42, 0, 1.0, 1.0)
ease-out	cubic-bezier(0.0, 0.0, 0.58, 1.0)
ease-in-our	cubic-bezier(0.42, 0.0, 0.58, 1.0)

Todas están basadas en curvas Bézier cúbicas que se pueden definir utilizando la función cubic-bezier(). Como parámetros, esta función toma las coordenadas de los puntos de control P1 y P2 de las curvas, que van de 0, 0 a 1, 0. Los puntos de origen y destino (P0 y P3) se considera que están situados en (0,0) y (1,1).

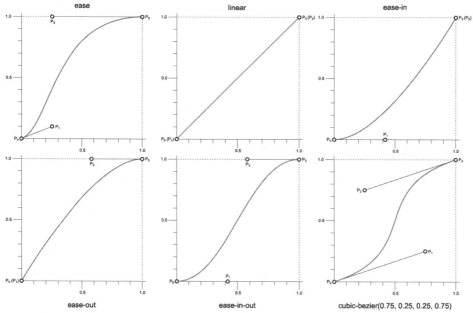

Figura 9.8. *Las curvas relativas a las palabras clave transform-timing-function y una definición de curva personalizada.*

La idea es definir una curva de progreso para la animación. Por ejemplo, al emplear la última de la figura 9.8, la animación primero progresará de forma lenta y se acelerará temporalmente, antes de adoptar el mismo ritmo que al principio.

Saber cuándo ha terminado la transición

Al utilizar transiciones y animaciones, con frecuencia tendrá que saber cuándo han terminado. En vez de emplear un temporizador ajustado al intervalo de tiempo de la transición, puede basarse en el evento `transitionend`.

```
var box = document.getElementsByClassName("box")[0];

box.addEventListener("webkitTransitionEnd", function(event) {
    alert("The box reached the destination point after " + event.
elapsedTime + "s.");
}, false);
```

El evento se dispara en cuanto se completa la transición, incluso aunque ésta se invierta. Obviamente, esto es bastante más preciso que un temporizador porque siempre estará sincronizado con la transición. Es más, como el manejador se ejecuta en el contexto del objeto que dispara el evento, puede acceder a éste directamente a través de la propiedad `event.target` o la palabra clave `this`, sin guardarlos de forma previa.

Advertencia: *En Mobile Safari, en el nombre del evento se distingue entre mayúsculas y minúsculas, lo que significa que debe tener cuidado al utilizar* `webkitTransitionEnd`*, escribiendo en mayúsculas las letras apropiadas para que el receptor del evento funcione.*

El evento es del tipo `TransitionEvent` y contiene dos propiedades adicionales, `elapsedTime` y `propertyName`, que le permitirán conocer el tiempo que tarda la transición (en segundos, con independencia de la propiedad `transition-delay`) y la propiedad asociada a ella.

Cómo crear un efecto del tipo Cover Flow

Ahora que ya tiene una idea general de cómo funcionan y se utilizan las transiciones, vamos a reunirlo todo en un ejemplo que no hace mucho habría sido un sueño para los que desarrollan con CSS. Vamos a crear un Cover Flow, que resultará familiar a todo el que haya empleado iTunes, el Finder de Mac OS X, un iPod o la App Store del iPad (véase la figura 9.9).

Tenga en cuenta que este código no funcionará bien en las versiones antiguas de WebKit, como Desktop Safari 4 o en las primeras de Mobile Safari, a causa de un *bug* en la implementación de la transición.

El documento principal

Primero, vamos a componer nuestro archivo HTML. Necesitamos el siguiente código:

```
<html>
   <head>
      <title>Cover Flow Demo</title>
      <meta name="viewport" content="initial-scale=1.0;
         maximum-scale=1.0; user-scalable=no">

      <link rel="stylesheet" href="styles/coverflow.css">
      <script src="scripts/coverflow.js"></script>
   </head>

<body>
```

```
<div id="coverflow">
    <div id="left"></div>
    <div id="right"></div>
</div>
</body>

</html>
```

Figura 9.9. *Un Cover Flow de la App Store.*

A continuación, vienen los estilos asociados a este documento:

```
body { background-color: black; }

#coverflow {
    position: relative;
    height: 320px;
    background-color: #333;
    white-space: nowrap;
    overflow: hidden;
    -webkit-border-radius: 32px;
    border: solid 3px white;
    -webkit-perspective: 1000;
}
```

```
#left {
    width: 50%;
    height: 100%;
    float: left;
}

#right {
    width: 50%;
    height: 100%;
    float: right;
}
```

Incluimos una propiedad `overflow` con el valor `hidden` y una regla `white-space` con el valor `nowrap` para que nuestras portadas no cambien de posición al moverse, abarcando varias líneas o extendiéndose más allá del contenedor `#coverflow`. Por ahora, el documento sólo engloba los contenedores principales, es decir, el padre de `#coverflow` que define la perspectiva y las áreas izquierda y derecha que alojarán realmente las portadas. Para añadirlas utilizaremos un script que creará los elementos y definirá sus colores para que se puedan reconocer durante las animaciones.

Cree un archivo nuevo llamado `coverflow.js` y añádale el siguiente código:

```
function init() {
    var m = 8; // Covers count
    var s = 360 / m; // Color step

    /* Añade las portadas izquierda y derecha */
    var o = document.getElementById("left");
    createCovers(o, m, s);
    o = document.getElementById("right");
    createCovers(o, m, s);

    /* Añade la portada actual */
    o = document.getElementById("coverflow");
    createCovers(o, 1, 0);
    o.lastChild.className ="current";
}

function createCovers(o, max, step) {
    var color = step;
    for (var n = 0; n < max; n++, color += step) {
        var span = document.createElement("span");
        span.style.backgroundColor = "hsl(" + (color) + ",100%, 50%)";
        o.appendChild(span);
    }
}
```

El número de portadas se puede modificar cambiando el valor de m en la función `init()`. Esto le permitirá tener controlados los problemas de rendimiento, ya que cada portada se animará individualmente.

Para colocarlas de modo correcto dentro de sus contenedores vamos a utilizar los siguientes estilos:

```css
#coverflow span {
    width: 160px;
    height: 240px;
    border: solid 5px rgba(0, 0, 0, 0.25);
    margin-top: 40px;
    -webkit-box-sizing: border-box;
    -webkit-border-radius: 16px;
}

#left span {
    float: right;
    margin-left: -130px; /* 30px entre cada portada*/
    -webkit-transform: translate3d(-30px, 0, -80px) rotateY(+60deg);
}

#right span {
    float: left;
    margin-right: -130px;
    -webkit-transform: translate3d(+30px, 0, -80px) rotateY(-60deg);
}

#coverflow .current {
    position: absolute;
    left: 50%;
    top: 50%;
    margin-left: -80px;
    margin-top: -120px;
}
```

Esto transforma las portadas, mostrándolas con una rotación de 60 grados y moviéndolas hacia atrás en un plano tridimensional para que parezcan estar más lejos que la que se está consultando. Como estamos trabajando en un entorno 3D, no podemos recurrir a z-index para controlar la pila de elementos. Para traer a primer plano la portada actual, la colocamos en el centro de la vista y la posicionamos de manera absoluta.

A continuación, modifique el documento HTML para ejecutar la función init() cuando se abra el archivo.

```html
...
<body onload="init()">
...
```

Ahora, su documento debería tener un aspecto como el de la figura 9.10.

De momento, aunque es de destacar el trabajo realizado por el código CSS, nuestra página no muestra aún nada útil. No obstante, ya tenemos todo preparado para añadirle la animación Cover Flow.

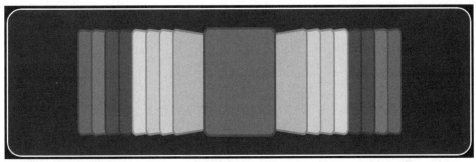

Figura 9.10. *Ya estamos cerca del estado final de nuestro Cover Flow.*

La animación Cover Flow

Para animar nuestras portadas comenzaremos por agregar botones a la página para disparar las animaciones:

```
...
  <div id="coverflow">
    <div id="left"></div>
    <div id="right"></div>

    <button onclick="slide(-1)">&laquo;</button>
    <button onclick="slide(+1)">&raquo;</button>
  </div>
...
```

Y estos son los estilos asociados:

```
button {
    font-size: 80px;
    color: white;
    text-shadow: black 1px 1px 10px;
    border: 0;
    background: none;
    position: absolute;
    top: 100px;
}

button:first-of-type { left:0; }
button:last-of-type { right:0; }
```

La función `slide()`, asociada al evento `click` de los elementos de tipo botón, recibe un parámetro que indica la dirección en la que se deslizarán las portadas. Ésta es la definición inicial, así como las primeras funciones que controlarán el movimiento:

```
function slide(dir) {
    document.getElementById("coverflow").className = "slide";

    /* Más portadas */
```

```
        moveSides("left", dir, +1);
        moveSides("right", dir, -1);
        moveCurrent(dir);
    }

    function moveSides(str, dir, coef) {
        var s = document.getElementById(str).childNodes;
        for (var n = 0; n < s.length; n++) {
            s[n].style.webkitTransform = getMatrix(s[n], dir, coef, 30);
        }
    }

    function moveCurrent(dir) {
        var s = document.querySelector(".current");
        var styles = window.getComputedStyle(s);
        var matrix = new WebKitCSSMatrix(styles.webkitTransform);
        matrix = matrix.translate(30 * dir, 0, 0);
        s.style.webkitTransform = matrix;
    }

    function getMatrix(s, dir, coef, move) {
        var styles = window.getComputedStyle(s);
        var matrix = new WebKitCSSMatrix(styles.webkitTransform);

        /* Lee valores de la matriz */
        var angle = Math.acos(matrix.m11) * 180 / Math.PI * coef;
        var x = matrix.m41 + move * dir;
        var y = matrix.m42;
        var z = matrix.m43;

        /* Devuelve una nueva matriz */
        return new WebKitCSSMatrix().translate(x, 0, z).rotate(0, angle, 0);
    }
```

Cuando el usuario haga clic en el botón, la función `slide()` agregará una clase `.slide` al contenedor principal. Esto le permite definir la transición a utilizar, que se establece sólo con CSS:

```
.slide span {
    -webkit-transition: -webkit-transform .35s linear;
}
```

La función `moveSlides()` reúne las portadas de cada lado y luego usa la transformación de cada una para leer la información de sus matrices, empleando `getMatrix()` y el objeto `CSSMatrix`. Como la rotación cambia la posición del eje x, no podemos aplicar simplemente una nueva traslación para mover las portadas porque entonces se irían hacia delante o hacia atrás en vez de a derecha e izquierda. Por eso volvemos a crear la matriz después de haber calculado la posición actual de cada elemento. Sin embargo, para la portada del centro, como no existe rotación, podemos utilizar simplemente la función `translate()` para cambiar su posición.

Girar la portada actual

Si prueba ahora este código, verá que todas las portadas se mueven de izquierda a derecha. Para hacer que la destacada regrese a la pila y otra pase a ocupar su lugar tenemos que interceptar el evento `transitionend` antes de reanudar la animación.

```
function slide(dir) {
...
   var current = document.querySelector(".current");
   current.addEventListener("webkitTransitionEnd", function(event) {
      this.removeEventListener(event.type, arguments.callee, false);

      document.getElementById("coverflow").className = "flip";
      prepareFlipSide(dir);
      prepareFlipCurrent(dir);
   }, false);
}
```

Cuando se recibe el evento, borramos de inmediato el receptor porque se define de nuevo para cada evento `click` y ya no sirve para nada. Luego añadimos otra vez la siguiente clase `.flip` al contenedor principal:

```
.flip span {
   -webkit-transition: -webkit-transform 0.2s ease-in-out;
}
```

Después, llamamos a las funciones que se encargan de rotar las portadas:

```
function prepareFlipSide(dir) {
   var s = document.getElementById(dir > 0 ? "left" : "right").
firstElementChild;
   s.style.webkitTransform = "translateX(" + (dir * 80) + "px)";
}

function prepareFlipCurrent(dir) {
   var current = document.querySelector(".current");

   /* Aplica una nueva matriz en función del estilo de las portadas
      de los lados */
   var base = document.getElementById(dir < 0 ? "left" : "right").
firstElementChild;
   current.style.webkitTransform = getMatrix(base, dir, -dir, (80 - 30));
}
```

La portada de al lado que va a ocupar el lugar central se reubicará con la función `prepareFlipSide()`; después, la función `prepareFlipCurrent()` tomará la transformación de un elemento de la pila para aplicar su matriz al objeto que estaba antes en el centro. El último paso es transferir los nodos de las portadas a su nuevo padre para que se puedan iniciar más transformaciones.

El toque final de la animación

Para mantener la consistencia del documento vamos a mover las portadas después de la segunda animación para dotarlas de sus estilos originales. Esto se hace con el siguiente código:

```
function prepareFlipCurrent(dir) {
...
   current.addEventListener("webkitTransitionEnd", function() {
      this.removeEventListener(event.type, arguments.callee, false);

      /* Devuelve los elementos a su estado inicial */
      reset("left");
      reset("right");
      document.getElementById("coverflow").className = "";
      this.style.webkitTransform = "";
      this.className = "";

      /* Anexa la portada actual a su nuevo padre */
      var c, e = document.getElementById(dir < 0 ? "left" : "right");
      e.insertBefore(this, e.firstElementChild);

      /* Anexa la nueva portada actual al contenedor principal */
      e = document.getElementById(dir > 0 ? "left" : "right");
      c = e.firstElementChild;
      e.parentNode.appendChild(c);
      c.className = "current";
   }, false);
}
function reset(str) {
   var s = document.getElementById(str).childNodes;
   for (var n = 0; n < s.length; n++) {
      s[n].style.webkitTransform = "";
   }
}
```

Como hicimos antes, añadimos un receptor para tener constancia de haber llegado al final de la animación. Después, reinicializamos todos los elementos para devolverlos a sus estados iniciales y movemos las portadas.

Precaución: evitar comportamientos inesperados

En este momento, si un usuario hace clic en el botón antes de que finalice la animación, el movimiento se volverá inconsistente porque se interrumpirán las animaciones y, por tanto, las matrices ya no serán las esperadas. Para contemplar esto, vamos a añadir una variable con la que podremos consultar el estado de la animación.

```
var animate = false;

function slide(dir) {

   var c1 = (document.getElementById("left").childNodes.length == 1);
   var c2 = (document.getElementById("right").childNodes.length == 1);

   if (animate || (c1 && dir == +1) || (c2 && dir == -1)) {
      return;
   }

   animate = true;
...
}

function prepareFlipCurrent(dir) {
...
   current.addEventListener("webkitTransitionEnd", function() {
...
      animate = false;
   }, false);

}
```

Además de la variable `animate`, agregamos a `slide()` un control sobre el número de los hijos que quedan a ambos lados de la vista Cover Flow. El usuario intenta mover los elementos de un lado en el que no queda ya ninguno, por lo que no ocurrirá nada.

Ésta es nuestra versión de un Cover Flow. Obviamente, los cuadros de color utilizados en el ejemplo no son demasiado atractivos y se deberían sustituir por el contenido final. Como sugerencia, pruebe a perfeccionarlo modificando las curvas de animación o añadiendo más portadas para estimar el impacto sobre el rendimiento de su página.

Animaciones avanzadas y fotogramas clave

Las transiciones descritas hasta ahora sólo le permiten un deslizamiento progresivo de un valor a otro para alguna propiedad y cada una necesita su propia definición. Es más, utilizan una animación implícita porque ésta se dispara a causa del cambio de un valor de la propiedad.

Cuando quiera tener un control más preciso sobre su animación y tenga que declararlas desde las hojas de estilo, deberá recurrir al nuevo módulo CSS Animation de Apple, que le permitirá definir con exactitud una serie de eventos sobre una línea temporal mediante una "regla arroba".

Fotogramas clave

Un fotograma clave especifica el estado de una animación en alguna fase definida en el tiempo. Puede establecer una serie de ellos usando la regla @keyframes y dándole un nombre a la secuencia que empleará la propiedad animation-name, además de listar las reglas CSS que se verán afectadas por la animación.

```
@-webkit-keyframes "mySequence" {
   0% {
      left: 100px;
      top: 0;
      background-color: red;
   }

   25% {
      left: 75px;
      background-color: green;
   }

   75% { background-color: blue; }

   100% {
      left: 200px;
      top: 100px;
   }
}
```

Si utiliza esta secuencia, por ejemplo, sobre un elemento posicionado de manera absoluta, se le asignará la posición (100,0) con un fondo rojo. Después, empleando el 25 por 100 de la duración definida para la animación, se deslizará hacia la izquierda hasta alcanzar la posición (75,0) a la par que se pasará del rojo al verde. Por último, sobre el 50 por 100 del tiempo asignado se producirá un nuevo cambio de tonalidad, antes de que el elemento se desplace hasta las coordenadas (200,100) al llegar al 25 por 100 del tiempo restante de la animación.

> **Nota:** *Al igual que las transiciones, las animaciones están optimizadas para algunas propiedades y con frecuencia es preferible utilizar transformaciones frente al posicionamiento CSS normal para optimizar el rendimiento y, por consiguiente, alargar la vida de la batería, lo que resultará más satisfactorio para el usuario.*

Para preparar sus animaciones tendrá que determinar el estado inicial (0 por 100), los estados de transición opcionales y un estado final (100 por 100). Su posición se debe definir por medio de valores numéricos seguidos del signo %, pues, de no ser así, la regla no se considerará válida. Es más, los puntos 0% y

100% son obligatorios. No obstante, tenga en cuenta que se pueden reemplazar por las palabras clave `from` y `to`. El orden de las declaraciones no importa pero debe tener cuidado porque un solo error invalidará toda la secuencia y pondrá en riesgo toda la animación.

Iniciar la animación y fijar su duración

Para disparar una animación sólo necesita utilizar la propiedad `animation-name`, asociándole el nombre de una secuencia y dándole una duración. El control del tiempo emplea propiedades similares a las de las transiciones, por lo que puede recurrir a `animation-duration` para declarar la duración y a `animation-delay` para retrasar el comienzo. El desarrollo se dividirá entonces para determinar el intervalo de cada paso de la secuencia.

```
div {
    -webkit-animation-name: "mySequence";
    -webkit-animation-duration: 10s;
    -webkit-animation-delay: 2s;
    -webkit-animation-iteration-count: 3;
}
```

En el ejemplo anterior indicamos que la animación debía seguir la secuencia `mySequence` y extenderse durante diez segundos tras un retardo de dos segundos. Este atraso no se tiene en consideración en el cómputo de la duración de la animación. Ésta se repetirá tres veces antes de detenerse, por lo que durará treinta segundos en total. La propiedad `animation-iteration-count` también puede adoptar el valor `infinite` (infinito).

Propiedades de la animación

Como ocurre con las transiciones, no todas las propiedades se pueden animar. Sin embargo, si emplea una de ellas (box-shadow, por ejemplo) dentro de una sentencia `@keyframes`, no se generará ningún error y la animación continuará; simplemente se ignorará la regla defectuosa.

Cuando se anima una propiedad, los valores procesados se ven afectados por las transformaciones que se aplican a lo largo de toda la animación. Es más: como todas las propiedades pueden recibir varios valores separados por comas, se pueden especificar diversas secuencias para un elemento. En tal caso, si se animan las mismas propiedades, la última definición sobrescribirá la anterior.

```
<style>

@-webkit-keyframes "blue-yellow" {
    from { background-color: blue; }
```

```
      to { background-color: yellow; }
}

@-webkit-keyframes "red-green" {
   from { background-color: red; }
   to { background-color: green; }
}

div {
   width: 100px;
   height: 100px;
   -webkit-animation-name: "red-green", "blue-yellow";
   -webkit-animation-duration: 10s, 2s;
}

</style>

<div></div>
```

En este peculiar ejemplo, la animación comenzará con una fusión del azul al amarillo porque se anima la misma propiedad en ambos `@keyframes` y se llama a `blue-yellow` al final. No obstante, como la `red-green` dura más, la animación se desarrollará como si el paso del rojo al verde hubiera tenido lugar y se reanudase con un bloque rojo ligeramente verdoso, cambiando a verde puro en el segundo veinte. Tenga presente que si el estado inicial de la declaración es diferente del que posee el elemento actual a animar por alguna propiedad, no tendrá lugar ninguna transición entre uno y otro estilo, aplicándose de inmediato la declaración de estado inicial. Esto puede tener efectos no deseados, como por ejemplo, un salto del elemento antes de la transición real. Es más: a diferencia de lo que ocurre con las transiciones, el estado del objeto una vez completada la transición no será persistente y volverá instantáneamente a su apariencia inicial, con el mismo efecto de salto.

Recuerde siempre estas particularidades cuando cree elementos para sus aplicaciones Web para no quedarse atascado por algo que no es un problema real, sino un simple detalle de la implementación.

La curva de evolución

Las curvas de animación, que se definen utilizando `animation-timing-function`, son las mismas que las de las transiciones con el añadido de la función `cubic-bezier()`. No se aplican globalmente a la animación como una unidad, sino de fotograma en fotograma. Por tanto, es posible definir una diferente para cada paso de la animación dentro de una regla arroba. La propiedad `animation-timing-function` es la única que se puede usar directamente dentro de la regla arroba.

```
@-webkit-keyframes "mySequence" {
    0% {
        left: 100px;
        top: 0;
        background-color: red;
    }

    25% {
        left: 75px;
        background-color: green;
        -webkit-animation-timing-function: ease-in;
    }
...
}
```

La función de control temporal se debe definir en el fotograma clave de destino, pues de lo contrario no se aplicará o no lo hará cuando se esperaba. Si desea que la función se desarrolle en todos los pasos de la secuencia, puede definirla directamente junto con `animation-name`.

Trabajar con eventos

Las animaciones incorporan tres nuevos eventos. Los dos primeros, `animationstart` y `animationend`, le permitirán saber cuándo comienza o cuando llega a su fin una animación; el tercero, `animationiteration`, se dispara cuando se ejecuta de nuevo tras haber tenido lugar por primera vez, en función del valor de la propiedad `animation-iteration-count`.

```
var div = document.getElementsByTagName("div")[0];

div.addEventListener("webkitAnimationStart", function(event) {
    alert('The animation "' + event.animationName + ' has started.');
}, false);
```

Como pasa con las transiciones, en el nombre se distingue entre mayúsculas y minúsculas cuando se utiliza con el método `addEventListener()`, por lo que debería seguir la sintaxis del ejemplo anterior en lo que a mayúsculas se refiere.

Los tres eventos emplean el objeto `AnimationEvent`, que añade el nombre de la animación al objeto `Event` base a través de la propiedad `animationName`. Como con las transiciones, para `animationiteration` y `animationend`, la propiedad `elapsedTime` le permite estimar el tiempo transcurrido. Obviamente, siempre devuelve 0 para `animationstart` porque no hay ningún retardo antes de que se tenga en cuenta la animación. El evento sólo se activa realmente después de determinar el retardo. Tenga también en cuenta que, debido a que en la última iteración se reemplazará `animationiteration` por `animationend`, nunca recibirá un `animationiteration` si asigna un 1 al contador.

Efectos especiales con CSS

Las últimas versiones de WebKit implementan nuevas propiedades que pueden hacerle la vida más fácil a los desarrolladores Web, como los reflejos o las máscaras. No forman parte de las especificaciones de CSS3, por lo que no se podrán exportar a otros navegadores durante algún tiempo.

Crear reflexiones

Aunque ya hace años que los reflejos son unos efectos muy populares, no existe un modo óptimo de implementarlos en sus páginas. Hasta ahora, las soluciones eran crear una imagen específica para cada elemento que se quería reflejar (algo poco flexible) o apilar objetos de 1 píxel de alto debajo de la imagen y aplicar un fondo posicionado a cada uno jugando con la opacidad, algo que tampoco era demasiado útil porque sólo funcionaba para las imágenes y necesitaba de un montón de etiquetas adicionales.

Huelga decir que ambas soluciones resultaban bastante pesadas para el motor de renderización. WebKit viene con la nueva propiedad `-webkit-box-reflect`, que se debe utilizar del siguiente modo:

```
-webkit-box-reflect: <dirección> <desplazamiento> <imagen-cuadro-máscara>
```

El parámetro *dirección*, que determina en qué lado del elemento se deberá crear el reflejo, puede recibir uno de estos cuatro valores: `below`, `above`, `left` o `right`. El desplazamiento se puede definir usando cualquier unidad de tamaño válida en CSS, porcentajes incluidos, y establecerá la distancia entre la imagen original y su reflejo. Por último, la máscara puede ser cualquier imagen soportada por la propiedad `background-image`, como muestra la figura 9.11. El uso de los degradados de CSS para la máscara obviamente hará que el proceso sea más sencillo y ligero.

```
<style>
    img {
        -webkit-box-reflect: below 3px
            -webkit-gradient(
                linear,
                left top, left bottom,
                color-stop(0.7, transparent), to(rgba(0, 0, 0, 0.75))
            )
    }
</style>

<img src="panda.jpg" alt="A nice panda">
```

Al utilizar un degradado, como cualquier otro formato de imagen, el elemento más importante es el canal alfa porque los píxeles empleados como máscara serán visibles en el reflejo. Por tanto, la mayoría de las veces utilizará PNG, aunque están soportados todos los formatos. Recurrir a uno que no admite transparencias (o una imagen sin píxeles total o parcialmente transparentes), será lo mismo que no especificar el parámetro `mask-box-image`: se aplicará una máscara completa con todos los píxeles visibles. Tenga en cuenta que la imagen se estirará hasta ocupar todo el espacio disponible para la caja del reflejo.

Recuerde también que al definir su máscara de reflexión, incluso empleando un degradado, ésta se invertirá en función de la dirección: si el reflejo se proyecta sobre el eje x, se invertirá como en un espejo, mostrándose cabeza abajo si la proyección es vertical.

Figura 9.11. *Un sencillo reflejo utilizando un degradado.*

Nota: *En las versiones anteriores de WebKit, el reflejo no funcionaba con las transformaciones. Si los aplica al efecto Cover Flow que vimos antes y está usando la versión 3.2 de WebKit o una anterior, sólo verá el reflejo del elemento central. Esto ha sido resuelto en las últimas versiones de Safari.*

Obviamente, puede utilizar SVG, en cuyo caso la transparencia de los colores determinará la opacidad de los píxeles o lienzos, empleando la función `-webkit-canvas()` específica de WebKit, que comentamos en el capítulo 7. De este modo, podría definir fácilmente animaciones para sus máscaras, por ejemplo, si deseara crear un efecto ondulante de reflejo en el agua. De igual modo, si el elemento a partir del cual se construye el reflejo cambia (por ejemplo, al pasar el ratón por encima), se tendrá en cuenta esta modificación. Por último, recuerde que, como pasa con las sombras, los reflejos CSS no alteran las dimensiones de los elementos ni afectan en modo alguno a la estructura.

Utilizar máscaras reales

El tercer parámetro de la función de reflexión es una máscara, con la que puede obtener efectos bastante interesantes una vez que haya dominado sus peculiaridades. En WebKit, las máscaras están también disponibles como tales, con muchas opciones avanzadas que le permitirán cortar con precisión partes de los elementos de su página. Los elementos a los que es posible aplicar las máscaras de CSS son los mismos que los de los reflejos, es decir, imágenes, degradados, SVG y lienzos. Se declaran de un modo similar a los fondos, lo que significa que todos los ajustes utilizados para estos (incluyendo los que vimos en el capítulo 6) se pueden emplear para las máscaras y, por tanto, no le será difícil dominar las nuevas posibilidades de las que dispone. La figura 9.12 muestra el efecto de la siguiente regla:

```
<style>
    img {
        -webkit-mask-image: url(mask.png);
        -webkit-mask-repeat: repeat-x;
        -webkit-mask-size: 50%;
    }
</style>

<img src="flower.jpg" alt="A nice flower">
```

Figura 9.12. El contenido, la máscara y la asociación de ambos mediante CSS.

No sólo puede usar las máscaras sobre fondos; también las puede aplicar a los bordes utilizando la propiedad `-webkit-mask-box-image`, que se comporta como la propiedad `border-image`. No obstante, tenga en cuenta que, a diferencia de las imágenes de los bordes, las máscaras no se adaptan a las dimensiones del borde; esto significa que no se alterará la escala de las esquinas al renderizarlas y que el resto de la máscara se repetirá o estirará dependiendo del parámetro que especifique, independientemente del borde en sí.

Cómo crear una barra de pestañas como la de iOS utilizando máscaras

Para que se haga una idea de las posibilidades que nos ofrecen las máscaras y sus opciones, vamos a crear una barra de pestañas similar a la que genera el objeto `UITabBar` de la API Cocoa Touch, que se emplea con frecuencia en las aplicaciones nativas (véase la figura 9.13).

Figura 9.13. *La típica barra de pestañas de la aplicación Teléfono.*

Para ello, nos vamos a poyar en lienzos, máscaras y el modelo de cajas flexible que vimos en el capítulo 6. Además, utilizaremos la nueva pseudo-clase `:target` para activar la pestaña actual, por lo que no necesitaremos ningún script ni imagen.

Preparar la barra de pestañas inicial

Vamos a basar nuestro ejemplo en la plantilla de aplicación Web que usamos y ampliamos en los capítulos anteriores. Sólo tiene que añadir el código asociado a nuestras pestañas:

```
...
<body>
   <div class="view">
      <div class="header-wrapper">
         <h1>Tab Bar Demo</h1>
      </div>

      <nav class="tabbar-wrapper">
        <ul>
          <li id="tab1"><a href="#tab1"><b><i></i></b>Most Recent</a></li>
          <li id="tab2"><a href="#tab2"><b><i></i></b>Favorites</a></li>
          <li id="tab3"><a href="#tab3"><b><i></i></b>Search</a></li>
          <li id="tab4"><a href="#tab4"><b><i></i></b>Bookmarks</a></li>
          <li id="tab5"><a href="#tab5"><b><i></i></b>History</a></li>
        </ul>
      </nav>
   </div>
</body>
...
```

La pseudo-clase `:target` va a permitir dirigir la pestaña destacada a la parte activa de la URL. Para ello, vamos añadir una ID a cada elemento de la lista que sea idéntica a la ruta especificada como `href` en el enlace. Las etiquetas `<i>` y `<b>` sólo serán marcadores de posición para los iconos de la pestaña y sus sombras. Esto lo explicaremos a fondo más adelante en este capítulo.

A continuación, añadiremos algunas reglas al archivo `main.css` para asignar estilos a nuestra barra. Guarda cierta semejanza con la cabecera, sólo que es más grande y luce un degradado ligeramente distinto porque el color de base es el negro.

```
.tabbar-wrapper {
   background-color: black;
   background-image:
      -webkit-gradient(linear, left top, left bottom,
         from(rgba(255, 255, 255, 0.2)),
            to(rgba(255, 255, 255, 0.1)) );
   background-repeat: no-repeat;
   background-position: top left;
   -webkit-background-size: 100% 50%;
   border-top: solid 1px rgba(0,0,0,0.6);
   position: absolute;
   bottom: 0;
   width: 100%;
}
```

Después, vienen las reglas relativas a la lista en sí:

```css
.tabbar-wrapper ul {
    border-top: solid 1px rgba(255, 255, 255, 0.2);
    height: 48px;
    display: -webkit-box;
    margin: 0;
    padding: 2px;
    text-align: center;
    color: hsla(0,0%,100%, 0.65);
    font-weight: bold;
    font-size: 9px;
    line-height: 1;
    -webkit-box-sizing: border-box;
}

.tabbar-wrapper li {
    width: 100%;
    list-style: none;
    -webkit-box-flex: 1;
    padding: 2px;
    margin-top: -1px;
}

.tabbar-wrapper li a {
    color: inherit;
    text-decoration: none;
    display: block;
}
```

Para no preocuparnos por el tamaño de nuestras pestañas vamos a utilizar el modo de visualización box para nuestro contenedor (<ul>). Con esto podemos hacer que ocupen el espacio disponible independientemente de su número y su anchura individual, definiendo su propiedad box-flex como 1. Por consiguiente, nuestra barra de pestañas mantendrá su consistencia a lo largo de la pantalla, aunque el usuario cambie la orientación del dispositivo.

Un marcador de posición para los iconos

Antes de agregar iconos a nuestras pestañas, como adelantamos anteriormente vamos a controlar la selección de las mismas utilizando la pseudo-clase :target. Esto se hace del siguiente modo:

```css
.tabbar-wrapper li:target {
    color: white;
    -webkit-border-radius: 3px;
    background-color: hsla(0, 0%, 100%, 0.2);
    text-shadow: rgba(0, 0, 0, .5) 1px 1px 1px;
}
```

Ahora podemos añadir el marcador de posición para los iconos de nuestra barra. Antes de aplicar una máscara para dibujarlos, definimos los contenedores que contendrán la sombra y el icono azul.

```
.tabbar-wrapper li b {
    display: block;
    width: 36px;
    height: 36px;
    margin: -3px auto -1px;
    padding: 2px;
    -webkit-box-sizing: border-box;
}

.tabbar-wrapper li i {
    display:block;
    width:32px;
    height:32px;
    background-image: -webkit-gradient(
        linear, left top, left bottom, from(#bbb), to(#666)
    );
}

.tabbar-wrapper li:target i {
    background-image:
        -webkit-gradient(radial, 72 170, 160, 72 170, 184,
            from(rgba(255,255,255,0)),
            color-stop(0, rgba(255, 255, 255, 0.3)),
            color-stop(0, rgba(255, 255, 255, 0.35)),
            to(white)
        ),
        -webkit-gradient(linear, left top, left bottom, from(#0062db),
to(#44d5fe));
    -webkit-background-size: 48px 32px;
    background-position: right top;
}
```

Los fondos definen los degradados azul y gris (véase la figura 9.14) que sirven para distinguir cuándo una pestaña está seleccionada o no. En el momento en el que la máscara esté definida, se verán a través de ésta. Ya puede comprobar el comportamiento de la pseudo-clase `:target` abriendo la página en su navegador.

Figura 9.14. Los degradados gris y azul antes de aplicar las máscaras.

Gestión de los iconos

Para crear nuestros iconos vamos a utilizar la técnica de "sprites", que se suele emplear para limitar las peticiones HTTP de imágenes de fondo pero también es válida para las máscaras. Al igual que con los fondos, sólo tiene que mover la imagen dentro del contenedor para mostrar las distintas áreas de la máscara.

Hemos definido dos contenedores: uno de 36x36 píxeles, representado por una etiqueta <b> que contendrá la sombra, y otro de 32x32 píxeles, representado por una etiqueta <i> que contendrá la máscara del icono. El marcador de posición de las sombras es ligeramente más grande que el del icono porque la sombra se extiende más allá de los límites del icono (en este caso, hacia la parte inferior derecha).

Para nuestros iconos necesitamos una imagen cuyo canal alfa simbolice las formas de las pictografías que queremos utilizar; vamos a emplear lienzos para generar una plantilla que represente las sucesivas etapas de la visualización. La figura 9.15 muestra la plantilla que vamos a usar.

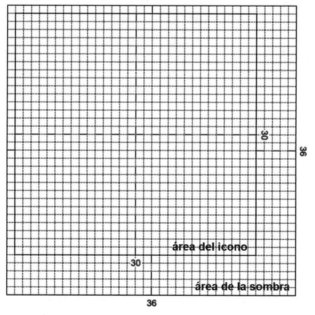

Figura 9.15. *La plantilla utilizada para crear un icono.*

Para cada forma alinearemos verticalmente tres áreas de esta plantilla. El primer elemento representa el icono. La imagen que contiene la máscara debe dibujarse en negro sobre un fondo transparente, con un máximo de 30 píxeles de ancho y alto y un desplazamiento de 1 píxel desde la parte superior y la izquierda. Para obtener un mejor resultado, el icono debe estar centrado en el área de 30x30 píxeles. Tenga en cuenta también que dentro de la zona negra puede dibujar algunos transparentes. Los dos píxeles adicionales del contenedor <i> nos permitirán ubicar correctamente el icono en la barra de pestañas.

El segundo elemento se utilizará para la sombra de las pestañas no seleccionadas, que dará relieve al icono materializado por un degradado gris, como explicamos anteriormente. Esta área se dibujará de forma directa desde el lienzo copiando la primera zona sin el desplazamiento vertical de 1 píxel y definiendo un valor inferior para la opacidad; por eso debemos trazar el icono en negro.

Para diseñar el último elemento, la sombra proyectada, podemos copiar el primero de nuevo y cambiar su opacidad tres veces (véase la figura 9.16). Al hacerlo de este modo no tendremos que preocuparnos por la forma real del icono que dibujemos para generar la sombra.

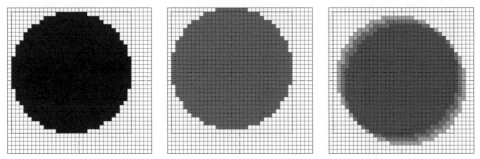

Figura 9.16. *Un icono básico se compone de tres elementos: el icono, la sombra del relieve y la sombra normal.*

Ahora ya podemos crear nuestros iconos y utilizarlos en las pestañas empleando máscaras.

Crear los iconos

La definición del lienzo que contiene las distintas imágenes se debe declarar dentro del código cliente en lugar de en la hoja de estilos principal, ya que es probable que necesite tener varias barras de pestañas en algún punto de la misma aplicación Web. Vamos a usar la función -webkit-canvas() como muestra el siguiente código:

```
<style>

.tabbar-wrapper li i {
    -webkit-mask-image: -webkit-canvas(tabbar-icons);
}
```

```
.tabbar-wrapper li b {
   background-image: -webkit-canvas(tabbar-icons);
}

</style>
```

Como ya explicamos, la etiqueta <i> contiene el icono y vamos a utilizar los degradados que definimos anteriormente. Una máscara nos permitirá "recortar" la forma del icono de los degradados. La etiqueta <b> contendrá un fondo que simulará una sombra; no hace falta una máscara para esto porque la sombra ya estará definida en el lienzo. Aquí es donde se definen finalmente los iconos:

```
<script>

const AREA_SIZE = 36;

/* Prepara los 3 estados de los 3 iconos */
initTabBarIcons("tabbar-icons", 3, createIcons);

function initTabBarIcons(id, count, src) {
   var ctx = document.getCSSCanvasContext("2d", id, AREA_SIZE * count,
AREA_SIZE * 3);

   if (typeof src == 'function') {
      src(ctx);
      createShadows(ctx);

   } else {
      var i = new Image();
      i.onload = function() {
         ctx.drawImage(this, 0, 0);
         createShadows(ctx);
      }
      i.src = src;
   }
}

</script>
```

La función `initTabBarIcons()` recibe tres parámetros. Los dos primeros son bastante obvios: la ID del lienzo que contendrá los estados del icono y el número de iconos para ajustar adecuadamente el ancho del lienzo. El último parámetro puede ser una función o la URL de una imagen. En el primer caso, se llamará a las funciones para dibujar iconos en el contexto apropiado (pasado como primer parámetro) mediante la API Canvas. En el segundo caso, la imagen se abrirá y luego se dibujará en el lienzo mediante el método `drawImage()`. Se deberá construir de acuerdo con el esquema que describimos antes. De momento, vamos a dibujar nuestros iconos empleando la primera configuración, con la función `createIcons()`. Más adelante veremos el caso más común.

```
function createIcons(ctx) {
   ctx.save();

   /* Desplazamiento de 1x1 píxel */
   ctx.translate(1, 1);
   ctx.fillStyle = "black";

   /* Un icono circular */
   ctx.beginPath();
   ctx.arc(15, 15, 15, 0, Math.PI * 2, false);
   ctx.fill();

   /* Un icono cuadrado*/
   ctx.translate(AREA_SIZE, 0);
   ctx.fillRect(0, 0, 30, 30);

   /* Un icono triangular */
   ctx.translate(AREA_SIZE, 0);
   ctx.moveTo(15, 0);
   ctx.lineTo(30, 30);
   ctx.lineTo(0, 30);
   ctx.fill();

   ctx.restore();
}
```

Ahora, nuestro lienzo posee tres iconos básicos para los que la función `crea-teShadows()` va a crear sombras, como recordamos antes, copiando el icono y alterando su opacidad y posición. La figura 9.17 muestra el resultado final.

```
function createShadows(ctx) {
   var c = ctx.canvas;
   var w = c.width;
   var h = c.height / 3;

   ctx.save();

   /* Dibuja la sombra del relieve */
   ctx.globalAlpha = 0.25;
   ctx.drawImage(c, 0,0,w,h,  0,h*1-1,w,h);

   /* Dibuja la sombra proyectada */
   ctx.globalAlpha = 0.1;
   ctx.drawImage(c, 0,0,w,h,  1,h*2+0,w,h);
   ctx.drawImage(c, 0,0,w,h,  2,h*2+1,w,h);
   ctx.drawImage(c, 0,0,w,h,  3,h*2+2,w,h);

   ctx.restore();
}
```

El lienzo ya está listo, por lo que sólo tenemos que añadir estilos para colocar las sombras dentro de sus áreas. Éste es el código que hay que incorporar a la hoja de estilos principal:

```
.tabbar-wrapper li b {
...
   background-position: 2px -34px;
}
.tabbar-wrapper li:target b {
   background-position: 2px -70px;
}
```

Figura 9.17. El resultado final muestra los iconos y sus sombras.

Como tenemos un relleno de 2 píxeles, ajustamos la posición de la sombra del fondo (<b>) para que esté alineada con el icono (<i>). Luego seleccionamos la sombra en cuestión moviendo el lienzo hacia arriba, dependiendo del estado del icono. Si prueba ahora su página, verá que todas las pestañas tienen el mismo icono redondo. Para utilizar uno diferente para cada una sin abandonar la técnica de "sprites", sólo tendrá que mover el fondo una cantidad específica de píxeles. Como nuestros bloques tienen 36 de ancho y la sombra necesita un desplazamiento de 2 píxeles, agregaremos el siguiente código a nuestro archivo CSS para que se ocupe de ello:

```
<style>
...
   .tabbar-wrapper li:nth-child(2) i { -webkit-mask-position-x: -36px; }
   .tabbar-wrapper li:nth-child(3) i { -webkit-mask-position-x: -72px; }
   .tabbar-wrapper li:nth-child(4) i { -webkit-mask-position-x: -36px; }

   .tabbar-wrapper li:nth-child(2) b { background-position-x: -34px; }
   .tabbar-wrapper li:nth-child(3) b { background-position-x: -70px; }
   .tabbar-wrapper li:nth-child(4) b { background-position-x: -34px; }
</style>
```

Como sólo tenemos tres iconos para cinco pestañas, utilizamos dos veces dos de ellos, como muestra la figura 9.18. Los "sprites" son un modo muy cómodo y flexible de definir imágenes de fondo y, como comentamos antes, por lo general contribuyen a que las aplicaciones se abran más rápido porque limitan el número de peticiones HTTP, algo muy valioso en los dispositivos móviles.

Figura 9.18. *Nuestras pestañas con iconos en su ubicación adecuada.*

Crear iconos personalizados utilizando una imagen

Nuestra función `initTabBarIcons()` puede tomar como tercer parámetro una URL de imagen. Obviamente, en muchos de los casos esto será más flexible y resultará más familiar a los desarrolladores que recurrir a la API Canvas para dibujar iconos.

La imagen deberá contener tantos bloques como sea necesario, sobre un fondo transparente, mediante la plantilla que enseñamos anteriormente. La siguiente llamada a la función emplea la imagen que presentamos en la figura 9.19 para crear la barra de pestañas mostrada en la figura 9.20:

```
<script>
    initTabBarIcons("tabbar-icons", 5, "icons.png");
</script>

<style>
...
    .tabbar-wrapper li:nth-child(4) i { -webkit-mask-position-x: -108px; }
    .tabbar-wrapper li:nth-child(5) i { -webkit-mask-position-x: -144px; }
...
    .tabbar-wrapper li:nth-child(4) b { background-position-x: -106px; }
    .tabbar-wrapper li:nth-child(5) b { background-position-x: -142px; }
</style>
```

Figura 9.19. *Utilizamos icons.png para los iconos de la barra de pestañas.*

Figura 9.20. *Una barra de pestañas creada usando una imagen externa.*

Primero, se copia la imagen al lienzo y se inicia el proceso de construcción. Después, todo tiene lugar exactamente como cuando se utilizaba una definición de lienzo y se colocaban los iconos. El proceso es muy sencillo y el código es muy fácil de mantener porque sólo hace falta una imagen para controlar tanto los iconos como sus sombras.

Resumen

Aunque las nuevas propiedades de CSS introducidas en este capítulo puedan parecerle poco familiares e incluso incómodas, pronto descubrirá que mejorarán enormemente la usabilidad de sus aplicaciones, haciéndolas más atractivas visualmente gracias a las animaciones y las máscaras, lo que aumentará su rendimiento al basarse en las transformaciones optimizadas del hardware.

Al limitar el número de imágenes y scripts necesarios para conseguir efectos atractivos, no sólo debería poder reducir el número de peticiones HTTP, disminuir el tamaño global de los archivos que abrirán sus páginas y hacer que sus sitios resulten más fáciles de procesar al motor de renderización; también debería acabar teniendo un código más sencillo de mantener, más flexible y, con algo de práctica, más rápido de desarrollar.

Parte III
Obtener el máximo rendimiento de JavaScript y los estándares Web

10. Principios de la programación orientada a objetos con JavaScript

Es más que probable que, como vimos en los capítulos anteriores, tenga que hacer un amplio uso de JavaScript para crear sus aplicaciones Web. Con el tiempo, la programación en el lado del cliente se ha ido convirtiendo en una herramienta crucial para los desarrolladores, con el progreso del hardware, la evolución de las expectativas y, recientemente, las nuevas API que trasladan al contenido de las Web las funcionalidades más deseadas.

Sin embargo, para que este lenguaje se utilice de una manera eficaz, el desarrollador debe conocer algunas de sus particularidades, como los tipos débiles y su modelo de objetos. Vamos a explicar la parte que trata la programación orientada a objetos, que le servirá para proporcionar más modularidad a sus programas, encapsulando algunas API para hacer más flexible y genérico su uso, además de más fáciles de mantener.

Este capítulo también le ayudará a entender mejor los problemas del contexto de ejecución que es posible que se encuentre al usar manejadores de eventos o funciones *callback*, ampliamente empleados en los capítulos que siguen. También descubrirá cómo resolver de forma eficaz los dilemas de ejecución de código para mejorar sus aplicaciones Web o cuando sea usted quien ofrezca scripts a otros sitios.

Del modelo procedimental...

El modelo de programación procedimental sigue estando muy extendido actualmente. Como se hacía en BASIC, se basa en utilizar una serie de funciones para controlar el estado de su programa modificando las variables y cambiando sus valores.

El modo más común de hacer esto es el siguiente:

```
var state = add(5, 6, 7);

function add(a, b, c) {
    return a + b + c;
}
```

Al trabajar de esta manera, se multiplica el número de funciones y variables independientes que, probablemente, sean redundantes. En JavaScript, esto ya se hace con programación orientada a objetos (POO). En cuanto se define una función, el motor de desarrollo crea una instancia del objeto Function. Por tanto, el código anterior es el mismo que éste:

```
var add = new Function("a", "b", "c", "return a + b + c");
```

El objeto Function toma como parámetros una serie de cadenas, donde la última es el código a ejecutar y las demás son los argumentos que utilizará la función definida. Existen varias maneras de declarar estos parámetros. Puede definirlos como hicimos antes o bien agruparlos separándolos por comas dentro de la misma cadena para formar una lista de parámetros de la función. Así pues, el ejemplo anterior se podría haber escrito del siguiente modo:

```
var add = new Function("a, b", "c", "return a + b + c");
var add = new Function("a, b, c", "return a + b + c");
```

Obviamente, la palabra clave function es una abreviatura muy útil porque declarar una función dentro de una cadena como se hace usando el objeto Function no tardaría en resultar difícil de manejar.

Al emplear la instanciación para nuestro ejemplo anterior, el código resultante sería bastante similar a este ejemplo:

```
var add = function(a, b, c) {
    return a + b + c;
}
```

Fíjese en que también puede añadir un nombre a su función para que haga referencia a sí misma dentro de la función. En particular, este tipo de declaración es la base de la creación de objetos.

...a la programación orientada a objetos

Cuando se declara una función, se crea internamente un elemento que está asociado al objeto global del entorno de alojamiento. En JavaScript, en el contexto del navegador, éste es el DOMWindow del navegador, al que se puede llegar utilizando la propiedad window. Esto significa que cuando declara una función, el objeto window se amplía y se puede acceder a la función a través de esta propiedad, como a cualquier variable.

```
var state = window.add(5, 6, 7);
var result = window.state;
```

Vamos a usar esta capacidad que poseen los objetos de ser ampliados con propiedades y métodos para elaborar un sencillo programa que ilustre las características de la POO.

Crear un objeto personalizado

En la programación orientada a objetos, todo elemento hereda del objeto base Object, como ocurre en lenguajes como .NET o Java: lo que quiere decir que todas las propiedades y métodos disponibles para Object también lo estarán para el elemento que hereda. El ejemplo más común es el método toString(). Así pues, para crear nuestro primer objeto vamos a originar una instancia de Object con la palabra clave new, que ampliaremos con el siguiente código:

```
var animal = new Object();

    /* Propiedades adicionales */
    animal.family = "Unnamed";
    animal.noise = "Silent";
    animal.legs = 4;

    /* Nuevo método */
    animal.makeNoise = function() {
        console.log("The noise of " + this.family + " is " + this.noise + ".");
}
```

Llamar a la función y leer las propiedades de nuestro objeto es fácil:

```
animal.makeNoise();
console.log(animal.legs);

--- result ---
> The noise of Unnamed is Silent.
> 4
```

En nuestros ejemplos adoptamos las convenciones de nomenclatura del lenguaje, es decir, el estilo camello, que utiliza una inicial en mayúscula para las definiciones de objeto y una en minúsculas para sus propiedades.

La palabra clave `this` le permite acceder al contexto de ejecución actual. En nuestro ejemplo, `this` es la instancia del objeto, que nos permite acceder a las propiedades previamente definidas y emplearlas para crear una cadena legible. El contexto de ejecución es un concepto importante que explicaremos con más detalle en breve.

El efecto que se consigue con el código anterior también se puede lograr por medio de una sintaxis ligeramente distinta.

```
var animal = {
    family: "Unnamed",
    noise: "Silent",
    legs: 4,

    makeNoise: function() {
        console.log("The noise of " + this.family + " is " + this.noise);
    }
};
```

Este método de creación de objetos se denomina inicializador de objetos. Puede ser útil para establecer objetos anónimos dinámicamente y, por ejemplo, devolver varios valores desde una función; sin embargo, no ofrece la flexibilidad que proporcionan otros lenguajes orientados a objetos porque aquí no se puede reutilizar fácilmente la definición.

Utilizar el constructor apropiado

El `animal` que hemos creado, obviamente no está aún demasiado vivo. Vamos a remediarlo. Para que se pueda reutilizar nuestra estructura, tenemos que añadir un constructor mediante un objeto `Function`.

ECMAScript no posee clases reales pero recurre a constructores que le permiten asignar espacio al objeto e inicializar sus propiedades. El siguiente código hace exactamente eso:

```
/* Constructor */
var Animal = function() {
    /* Propiedades */

    this.family = "Unnamed";
    this.noise = "Silent";
    this.legs = 4;

    /* Método */
```

```
    this.makeNoise = function() {
        console.log("The noise of " + this.family + " is " + this.noise + ".");
    }
}
```

Esto le facilita obtener una instancia de `Animal`, utilizando de nuevo la palabra clave `new`.

```
/* Crea una primera instancia de Animal */
var animal1 = new Animal();
animal1.family = "Mussel";

/* Crea una nueva instancia de Animal */
var animal2 = new Animal();
animal2.family = "Plankton";

animal1.makeNoise();
animal2.makeNoise();

--- result ---
> The noise of Mussel is Silent.
> The noise of Plankton is Silent.
```

Esto significa que podemos usar nuestro objeto tantas veces como sea necesario con instancias totalmente independientes, de modo que cada cual contenga sus propiedades particulares. Aun así, esto no es óptimo porque la sintaxis empleada para declarar cada método fuerza al motor a instanciar un nuevo objeto `Function` para el método `makeNoise()` para cada instancia en lugar de utilizar una referencia al objeto. Esto implica un mayor uso de la memoria, lo que podría ser un inconveniente en caso de que el elemento se use mucho.

Mejorar el rendimiento con prototype

Existe una propiedad, llamada `prototype` e introducida por ECMAScript, que resuelve este problema de reinstanciación. Todos los constructores la tienen disponible para implementar la herencia y las propiedades compartidas. De este modo, podemos mejorar aún más nuestro objeto:

```
/* Constructor */
var Animal = function() {
    this.family = "Unnamed";
    this.noise = "Silent";
    this.legs = 4;
}

/* Un modo más eficaz de definir un método */
Animal.prototype.makeNoise = function() {
    console.log("The noise of " + this.family + " is " + this.noise + ".");
}
```

El método definido lo compartirán todas las instancias del objeto `Animal` y sólo se instanciará una vez. Esto es válido para todas las propiedades declaradas de este modo.

> **Advertencia:** *Este concepto es importante: todas las propiedades que se definan utilizando* `prototype` *serán compartidas por todas las instancias del objeto, de ahí que la modificación del valor de una propiedad repercuta en todas ellas.*

Obviamente, esta sintaxis emplea más código, por lo que debería buscar siempre un buen equilibrio entre un código conciso y el uso de la memoria. Pese a todo, hacer referencia al objeto `Function` en vez de instanciarlo es muy diferente en lo que a rendimiento se refiere porque reservar memoria es una operación muy voraz. Para evaluar esto puede servirse del inspector Web de Safari, como vimos en el capítulo 3.

Implementar la herencia

Aunque JavaScript es un lenguaje orientado a objetos, no está basado en el concepto de clase, como C++ o Java, por ejemplo. En vez de ello, se fundamenta en constructores y prototipos, de manera que cada constructor dispone de una propiedad `prototype`. El motor asigna implícitamente el valor de esta propiedad a una referencia que apunta a una instancia de `Object`, lo que implica que ésta hereda de `Object`. Esta instancia la compartirán todas las de su objeto y es la razón por la que también se distribuirán todos los métodos definidos que utilizan `prototype`, ya que lo amplían.

Herencia basada en prototype

Para implementar la herencia basada en prototipos en sus propios objetos sólo tiene que redefinir `prototype` de modo que éste herede de su objeto en lugar de hacerlo de `Object`. Por tanto, para dar una especificación más avanzada de sus animales podría utilizar el siguiente código:

```
/* Constructor */
var Dog = function() {
    this.family = "Dog";
    this.noise = "Woof!";
};
```

```
/* Dog heredará de Animal */
Dog.prototype = new Animal;

/* Añade un nuevo método a Dog */
Dog.prototype.showLegs = function() {
   console.log("The " + this.family + " has " + this.legs + " legs.");
}
```

Definimos un nuevo objeto llamado `Dog` (perro), cuyas propiedades por defecto se cambian empleando el constructor para ajustarlas a las características de un perro.

Ya hay definidas otras propiedades a través del constructor `Animal`, como veremos en nuestro siguiente bloque de código. El script anterior comienza con una instanciación de `Animal` que se asocia a la propiedad `prototype` del objeto `Dog` cuando se evalúa el código.

La llamada al constructor de `Dog` sólo tendrá lugar tras esta inicialización, recurriendo a la palabra clave `new`.

```
var dog = new Dog();
dog.makeNoise();
dog.showLegs();

--- result ---
> The noise of Dog is Woof!.
> The Dog has 4 legs.
```

Aquí aparece la propiedad `legs` (patas), aunque no haya sido definida en el constructor de `Dog`, y el método `makeNoise()`, que indica qué sonido hace el animal, devuelve una cadena con los valores apropiados para `family` y `noise`. Queda probado que `Dog` hereda de `Animal`.

Propiedades compartidas

Por muy deseable que pueda ser limitar el uso de la memoria y la multiplicación de las instancias de las funciones, quizás a base de cometer errores aprenda que, al utilizar la herencia, todas las propiedades del objeto del que se hereda (vectores, objetos anónimos, etc.) se definen mediante este principio, por lo que también la compartirán todas las instancias de su objeto. Por ejemplo, podría agregar un vector a su objeto inicial para albergar todos los valores del color de los ojos de sus animales.

```
var Animal = function() {
...
   this.eyeColor = [];
}
```

Entonces podría crear dos perros, cada cual con su propio color de ojos:

```
var dog1 = new Dog();
dog1.eyeColor.push("brown", "brown");

var dog2 = new Dog();
dog2.eyeColor.push("blue", "brown");
console.log(dog1.eyeColor);
console.log(dog2.eyeColor);

--- result ---
> ["brown", "brown", "blue", "brown"]
> ["brown", "brown", "blue", "brown"]
```

Pero, como puede ver, así tendría dos perros con un mínimo de cuatro ojos cada uno; se puede remediar definiendo un método `initialize()` para inicializar las propiedades sensitivas. Con sólo hacer esto, la información devuelta será más certera.

```
var Animal = function() {
...
    this.initialize();
}

Animal.prototype.initialize = function() {
    this.eyeColor = [];
}

var Dog = function() {
...
    this.initialize();
}

--- result ---
> ["brown", "brown"]
> ["blue", "brown"]
```

Este cómodo método evita que el objeto heredero acumule lo que su padre contiene e inicializa. Las propiedades se pueden reinicializar directamente desde el constructor de Dog pero ello haría que el código fuera más difícil de mantener porque tendría que cambiar Dog cada vez que alterase la definición de Animal. No obstante, redefinir una propiedad en un objeto heredero no implica perder su valor inicial, como vemos en el siguiente ejemplo:

```
Animal.prototype.initialize = function() {
    this.eyeColor = ["initial value"];
}
...
console.log(dog1.eyesColor);
delete dog1.eyesColor;    // Elimina la propiedad creada con initialize()
console.log(dog1.eyesColor); // Devuelve la propiedad de Animal
```

```
console.log(dog2.eyesColor); // Las demás instancias no se ven afectadas
```

```
--- result ---
> ["brown", "brown"]
> ["initial value"]
> ["blue", "brown"]
```

Se instancia el objeto `dog1`, que crea una nueva propiedad `eyeColor` en el prototipo. De este modo, el código anterior devolverá el valor correcto del color de ojos de nuestro primer perro. Después, vaciamos esta propiedad mediante el operador `delete`. Con el siguiente acceso a ella, el motor de desarrollo ascenderá por la jerarquía del prototipo hasta que encuentre una propiedad con el mismo nombre y devuelva su valor, de haberlo. Por eso obtenemos el contenido del vector definido para el objeto `Animal`.

Normalmente, este problema de inicialización no se da con las propiedades que tienen tipos más primitivos como `Boolean` o `Number` porque la técnica más habitual es la de redefinir directamente los valores en la propiedad. Por el contrario, es común utilizar métodos para rellenar vectores (como `push()` o `unshift()`) o para escanearlos (como `pop()` o `shift()`), de ahí que se pueda trabajar de forma directa con la instancia compartida del objeto `Array` en lugar de hacerlo sobre la propiedad.

La cadena de prototipos

ECMAScript introduce el concepto de cadena de prototipos. La propiedad `prototype` le permite, como indicamos anteriormente, ascender por la jerarquía de propiedades originales de objetos heredados. Esto es lo que hace el motor cuando se llama a un método. Por consiguiente, al invocar a `dog.makeNoise()`, el motor comprueba si `Dog` posee este método; de no ser así, asciende por la cadena hasta encontrarlo (o no). Esta particularidad se puede emplear para llamar a métodos del objeto base. Para ello, sólo tiene que tomar el prototipo base e invocar al método con el contexto de ejecución correcto.

```
var Dog = function() {
    this._base = this.constructor.prototype;
...
}

Dog.prototype.makeNoise = function() {
    console.log("Modified Version...");
    this._base.makeNoise.call(this);
}

var dog = new Dog();
dog.makeNoise();
```

```
--- result ---
> Modified Version...
> The noise of Dog is Woof!.
```

Utilizamos la propiedad `constructor` interna para acceder al prototipo y así no tener que depender del objeto inicial. Podíamos haber recurrido a `Animal.prototype` para el valor de `_base`. La propiedad `_base` se utiliza para llamar a `makeNoise()` a través del método `call()` del objeto `Function`, el cual le permite especificar el contexto de ejecución y, por tanto, emplea los valores de las propiedades del objeto actual, no las del objeto base.

El contexto de ejecución

El concepto de ejecución es crucial en la programación con JavaScript. Es lo que establece qué está accesible y qué no en el momento de activar un código determinado y acceder a las funciones. El método `call()` del objeto `Function` recibe al menos un contexto de ejecución como primer parámetro; después, puede añadir una lista separada por comas con el resto de las directrices que se le pasarán a la función llamada.

Cómo utilizar los métodos call() y apply()

Uno de los problemas es que no siempre se sabe con exactitud cuántos parámetros se le tendrían que pasar a la función al ser llamada. Es más, fijar explícitamente los del método `call()` no favorece el mantenimiento y la reusabilidad del código. Veamos un ejemplo:

```
Animal.prototype.initialize = function() {
...
    this.colors = [];
}

Animal.prototype.setColors = function(color1, color2) {
    this.colors.splice(0, this.eyesColor.length);
    this.colors.push(color1);
    this.colors.push(color2);
}

Dog.prototype.setColors = function(color1, color2) {
    console.log("Adding colors: " + color1 + ", " + color2);
    this._base.setColors.call(this, color1, color2);
}

dog.setColors("white", "maroon");
```

Aquí resulta evidente que este proceso no es demasiado flexible porque sólo se le pueden atribuir dos colores a un animal. Esto se podría solucionar utilizando simplemente un número variable de parámetros que se procesarían en bucle recurriendo a la propiedad `arguments`, como muestra el siguiente ejemplo:

```
Animal.prototype.setColors = function() {
   this.colors.splice(0, this.eyesColor.length);

   for (var i = 0; i < arguments.length; i++) {
      this.colors.push(arguments[i]);
   }
}
```

Para resolver el contratiempo con el que nos encontramos en la función `setColors()` del objeto heredero de `Animal`, puede usar el método `apply()` del objeto `Function`, el cual toma el contexto de ejecución como parámetro, igual que cuando empleamos `call()` pero, a diferencia de éste, recibe los argumentos en forma de vector y no como una lista. Esto nos permite optimizar el código.

```
Animal.prototype.setColors = function() {
   this.colors.splice(0, this.eyeColor.length);
   this.colors.push.apply(this.colors, arguments);
}

Dog.prototype.setColors = function() {
   console.log("Adding colors: " + arguments.join(", "));
   this._base.setColors.apply(this, arguments);
}
```

Como sabemos qué tipo de argumento espera la función, no tenemos que listarlos en la declaración de ésta; el único elemento desconocido es el número de argumentos. Con el método `setColor()` del objeto `Animal`, utilizamos `apply()` sobre `push()`, que inicialmente toma una lista de elementos a añadir a un vector. En este caso no hace falta modificar el contexto pero sí hay que especificarlo, por lo que recurrimos a `this.colors` para mantenernos en el ámbito correcto.

Después, para simplificar la llamada del método base desde dentro de `Dog`, reemplazamos `call()` por `apply()` para que el número de argumentos carezca de importancia. Por tanto, podrá invocar cualquier método desde el objeto base con independencia de las características de la función.

El método `apply()` debería ser de gran aceptación en el desarrollo de aplicaciones Web en el momento en que el programa se base en listas cuyas longitudes varíen dinámicamente. Por ejemplo, este método se puede utilizar para controlar un vector de objetos que contenga datos, para mostrar una lista de elementos de modo que el usuario pueda contemplar más mensajes empleando un botón del tipo "Ver más", como en la aplicación Mail del iPhone. En este caso, `apply()` le permitiría ahorrarse un bucle añadiendo sólo los objetos a la lista dentro del método `push()` del objeto `Array`. Esto es más eficaz porque el proceso lo controla de manera nativa el motor de desarrollo y no necesita ser interpretado en un bucle.

Cuidado con el contexto de ejecución

Todo esto es bastante sencillo pero en ocasiones puede resultar difícil identificar dónde falla un fragmento de código, en especial si se utiliza una referencia a un método. Por ejemplo, al emplear la primera definición de `Dog`, cabría esperar que `funcRef()` devolviese la misma cadena que vimos anteriormente.

```
var funcRef = dog.makeNoise;
funcRef();
```

```
--- result ---
> The noise of undefined is undefined
```

Por el contrario, aquí las propiedades no están disponibles, por lo que el valor devuelto es `undefined` (no definido). Esto ocurre porque la referencia se tomó de la función `makeNoise()`. Aunque se menciona a través de una instancia de `Dog`, no existe relación con ningún contexto. En este caso, `dog.makeNoise` apunta a una instancia de la función.

Al llamar a `dog.makeNoise()`, el contexto lo fija el objeto `dog`. Como al método se le llama con `dog` y el contexto es el que llama a la función, `this` hace referencia a la instancia de `Dog` y el resultado es el esperado. Por otra parte, al definir `funcRef`, `dog` sólo se utiliza para acceder a la referencia a la instancia de la función. Tras ello, el motor sale del contexto (`dog`) para ejecutar la siguiente instrucción. Por tanto, cuando invocamos realmente a `funcRef()`, el contexto de llamada es el que se establece por defecto, el objeto global `window`. Esto se puede verificar fácilmente, como se muestra a continuación:

```
...
var family = "Bird";
funcRef();
```

```
--- result ---
> The noise of Bird is undefined
```

Este tipo de problema surge con frecuencia cuando se crean aplicaciones Web porque es común basarse en una referencia para definir manejadores de eventos y temporizadores. Al usar `addEventListener()`, el contexto es siempre el del elemento al que está asociado el receptor; al trabajar con `setTimeout()` y `setInterval()`, que son métodos del objeto `window`, el contexto será el propio `window`.

Definir el contexto apropiado con manejadores y callbacks

En el capítulo 7 creamos una hélice con un lienzo y JavaScript. Quizá haya observado, en las funciones que utilizamos, que colocamos el valor de `this` en la variable `that` y luego encapsulamos la llamada en una función anónima. Esta técnica le permite emplear el contexto correcto y, por tanto, ejecutar bien los métodos con la instancia adecuada. Ésta es la parte relevante del código, el método `animate()` del objeto `BigSpinner`:

```
BigSpinner.prototype.animate = function() {
   /* ¿Todavía en ejecución? Salir... */
   if (this.timer) {
      return;
   }

   /* El contexto de ejecución (this) será el objeto window
      con setInterval()
      Guarda el contexto correcto en la variable "that" y ejecuta
      el temporizador */
   var that = this;
   this.timer = window.setInterval(function() {
      that.draw();
   }, 100);
}
```

La variable `that` es local. Aun así, como se le hace referencia dentro del temporizador, se guardará en memoria y su rango será válido hasta que el método `clearInterval()` cancele el temporizador. Éste es el modo más común de llamar a un método por referencia. Para que la sintaxis de este tipo de técnica tenga un código más sencillo, puede ampliar el objeto `Function` nativo con un nuevo método que asocie una ejecución a un contexto específico. Tenga en cuenta que es posible ampliar todos los objetos nativos. Observe también que comprobamos la existencia de dicho método porque está previsto que se incluya en la quinta versión de la especificación de ECMAScript. La que utilizamos nosotros está simplificada.

```
if (!Function.prototype.bind) {
   Function.prototype.bind = function(ctx) {
      var that = this;

      return function() {
         that.apply(ctx, arguments);
      }
   }
}
```

Por muy cómodo que pueda ser esto, tenga presente que cada vez que llama a esta función, el objeto `Function` se instanciará de nuevo. Por tanto, si ha de utilizar esta referencia varias veces, considere la opción de asociarla a una variable o propiedad para no ocupar demasiada memoria. Tenga también en cuenta que para eliminar un receptor de evento es necesario guardar la referencia. En el siguiente código no obtendrá el resultado esperado porque a los métodos `addEventListener()` y `removeEventListener()` se les pasan dos instancias diferentes.

```
/* Espera recibir un evento "load" */
document.body.addEventListener("click", some.method.bind(someParameter),
false);

/* Intenta eliminar el receptor, pero no ocurre nada */
document.body.removeEventListener("click", some.method.
bind(someParameter), false);
```

Sin embargo, esto sí funcionará:

```
/* Obtiene una referencia */
var ref = some.method.bind(some);

/* Espera recibir un evento "load" */
document.body.addEventListener("click", ref, false);

/* El receptor es localizado y eliminado */
document.body.removeEventListener("click", ref, false);
```

Aquí, las referencias en los métodos del receptor son a la misma instancia, con lo que el segundo método encontrará el utilizado en el primero. Obviamente, esto es importante, en especial cuando se añaden y eliminan de forma repetida receptores en las animaciones, como vimos en nuestro capítulo anterior sobre transiciones CSS.

De hecho, mientras no se suprima un receptor, continuará activo, se seguirá haciendo referencia a la instancia del objeto y la carga de la memoria y la CPU irá aumentando conforme se vaya ejecutando cada vez más código para el mismo evento.

Acceder a propiedades y métodos

Como muestra este capítulo, acceder a una propiedad con comandos de la forma `objeto.propiedad` es fácil. Lo mismo ocurre con los métodos, ya que incluyen propiedades que hacen referencia a una instancia del objeto `Function`. Todas se guardan realmente como pares clave/valor en una tabla *hash*, de ahí que se pueda acceder a ellas empleando la sintaxis `objeto["propiedad"]`, que resulta especialmente útil para, por ejemplo, definir las propiedades de un personaje en un juego de rol. Esto es similar al método `setAttribute()` del DOM.

```javascript
var Character = function(name) {
    this.patronym = name || "The Unknown";
    this.characteristics = {
        stamina: 10,
        mana: 10,
        skill: 10,
        health: 100
    };
}

Character.prototype.setCharacteristic = function(prop, value) {
    if (this.characteristics.hasOwnProperty(prop)) {
        if (value >= 0 && value <= 250) {
            this.characteristics[prop] = value;
        }
    }
}

Character.prototype.showCharacteristics = function() {
    console.log("Characteristics of " + this.patronym + ":");
    for (var prop in this.characteristics) {
        console.log("=>" + prop + ": " + this.characteristics[prop]);
    }
}

var paladin = new Character("Danis");
paladin.setCharacteristic("health", 200);
paladin.setCharacteristic("mana", 0);
paladin.showCharacteristics();
```

```
--- result ---
> Characteristics of Danis:
> => stamina: 10
> => mana: 0
> => skill: 10
> => health: 200
```

Para evitar que nuestro objeto `characteristics` crezca artificialmente, al llamar a `setCharacteristic()` comprobamos que la propiedad solicitada exista y certificamos también que el valor esté dentro de un intervalo razonable. Realizar estas comprobaciones evita errores debidos a mayúsculas y minúsculas, pues en los nombres de las propiedades se distingue entre ambos tipos de letra.

En nuestro ejemplo hemos utilizado la sintaxis de la tabla *hash* para recorrerlas mediante una sentencia `for...in` y mostrar sus valores. Pero debe tener cuidado: las propiedades de nuestro ejemplo se enseñan en el mismo orden en el que se declararon, si bien esto no tiene por qué ser así. Nunca espere una estructura específica al recorrer las propiedades de un objeto.

Definir los captadores y definidores

En nuestro ejemplo anterior recurrimos a un método para definir los valores para varias propiedades, algo bastante similar a emplear un definidor en otros lenguajes de programación orientados a objetos. JavaScript le permite declarar captadores (*getters*) y definidores (*setters*), también llamados "accesores". Pero esto tiene un uso limitado porque, a diferencia de algunos lenguajes más complejos, no podrá determinar propiedades de objetos que no sean públicas. No existe una manera nativa de establecerlas como privadas sólo para ser utilizadas dentro de un objeto específico. Por tanto, mientras que al programar con otros lenguajes intentaría proteger el acceso a algunas variables para que el código fuera más fácil de mantener, en JavaScript es habitual que el código cliente pueda entrar a las variables de la instancia de un objeto.

Al programar en JavaScript debe disociar los elementos de un objeto existente para emplearlos como propiedades, en vez de recurrir a un método. Los accesores también le permitirán tener un control sobre la entrada y los valores que puede tener asociados una propiedad. Por ejemplo, si desea crear un objeto que cuente el tiempo transcurrido durante la ejecución de una función para comparar una técnica con otra, podría exponer la conversión de milisegundos a segundos con una propiedad creada con un captador.

```
/* Definición del objeto */
var Timing = function() {
   this.elapsed = 0;
}

Timing.prototype.test = function(iter, func) {
   var time = new Date();

   for (var i = 0; i < iter; i++) {
      func();
   }
   this.elapsed = new Date() - time;
}

Timing.prototype.__defineGetter__("seconds",
   function() { return this.elapsed / 1000; });

/* Se utiliza el objeto... */
var timer = new Timing();

/* Comprobamos la velocidad de Math.floor() */
timer.test(1000000, function() { var a = Math.floor(10.6) });
console.log(timer.seconds);

/* Comprobamos el modo más corto y rápido */
timer.test(1000000, function() { var a = (10.6 << 0) });
```

```
console.log(timer.seconds);

--- result ---
> 0.035
> 0.011
```

Tenemos una propiedad de sólo lectura que nos permite obtener el tiempo transcurrido en segundos utilizando el método __defineGetter__, el cual toma como primer parámetro el nombre de la propiedad a crear y como segundo la función a llamar. Sin embargo, esto sólo le facilita leer el valor. Para poder escribir en la propiedad también necesitará establecer un definidor. Debería declarar una función como un captador, pasándole sólo un valor a la función asociada.

```
Timing.prototype.__defineSetter__("reset",
    function(value) {
        if (value === true) {
            this.elapsed = 0
        }
    });
```

Los accesores se pueden añadir a un objeto, como vemos aquí, o bien dinámicamente a una instancia. También puede utilizarlos de manera directa con inicializadores de objeto recurriendo a las palabras clave get y set para prefijar la propiedad relevante.

```
var something = {
    prop: "value",
    get someProp() { return this.prop },
    set someProp(value) { this.prop = value }
};
```

Esto puede ser útil en algunos casos pero recuerde que estos accesores son más lentos de ejecutar que un método que hiciera lo mismo, que a su vez seguiría siendo más lento que una propiedad normal. Tenga en cuenta que, aunque estos accesores no son estándar, están soportados en Mobile Safari y en muchos otros navegadores. Por tanto, pueden tener una mayor acogida en aplicaciones JavaScript muy grandes en las que sea preciso conseguir un mayor control sobre estas propiedades para que el código se ejecute correctamente.

Aislamiento del código y bibliotecas

Con frecuencia, es deseable tener el código lo más aislado posible de otros scripts de una página o sitio Web para evitar conflictos al utilizar un fragmento externo o al proporcionar bibliotecas a otras aplicaciones. Esto se puede hacer recurriendo a la cadena de ámbito, la cual define el entorno asociado al contenido de ejecución en el que se desarrolla una función. En otras palabras, es una lista de los objetos que se analizan al evaluar una propiedad. Cada llamada a una función coloca nuevos elementos en esta cadena.

Aislar el código

El aislamiento del código es bastante sencillo de implementar: sólo tiene que rodear su función entre paréntesis para forzar la evaluación y después iniciar la ejecución como con cualquier referencia a ella.

```
(function() {
/* Aquí va su código */
})();
```

Todo lo que declare dentro de esta función se enviará a la cadena de ámbito y no será accesible desde las funciones externas a ésta porque su contexto estará asociado a ella. Por consiguiente, no existirá riesgo de que sobrescriba propiedades externas mientras utilice la palabra clave `var` para forzar la definición de una nueva variable. Si no empleara esta palabra clave, iniciaría una búsqueda en la cadena de ámbito que podría ascender a la declaración correspondiente fuera de la función.

```
var variable1 = "This is external variable 1.";
var variable2 = "This is external variable 2.";

function someFunc() {
   console.log("External someFunc() called.");
}

(function() {
   var variable0 = "Not accessible from external code.";
   var variable1 = "This is internal variable 1.";
   variable2 = "This is bad... replaced external variable 2.";

   function someFunc() {
      console.log("Internal someFunc() called.");
      console.log("Am I in 'window' context: " + (this == window));
   }

   /* La traza comienza aquí... */
   someFunc();
   window.someFunc();
})();

/* ...y sigue por aquí */
console.log(variable0);
console.log(variable1);
console.log(variable2);
someFunc();
```

```
--- result ---
> Internal someFunc() called.
> Am I in 'window' context: true
> External someFunc() called.
x ReferenceError: Can't find variable: variable0
> This is external variable 1.
> This is bad... replaced external variable 2.
> External someFunc() called.
```

En el código anterior definimos dos variables externas y una función global llamada `someFunc`; después, escribimos algún código que se aísla y se ejecuta de inmediato. Se habrá fijado en que la segunda variable interna no sobrescribe a su equivalente externa porque se ha definido mediante la palabra clave `var`. Por el contrario, para la última no se emplea la palabra clave y por eso el motor busca una propiedad con su nombre en la cadena de ámbito y, al encontrarla, le asigna un nuevo valor. Por último, `someFunc()` no se sobrescribe porque su definición equivale a la siguiente:

```
var someFunc = function() { ... }
```

Por tanto, será enviada a la cadena de ámbito y aparecerá en la pila cada vez que sea invocada. Obviamente, también puede llamar al método `someFunc()` que definimos antes especificando el objeto al que está asociado, que en nuestro ejemplo era `window`. La palabra clave `var` funciona de un modo diferente fuera de una función y vincula a variables y funciones como propiedades del objeto global.

Crear una biblioteca

Ahora vamos a suponer que nuestra función aislada pudiera devolver algo, como un inicializador de objetos; en ese caso, podría definir un objeto estático con variables y funciones privadas.

```
var MyStatic = (function() {
   var localVariable = "LOCAL";

   var public = {
      someProp: "PUBLIC",
      someMethod: function() {
         console.log(localVariable);
      }
   };

   localVariable += " " + public.someProp;

   return public;
})();
```

```
MyStatic.someMethod();

--- result ---
LOCAL PUBLIC
```

Al utilizar un objeto inicializador como `public` en nuestro ejemplo, en realidad estamos creando una instancia de `Function`. Por tanto, esto equivale a lo siguiente:

```
var public = new function() {
   this.someProp = "PUBLIC";
...
}
```

Cuando se define una función dentro de otra y se genera una referencia a este objeto `Function`, se origina un cierre. Por consiguiente, las funciones y variables externas a `public` pero que se utilizan en estos métodos son referenciadas dentro del cierre y, por tanto, se almacenarán mientras éste siga siendo válido. Este tipo de variables son una especie de propiedad privada del objeto `public` porque sólo puede acceder a ellas este elemento. Ya vimos los cierres en un ejemplo anterior, al definir la función `bind()`.

Esta técnica se emplea en muchas bibliotecas y entornos de trabajo de aplicaciones Web, como jQuery, iUI o WebApp.Net, para aislar el núcleo de la biblioteca lo más posible a la par que se facilita la interacción con el código cliente.

Cómo mejorar la animación de la hélice

Ya debería tener una idea bastante clara de lo que es la POO con JavaScript. Vamos ahora a utilizar algunos de los principios que vimos antes para mejorar el objeto `BigSpinner` del capítulo 7. El nuevo elemento le permitirá crear diferentes hélices centrándose en la renderización de la animación. Como es obvio, parte del código se toma directamente del original. Primero, renombramos el objeto `BigSpinner` como `CanvasAnimator` y aplicamos los siguientes cambios:

```
/* Objeto base del que heredar */

var CanvasAnimator = function() {
   /* Dimensiones por defecto */
   this.width = this.width || 37;
   this.height = this.height || 37;

   this._base = CanvasAnimator.prototype;
}

CanvasAnimator.prototype.init = function(id, color, shadow) {
```

```
    /* Inicializa el lienzo y guarda el contexto */
    this.context = document.getCSSCanvasContext("2d", id, this.width,
    this.height);

    /* Variables de animación */
    this.step = 0;
    this.timer = null;

}

CanvasAnimator.prototype.stop = function() {
...
    this.context.clearRect(0, 0, this.width, this.height);
...
}

CanvasAnimator.prototype.animate = function() { ... }

/* Método abstracto */
CanvasAnimator.prototype.draw = null;
```

En este caso, los cambios en el código original son mínimos. En este objeto sólo pondremos lo que será común a cada hélice y definiremos un método abstracto que asignaremos a `null` para forzar su definición desde el elemento que heredará `CanvasAnimator`. Para nuestra primera hélice vamos a utilizar los métodos de `BigSpinner` que dibujan el contexto del lienzo y corrigen las dimensiones mediante las nuevas propiedades `width` y `height`.

```
/* El nuevo objeto BigSpinner */
var BigSpinner = new Function();

/* Hereda de BaseSpinner */
BigSpinner.prototype = new CanvasAnimator;

BigSpinner.prototype.init = function(id, color, shadow) {
    /* Llama al método base */
    this._base.init.apply(this, arguments);

    /* Estilo de las líneas de la hélice */
    this.context.lineWidth = 3;
    this.context.lineCap = "round";
    this.context.strokeStyle = color;

    /* Define una sombra para la hélice */
    if (shadow) {
        this.context.shadowOffsetX = 1;
        this.context.shadowOffsetY = 1;
        this.context.shadowBlur = 1;
        this.context.shadowColor = shadow;
    }
}

BigSpinner.prototype.draw = function() {
```

```
    /* Limpia el lienzo */
    this.context.clearRect(0, 0, this.width, this.height);
...
}

BigSpinner.prototype.drawLine = function(i) { ... }
```

Al programar en JavaScript no existe la noción de clases abstractas, es decir, de implementaciones incompletas que se finalizan utilizando una clase heredada. Aun así, eso es lo que intentamos conseguir. El único método que falta es `draw()`, que se traslada a nuestros objetos herederos para definir las distintas hélices. También invalidamos el método `init()` para preparar el contexto del lienzo. `CanvasAnimator`, el objeto base, reproduce la animación dibujando fotogramas a través del método `draw()`. Ya sólo le falta crear sus propias animaciones.

Resumen

Aunque la POO está más limitada en JavaScript que con otros lenguajes, esta aplicación es la prueba de que puede hacer que su código sea bastante más flexible y utilizable.

Tenga siempre presente que los objetos, al igual que los métodos, deben centrarse, en la medida de lo posible, en hacer una cosa en un área de la acción. Sopese, además, las respectivas ventajas de la herencia o la composición al definir qué son sus objetos y qué contienen. El objeto no lo es todo; son más importantes el diseño y la arquitectura porque son los que determinan lo flexibles y lo fáciles de mantener y ampliar que serán sus aplicaciones.

11. Comunicación entre documentos

Hay muchos casos en los que la integración de contenido externo en una página Web puede ser lo que marque definitivamente las diferencias. No es ningún secreto que Internet no es algo tan estático como lo fue en sus inicios; ahora, las partes de otras páginas, los datos sin procesar, los *feeds* RSS o los llamados *widgets* se han convertido en una norma, como podemos ver en Netvibes o iGoogle (véase la figura 11.1), donde los contenidos y las herramientas de fuentes diversas se reúnen en una misma página para sintetizar en ésta todo aquello que pueda interesar al usuario.

Esto se puede conseguir de forma sencilla utilizando *feeds* XML o JSON (que son los preferidos para el tratamiento local y remoto, respectivamente) pero el modo más fácil de incluir una página en otra es crear una prácticamente nueva en su interior empleando un `iframe`. En muchos de los casos, lo más probable es que escoja el último método. Procesar los *feeds* puede suponer mucho trabajo porque tendrá que gestionar tanto la obtención del *feed* a analizar o almacenar como su inserción en sus páginas.

Como lo que hace la etiqueta `<iframe>` es una inclusión en bruto de una página dentro de otra, sólo tendrá que indicar la URL de origen y dejar que la magia haga el resto. Esto reduce la mayor parte del trabajo de mantenimiento, quedando éste para el sitio desde el que se abre la página. Es más, será éste el que se ocupe de las cuestiones de seguridad que surjan cuando se utilice código no fiable o no verificado, ya que la etiqueta `<iframe>` no se puede comunicar con la página que la alberga.

Figura 11.1. *iGoogle le permite crear su propia página única agrupando contenido externo.*

No obstante, con frecuencia deseará que exista comunicación entre parte de sus páginas, ya sea para agregar funcionalidades, para realizar modificaciones en el contenido importado o para obtener datos específicos del documento externo. Tradicionalmente, esto sólo era posible de una manera, cuando tenía lugar la apertura de la página y se requerían datos como el color u otra información del estilo a la cadena de petición original del `iframe`.

Uno de los problemas más molestos al usar `iframes` probablemente sea que, como el documento principal no tiene constancia del elemento externo, no existe una manera sencilla de determinar la altura que habría que reservar para el `<iframe>`. Esto suele derivar en la aparición de barras de desplazamiento o en un documento truncado. Aunque no sea un problema específico del iPhone, como pronto verá, podría ser de utilidad que el contenido del marco fuera capaz de transmitir este tipo de información al documento padre o si, por ejemplo, pudiera enviar un mensaje para notificar que su contenido se ha instalado con éxito para disparar algún proceso en el documento principal. Ahora, todo esto es posible gracias a la nueva API Cross-Document Messaging.

Limitaciones de la comunicación entre documentos

Durante años se ha evitado la comunicación entre páginas de distintos dominios (o incluso subdominios) por motivos de seguridad y privacidad. Dejar que una acceda a otra libremente puede dar lugar a ataques incontrolables y a la difusión de programas maliciosos. La limitación también protege la propiedad intelectual, hasta cierto punto. Prácticamente no se pueden aplicar estilos al contenido incluido ni se puede acceder a éste con lenguajes de programación. Por tanto, una petición tan básica como la del siguiente código devolverá una excepción:

```
<!DOCTYPE html>
<html>
<head>
   <title>Quick Sample</title>
</head>

<body>
   <iframe src="http://www.apress.com/"></iframe>
   <script>
      window.addEventListener("load", function() {
         var frame = document.getElementsByTagName("iframe")[0];
         alert(frame.contentWindow.document.title);
      }, false);
   </script>
</body>
</html>
```

La excepción ocurre simplemente porque, en lo que respecta a su página, el objeto marco `conentWindow` no posee ninguna propiedad `document`.

Nota: *Este código no devolverá una excepción si intenta incorporar el* `iframe` *dentro de una página a la que se accede utilizando una construcción del tipo* `file://` *URL porque, en este caso, el contexto de seguridad es completamente diferente. Por tanto, compruebe siempre sus páginas en unas condiciones reales para evitar sorpresas al difundir sus aplicaciones Web.*

Hasta ahora no existía un modo sencillo de evitar este problema. Si su conflicto hubiera implicado a distintos prefijos de un mismo dominio, quizás se habría llevado los archivos relevantes de un sitio a otro para que la molestia desapareciese del todo pero si hubiera tenido que trabajar con varios sitios, las únicas soluciones disponibles habrían sido muy retorcidas e incómodas de mantener.

HTML5 abre las puertas a la comunicación

HTML5 presenta una API pensada para hacer viable la comunicación entre documentos con independencia de su dominio de origen y que al mismo tiempo evita los ataques por código malintencionado en la medida de lo posible. Puede que le parezca un sueño; las siguientes secciones le explican cómo funciona.

La API de mensajería entre documentos

La API en sí es bastante sencilla. Simplemente, proporciona el objeto MessageEvent y un método que se emplea para mandar mensajes que se pueden aplicar a un objeto `window`. La tabla 11.1 presenta las principales propiedades del objeto evento que se envía al documento remoto. Dicho evento no se puede cancelar, no se propaga y no posee un comportamiento por defecto.

Tabla 11.1. Principales propiedades del objeto MessageEvent.

Propiedad	Descripción
event.data	Los datos que se envían con el método `postMessage()`.
event.origin	El origen del mensaje.
event.source	La ventana del origen.

El objeto `MessageEvent` se envía a la ventana de destino con el método `postMessage()`. Los parámetros soportados actualmente por Mobile Safari, listados en la tabla 11.2, son todos obligatorios.

El parámetro `targetOrigin` se puede definir de tres formas: con una URL absoluta, con un / que indique el mismo origen o con el comodín *, que indica que no se debe realizar ninguna comprobación del origen.

Si el valor de `targetOrigin` no coincide con el real de la ventana de destino, el mensaje será ignorado por motivos de seguridad. Si el parámetro `targetOrigin` no está definido, se generará una excepción SYNTAX_ERR.

Tabla 11.2. Parámetros del método postMessage().

Parámetro	Descripción
message	El mensaje al que se accederá desde la ventana de destino mediante la propiedad data del objeto event.
targetOrigin	El destino al que acepta entregar el mensaje.

Soporte y control de los tipos de datos

La API especifica que la propiedad data deberá admitir varios tipos de datos. Lamentablemente, Mobile Safari sólo soporta en la actualidad (en la versión 3.2 del sistema operativo) el formato de cadena.

Aun así, existen soluciones bastante simples para trabajar con algunos otros tipos. Por ejemplo, los objetos Number, Boolean o Date disponen de un cómodo método toString() que devuelve los valores apropiados y permite un procesamiento posterior, el cual incluye la reconversión a objetos. Eso sí, tenga en cuenta que, como los elementos pasados como parámetro serán cadenas sin formato, no podrá acceder a sus propiedades iniciales, como deja claro el siguiente ejemplo:

```
var o = { someProperty: 'someValue' };
```

Esto aparecerá en la propiedad data como [object Object], una cadena de 15 caracteres. Obviamente, exige prestar atención a los elementos que le pasa como parámetros al método postMessage() pero también debe poner especial atención en la comprobación de la información recibida. La implementación de la API en Mobile Safari no es mucho más restrictiva que la API en sí. La API Cross-Document Messaging no pretende que el método postMessage() pueda trabajar con objetos DOM nativos. Por tanto, no debería poder acceder nunca a dichos elementos a través del método document.getElementById() ni obtener información sobre la estructura de la página.

Detalles de seguridad

La especificación de HTML5 indica varias fases del proceso en las que los desarrolladores deben estar especialmente atentos al utilizar el método y da algunas recomendaciones. Esto se debe a que el uso de la mensajería entre documentos puede provocar con facilidad una vulnerabilidad ante ataques con scripts que acabarían por afectar al usuario final. La fase en la que los desarrolladores deben tener más cuidado es al recibir el mensaje. Primero, debe verificar su origen, para procesarlo sólo si la fuente es de confianza y si se esperaba recibir la comunicación en este momento específico y en este contexto determinado. Tendrá que poder confiar en el código del origen porque las vulnerabilidades de la seguridad podrían exponer a su sitio a ataques sin que la página original tenga ni siquiera constancia de ello. Después, deberá contrastar los datos transmitidos para ver si tienen el formato esperado. Una vez más, si la información que recibe es diferente a la solicitada y no es consciente de ello, se expone a recibir ataques entre sitios a través de scripts. Por último, no debería utilizar nunca el comodín para el parámetro `targetOrigin` al manejar datos sensibles, como la información del usuario, porque no es posible verificar los destinatarios.

Caso práctico

Para concretar un poco el análisis de la API Cross-Document Messaging vamos a crear una pequeña aplicación Web basada en *widgets* en la que un documento del dominio `www.example1.local` recopilará información sobre los *widgets* desde el `<iframe>` que contiene, que abre un documento de `www.example2.local`. Puede configurar fácilmente este ejemplo en su ordenador mediante las instrucciones del capítulo 2 sobre el entorno de desarrollo.

Tenga en cuenta que, al seguir estas instrucciones, sus archivos se alojarán en los mismos directorios; sin embargo, el dominio y la estructura de directorios son dos realidades completamente diferentes, por lo que en realidad podría llamar al mismo archivo para el documento principal y el origen del `iframe`, siempre que emplee dominios o subdirectorios distintos.

El documento principal

Si ha creado una plantilla de proyecto en Komodo Edit como explicamos en el capítulo 4, en el archivo `index.html` tendrá que modificar los siguientes elementos en negrita:

```
<!DOCTYPE html>
<html>
<head>
   <title>Messaging Example</title>
   <meta name="viewport" content="initial-scale=1.0;
      maximum-scale=1.0; user-scalable=no">

   <link rel="stylesheet" href="styles/main.css">
   <script src="scripts/main.js"></script>

   <style>
```

```css
.group-wrapper p iframe {
    width: 100%;
    height: 1px;
    border: 0;
}

.header-wrapper .header-button {
    background-color: #2070e9;
}

.widget h2 {
    -webkit-border-top-left-radius: 8px;
    -webkit-border-top-right-radius: 8px;
    background-color: #c5ccd3;
    border: 1px solid #a9abae;
    border-bottom: 0;
    margin: 0;
    color: gray;
    font-size: 14px;
    line-height: 25px;
    padding: 0 10px;
}

.widget p {
    margin-top: 0;
    border-top: 0;
    -webkit-border-top-left-radius: 0;
    -webkit-border-top-right-radius: 0;
}
    </style>
</head>

<body>
    <div class="view">
        <div class="header-wrapper">
            <h1>Messaging</h1>
            <button class="header-button" onclick="sendMessageToFrame()">
            Send</button>
        </div>

        <div class="group-wrapper">
            <div class="widget">
                <h2>Loading Widget...</h2>
                <p><iframe src="http://www.example2.local/calculator.html">
                    </iframe></p>
            </div>
        </div>
    </div>
</body>
</html>
```

Como los estilos no son el objetivo en este ejemplo, vamos a hacer que sea lo más sencillo posible. Por tanto, vamos a dejarlos en el área <head> de la página en lugar de incluirlos desde una hoja de estilos externa.

El documento alojado

Lo que viene a continuación es el archivo `calculator.html` a incluir en el documento principal a través de una etiqueta `<iframe>`, que representa a un *widget*. Como ha de ser un archivo HTML correcto, no se olvide de crear una estructura HTML válida (por ejemplo, con una declaración `doctype`). No obstante, como su único propósito es proporcionar material para el documento principal, no necesitará utilizar etiquetas adicionales para el área de contenido o emplear una hoja de estilos externa específica.

```html
<!DOCTYPE html>
<html>
<head>
    <title>Calculator</title>
    <style>
        body {
            font-family: helvetica;
            font-size: 14px;
            margin: 0;
        }
        p { margin: 0; }
    </style>
</head>

<body>
    <p>Hello, I'm a calculator widget.<br>
        Click "Send" to request the widget title.</p>
</body>
</html>
```

Aquí la cosa comienza a coger forma, como puede ver en la figura 11.2. Observará que el `<iframe>` ha desarrollado una altura apropiada, adaptándose al contenido. Explicaremos este comportamiento más adelante en este capítulo pero, por ahora, el siguiente paso es utilizar la magia de la API para lograr que el título que hay sobre el `<iframe>` se ajuste al contenido real del marco.

Enviemos un mensaje

Vamos a suponer que el documento alojado podrá responder a una petición de nuestro documento principal devolviendo un título adecuado para su propio contenido. Lo que sigue es el código que necesitamos para ello, utilizando la API. Añádalo al `<head>` del documento principal.

```html
<script>
    /* Activamos el receptor para la respuesta */
    window.addEventListener("message", handleFrameMessage, false);
```

```
   /* Envía un mensaje al iframe */
   function sendMessageToFrame() {
      var frame = document.getElementsByTagName("iframe")[0];
      frame.contentWindow.postMessage("getFrameTitle", "http://www.
example2.local");
   }

   /* Espera una cadena con la forma "title:frame document title" */
   function handleFrameMessage(e) {
      if (e.origin == "http://www.example2.local") {
         if (e.data && e.data.indexOf("title:") == 0) {
            var h2 = document.getElementsByTagName("h2")[0];
            h2.textContent = e.data.substr(6);
         }
      }
   }

</script>
```

Figura 11.2. *El documento inicial, sin el nombre de wigdet personalizado.*

Primero, nos damos de alta para que se nos notifique debidamente de los eventos `message`. Después, agregamos un botón en la cabecera para poder enviar de forma manual nuestro mensaje con la función `sendMessageToFrame()`. Obviamente, podríamos haber utilizado el evento `onload` del cuerpo para disparar el mensaje justo tras la apertura del documento.

Controlar la respuesta

El último paso tiene lugar en el lado del documento <iframe>. Queremos que el elemento abierto en el marco responda al mensaje del documento principal enviándole el contenido de su etiqueta <title>. El siguiente código, colocado en el <head> del documento alojado, debería hacerlo:

```
<script>
   window.addEventListener("message", handleParentMessage, false);

   function handleParentMessage(e) {
      if (e.origin == "http://www.example1.local") {
         if (e.data == "getFrameTitle") {
            e.source.postMessage("title:" + document.title, e.origin);
         }
      }
   }
</script>
```

Añadimos un nuevo manejador de eventos para iniciar la función `handle ParentMessage()` cuando recibamos un mensaje. Observe cómo se lleva a cabo el proceso de comprobación: primero, certificamos si el mensaje llega del dominio adecuado; después, vemos que el aviso recibido se encuentra en el formato esperado (en nuestro ejemplo, buscamos una cadena exacta). Sólo tras esta revisión de seguridad enviaremos un mensaje con los datos solicitados. En la página anfitriona se realizará entonces una verificación similar antes de reemplazar el título <h2> por el enviado por el marco (véase la figura 11.3).

La respuesta se recogerá usando `handleFrameMessage()`. Fíjese en cómo empleamos la propiedad `textContent` en la función que se encarga de ello en el documento principal, en vez de recurrir a la más habitual `innerHTML`. Se trata de una acción de seguridad adicional porque `innerHTML` escribirá todo el contenido de la variable conforme lo reciba, mientras que `textContent` convertirá los caracteres especiales en las entidades HTML apropiadas.

Obviamente, tampoco se equivoque con el parámetro del origen de destino, pues de lo contrario obtendrá un error como el de la figura 11.4 y no recibirá ningún dato, ya que el mensaje será ignorado. Lo más importante es que no se salte ninguno de los pasos de seguridad que hemos indicado. Si desea añadir alguno más, tanto mejor. El usuario final no podrá reaccionar ante un ataque mediante scripts, por lo que somos responsables de la seguridad de nuestras páginas, en especial cuando se ven implicados otros sitios.

Así pues, reiteramos: cuando trabaje con mensajes entre documentos asegúrese siempre de que, al menos, el material que recibe proviene del documento o sitio apropiado, de que su contenido posee el formato adecuado e incluye los datos correctos y de que no deja ningún resquicio para los scripts.

Figura 11.3. *Se ha cambiado el título utilizando la API.*

Figura 11.4. *Un valor de origen incorrecto generará una excepción.*

Comportamiento específico de Mobile Safari con <iframe>

Los marcos ya no se utilizan en HTML5. Se supone que ya no va a emplear las etiquetas `<frameset>`, `<frame>` y `<noframes>`. Existen varias razones para esto. En primer lugar, éstas suelen repercutir negativamente en la usabilidad de la aplicación, aparte de que no aportan demasiados beneficios a las páginas Web. Es más, acostumbran a ser muy poco visibles para los motores de búsqueda y no están preparadas para los lectores de pantalla.

La etiqueta `<iframe>` sigue formando parte del lenguaje, aunque ha desaparecido de la especificación XHTML Strict. Sin embargo, sólo se debe recurrir a ella cuando sea absolutamente necesario, en especial en Mobile Safari, porque para desplazar el contenido de un `<iframe>` hacen falta dos dedos y no uno (pruébelo). Si puede mostrar este contenido sin que haga falta moverlo, las desventajas serán menos. Para ello, tendrá que adaptar el tamaño del marco al del contexto de navegación en el que está anidado. El uso de iframes en Mobile Safari puede derivar en una renderización extraña porque las barras de desplazamiento no existen como tales. Por tanto, si su contenido rebasa los límites de la ventana del marco, simplemente aparecerá truncado, lo que dejará al usuario confundido.

Sin embargo, Mobile Safari gestiona los iframes de un modo diferente al de los navegadores de escritorio. Al especificar un `width` y un `height` para su `<iframe>`, disparará un comportamiento específico de iOS: el marco se adaptará al tamaño de su contenido (véase la figura 11.5).

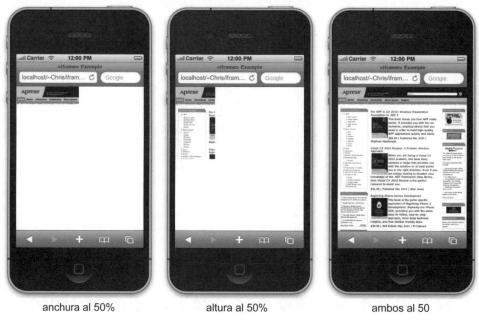

anchura al 50%	altura al 50%	ambos al 50

Figura 11.5. *Si se definen ambas dimensiones, el marco se expandirá para adaptarse a su contenido.*

Por esto hemos definido una altura de `1px` para nuestro marco en el documento principal del caso práctico anterior. Tenga presente que este comportamiento no se disparará si se asigna un 0 a la altura o la anchura. Además, no funciona a la inversa. Si determina una altura o anchura mayor que la del contenido, el marco no se reducirá.

Trabajar con las ventanas adecuadas

Los marcos integrados son un medio de trabajar con contenidos externos desde un contexto de navegación activo y uno hijo. Sin embargo, existen casos en los que, en vez de ello, sería deseable crear uno auxiliar, en forma de segunda ventana, ya

sea porque el contenido externo no se adapta visualmente al diseño de su página
o porque prefiere iniciar un *widget* independiente que, pese a ello, pueda seguir
comunicándose con el documento anfitrión.

> **Nota:** *Esto, obviamente, es posible en Mobile Safari pero si va a crear una
> aplicación Web pensada para ejecutarse de manera independiente, abrir
> una nueva ventana de este modo (sin recurrir realmente a Safari) podría
> derivar en la pérdida del documento principal, con lo que se extraviaría el
> contexto de ejecución.*

Lo que sigue es un ejemplo de cómo abrir un nuevo contexto de ejecución en
una ventana independiente y establecer una comunicación entre el documento
principal y el segundo. Para empezar, modifique el caso práctico añadiendo este
código a su archivo `index.html`:

```
<script>
    var win; // Variable global para que sirva después en la ventana

    function openChildWindow() {
        if (!win) {
            win = window.open('http://www.example2.local/calculator.html',
"childWin");
        }
        return false;
    }

    function sendMessageToWindow() {
        win.postMessage("getFrameTitle", "http://www.example2.local");
    }
...
</script>
...
    <div class="header-wrapper">
        <h1>Messaging</h1>
        <button class="header-button" onclick="openChildWindow()">
        Window</button>
    </div>
    <div class="group-wrapper">
        <h2>Loading Widget...</h2>
        <p>No iframe here.<br>Click the "Window" button.</p>
    </div>
    </div>
...
```

Como el bloqueador de ventanas emergentes suele estar activado por defecto,
asociamos la apertura de la nueva a una acción del usuario mediante un botón y
un manejador `onclick`. Además, es mejor abrir el contexto de navegación auxi-

liar sólo una vez que se haya incorporado completamente el documento principal, para que la sincronización de las ventanas sea más fiable. Sólo `childWin` puede saber cuándo se ha abierto del todo y la ventana desde la que ha sido abierta tiene un control limitado sobre ésta. Las únicas acciones que puede realizar la principal sobre su contexto auxiliar son cerrarla o cambiar su posición.

A continuación, modifique la función `handleFrameMessage()` para que pueda obtener una notificación de "página abierta" y luego pregunte por la información del título que busca:

```
function handleFrameMessage(e) {
    if (e.origin == "http://www.example2.local") {
        if (e.data == "loaded") {
           sendMessageToWindow();

        } else if (e.data && e.data.indexOf("title:") == 0) {
...
        }
    }
}
```

El siguiente paso es alterar el código que contiene la ventana hija para que indique cuándo se ha abierto su contenido.

Avisar de que la página está abierta

Queremos que la ventana hija avise a su ventana padre cuando esté preparada para la comunicación. Los contextos de navegación auxiliares poseen un objeto muy apropiado que recuerda el de su padre.

Por consiguiente, se pueden comunicar tanto con el contexto desde el que fueron abiertas como con los de nivel superior a él. Éste es el código que necesita en la cabecera del archivo `calculator.html` para la ventana recién abierta:

```
...
   function contentLoaded() {
      if (window.opener) {
         window.opener.postMessage("loaded", "*");
      }
   }
...
<body onload="contentLoaded()">
```

La propiedad `opener` del objeto `window` guarda un registro del contexto de apertura para un procesamiento posterior. Devuelve un elemento `WindowProxy` relacionado con su ventana padre, en caso de que ésta tenga uno que siga estando disponible. Aun así, tenga cuidado porque no hay manera de comprobar el dominio de la ventana a la que se hace relación mediante el objeto `window.opener`;

por tanto, evite enviarle información privada. En nuestro ejemplo, simplemente se notifica el estado de la apertura del documento. Una vez que ambos documentos están preparados, pueden comunicarse con el método `postMessage()` como hemos visto antes.

Recuerde que este método de notificación de apertura trabaja con ventanas pero también se podría utilizar con marcos integrados mediante las propiedades que veremos en la siguiente sección.

Propiedades del objeto window

Las propiedades `opener`, `top` y `parent` forman parte del Nivel 0 del DOM; es decir, son propiedades del DOM introducidas por los propios agentes.

HTML5 las incluye como parte de las especificaciones Web, lo que significa que pronto se podrán utilizar de un modo más fiable para determinar la posición de los contextos de navegación dentro de la jerarquía padres/hijos. La figura 11.6 muestra las distintas relaciones posibles entre los contextos de navegación.

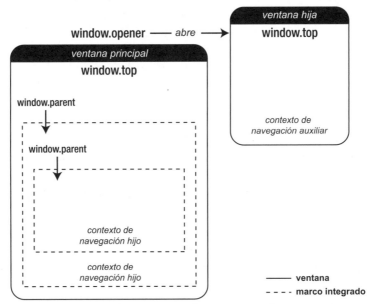

Figura 11.6. *Relaciones entre los contextos de navegación.*

El `opener` es relativo al contexto de navegación desde el que se abrió la ventana hija. Cuando se crea uno nuevo desde un `<iframe>`, puede hacer referencia a su padre usando la propiedad habitual del objeto `DOMWindow`. Por tanto, sólo tendría que reemplazar `window.opener` por `window.parent`.

```
...
   function contentLoaded() {
      /* Para no enviarse un mensaje a sí misma */
      if (window.parent && window.parent != window) {
         window.parent.postMessage("loaded", "*");
      }
   }
...
```

Acuérdese siempre de comprobar, como hemos hecho en nuestro ejemplo, que `parent` no haga referencia a la ventana actual porque `parent` y `top` son lo mismo que `window` cuando el contexto de navegación es el nivel superior.

Encapsular la API para facilitar la comunicación

En los ejemplos vistos hasta ahora sólo hemos manejado un *widget* con un código específico para una página anfitriona. Obviamente, como en cualquier trabajo de desarrollo, sería mejor hacer un código que pudiera manejar varios elementos para evitar crear procesos de forma repetida. La idea es originar un proceso que sea capaz de iniciar la comunicación para cualquier *widget*, independientemente del tipo. Con este propósito, vamos a reunir todas las funcionalidades que hemos implementado anteriormente en dos objetos: uno para el documento anfitrión, que enviará peticiones para crear títulos, y otro para los *widgets*, que liberará a los proveedores de contenidos de tener que llevar a cabo implementaciones locales específicas, a excepción del uso del objeto y de unas pocas funciones concretas. Gracias a esto será más fácil en ambas partes realizar un mantenimiento.

Un objeto para el documento anfitrión

En un nuevo archivo `host.js` vamos a crear nuestro objeto para el documento que alojará los *widgets*. Como comentamos antes, nuestra idea es poder abrir varios con un proceso de comunicación lo más automatizado posible sin descuidar las cuestiones de seguridad.

```
var Communicator = function(element) {
   var widget = Communicator.widgetFromElement(element);
   this.title = widget.getElementsByTagName("h2")[0];
   this.iframe = widget.getElementsByTagName("iframe")[0];

   /* Fuerza el mismo origen si no se puede extraer el dominio */
   var match = this.iframe.src.match(/^(https?:\/\/.+?)\/.*$/);
   this.domain = (match) ? match[1] : "/";
```

```
    }

Communicator.prototype.setTitle = function(title) {
    if (!title) {
        this.iframe.contentWindow.postMessage("getFrameTitle", this.domain);
    } else {
        this.title.lastChild.textContent = title;
    }
}
```

Como parámetro, el constructor recibe un *widget* y toma los objetos
`HTMLHeadingElement` y `HTMLIFrameElement` que se van a modificar.
El dominio se obtiene directamente del atributo `src` del elemento `<iframe>`
y se utilizará para que la comunicación sea segura. Esto se hace, como ya hemos
visto, validando el origen del mensaje. El método `setTitle()` le permite definir
un título para el *widget* asignándole directamente uno nuevo u obteniéndolo del
propio *widget* mediante el método `postMessage()`.

Por último, necesitamos un proceso global que reciba los mensajes y los distri-
buya entre los *widgets* relevantes. Para no sobrecargar el navegador con demasiados
receptores, definimos uno global que escuchará los mensajes de los *widgets*.

```
/* Parte estática del objeto Communicator */

Communicator.listen = function() {
    window.addEventListener("message", Communicator.handleMessages, false);
}

Communicator.handleMessages = function(e) {
    iframe = Communicator.containerFromSource(e.source);
    if (iframe) {
        /* Cuando se abre el widget
        añade una nueva propiedad al elemento iframe */
        if (e.data == "loaded") {
            iframe._com = new Communicator(iframe);
            iframe._com.setTitle("Loaded!");
        }

    /* Controla los mensajes y envía las peticiones al objeto pertinente */
    } else if (iframe._com) {
        if (e.data.indexOf("title:") == 0) {
            iframe._com.setTitle(e.data.substr(6));
        }
    }
    }
}
```

El primer método se usa para la inicialización y dispara la escucha de los
mensajes. Es la única función a la que llama explícitamente el código cliente y se
inicia de inmediato, sin esperar al evento `load`, para que no se pierdan mensajes de
los *widgets*. Esto se hace porque el navegador descarga elementos descendiendo por
el árbol de documentos antes de estar completamente abierto. El segundo método

es el manejador que recibe las notificaciones. Su primera acción es buscar un <frame> que se ajuste al origen del mensaje y luego comprueba el tipo recibido. Si se notifica el estado en "abierto", instancia un nuevo objeto Communicator que a su vez estará asociado al *widget* HTMLIFrameElement, agregándole una nueva propiedad _com para que después sea más fácil encontrarlo y utilizarlo. Para el resto de tipos se llamará al método relevante del objeto Communicator instanciado previamente, que en nuestro caso es setTitle().

```
Communicator.containerFromSource = function(source) {
   var widgets = document.getElementsByClassName("widget");
   for (var i = 0; i < widgets.length; i++) {
      var iframe = widgets[i].getElementsByTagName("iframe")[0];
      if (iframe.contentWindow == source) {
         return iframe;
      }
   }
}

Communicator.widgetFromElement = function(o) {
   return (o && o.className != "widget") ?
      Communicator.widgetFromElement(o.parentNode) : o;
}
```

Por último, vamos a utilizar dos cómodos métodos que le permiten, respectivamente, buscar un contenedor de *widget* (un <iframe>) o encontrar un "bloque *widget*" empleando uno de sus hijos.

Un objeto para el widget

El objeto Widget permitirá a los *widgets* enviar información a su anfitrión y ejecutar las acciones que éste solicite. En nuestro ejemplo es bastante sencillo porque la acción sólo muestra un título sobre cada *widget*. Deberá añadir el siguiente código a un nuevo archivo widget.js:

```
var Widget = function(allowed) {
   this.allowed = allowed || [];
}

Widget.prototype.loaded = function() {
   /* Aquí el comodín no es un problema, no se envían datos sensibles
      a la ventana padre */
   window.parent.postMessage("loaded", "*");

   /* Prepara la gestión del mensaje */
   var that = this;
   window.addEventListener("message", function(e) {
      that.handleParentMessage(e);
   }, false);
}
```

```
Widget.prototype.isAllowed = function(origin) {
    for (var i = 0; i < this.allowed.length; i++) {
        if (origin == this.allowed[i]) {
            return true;
        }
    }
    return false;
}

Widget.prototype.handleParentMessage = function(e) {
    if (this.isAllowed(e.origin)) {
        if (e.data == "getFrameTitle") {
            e.source.postMessage("title:" + this.getTitle(), e.origin);
        }
    }
}
```

Una vez más, estos elementos han sido usados en ejemplos anteriores. Nuestra preocupación principal es la seguridad, por lo que pasamos al constructor una lista de fuentes de confianza. De este modo, si el *widget* está disponible para varios destinatarios que utilizan la API aquí definida, sólo habrá que rellenar un vector. Si el origen del *widget* no coincide con ninguna entrada del vector, se podrá desactivar, instalándose en su lugar un contenido diferente.

El *widget* llama al método `loaded()` con el evento `load` para asegurarse de que la comunicación entre el anfitrión y el *widget* tendrá lugar del modo esperado. Manda el mensaje "abierto" al anfitrión, que instanciará el objeto `Communicator` requerido para el proceso de comunicación. Los mensajes se controlan mediante la función `handleParentMessage()`, que primero comprueba que la petición sea válida verificando el origen y luego envía el título para el documento. Por último, necesitamos la parte específica del *widget*:

```
Widget.prototype.getTitle = function() {
    return document.title;
}
```

Al emplear esta pequeña API, lo único que tiene que hacer el destinatario es implementar el método para devolver el título del documento. Se utiliza en `handleParentMessage()`. Por tanto, añadir una nueva acción es tan sencillo como agregar un manejador a esta función e incorporar el método apropiado al prototipo del objeto.

El documento anfitrión y los widgets

Para que esto sea efectivo necesitamos llamar a los nuevos scripts en nuestro documento principal. Partiendo del archivo `index.html` que creamos anteriormente en este capítulo, elimine los scripts integrados que controlaban los mensajes y añada el siguiente código:

```
<head>
...
    <script src="scripts/main.js"></script>
    <script src="scripts/host.js"></script>
    <script>
        Communicator.listen();
    </script>
    <style>
        h2 a {
            float: right;
            color: inherit;
            text-decoration: none;
        }
...
</head>
```

Después, agregue dos llamadas a *widgets* tras la primera para hacer uso del nuevo código:

```
...
    <div class="widget">
        <h2><a href="#" onclick="return getTitle(this)">&raquo;Title</a>
            <span>Loading Widget...</span></h2>
        <p><iframe src="http://www.example2.local/calculator.html">
        </iframe></p>
    </div>

    <div class="widget">
        <h2><a href="#" onclick="return getTitle(this)">&raquo;Title</a>
            <span>Loading Widget...</span></h2>
        <p><iframe src="http://www.example2.local/game.html"></iframe></p>
    </div>

    <div class="widget">
        <h2><a href="#" onclick="return getTitle(this)">&raquo;Title</a>
            <span>Loading Widget...</span></h2>
        <p><iframe src="http://www.example2.local/weather.html">
        </iframe></p>
    </div>
...
```

Para que el proceso de reunir los títulos de los enlaces Title sea más sencillo puede utilizar una función que sirva de atajo para el objeto Communicator asociado a cada marco:

```
function getTitle(o) {
    var widget = Communicator.widgetFromElement(o);
    var iframe = widget.getElementsByTagName("iframe")[0];
    iframe._com.setTitle();

    return false; // Para cancelar el evento click
}
```

Por último, cambie el archivo del *widget*, `calculator.html`, eliminando los scripts iniciales y añadiendo lo siguiente:

```
...
    </style>
    <script src="scripts/widget.js"></script>
    <script>
        function contentLoaded() {
            var allowed = ["http://www.example1.local"];
            new Widget(allowed).loaded();
        }
    </script>
</head>
<body onload="contentLoaded()">
```

Aquí se instancia un nuevo objeto `Widget` sin relacionarlo con una variable. Aun así, no hay riesgo de que lo elimine el recolector de basura porque se hace referencia a uno de sus métodos en un receptor de eventos.

El último paso es crear realmente más *widgets*. Como el documento es bastante sencillo, lo único que tiene que hacer es cambiar el `<title>` y el contenido del elemento `<p>` en cada documento. Refresque ahora el anfitrión en el navegador; debería ver algo similar a lo de la figura 11.7.

Figura 11.7. *Se pueden cargar varios widgets y que se comuniquen con el documento anfitrión sin que sean necesarios unos scripts específicos.*

Puede disparar la petición del título haciendo clic en el enlace Title que hay a la derecha del título del *widget*. El objetivo aquí era ilustrar cómo se pueden encapsular las peticiones utilizando la API de mensajería.

Facilitar la comunicación entre subdominios

Al controlar la comunicación entre subdominios, evocamos la posibilidad de cambiar simplemente la ubicación de uno de los archivos para que se pudiera llamar a ambos documentos en el mismo dominio. Obviamente, cuando esto se puede hacer, es algo bastante incómodo y problemático en potencia porque puede dañar la arquitectura inicial. Después de todo, si dos documentos están en subdominios diferentes, probablemente haya una razón para ello. En realidad, existe un modo más elegante de gestionarlo. Tiene sus inconvenientes pero es un método fiable.

Cambiar el dominio

El Nivel 1 del DOM le permite redefinir el dominio para los documentos que comparten el mismo sufijo. La propiedad en cuestión devuelve inicialmente el nombre de host del servidor desde el que se sirve la página; también se le puede asignar el sufijo para lograr la comunicación entre marcos con el mismo dominio de nivel superior. Por ejemplo, utilizando los archivos del anterior caso práctico, si trabaja con `calculator.html` en `someplace.example1.local` en lugar de `www.example2.local`, podría definir ambos documentos para que tuvieran una propiedad `domain` con el valor `example1.local`, lo que posibilitaría la comunicación. Con esto sólo habría que recurrir a la API Cross-Document Messaging cuando fuera estrictamente necesario, permitiéndonos, por consiguiente, acceder de modo directo al título empleando menos código.

```
document.domain = "example1.local";
```

Éste es el aspecto que tendría el código de su documento principal:

```
...
   function getFrameTitle() {
      var frame = document.getElementsByTagName("iframe")[0];
      var h2 = document.getElementsByTagName("h2")[0];
      h2.textContent = frame.contentWindow.document.title;
   }
...
<body onload="getFrameTitle()">
```

Ahora no sólo el código es mucho más sencillo, sino que este método también le permite leer directamente todo el DOM del documento hijo como si se tratara del mismo contexto de navegación. Asimismo, no hace falta más código aparte del cambio de dominio.

Seguridad

Al usar el último método, una vez más deberá prestar una atención extra a las cuestiones de seguridad. Lo primero que debe vigilar es el tipo de alojamiento que está utilizando. Si sus páginas están en una ubicación compartida, empleando el mismo dominio de nivel superior para todos los sitios alojados (como ocurre, por ejemplo, con `people.wordpress.com`, `computers.wordpress.com`, etc.), el riesgo evidente es que cualquier otro sitio que utilice el dominio podría encontrar un modo de acceder a su Web de la misma manera, en especial creando una página que afecte a la suya específicamente (un método empleado por alguna gente).

Resumen

La API Cross-Document Messaging introducida por HTML5 abre un nuevo rango de oportunidades a los desarrolladores para crear mejores sitios y aplicaciones Web. Es más, dado que Internet cada vez ofrece contenidos más dinámicos y de diversas fuentes, esto lo convierte en un medio ineludible para enriquecer los contenidos y dar un mejor servicio. Poder trabajar más con el contenido ajeno es un gran paso hacia adelante.

No obstante, todavía hay que tener en cuenta las restricciones que se aplicaban a los `iframes` en HTML4 y las versiones anteriores. La comunicación con contenidos extraños conlleva necesariamente riesgos que podrían tener consecuencias dañinas, incluso a pesar de que no sea ésta la intención del proveedor.

Por consiguiente, mantenga la precaución y revise a fondo todo aquel material o mensaje que inserte o reciba de sitios que no controla. La seguridad en Internet es un esfuerzo colectivo que necesita de la participación de todos.

12. Ajax y el contenido dinámico

Aunque los marcos integrados pueden ser un modo apropiado de incorporar los contenidos externos en sus páginas Web, no son tan flexibles como requieren muchas de las funcionalidades modernas. Lo normal, al crear aplicaciones Web, es que intente proporcionar una solución específica a alguna necesidad del usuario, por lo que probablemente necesite instalar dicho material como respuesta a una acción del usuario o recurrir a scripts remotos para procesar los datos introducidos por éste. Tradicionalmente, esto le obligaría a utilizar varios formularios y a abrir una nueva página cada vez que el usuario introdujese una parte significativa de la información, lo que sin duda violaría unos cuantos de los principios que presentamos en los capítulos anteriores. Como la navegación debe resultar lo más fluida posible para el usuario, sería deseable que evitara obligarle a rellenar amenazadores formularios, que suelen implicar la apertura de varias páginas, sin tener la seguridad de que la conexión se mantendrá estable. En definitiva, no les haga pensar que se han equivocado de aplicación.

Hace ya algunos años que Ajax (JavaScript asíncrono y XML) está ampliamente aceptado como la solución adecuada para aportar funcionalidades de este tipo. El principio de Ajax es que JavaScript puede permitirle ofrecerlas. Ajax se basa en que JavaScript contenga esas funciones HTTP locales una vez abierta la página. Esto se hace por medio de una API específica, mantenida por el W3C, basada en el objeto XMLHttpRequest.

Construir una petición HTTP

El objeto `XMLHttpRequest` permite que los scripts locales lleven a cabo funcionalidades HTTP, lo que significa que puede realizar acciones a las que hasta ahora habría accedido abriendo una nueva página, sin dejar la actual e incorporando contenido externo en el documento. Esto se suele hacer de manera asíncrona, aunque los objetos admiten peticiones síncronas; la fuerza de las peticiones asíncronas reside en que éstas no dependen del proceso global de apertura de la página y, como se ejecutan en segundo plano, no afectan al resto de la actividad de la página, sea ésta una simple renderización o la ejecución de otros scripts.

Peticiones que utilizan el objeto XMLHttpRequest

El proceso para utilizar el objeto `XMLHttpRequest` es muy sencillo. Todas las versiones de Mobile Safari tienen una implementación que se ajusta al estándar del W3C. Lo que sigue es el modo de uso más básico:

```
function ajaxHandler() {
    /* Estado de prueba de la petición y de la respuesta */
}

var ajax = new XMLHttpRequest();
ajax.onreadystatechange = ajaxHandler;
ajax.open("GET", "file.xml");
ajax.send();
```

En una petición Ajax típica se ejecutan cuatro pasos. Primero, se crea una nueva instancia de `XMLHttpRequest`; luego, se abre una conexión utilizando el método `open()` y, por último, se envía la petición y procesa la respuesta del servidor, si la hay.

El método open()

La finalidad del método `open()` es, básicamente, definir los parámetros y las opciones de la petición que desea realizar. Los dos que hay en nuestro ejemplo (el método de la petición y la URL) son obligatorios. Los demás son opcionales y se pasarían del siguiente modo:

```
ajax.open(método, url, async, usuario, contraseña);
```

El parámetro `async` le permite especificar si la petición se debería ejecutar de manera asíncrona. Si se define como `false`, el motor completará dicha demanda antes de ejecutar ningún otro script. El valor por defecto es `true`, que cs la mejor opción para la mayoría de las peticiones porque una síncrona con frecuencia puede dar la impresión de que la aplicación Web se ha colgado.

Los otros dos parámetros le permiten pasar un nombre de usuario y una contraseña en caso de que hagan falta para acceder al servicio indicado en el parámetro `url`. El navegador debe verificar la validez de la petición. Por ejemplo, si el método es CONNECT, TRACE o TRACK, se generará la excepción SECURITY_ERR.

Enviar peticiones utilizando GET o POST

Las diferencias entre las peticiones GET y POST que usan el objeto XMLHttpRequest son las mismas que con los formularios HTML normales. Las POST tienen la ventaja de que puede pasar grandes cantidades de datos utilizando formatos más diversos. Otra característica a tener en cuenta de todas ellas es que los agentes de usuario no deberían recurrir a los datos en caché para mostrar los contenidos.

Sin embargo, aunque pasar datos con una petición GET es muy sencillo (sólo tiene que agregar una cadena de petición a la URL en la llamada a `open()`), enviarlos empleando el método POST es un proceso diferente. Los datos pasados deben ser el parámetro del método `send()` pero, primero, tendrá que decirle al servidor que va a enviar información con su petición; esto se hace definiendo una cabecera `Content-Type` personalizada:

```
var data = "firstname=John&lastname=Doe";

/* Pasa datos utilizando GET… */
ajax.open("GET", "script.php?" + data);
ajax.send();

/* ...o utilizando POST */
ajax.open("POST", "script.php");
ajax.setRequestHeader("Content-Type", "application/x-www-form-
urlencoded");
ajax.send(data);
```

Controlar el estado de la petición

Naturalmente, tendrá que definir una función para procesar los datos que pudiera recibir de su petición; en el ejemplo anterior, esta función se llama `ajaxHandler()`. En este ejemplo estamos atentos al evento `readystatechange` asociado al objeto `XMLHttpRequest` utilizando la propiedad `onreadystatechange`. Tenga presente que se le llama cada vez que cambia el estado de la petición, que debería ser cuatro veces para cada una. Obviamente, también puede recurrir al método `addEventListener()` tradicional:

```
ajax.addEventListener("readystatechange", ajaxHandler, false);
```

Desde la función manejadora puede acceder al estado actual utilizando la propiedad `readyState`. La tabla 12.1 muestra los valores posibles.

Tabla 12.1. *Los posibles estados del atributo readystate de XMLHttpRequest.*

Constante	Descripción
`ajax.UNSENT (0)`	Se ha construido el objeto pero no ha ocurrido nada.
`ajax.OPENED (1)`	Se ha ejecutado con éxito el método `open()`.
`ajax.HEADERS_RECEIVED (2)`	Se han recibido todas las cabeceras.
`ajax.LOADING (3)`	Se está recibiendo la respuesta del servidor (en la mayoría de los casos, esto significa que se está abriendo un documento externo).
`ajax.DONE (4)`	O se han completado todas las transferencias de datos externos o ha habido un error.

Cuando se instancia una nueva petición `XMLHttpRequest`, su propiedad `readyState` se define como `UNSENT`. Esto se cambia por `OPENED` cuando se llama con éxito al método `open()` del objeto. Una vez recibidos los encabezados, a la propiedad se le asigna el valor `HEADERS_RECEIVED` y comienza la apertura del documento remoto (`LOADING`). Cuando se completen todas las operaciones de la petición, el estado pasará a ser `DONE`. Debería emplear la propiedad `readyState` para comprobar que puede utilizar con seguridad la información que ha solicitado. Por ejemplo, es posible abortar la petición para evitar que se abra el cuerpo de la respuesta cuando el contenido recibido no viene en el formato esperado. Esto se puede hacer verificando los valores de la cabecera HTTP de la respuesta empleando el método `getResponseHeader()`.

```
ajax.onreadystatechange = ajaxhandler;
...
function ajaxHandler() {
    if (this.readyState > this.HEADERS_RECEIVED) {
        if (this.getResponseHeader("Content-Type") != "text/xml") {
            this.abort();
        }
    }
}
```

Esto también le ahorrará al usuario abrir algunos bytes. Tenga en cuenta que, ocurra lo que ocurra durante el proceso, la propiedad readyState acabará teniendo el valor DONE.

Controlar los eventos del progreso

Además del evento onreadystatechange, Mobile Safari admite muchos eventos específicos del Nivel 2 del objeto XMLHttpRequest. La tabla 12.2 los muestra con su aplicación.

Tabla 12.2. Eventos disponibles para el objeto XMLHttpRequest.

Evento	Descripción
onreadystatechange	readyState ha cambiado durante la petición HTTP.
loadstart	Se ha iniciado la petición.
progress	Se está recibiendo la información. Este evento se puede enviar varias veces para una petición, dependiendo del tiempo que tarde en completarse.
load	La petición se ha completado satisfactoriamente.
abort	La petición se ha interrumpido; por ejemplo, a través del método abort().
error	Durante la petición ha tenido lugar un error; por ejemplo, se ha intentado enviar una petición entre dominios al no encontrarse la página remota (HTTP 404).

Todos estos eventos, excepto el onreadystatechange, devuelven un objeto XMLHttpRequestProgressEvent que le permite mostrar una reacción al usuario mientras se descargan los datos.

Con la propiedad lengthComputable comprueba si se puede calcular el tiempo de descarga y evaluar entonces el intervalo de apertura con las propiedades loaded y total.

```
ajax.addEventListener("progress", progressHandler, false);

function progressHandler(e) {
   if (e.lengthComputable && e.total != 0) {
      var progress = 100 * e.loaded / e.total;
      /* Hacer algo con el valor de la progresión */
   } else {
      /* No soportado o no calculable, hacer otra cosa... */
   }
}
```

El progreso se puede calcular en la mayoría de los casos; aun así, debería tener prevista siempre una alternativa por si esto no es posible, como hemos hecho en el ejemplo anterior.

Revisar la respuesta

Sin embargo, esto no es suficiente para asegurarse de que los datos están realmente disponibles porque sólo indica el estado de la petición. También debería comprobar la propiedad `status` habilitada después de haber recibido las cabeceras. Esta propiedad devuelve el código de estado HTTP `200` en caso de que la operación se haya completado de forma correcta y un error en caso contrario (normalmente un `404`, lo que significa que no se puede encontrar el documento solicitado, o un `500`, si el servidor devuelve un error fatal). Tenga en cuenta que la redirección (por ejemplo, los códigos `301` o `302`) se controla de manera automática, por lo que no tendrá que preocuparse por ello.

Existen también dos casos en los que el código de estado HTTP se asigna al valor específico `0`: cuando se intenta una petición entre dominios no autorizada o cuando la petición se realiza desde un archivo con la construcción `file://` URL.

Una vez hechas estas verificaciones, llega el momento de recoger todos los datos devueltos por el servidor, que vienen en una de estas dos formas: un documento XML o un contenido en texto sin formato. Dependiendo de esto, se guardará en las propiedades `responseXML` o `responseText` de la instancia de `XMLHttpRequest`.

Al recopilar datos a través de una petición HTTP, en especial en dispositivos móviles, es común recibir errores. Por tanto, deberá comprobar el estado de sus peticiones en todas estas etapas. Esto se puede hacer añadiendo verificaciones a la función `ajaxHandler()`. Como sólo se puede llamar al método `send()` si `readyState` se define como `OPENED`, vamos a ponerlo también dentro de una sentencia condicional.

```
function ajaxHandler() {
   switch (this.readyState) {
      /* Envía la petición cuando sea posible */
      case this.OPENED:
         this.send();
         break;

      /* Comprueba si ha finalizado el proceso de apertura */
      case this.DONE:
         if (this.status != 200) {
            console.log("An error occurred.");

         } else {
```

```
      /* Código a ejecutar si el cuerpo de la respuesta está
         en formato XML */
      if (this.responseXML) {
        console.log("XML response received.");
      /* Código a ejecutar si la entidad del cuerpo posee otro
         formato */
      } else if (this.responseText) {
        console.log(("Plain text response received.");
      } else {
        console.log("No data received.");
      }
    }
    break;
  }
}
```

Con este procesamiento, el documento será aceptado sólo si la respuesta parece ser válida. Como la propiedad `responseXML` es un objeto `Document`, podrá recorrerla como haría con un documento HTML. Por otra parte, la propiedad `responseText` se puede procesar de varias maneras.

Controlar los formatos de respuesta

Para el formato de la información abierta utilizando Ajax dispone de tres opciones principales: XML, JSON y HTML. Todos tienen sus fervientes admiradores pero, en definitiva, todo se reduce a cómo necesita recoger los datos y qué necesita hacer con ellos. El hecho de que XML sea la X de Ajax no debe despistarle porque esto es sólo por razones históricas.

> **Nota:** *La propiedad* responseText *puede contener cualquier otra información de tipo texto, como los subtítulos SRT que hemos usado en el capítulo 8. Esto se podría procesar de un modo similar a los subtítulos que se agregan dinámicamente a un vídeo.*

Formatos de respuesta más comunes

La solución más obvia y sencilla para mostrar simplemente los datos en la página desde la perspectiva del desarrollador de interfaces tal vez sea reunir el HTML ya formateado del servidor porque estos datos se integrarán perfectamente en la página de destino, de modo que el navegador los enseñará sin necesidad de ningún tipo de análisis y se les podrán asignar estilos con CSS fácilmente.

```
<!-- publications.html -->
<ul id="books">
   <li>
      <em>Oliver Twist</em>
      <span><b>DICKENS</b>, Charles</span>
      <span>1838</span>
   </li>
   <li>
      <em>The Picture of Dorian Gray</em>
      <span><b>WILDE</b>, Oscar</span>
      <span>1890</span>
   </li>
</ul>
```

Puede incrustar este fragmento en su documento tal como está, utilizando la propiedad `innerHTML`:

```
<section id="publications"></section>

<script>

var ajax = new XMLHttpRequest();
ajax.onreadystatechange = ajaxHandler;
ajax.open("GET", "publications.html");
ajax.send();

function ajaxHandler() {
   if (this.readyState == this.DONE && this.status == 200) {
      document.getElementById("publications").innerHTML = this.
responseText;
   }
}

</script>
```

Sin embargo, al solicitar datos al servidor no suele haber tanta flexibilidad, sobre todo porque el desarrollador de la parte remota puede no ser la misma persona que construyó la interfaz, pero también dado que, a diferencia de los otros dos formatos, la naturaleza descriptiva de HTML es bastante libre.

Analizar el XML para utilizarlo en documentos HTML

La alternativa del XML es la opción más prolija, no sólo porque su formato está basado en etiquetas, sino también porque su procesamiento requiere mucho código. Al recibir una respuesta en formato XML, puede convertir los datos a HTML para insertarlos en su página analizando el XML con JavaScript o desarrollar hojas de estilo específicas para convertir el XMl en HTML mediante XSLT. Ambas soluciones son bastante pesadas de implementar. Aquí tenemos un archivo HTML de muestra y dos ejemplos de cómo se pueden representar para que tengan el aspecto del HTML que vimos antes:

```xml
<?xml version="1.0" encoding="utf-8" ?>
<!-- publications.xml -->
<publications>
    <books>
        <book title="Oliver Twist">
            <author>
                <lastname>DICKENS</lastname>
                <firstname>Charles</firstname>
            </author>
            <year>1838</year>
        </book>
        <book title="The Picture of Dorian Gray">
            <author>
                <lastname>WILDE</lastname>
                <firstname>Oscar</firstname>
            </author>
            <year>1890</year>
        </book>
    </books>
</publications>
```

Recorrer el DOM con JavaScript

Lo que viene a continuación es la función `ajaxHandler()`, que utiliza el Nivel 1 de la API Selectors del W3C para analizar el código XML y almacenarlo en la variable `html` después de transformarlo:

```javascript
...
ajax.open("GET", "publications.xml");
...
function ajaxHandler() {
    if (!(this.readyState == this.DONE && this.status == 200)) {
        return;
    }
    var input = this.responseXML.documentElement;
    var books = input.querySelectorAll("books book");
    var html = '<ul id="books">';
    for (var i = 0; i < books.length; i++) {
        html += "<li>" +
        "<em>" + books[i].getAttribute("title") + "</em>\n" +
        "<span><b>" + books[i].querySelector("author lastname").textContent
        + "</b>, " + books[i].querySelector("author firstname").textContent
        + "</span>\n" + "<span>" + books[i].getElementsByTagName("year")[0].
        textContent + "</span>";
    }
    html += "</ul>";
    document.getElementById("publications").innerHTML = html;
}
```

Como en nuestro ejemplo de HTML, las marcas contenidas en la variable `html` se insertan después en el documento HTML con la propiedad `innerHTML`. Este método es obviamente más pesado de procesar porque dichas marcas se generan de forma directa en el lado del cliente.

Utilizar las transformaciones de hojas de estilo de XML

Nuestra segunda alternativa es analizar el XML con XSLT, que está soportado en Mobile Safari 2.0 y versiones posteriores, de modo que podrá emplearlo de manera fiable para procesar el XML. Se trata de un lenguaje muy apropiado para convertir XML en HTML y es extremadamente potente, ya que utiliza XPath para recoger la información de los nodos.

Empezaríamos por crear un nuevo documento llamado `publications.xsl` con el siguiente código:

```
<?xml version="1.0" encoding="utf-8" ?>
<xsl:stylesheet version="1.0" xmlns:xsl="http://www.w3.org/1999/XSL/
Transform">
    <xsl:template match="/">
        <ul id="books">
        <xsl:for-each select="//books/book">
            <li>
                <em><xsl:value-of select="@title" /></em>
                <span><b><xsl:value-of select="author/lastname" /></b>,
                    <xsl:value-of select="author/firstname" /></span>
                <span><xsl:value-of select="year" /></span>
            </li>
        </xsl:for-each>
        </ul>
    <xsl:template>
</xsl:stylesheet>
```

Para emplear esta hoja de estilo necesitaría llamar al archivo desde su XML como sigue:

```
<?xml version="1.0" encoding="utf-8" ?>
<?xml-stylesheet type="text/xsl" href="publications.xsl" ?>
...
```

Lamentablemente, al hacer esto desde una petición HTTP desde XML, la hoja de estilo XSLT simplemente no se descargará y, por tanto, no se aplicará. Por consiguiente, necesitamos analizar el documento XML para buscar las hojas de estilo y descargar las que se encuentren.

```
function findStylesheet(xml) {
    var nodes = xml.childNodes;
    for (var i = 0; i < nodes.length; i++) {
```

```
        if (nodes[i].nodeType == xml.PROCESSING_INSTRUCTION_NODE &&
            nodes[i].nodeName == "xml-stylesheet") {
            return /href="(.+?)"/.exec(nodes[i].nodeValue)[1];
        }
    }
}
```

Obviamente, también tenemos que modificar nuestro manejador de respuestas porque ahora necesita activar la descarga de otro archivo:

```
function ajaxHandler() {
    if (this.readyState == this.DONE && this.status == 200) {
        var xml = this.responseXML;
        var fss = findStylesheet(xml);
        /* Envía una petición de la hoja de estilo */
        var xsl = new XMLHttpRequest();
        xsl.onreadystatechange = function() {
            if (this.readyState == this.DONE && this.status == 200) {
                var processor = new XSLTProcessor();
                processor.importStylesheet(this.responseXML);
                var doc = processor.transformToFragment(xml, document);
                document.getElementById("publications").appendChild(doc);
            }
        }
        xsl.open("GET", fss);
        xsl.send();
    }
}
```

Usamos el método `transformToFragment()` del objeto `XSLTProcessor`, que toma como parámetros un objeto XML y el documento que contendrá el fragmento para aplicar nuestra hoja de estilos. Como la variable `doc` incluirá entonces una parte del documento en vez de una cadena, podremos insertarlo por medio del método `appendChild()`.

Aunque este método es útil y valioso, no es muy flexible, puesto que tendrá que comprobar los errores en dos peticiones HTTP. Convertir los datos en HTML en el servidor sería un procedimiento más versátil.

Particularidades del análisis con JSON

Analizar con JavaScript datos en formato JSON es muy similar a hacerlo en XML, como podrá imaginar al compararlo con los ejemplos anteriores, aunque se habrá fijado en la estrecha conexión que existe entre la notación de JSON y la sintaxis de JavaScript.

```
{
    "publications": {
        "books": [
            { "title": "Oliver Twist",
```

```
            "author": { "lastname": "DICKENS", "firstname": "Charles" },
            "year": "1838"
        },
        { "title": "The Picture of Dorian Gray",
            "author": { "lastname": "WILDE", "firstname": "Oscar" },
            "year": "1890"
        }
    ]
  }
}
```

Las siglas JSON proceden de JavaScript Object Notation (Notación de Objetos de JavaScript). JSON se puede transformar en un JavaScript correcto utilizando la función `eval()`. Esto significa que, si seguimos el mismo camino que con nuestro script analizador de XML, nuestro código tendría este aspecto:

```
...
ajax.open("GET", "publications.json");
...
function ajaxHandler() {
    if (!(this.readyState == this.DONE && this.status == 200)) {
        return;
    }
    var json = eval ('(' + this.responseText + ')');
    var books = json.publications.books;
    var html = '<ul id="books">';
    for (var i = 0; i < books.length; i++) {
        html += "<li>" +
            "<em>" + books[i].title + "</em>\n" +
            "<span><b>" + books[i].author.lastname + "</b>, " +
                books[i].author.firstname +
            "</span>\n" +
            "<span>" + books[i].year + "</span>";
    }
    html += "</ul>";
    document.getElementById("publications").innerHTML = html;
}
```

Mientras que la notación JSON puede resultar confusa de leer con tantos corchetes y llaves, el código JavaScript que lo analizará es bastante claro gracias a las raíces comunes de JSON y JavaScript. Esto duplica la ventaja que tiene sobre XML en cuanto a tamaños de archivo. No se olvide de los paréntesis que rodean al literal de JSON, que son obligatorios para evitar que el objeto literal sea confundido con un bloque.

Cuestiones de seguridad de JSON

En efecto, como JSON recuerda tanto a JavaScript, debe tener cuidado con el código que evalúe porque los scripts reales contenidos en los datos JSON también se ejecutarán. Sin embargo, como la sintaxis de JSON es una versión más estricta de la notación literal de JavaScript, puede anular estos riesgos de seguridad con bastante facilidad contrastando el formato del código que reciba con el esperado mediante expresiones regulares. En el formato de JSON sólo se permiten un puñado de expresiones sin comillas (entre las que se encuentran números, booleanos y `null`), por lo que no sería complicado aislar los datos que no se consideran aceptables. Las propiedades y los valores se deben rodear con comillas y, dentro de éstas, se deben indicar con caracteres de escape. Esto significa que puede construir fácilmente una función reutilizable para verificar los datos JSON que reciba.

El siguiente script de validación está basado en el del compacto entorno de trabajo para JavaScript, MooTools:

```
function getJSON(s) {
   var check = s.replace(/\\./g, '').replace(/"[^"\\]*"/g, '');
   var regexp = /^[,:{}\[\]\s\d\.\-+eEfalr-un]*$/;
   if (regexp.test(check)) {
      try {
         return eval('(' + s + ')');
      } catch(e) {
         /* Ignorar */
      }
   }
   return null;
}
function ajaxHandler() {
...
   var json = getJSON(this.responseText);
...
}
```

La primera línea de esta función elimina todos los caracteres de escape y después los valores entre comillas. En esta etapa no debería haber ya barras invertidas ni comillas (que es lo que se utilizaría en un intento de inyección de código). Sobre la cadena "desnuda" resultante, empleamos una expresión regular que representa la sintaxis normal de un objeto JSON en el método `test()` para comprobar que no queden caracteres inesperados; después devolvemos el objeto resultante utilizando `eval()`. Al recurrir a esta pequeña función, puede estar bastante seguro de que tras los datos JSON que reciba no se oculta ningún script real, con lo que puede añadir el objeto evaluado para acceder a su información.

Renderización en el cliente utilizando los datos devueltos

Al manejar datos sensibles de su propio sitio, es bastante obvio que la mayoría de la renderización se debería hacer en el servidor. No obstante, cuando se manejan contenidos altamente dinámicos o cuando los datos que necesita mostrar en su página vienen como un *feed* o de sitios externos en general, puede ser útil realizar la renderización en el cliente. Para este tipo de casos, el formato más sencillo es JSON, como comentamos anteriormente, porque su manipulación con JavaScript es muy intuitiva.

Trabajar con las variables de la plantilla

Un modo popular de trabajar con JSON es crear una plantilla accesible para un script que identifique palabras clave específicas a sustituir por contenidos dinámicos, recurriendo al objeto global `RegExp`. En la biblioteca Prototype de JavaScript se usa un sistema similar. Una plantilla podría tener este aspecto:

```
var template = "<h2>#{title}</h2><p>#{content}</p>";
```

Se podría rellenar utilizando datos con la siguiente forma:

```
var json = { "title": "Some title", "content": "Some cool content
coming..." };
```

Ésta es la función para aplicar las modificaciones en cuestión:

```
function applyTemplate(template, data) {
    var item, regexp = /#\{(\w+)\}/g;
    var index = 0;

    while (item = regexp.exec(template)) {
        var pattern = new RegExp(item[0], "g");
        template = template.replace(pattern, data[item[1]]);

        var last = regexp.lastIndex;
        regexp.lastIndex = index;
        index = last;
    }

    return template;
}

var formatted = applyTemplate(template, json);
console.log(formatted);
```

```
--- result ---
> <h2>Some title</h2><p>Some cool content coming...</p>
```

Utilizando el identificador de búsqueda global `g`, nuestra expresión regular busca en todo el documento todas las subcadenas que comienzan por `#{`, acaban por `}`, y contienen uno o más caracteres de palabra (representados por `\w`). El método `exec()` del objeto `RegExp` devuelve un vector cuya primera entrada es la cadena encontrada. Recurrimos a ella para realizar una nueva búsqueda con expresión regular sobre la plantilla, reemplazándola por los datos pertinentes de la variable json. Las subsiguientes entradas listan los patrones capturados. La propiedad lastIndex almacena la posición del índice de la última coincidencia encontrada en la plantilla para saber por dónde continuar la búsqueda; para no perder ninguna de las coincidencias, cambiamos el valor de lastIndex por la posición de búsqueda anterior mediante la variable index, que se utiliza después como punto de partida para la siguiente llamada a exec(). Esto previene errores debidos a variaciones en la longitud de la plantilla después de que tenga lugar una sustitución, aunque también se podría emplear para realizar cambios recursivos en ésta.

Dar formato a las variables

Sustituir un elemento de plantilla por algún valor es útil pero, a veces, no es suficiente. Como JSON no posee formatos de fecha específicos, normalmente es deseable dárselos a los elementos de tipo fecha antes de mostrarlos. Para ilustrar cómo se puede hacer esto vamos a crear un formateador al que llamar cuando sea necesario transformar *timestamps*. Lo que sigue es nuestra plantilla modificada y nuestro objeto JSON:

```
var template = "<h2>#{title}</h2><p>#{content}</p>\n<time>#{dateFormatted}
</time>";
var json = {
   "title": "Some title",
   "content": "Some cool content coming...",
   timestamp: 207698400000 /* 1 de agosto de 1976 */
}

function applyTemplate(template, data, formatters) {
...
   var value = undefined;
   if (item[1].substr(-9) == "Formatted") {
      var property = item[1].substr(0, item[1].length - 9);

      var func = formatters[property];
      if (typeof func == "function") {
         value = func(data[property], data);
      }
   } else {
      value = data[item[1]];
   }
   template = template.replace(pattern, value);
...
}

function formatDate(value, data) {
   var date = new Date(data.timestamp);
   return date.getFullYear();
}
```

```
var formatters = { "date": formatDate };
var formatted = applyTemplate(template, json, formatters);
console.log(formatted);

--- result ---
> <h2>Some title</h2><p>Some cool content coming...</p>
<time>1976</time>
```

La propiedad `formatters` no tiene que coincidir necesariamente con una del objeto JSON; en tal caso, `value` se definirá como `undefined`. En caso contrario, contendrá el valor de la propiedad JSON correspondiente para que su formato resulte más fácil. Sea cual sea el caso, el parámetro `data` albergará todos los datos requeridos para crear esquemas complejos, teniendo en cuenta varias propiedades.

Comunicación entre dominios

La parte más frustrante de Ajax tal vez sea la restricción del mismo origen, que impide en gran medida acceder a contenidos de otro nombre de dominio. Aunque lamentablemente no es posible utilizar la propiedad `domain` del objeto `Document`, como se hizo en el capítulo 11, dispone de varias soluciones para saltarse esta restricción.

Utilizar proxies

Para realizar una `XMLHttpRequest` entre dominios puede enviar la petición a un proxy, el cual es un servidor que se utiliza como intermediario entre un cliente y otro servidor. La ventaja de un proceso de este tipo en una comunicación entre sitios es que los servidores, a diferencia de la petición Ajax, no están limitados por la regla del mismo origen. Por tanto, en lugar de consultar a un sitio remoto (lo que devolvería un error), dejará que su propio servidor haga el trabajo, pasándole simplemente la información relevante para su consulta:

```
ajax.open("GET", "proxy.php?url=" +
    encodeURIComponent("http://www.example2.local/file.xml"));
```

En este ejemplo, la petición se inicia desde `www.example1.local` y necesita datos de `www.example2.local`. Para crear el script `proxy.php` vamos a utilizar PHP junto con la API cURL, que está disponible para todo el mundo, es sólida y bastante fácil de entender y emplear.

```
<?php

if ($url = $_GET['url']) {
```

```
# Procesa la petición utilizando la API cURL.
if ($curl = curl_init($url)) {
   curl_setopt($curl, CURLOPT_FOLLOWLOCATION, 1);
   curl_setopt($curl, CURLOPT_RETURNTRANSFER, 1);
   $data = curl_exec($curl);

   # Lee la información de la respuesta
   $code = curl_getinfo($curl, CURLINFO_HTTP_CODE);
   $type = curl_getinfo($curl, CURLINFO_CONTENT_TYPE);

   # Devuelve el contenido y finaliza.
   if ($code == 200) {
      header("Content-Type: $type", true, $code);
      exit($data);
   }
}
}

# Si no hay contenidos válidos, enviamos como respuesta un error HTTP 500.
header('Content-Type: text/plain', true, 500);
echo 'UNEXPECTED RESPONSE';

?>
```

Nuestro script PHP espera que se le pase un parámetro `url` en la cadena de petición. Si se encuentra esta entrada, se inicializa una nueva sesión cURL utilizando la función `curl_init()` y se definen las opciones de petición. `CUROPT_FOLLOWLOCATION` aplicará las redirecciones HTTP, de haberlas, mientras que la constante `CURLOPT_RETURNTRANSFER` nos permitirá almacenar el resultado de nuestra petición en la variable `$data` por medio de la función `curl_exec()`.

Una vez ejecutada la petición, recogemos el código de estado de HTTP con la función `curl_getinfo()`, junto al tipo de contenido, lo que le permitirá devolver la cabecera esperada. Si no tiene lugar ningún error, el contenido se devolverá con el material inicial; en caso contrario, aparecerá un código de error HTTP 500. El uso que hemos hecho aquí de la API es bastante sencillo pero las opciones de las que dispone al utilizar cURL son numerosas y se pueden ajustar con precisión a sus necesidades. Aunque el proceso es muy simple, debe poner especial cuidado cuando envíe la cabecera porque puede que su script local compruebe el valor de la propiedad `status` (`$code` en el archivo PHP) para detener su ejecución. Aun así, el resultado es que su petición Ajax se realiza sobre el mismo dominio sin que se note la diferencia, aunque recoja los datos de un servidor remoto.

Como los scripts de servidor suelen ser más rápidos que los locales (en especial porque el rendimiento de estos dependen en parte del equipo), es buena idea llevar a cabo directamente en el servidor todas las comprobaciones de seguridad o los procesamientos preliminares que necesite. No olvide que, como en cualquier petición a un sitio que mantienen otros, existe el riesgo de que los datos devueltos no sean los esperados.

Al estilo de JSONP

Si prefiere no utilizar proxies o una petición Ajax y todos los datos que espera tienen el formato de JSON, hay un método más simple (aunque es uno de los que conlleva un mayor riesgo para la seguridad): JSONP. La P de JSONP viene de *Padding* (relleno). La idea es que los datos devueltos en formato JSON deben ser evaluados y, por tanto, procesados y utilizados y esto se debe hacer sin desordenar el código. Para ello, el servidor debe devolver no sólo la información pedida en formato JSON, sino también la llamada a la función que va a procesarlos. Por tanto, cuando se reciba la respuesta, se procesará automáticamente de la manera apropiada. Vamos a empezar por el script del lado del servidor. Emplearemos la función en PHP `json_encode()` para generar datos en formato JSON a partir de un vector. Estos son los contenidos del archivo `json.php` que puede agregar a su servidor.

```php
<?php
$json = json_encode(requestData());

# Si tenemos un callback, procesa un comportamiento JSONP.
if ($callback = $_GET['callback']) {
   header('Content-Type: text/javascript');
   echo "$callback($json);";

# No hay ningún callback, envía un contenido JSON clásico.
} else {
   header('Content-Type: application/json');
   echo $json;
}

# Solicita datos de una base de datos o lo que sea...
function requestData() {
   return array(
      'firstname' => 'John',
      'lastname' => 'Doe'
   );
}

?>
```

El script espera que se le pase como parámetro un *callback* que procese los datos JSON del cliente. Si el parámetro no está definido, el script simplemente devolverá la información con formato JSON en bruto. Esto le permite emplear el archivo para ambas peticiones mediante JSONP y proxies.

En el lado del cliente, definiría la función que contenga lo que tiene que hacer con los datos en su documento local. Esto equivale a la función manejadora que utilizamos en nuestras peticiones Ajax. Se ejecutará cuando se añada la etiqueta `<script>` al documento.

```
<script>
    function useJSON(data) {
        /* Hacer algo con los datos */
    }
</script>
```

Necesita informar al servidor de que esta función se va a ejecutar cuando se envíen los datos. Para ello, sólo tiene que pasársela en una cadena de petición cuando llame al archivo remoto como a cualquier otro script externo.

```
<script src="http://www.example2.com/json.php?callback=useJSON"></script>
```

Cuando se evalúe esta etiqueta `<script>`, tendrá como resultado:

```
useJSON({"firstname":"John","lastname":"Doe"});
```

Con este método no tendrá que definir complejas técnicas para controlar el momento en el que los datos están disponibles: la información en formato JSON se puede evaluar en su función y la más relevante se utiliza de forma directa en su página. Esto, obviamente, resulta útil cuando es probable que una Web reciba diferentes tipos de datos, a los cuales se le realizarán procesamientos distintos porque se podrán relacionar estrechamente funciones específicas con datos determinados.

Compartir recursos de orígenes distintos

Como puede ver, existen unos cuantos métodos eficaces que le permitirán recopilar datos de páginas remotas, incluyendo documentos de dominios diferentes. No obstante, el más eficaz para realizar peticiones a distintos dominios es la especificación para compartir recursos, conocida como CORS (*Cross-Origin Resource Sharing*), mantenida por el Web Applications Working Group. La especificación, soportada por Mobile Safari, le permite definir en el lado del servidor un conjunto de cabeceras HTTP que leerán la aplicación cliente para comprobar si la petición está autorizada. Vamos a ver cómo se puede utilizar esto para elaborar peticiones `GET` y `POST`.

Nota: *Si desea realizar peticiones HTTP más complejas como* `DELETE` *o* `PUT`, *puede consultar los detalles en* `www.w3.org/TR/cors/`.

Obviamente, la desventaja de este método es que requiere que tenga cierto control sobre la configuración del servidor y los scripts del servidor que devolverán las cabeceras, o bien que el sitio del que obtendrá la información implemente esta especificación.

Lo que sigue es un ejemplo del uso más básico de este tipo de autorización, empleando PHP:

```php
<?php
header("Access-Control-Allow-Origin: *");
?><xml>Data Sample</xml>
```

Como en nuestro ejemplo del proxy, si este script está alojado en `www.example1.local` y la petición se envía desde `www.example2.local`, se ejecutará correctamente y el cliente recibirá los datos esperados. La cabecera `Access-Control-Allow-Origin` está definida como `*`, que hace de comodín para todos los orígenes. Evidentemente, puede limitar la autorización a algunos orígenes seleccionados definiendo de forma explícita una URL, que es una práctica más recomendable en lo que a la seguridad respecta.

```
Access-Control-Allow-Origin: http://www.example2.local
```

Tenga en cuenta que Mobile Safari no le permite definir varias URL utilizando esta cabecera pero la especificación requiere que el navegador envíe una `Origin` indicando la fuente de la petición. Por tanto, el script del lado del servidor podrá mantener una lista de dominios autorizados y devolver la cabecera relevante cuando la petición llegue de uno de estos.

```php
<?php
$whitelist = Array('http://www.example2.local', 'http://www.domain.
other');
foreach ($whitelist as $origin) {
    if ($_SERVER["HTTP_ORIGIN"] == $origin) {
        header("Access-Control-Allow-Origin: $origin");
        break;
    }
}
?><xml>Data Sample</xml>
```

En este ejemplo leemos el valor de la variable de servidor `HTTP_ORIGIN` que en PHP corresponde al encabezado `Origin` del lado del cliente. Después, si en el vector de orígenes autorizados se reconoce el valor, se envíe la autorización. En caso contrario, no se añadirá ningún encabezado adicional y la petición no tendrá éxito.

Ejemplo real: mostrar tendencias de Twitter

Muchos sitios actuales ponen a su disposición contenidos que puede utilizar para enriquecer o aderezar sus aplicaciones. Además, los datos remotos vienen cada vez con más frecuencia junto a las API desarrolladas específicamente para ayudar a los programadores a integrarlos de maneras diversas en sus sitios. Como cabía esperar, esta información suele venir en los formatos XML y JSON. Twitter, el servicio Web de *microblogging*, es uno de estos sitios. Los desarrolladores disponen de un número cada vez mayor de API para seguir los temas más populares o realizar búsquedas en los mensajes. Por consiguiente, resulta bastante sencillo crear una aplicación que mantenga a los usuarios informados de qué asuntos son los más comentados en Twitter.

El feed de tendencias de Twitter

En nuestro ejemplo vamos a mostrar los asuntos más populares actualmente porque la información a procesar es la de menor tamaño. Para esta consulta específica, el único formato disponible es JSON. La URL de la que puede obtener los datos JSON es `http://api.twitter.com/1/trends.json`.

```
{
    "as_of": "Tue, 07 Sep 2010 9:10:11 +0000"
    "trends":
        [ { "url": "http://search.twitter.com/search?q=Apress", "name":
"New Book!" } ],
}
```

Si mira en este sitio, verá que contiene un objeto JSON que alberga una propiedad `trends` con una serie de pares `url/name`. El ejemplo anterior está limitado a la primera tendencia.

Obtener y mostrar datos

Con estos datos JSON vamos a crear una lista actualizable de asuntos populares, utilizando principalmente elementos de la plantilla de la aplicación Web que creamos en los capítulos anteriores. En primer lugar, vamos a ver las etiquetas:

```
...
   <div class="header-wrapper">
...
       <button class="header-button" onclick="init()">Get</button>
   </div>

   <div class="group-wrapper">
      <h2>Twitter Trends</h2>

      <ul id="trends" class="template">
         <li><a href="#{url}">#{name}</a></li>
      </ul>
   </div>
...
```

Obviamente, no queremos mostrar la lista sin contenido, así que vamos a añadir una regla a la cabecera de nuestro documento para ocultar la lista por defecto.

```
<style>
   .template { display: none; }
</style>
```

Como puede ver, el evento `onclick` del botón tiene asociada una llamada a la función `init()`, la cual crea un nuevo objeto `XMLHttpRequest` y envía una petición al sitio Web de Twitter. Aquí utilizamos el proxy que describimos con anterioridad en este capítulo; el código de `proxy.php` es exactamente el mismo de antes.

```
function init() {
   var xml = new XMLHttpRequest();
   xml.onreadystatechange = showTrends;
   xml.open("get", "proxy.php?url=" +
      encodeURIComponent("http://api.twitter.com/1/trends.json"));
   xml.send();
}
function buttonState() {
   var but = document.querySelector("button.header-button");
   but.disabled = true;
}
```

De igual modo, la función `getJSON()` usada en `showTrends()` es la que empleamos antes para comprobar que nuestro objeto JSON es seguro.

```
function showTrends() {
   if (this.readyState == this.DONE && this.status == 200) {
      var txt = this.responseText;
      var json = getJSON(txt);

      if (json) {
         renderTrends(json);
         buttonState();
      }
   }
}
```

Por último, una vez recogido y verificado el JSON del sitio de Twitter, podemos insertar los datos en nuestra plantilla:

```
function renderTrends(feed) {
   var list = document.getElementById("trends");
   var template = list.innerHTML;
   var trends = feed.trends;
   var html = "";

   for (var n = 0; n < trends.length; n++) {
      html += applyTemplate(template, trends[n]);
   }
```

```
      appendContent(list, html);
}

function appendContent(list, html) {
    var dummy = document.createElement("div");
    dummy.innerHTML = html;

    list.innerHTML = "";
    while(dummy.hasChildNodes()) {
        list.appendChild(dummy.firstChild);
    }
    list.className = null;

}
```

La figura 12.1 muestra la página resultante rellenada con las tendencias que hemos obtenido del *feed* en JSON.

Figura 12.1. *Las tendencias más recientes de Twitter.*

Quizá esté pensando que habría sido más fácil ejecutar `list.innerHTML = html;` sin embargo, hay un problema de renderización que impide que Mobile Safari aplique correctamente los estilos a los elementos de la lista si se hace eso. Por tanto, añadimos el contenido de la variable `html` a un elemento `dummy` y después pasamos cada uno de sus nodos a la lista. Sorprendentemente, este método es el doble de rápido que el `innerHTML`, en contra de lo que cabría esperar.

No se olvide del usuario que espera

Como hemos comentado ya en varias ocasiones, en los dispositivos móviles los tiempos de respuesta de HTTP pueden ser irregulares, puesto que los intervalos de apertura dependen de la calidad de la conexión a la que tenga acceso el usuario. Por tanto, y en particular para las aplicaciones Web basadas en Ajax, proporcione siempre algún tipo de reacción durante las fases de apertura y procesamiento.

Añadir una reacción visual

Para ello, puede basarse en la propiedad `readyState` una vez más, añadiendo una condición a la función que utilizamos anteriormente. Por ejemplo, podría emplear una hélice como fondo para el elemento que debería recibir el contenido. Esto posee la ventaja de ser ligero y flexible. Aquí recurrimos al objeto `BigSpinner` que creamos en el capítulo 7.

```
var spinner = new BigSpinner();

function init() {
   spinner.init("spinner", "white");
   ...
}

function showTrends() {
   if (this.readyState == this.OPENED) {
      buttonState(true);

   } else if (this.readyState == this.DONE && this.status == 200) {
...
      buttonState(false);
   }
}

function buttonState(loading) {
   var but = document.querySelector("button.header-button");

   if (loading) {
      but.disabled = true;
      but.className += " spinning";
      spinner.animate();
   } else {
      but.className = but.className.replace(" spinning", "");
      spinner.stop();
   }
}
```

La nueva función `buttonState()` agrega una clase `.spinning` al botón para mostrar la hélice. Para que aparezca en esta ubicación tendrá que añadir un `<span>` que rodee al texto del botón.

```
<button class="header-button" onclick="init()"><span>Get</span></button>
```

El paso final es incorporar el estilo relevante al archivo `main.css` para que se pueda utilizar fácilmente en otros proyectos. Puede ver el botón resultante en la figura 12.2.

```
.header-wrapper .header-button.spinning span {
   color: transparent;
   text-shadow: none;
   background: -webkit-canvas(spinner) center center no-repeat;
   -webkit-background-size: auto 22px;
   padding: 4px;
   margin: -4px;
}
```

Figura 12.2. *El botón de la hélice.*

La clase CSS `.spinning` oculta el texto del botón definiendo su color como transparente y cambia su fondo mediante la función `-webkit-canvas()`. Como la hélice quizá sea demasiado grande, la redimensionamos con la propiedad `background-size` para que se ajuste perfectamente a nuestro botón.

Controlar los tiempos de espera excesivos

Debe prever, además, los posibles errores o los tiempos de espera excesivos. La solución más sencilla para esto es definir un temporizador; dependiendo del tipo de contenido que necesite abrir, puede que desee adaptar el valor para que el intervalo sea "razonable".

```
var timerID;

function checkTime(msecs, ajax) {
   timerID = window.setTimeout(function() {
      ajax.abort();
      alert("The server is taking too long to respond... \n
         Try reloading this page.");
   }, msecs);
}

function showTrends() {
   if (this.readyState == this.OPENED) {
```

```
          checkTime(1000, this);
...
   } else if (this.readyState == this.DONE && this.status == 200) {
      window.clearTimeout(timerID);
...
   }
}
```

No puede tener la certeza de que su aplicación se va a ejecutar sin ningún problema, en especial cuanto no todo depende únicamente de usted. Controlar los posibles errores es una garantía adicional para que todo transcurra según lo planeado.

Resumen

Crear aplicaciones Web no es una tarea aislada. La riqueza de las Webs actuales depende en parte de la interacción entre los sitios; puede obtener un enorme beneficio de las fuentes externas y los numerosos *feeds* y API de terceros para realizar mejores programas. Ahora dispone de las herramientas para sacarle todo el partido a los elementos que han contribuido al éxito de la Web 2.0 y que deberían ser fundamentales para los futuros cambios en el modo en que la gente consume los contenidos de Internet.

Domínelos a fondo, siga desarrollándolos y recuerde siempre que, en lo que respecta al uso de material externo, no existe una mejor solución genérica. Que en un proyecto sea más apropiado un formato o una técnica no implica que así sea en otro, aparte de que no todos están necesariamente disponibles en todos los casos.

13. Utilizar eventos de toques y de gestos

iPhone, iPad y iPod touch, como muchos de los dispositivos portátiles actuales, utilizan el dedo como único recurso para señalar. Los aparatos de Apple admiten incluso varios puntos de contacto simultáneos, lo que, junto a una interfaz gráfica intuitiva, hace que su uso sea fluido, eficaz y sobre todo agradable.

Como hemos comentado en capítulos anteriores, esto logra que se establezca una estrecha conexión entre el usuario y el dispositivo. Esta particular relación propicia diseños realistas; por ejemplo, al crear una aplicación para un juego de póker, puede hacer que el usuario "lance" prácticamente las cartas sobre la mesa con un simple golpecito del dedo, acercándose de este modo a la sensación real.

Desde la versión 2.0 del sistema operativo puede emplear la API Multi-Touch con Mobile Safari para llevar la interacción entre el usuario y las aplicaciones Web un paso más allá.

En este capítulo vamos a explicar cómo implementar funcionalidades de esta API para atrapar los eventos de toque, cómo interpretar la mayoría de los movimientos del usuario y, en definitiva, cómo usar esto para generar una sencilla aplicación Web de reconocimiento de escritura.

Cómo manejar los eventos

Para atrapar eventos utilizando JavaScript, los desarrolladores están acostumbrados a emplear atributos como `onclick` (normalizado en la especificación de HTML5) directamente sobre un elemento o el método `addEventListener()` del DOM, a veces sin llegar a entender en realidad cómo se organizan los receptores o lo que implica capturar un evento. Para trabajar con ellos es crucial tener un conocimiento profundo de todo esto.

Prioridad de llamada de los manejadores

Sin tener en cuenta la captura, no existe una prioridad real entre los manejadores; simplemente, se les llama en orden de definición. Por lo tanto, los atributos de eventos contenidos en las etiquetas HTML se suelen interpretar antes de los scripts y el código introducido mediante atributos se ejecutará primero cuando ocurra un evento, como se puede observar fácilmente en el siguiente ejemplo:

```
<div onclick="console.log('attribute')">Click Me</div>

<script>

   var div = document.getElementsByTagName("div")[0];
   div.addEventListener("click", function() { console.log("listener") }, false);

</script>

--- result ---
> attribute
> listener
```

De todas maneras, si se define un nuevo evento `click` utilizando `elemento.onclick` en un script, se sobrescribirá el atributo `onclick`, se eliminará el manejador anterior y se creará uno nuevo:

```
<div onclick="console.log('attribute')">Click Me</div>

<script>

   var div = document.getElementsByTagName("div")[0];
   div.addEventListener("click", function() { console.log("listener") }, false);
   div.onclick = function() { console.log("property") };

</script>

--- result ---
> listener
> property
```

Los atributos, básicamente, le permiten definir sólo un manejador cada vez. Esto no significa que no pueda preservar uno anterior definido mediante atributos al establecer uno nuevo. Veamos un método para hacer esto:

```
/* Primero leemos el manejador del atributo onclick */
var old = div.onclick;

/* Después agrupamos todas las funciones relevantes en un manejador
global */
div.onclick = function() {
   old();
   console.log("property");
};

--- result ---
> listener
> attribute
> property
```

Obviamente, este método no es muy flexible e implica que todos sus manejadores se disparen sólo cuando se llame al manejador global. En la mayoría de los casos es preferible utilizar addEventListener() y removeEventListener().

La fase de captura

El tercer parámetro del método addEventListener() especifica si desea añadir un receptor sólo para la fase de captura, lo que significa que no se podrá disparar durante las fases de definición de objetivo y propagación. La fase de captura es el proceso por el que los padres del objetivo pueden controlar un evento antes de que éste sea asignado al propio objetivo.

```
<div>0<div>1<div>2<div>3<div>4
   <div>5</div>
</div></div></div></div></div>

<script>

   var div = document.getElementsByTagName("div");
   div[0].addEventListener("click", handleEvent, false);
   div[1].addEventListener("click", handleEvent, false);
   div[2].addEventListener("click", handleEvent, false);
   div[3].addEventListener("click", handleEvent, false);
   div[4].addEventListener("click", handleEvent, false);
   div[5].addEventListener("click", handleEvent, false);

   function handleEvent(event) {
      console.log("(" + event.eventPhase + ") " + this.firstChild.nodeValue);
   }

</script>
```

En este fragmento de código, cada <div> es el padre del siguiente <div>. Por tanto, cada clic sobre un número alcanzará al objetivo directo (fase de objetivo) y después subirá por el árbol DOM hasta el antepasado de nivel superior (fase de propagación). Por ejemplo, al pulsar en el 4 hará que se envíe a la consola 4, 3, 2, 1, 0. Naturalmente, los antepasados recibirán el evento sólo si existe un receptor.

Para identificar con precisión el objetivo del evento puede basarse en dos propiedades del objeto Event. La propiedad target contiene el objetivo real; al hacer clic en el 4 en el ejemplo anterior, devolverá una referencia al elemento que contiene la cadena "4". La propiedad currentTarget es una referencia al objeto que recibe el evento durante la fase de propagación o la fase de captura. En un manejador como el que definimos antes, this y currentTarget son iguales; si está asociado a un objeto, por el contrario, this hará referencia a éste. Es más, puede determinar simplemente la fase en relación al evento recibido mediante la propiedad eventPhase, cuyos posibles valores se muestran en la tabla 13.1.

Tabla 13.1. *Constantes utilizadas para las distintas fases del evento.*

Constante	Descripción
event.CAPTURING_PHASE (1)	La fase actual del evento es la de captura.
event.AT_TARGET (2)	La fase actual del evento es la de definición de objetivo.
event.BUBBLING_PHASE (3)	La fase actual del evento es la de propagación.

Si ahora cambia el tercer parámetro del primer receptor de false a true, el orden del envío cambiará porque el evento estará primero en fase de captura. La consola mostrará 0, 4, 3, 2, 1. Los manejadores de captura siempre se agregan a la parte superior del grupo de llamadas.

Control de la propagación de eventos

Si desea controlar con precisión todos los clics dentro de su aplicación Web (como hemos hecho, por ejemplo, en el capítulo 4 para que la aplicación se mantenga en modo pantalla completa), necesita utilizar la captura (definiendo como true el tercer parámetro). La captura, por ejemplo, podría permitirle impedir que el usuario golpeara algunos elementos sin haber accedido previamente. El método stopPropagation() del objeto Event le permite evitar la propagación del evento en cualquier momento dado. Así pues, pruebe a modificar nuestro manejador anterior del siguiente modo:

```
div[0].addEventListener("click", handleEvent, true);
...
function handleEvent(event) {
   console.log("(" + event.eventPhase + ") " + this.firstChild.nodeValue);

   if (event.eventPhase == event.CAPTURING_PHASE) {
      event.stopPropagation();
   }
}
```

A la consola sólo se le enviará el valor 0, que corresponde al texto del primer <div>, porque la propagación de cualquier hijo se detiene directamente durante la fase de captura. Esto no quiere decir que no se llame a los receptores definidos con el mismo currentTarget en la misma fase pero el uso de este método implica que no existe garantía de que se dispare su manejador, ya que el proceso puede ser interrumpido en cualquier momento por otro manejador de un nivel superior.

Impedir el comportamiento por defecto

También es deseable evitar localmente el comportamiento por defecto del navegador ante algún evento, por lo general, cambiando la URL cuando se golpee un enlace o un botón de envío, o evitando los efectos derivados de los gestos utilizando el evento touchstart. Esto se puede hacer mediante el método preventDefault(), suponiendo que sea posible cancelarlo. Puede comprobarlo leyendo la propiedad cancelable del objeto Event. Tenga en cuenta que este método posee la ventaja de que no detiene la propagación.

Manejadores y métodos de objetos

Hay casos en los que necesitará usar un manejador basado en un método de objeto, por lo que tendrá que recurrir al contexto de llamada, como vimos en el capítulo 10, y encapsular el método en un nuevo objeto Function. Esto implica, como es obvio, un mayor uso de la memoria. Para tratar este problema, desde el Nivel 2 del DOM puede utilizar el método handleEvent() de la interfaz EventListener. Para beneficiarse de las ventajas de este método simplemente debe emplear, como parámetro del método addEventListener(), la palabra clave this o cualquier otra instancia de un objeto que implemente la función en lugar de lo que normalmente sería un objeto Function.

```
someObject.addEventListener("click", this, false);
```

Al proceder de este modo, el motor de desarrollo buscará un método `handleEvent()` asociado a `this` y llamará al método pasándole el objeto derivado de `Event` (`MouseEvent`, `TouchEvent`...) con todas sus propiedades. La palabra clave `this` se puede utilizar cuando `handleEvent()` esté al nivel de la ventana o directamente bajo una definición de objeto. En los demás casos, tendrá que pasar una instancia de objeto, como vemos aquí:

```
<div>Click Me</div>

<script>

    /* Un objeto de muestra */
    var Example = function(name) {
        this.name = name;
    }

    Example.prototype.handleEvent = function(event) {
        switch (event.type) {
            case "mousedown":
            case "mouseup":
                this[event.type + "Handler"](event);
        }
    }

    Example.prototype.mousedownHandler = function(event) {
        console.log("The 'mousedown' handler was called with " + this.name + ".");
    }

    Example.prototype.mouseupHandler = function(event) {
        console.log("The 'mouseup' handler was called with " + this.name + ".");
    }

    /* Crea 2 objetos y los utiliza como manejadores de eventos */
    var div = document.getElementsByTagName("div")[0];
    var obj1 = new Example("Object 1");
    var obj2 = new Example("Object 2");

    div.addEventListener("mousedown", obj1, false);
    div.addEventListener("mouseup", obj2, false);

</script>
```

```
--- result ---
> The 'mousedown' handler was called with Object 1.
> The 'mouseup' handler was called with Object 2.
```

En este código, el control de los eventos se deriva a dos instancias de `Example`. Como puede ver, el contexto de ejecución se mantiene y cada evento dispara un envío utilizando el valor esperado para `name`. Para facilitar el mantenimiento se ha externalizado el submanejador para métodos específicos a los que se llama mediante la capacidad de JavaScript de ofrecer propiedades de objetos a través de una tabla *hash*. Obviamente, si el código que usa es corto, podría emplear de forma directa `switch...case` sin ningún método adicional.

Eventos clásicos con Mobile Safari

Aunque los dispositivos portátiles de Apple no poseen soporte para dispositivos de señalamiento externo, Mobile Safari admite los eventos habitualmente asociados a un ratón. No obstante, esto tiene un uso limitado porque son eventos simulados y pueden reaccionar de manera diferente a la esperada en un entorno de escritorio.

Comportamiento de los eventos de ratón

Aunque los eventos de ratón se disparan, sólo se envían una vez que el usuario ha dejado de presionar con el dedo. Es más, todos se mandan al mismo tiempo, lo que significa que, por ejemplo, se enviará simultáneamente una serie típica de eventos como `mouseover`, `mousemove`, `mousedown`, `mouseup` y `click`, en este preciso orden, una vez finalizado el último evento. El `mouseout` sólo se mandará si el usuario apunta a un nuevo elemento que registra eventos de ratón y si se ha registrado previamente un `mouseover`. Por último, el `mousemove` se enviará una vez que termine la presión del dedo, lo que significa que no podrá registrar movimientos como lo haría con un evento de ratón de verdad.

Todos ellos forman parte del comportamiento por defecto de `touchstart`. Como vamos a ver, debido a que los eventos de toque siempre se mandan antes que los de ratón normales, se puede impedir el envío de uno de este tipo mediante el método `preventDefault()`, que vimos anteriormente en este capítulo, sobre el `touchstart`. Esto le permitirá definir comportamientos diferenciados para Mobile Safari y los navegadores clásicos.

Desplazar la información

Otro evento que puede resultar útil es `scroll`. Por ejemplo, es posible utilizarlo para simular una regla `position:fixed` de CSS, que no está soportada en el iPhone. En los navegadores de escritorio se envía repetidamente conforme va cambiando la posición de la barra de desplazamiento, mientras que en Mobile Safari sólo se mandará cuando el dedo del usuario abandone la superficie de la pantalla.

Todo esto muestra la necesidad de que determinados eventos implementen la interacción con el usuario. Los eventos de toque apropiados llevan disponibles desde la versión 2.0 de iOS.

Eventos multi-toque

La superior eficacia de los eventos de toque frente a los de ratón en los dispositivos portátiles de Apple no es en modo alguno una necesidad, ya que otros fabricantes de este tipo de aparatos han preferido implementar eventos de ratón de una manera más precisa. No obstante, la prioridad que se da a los de toque, y más concretamente a los multi-toque que utilizan varios puntos de contacto simultáneos, en el iPhone, el iPod touch y el iPad es la base para tener una navegación fluida, natural y eficaz.

Nuevos procesos de interacción

Los dedos actúan como varios ratones conectados al terminal; cada uno puede "saltar" de un punto a otro, mientras que un ratón sólo se puede mover por el escritorio disparando potencialmente un `mousemove`. Aparte de esto, los ratones suelen tener varios botones cuyos clics se pueden identificar mediante la propiedad `button` del objeto `MouseEvent`.

Básicamente, al golpear existen tres estados. Cada evento de toque comienza con un `touchstart` y finaliza con un `touchend`, posiblemente pasando por un `touchmove` entre medias. A diferencia de un `mousemove`, `touchmove` se dispara después de un `touchstart` y tendrá en cuenta cada nuevo punto de contacto, con independencia del número de dedos utilizados (aunque el límite parece ser de 11 puntos de contacto simultáneos), hasta que se envíe un `touchend`.

Manejar eventos multi-toque

Se debe estar pendiente de los eventos de toque como de cualquier otro evento, empleando los métodos `addEventListener()` y `removeEventListener()`. No obstante, tenga siempre cuidado de no impedir en un exceso de celo algunos gestos necesarios para el proceso de la navegación, como los desplazamientos. Un ejemplo tan simple como el que vemos aquí podría impedir que el usuario moviera la página para mostrar las partes que quedan fuera de la ventana de visualización o que apareciera una barra de direcciones oculta:

```
document.addEventListener("touchstart", function(event) {
   event.preventDefault();
}, false);
```

iOS posee varios gestos multi-toque predefinidos, como pellizcar (para ampliar) o rotar. La mayoría se pueden capturar empleando eventos de toque. En breve, analizaremos los gestos con más detalle.

Advertencia: *Por regla general, sea siempre extremadamente cuidadoso al modificar el comportamiento por defecto del navegador y la interfaz del sistema operativo. El usuario posee hábitos y expectativas que pueden repercutir negativamente en su interacción con la aplicación al ser cambiados.*

Puntos de contacto ilimitados

El límite en el número de eventos simultáneos que es posible atrapar lógicamente nunca debería ser un inconveniente en su proceso de desarrollo porque se puede controlar de forma cómoda un evento por dedo. Se puede recoger la posición de cada dedo utilizando el nuevo objeto TouchEvent y su propiedad touches. Esta propiedad proporciona una TouchList (lista de toques) que contiene un objeto Touch por cada punto de contacto, independientemente del objetivo del evento. Cada vez que se recibe una nueva pulsación se dispara un nuevo evento touchstart y la lista se actualiza con un nuevo objeto Touch. Existen otras dos propiedades que emplean el objeto TouchList: targetTouches, que contiene todos los objetos Touch relacionados con el objeto que dispara el evento, y changedTouches, que se debería usar como en el siguiente ejemplo:

```
<!DOCTYPE html>
<html>
<head>
   <title>Multi-Touch Demo</title>
   <meta name="viewport" content="width=device-width; initial-scale=1.0;
     maximum-scale=1.0; user-scalable=no">

   <style>

   div {
      -webkit-user-select: none;
      position: absolute;
      width: 44px;
      height: 44px;
      text-align: center;
      background-color: black;
      -webkit-border-radius: 22px;
   }
```

```
div span {
    display: block;
    font: bold 9px/15px sans-serif;
    margin-top: -15px;
}

</style>

<script>

document.addEventListener("touchstart", handleTouch, false);
document.addEventListener("touchmove", handleTouch, false);
document.addEventListener("touchend", handleTouch, false);

function handleTouch(event) {
    var touch = event.changedTouches;
    for (var n = 0; n < touch.length; n++) {
        var id = "i" + touch[n].identifier;
        var div = document.getElementById(id);
        if (!div) {
            div = document.createElement("div");
            div.innerHTML = "<span>" + id.substr(1) + "<span>";
            div.id = id;
            document.body.appendChild(div);
        }
        div.style.left = (touch[n].pageX - 22) + "px";
        div.style.top = (touch[n].pageY - 22) + "px";
        div.style.opacity = (event.type == "touchend") ? 0.05 : 1.0;
    }

    event.preventDefault();
}

</script>
</head>
<body></body>
</html>
```

Este código simplemente añade un `<div>` en forma de disco para cada nuevo punto de contacto (véase la figura 13.1) que sigue el movimiento del dedo, en una especie de "arrastrar y soltar". Para determinar los nuevos puntos de contacto recurrimos a la propiedad `changedTouches` que contiene todos los objetos `Touch` agregados o modificados que han disparado un evento. Una vez más, esto ocurre de manera independiente al objeto de destino inicial, lo que le permite borrar sólo los elementos pertinentes.

Advertencia: *A partir de la versión 3.2 del iOS, las propiedades de toque del evento* touchend *no son fiables y* touches *and* targetTouches *permanecerán vacías por sistema. Esto implica que sólo la propiedad* `changedTarget` *podría permitirle controlar adecuadamente los toques pero ésta contendrá todos los que se hayan producido, lo que complicará las cosas hasta rozar lo imposible. Si necesita utilizar este evento, compruébelo a fondo en el iPad para evitar sorpresas desagradables cuando su aplicación esté accesible para todo el mundo.*

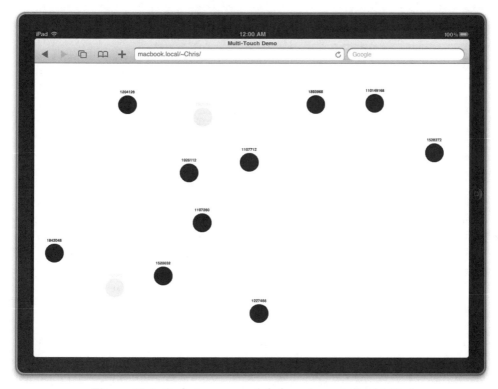

Figura 13.1. *Cada toque con el dedo en la pantalla del iPad se materializa en un círculo.*

El objeto `Touch` posee una propiedad `identifier` que contiene un identificador único para cada instancia. Como el orden en el que tienen lugar los toques no es fijo y el usuario puede colocar los dedos de una manera determinada y separarlos después de la pantalla de modo desordenado, usamos esta propiedad para determinar el `<div>` que creamos anteriormente. Como el sistema puede reciclar y reutilizar los identificadores, no borraremos los discos anteriores; en vez de ello, simplemente cambiaremos su opacidad para observar el movimiento cuando se recicle su identificador.

Tabla 13.2. *Propiedades del objeto Touch.*

Propiedades	Descripción
`touch.pageX` y `touch.pageY`	Representan la posición del evento del toque en relación a la página completa.
`touch.clientX` y `touch.clientY`	Deberían representar la posición del evento en relación al área del cliente, pero devuelven los mismos valores que `pageX` y `pageY`.
`touch.screenX` y `touch.screenY`	Deberían representar la posición del evento en relación a la pantalla, pero devuelven los mismos valores que `pageX` y `pageY`, aunque estos están ajustados a la escala de la ventana de visualización.
`touch.identifier`	El identificador único de la instancia de `Touch`.
`touch.target`	El objetivo del evento para este toque.

La tabla 13.2 describe toda las propiedades disponibles para el objeto `Touch`. Como puede ver, aunque contiene tres distintas para colocar con precisión el evento dependiendo de sus necesidades, todos devuelven el mismo valor. Tenga en cuenta también que, aunque el objeto `TouchEvent` posee unas propiedades `pageX` y `pageY`, éstas siempre devuelven `0`, forzándole a confiar en las propiedades del propio objeto `Touch`.

Eventos de toque cancelados

El sistema operativo puede detener una secuencia de toques en cualquier momento, en cuyo caso se envía un evento `touchcancel`. Esto ocurre, por ejemplo, cuando el sistema operativo inicia un evento interno, como una pulsación larga que activa una operación de copiar y pegar, seleccionando el elemento señalado por el usuario. Al utilizar este evento podrá detener correctamente la ejecución de su código porque no se reanudará cualquier operación actual o pendiente.

Una vista de página creada con Touch y Transform

En las páginas Web clásicas es frecuente asociar a las etiquetas eventos con cambios para, por ejemplo, mostrar un menú desplegable. En Mobile Safari puede sacar partido de las transiciones CSS fluidas cuando se mueven los elementos. En el siguiente ejemplo vamos a implementar una funcionalidad del tipo "arrastrar y soltar" recurriendo a eventos multi-toque y transiciones para conseguir un resultado similar al de la aplicación de álbum de fotos del iPhone. En Cocoa Touch, esto se haría utilizando el objeto `UIPageView`.

Lo que vamos a hacer

Aunque un álbum normalmente contiene varias imágenes o fotografías, no es necesario crear un contenedor para cada una porque vemos las imágenes una a una. Cuando el usuario desplace una foto hacia la derecha o hacia la izquierda, se revelará parte de la imagen siguiente o anterior. Esto significa que sólo necesitamos tres áreas en las que mostrar fotografías, como puede ver en la figura 13.2.

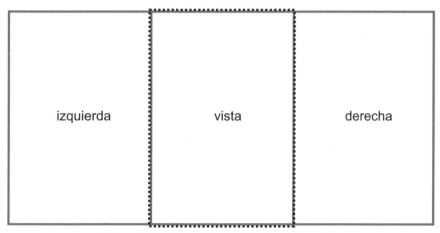

Figura 13.2. *Plantilla para la vista de página.*

Con cada movimiento hacia la derecha, el nodo que contiene la imagen de la izquierda se moverá hacia el área central y la zona de la derecha se desplazará hacia la izquierda del área central (e inversamente para la izquierda). Después de cada movimiento, habrá que actualizar los contenedores de las áreas ocultas para mostrar la nueva imagen en cuestión.

El contenedor

Queremos crear tres áreas necesariamente dinámicas para que nos resulte más fácil controlar la vista de la página. Lo único que tenemos que hacer es definir un contenedor (con la clase `.pageview-wrapper`) con sus dimensiones. Estos son los estilos que hacen falta para determinar nuestras áreas:

```
.pageview-wrapper {
   position: relative;
   overflow: hidden;
}

.pageview-wrapper div {
   position: absolute;
   top: 0;
   left: 0;
   width: 100%;
   height: 100%;
}

.pageview-group div {
   border: solid 5px black;
   -webkit-box-sizing: border-box;
}

.pageview-group div:first-child { left: -100%; }
.pageview-group div:last-child { left: +100%; }
```

Nuestras tres áreas están posicionadas de manera absoluta para que sea más fácil colocarlas y las hemos agrupado dentro de un contenedor (`.pageview-group`) para que no haga falta moverlas por separado ni utilizar tanto código. Para que las áreas estén visibles, aunque no se muestre ninguna imagen, les hemos añadido un borde.

Con todo esto definido sólo tenemos que fijar las dimensiones de nuestro contenedor:

```
html, body {
   margin: 0;
   height: 100%;
}

.box {
   width: 100%;
   height: 100%;
   background-color: lightgrey;
}
```

En nuestro ejemplo le hemos dado al contenedor una anchura relativa para que ocupe todo el espacio disponible en el dispositivo que usamos para las pruebas. Obviamente, puede definir las dimensiones que desee en función de sus necesidades.

La definición del contenedor en el código HTML es muy sencilla:

```
<div class="box pageview-wrapper"></div>
```

Por ahora, esto sólo mostrará un rectángulo gris. El grupo y las áreas se añadirán cuando se inicialice el objeto `PageView` que vamos a crear.

Combinar los elementos con la interacción

El objeto `PageView` que creamos aquí añadirá los elementos necesarios para incorporar la paginación a nuestro contenedor y controlar los eventos iniciados por el usuario que estén relacionados con el movimiento de las áreas de las fotografías.

```
var PageView = function(target) {
   this.target = target;
   this.state = this.WAITING;

   /* Fase de inicialización */
   this.createElements();
   this.registerEvents();
}

/*  PageView espera una acción del usuario */
PageView.prototype.__defineGetter__("WAITING", function() { return 0 });

/* El usuario ha señalado el contenedor PageView */
PageView.prototype.__defineGetter__("ATTACHED", function() { return 1 });

/* El usuario ha soltado el contenedor y PageView se desplaza a su nueva
posición*/
PageView.prototype.__defineGetter__("DETACHING", function() { return 2
});
```

El contenedor se le pasa al constructor como parámetro y se almacena en la propiedad `target`. Entonces el estado de la vista de la página se asigna a `WAITING`, utilizando las constantes definidas en los captadores. Después, el constructor llama a los métodos de inicialización:

```
PageView.prototype.createElements = function() {

   /* Crea un grupo de páginas */
   this.group = document.createElement("div");
   this.group.className = "pageview-group";
   this.target.appendChild(this.group);

   /* Agrega las 3 páginas */
   for (var n = 0; n < 3; n++) {
      var div = document.createElement("div");
      this.group.appendChild(div);
   }
}

PageView.prototype.registerEvents = function() {
   this.target.addEventListener("touchstart", this, false);
   this.target.addEventListener("touchmove", this, false);
   this.target.addEventListener("touchend", this, false);
}
```

El método `createElements()` genera el grupo de páginas que se desplazará cuando el usuario desee cambiar la imagen seleccionada. A este contenedor se le agregan las tres páginas, mientras que el evento de toque se asocia al principal. Como pasamos `this` como manejador, tenemos que definir un método `handleEvent()` como explicamos anteriormente.

```
PageView.prototype.handleEvent = function(event) {
    switch (event.type) {
        case "touchstart":
        case "touchmove":
        case "touchend":
            var handler = event.type + "Handler";
            this[handler](event);
    }
}
```

Después, se dirige cada evento a la función pertinente.

```
PageView.prototype.touchstartHandler = function(event) {
    if (this.state == this.DETACHING) {
        return;
    }
    this.state = this.ATTACHED;
    this.origin = event.touches[0].pageX;
    event.preventDefault();
}
```

Cuando el usuario toque el contenedor de `PageView`, el estado se cambiará por `ATTACHED`, indicando que el objeto debería atrapar las acciones de los usuarios. El origen del movimiento del dedo se registra y la propiedad `origin` nos permitirá calcular el movimiento durante el evento `touchmove`.

Para evitar un comportamiento irrelevante vamos a cancelar también cualquier acción por defecto del navegador.

```
PageView.prototype.touchmoveHandler = function(event) {
    if (this.state != this.ATTACHED) {
        return;
    }
    var distance = event.touches[0].pageX - this.origin;
    this.group.style.webkitTransform = "translate3d(" + distance + "px, 0, 0)";
}
```

Cuando el usuario desplace un dedo por la pantalla, ajustamos la posición del grupo de páginas para moverlo simultáneamente. Como comentamos en el capítulo 9, el método `translateX()` ya no es fiable porque carece de fluidez. Nos basamos en el método `translate3d()`, que no tiene este problema.

Cuando el usuario deje de hacer presión, tenemos que activar la nueva imagen destacada. Como no queremos que la vista de la página salte abruptamente de un área a otra, vamos a utilizar para ello una transición CSS. De este modo, las

```
        var last = this.group.lastChild;
        this.group.insertBefore(last, first);
}

    this.group.removeEventListener("webkitTransitionEnd", this, false);
    this.group.style.webkitTransitionDuration = 0;
    this.group.style.webkitTransform = "";
    this.state = this.WAITING;
}
```

Lo único que queda por hacer es asociar el objeto con el contenedor principal a través de este sencillo código:

```
var wrap = document.querySelector(".pageview-wrapper");
var view = new PageView(wrap);
```

Como puede ver, este código es realmente corto y flexibiliza mucho la definición de transiciones y dimensiones porque todo se controla desde la hoja de estilos. Si lo ejecuta ahora, ya puede hacer que las áreas se muevan de derecha a izquierda y de izquierda a derecha. Esto, obviamente, no es muy satisfactorio porque por ahora no se muestra nada en las zonas definidas.

Crear eventos personalizados

Para controlar la representación de nuestras imágenes en las diferentes áreas vamos a crear nuevos eventos. El primero, `PageChanged`, inicializará las imágenes de la vista de la página. Los otros dos, `PageMovedLeft` y `PageMovedRight`, se enviarán cuando las imágenes se muevan hacia la izquierda o hacia la derecha. Esto se hace generando primero un método `sendEvent()` como sigue:

```
PageView.prototype.sendEvent = function(dir) {
    /* Crea una nueva instancia de Event */
    var type, event = document.createEvent("Event");

    /* Prepara el tipo evento */
    if (dir > 0) {
        type = "PageMovedRight";
    } else if (dir < 0) {
        type = "PageMovedLeft";
    } else {
        type = "PageChanged";
    }

    /* Inicializa el nuevo evento */
    var vendor = "book";
    event.initEvent(vendor + type, false, false);

    /* Añade una propiedad 'pages' al objeto Event */
    var nodes = this.group.childNodes;
```

```
        event.pages = {
           left: nodes[0],
           view: nodes[1],
           right: nodes[2]
        };

        /* Envía el evento a su destinatario */
        this.target.dispatchEvent(event);
    }
```

El método `createEvent()` de la interfaz `DocumentEvent` del DOM devuelve una instancia del objeto pasado como parámetro. Aquí hemos creado un evento básico mandando la cadena `Event`. También podríamos haberle enviado `MouseEvent`, `TouchEvent`, etc., para crear instancias de estos eventos.

Cada uno de los objetos que implementan la interfaz de `Event` posee su propio método de inicialización. En el caso de `Event`, se trata de `initEvent()`, que recibe sólo tres parámetros. El de `MouseEvent`, por ejemplo, es bastante más largo. El método `initEvent()` presenta la siguiente estructura:

```
event.initEvent(tipoEvento, puedePropagarse, cancelable);
```

Nuestro evento no se puede cancelar porque se envía después de que se creen las etiquetas y se mueva el grupo: el comportamiento por defecto tampoco se puede parar porque ya ha sido ejecutado. El prefijo `book` se añade a nuestro tipo de evento para asegurar la compatibilidad con versiones posteriores para los eventos nativos. Evidentemente, podría utilizar los nombres de evento del DOM y de este modo simular un clic, por ejemplo.

Una vez inicializado el evento, le agregamos una nueva propiedad `pages` que permitirá al manejador acceder a las áreas y modificarlas en todo momento. El evento se envía después a su destinatario, el contenedor principal.

Ya podemos llamar a nuestra nueva función `sendEvent()`. Sólo tenemos que cambiar nuestro constructor para que el código cliente inicialice el contenido de nuestras áreas con el evento `PageChanged`.

```
var PageView = function(target) {
...
    this.sendEvent();
}
```

A continuación, tenemos que avisar al código cliente cuando la transición se haya completado. Por tanto, vamos a cambiar el método `moveNodes()` para añadirle una llamada a la función al final.

```
PageView.prototype.moveNodes = function() {
...
    this.sendEvent(matrix.e);
}
```

El objeto `PageView` ya está preparado para enviar sus propios eventos personalizados al código cliente.

Manejar eventos personalizados

Sin entrar en desarrollos demasiado largos, vamos a modificar sólo el color de fondo de nuestras áreas. Si deseara utilizar esto en una aplicación con las imágenes adecuadas, podría emplear las reglas de posicionamiento y cambio de tamaño del fondo que vimos en el capítulo 6 para optimizar todo el espacio disponible preservando la proporción de aspecto. La captura de eventos personalizados se realiza de un modo idéntico a la de los eventos nativos. Vamos a usar la nueva función `hsl()` de CSS para recorrer los colores sin contratiempos, evitando tener que trabajar con el valor de la variable de color.

El primer evento a capturar es `PageChanged`, que indicará cuándo inicializar los colores para las tres áreas.

```
var color = 0;

function makeColor(hue) {
    return "hsl(" + hue + ", 100%, 50%)";
}

wrap.addEventListener("bookPageChanged", function(e) {
    e.pages.left.style.backgroundColor = makeColor(color - 20);
    e.pages.view.style.backgroundColor = makeColor(color);
    e.pages.right.style.backgroundColor = makeColor(color + 20);
}, false);
```

A continuación, queremos desplazar los colores progresivamente conforme el usuario mueva las áreas de un lado hacia el otro.

```
wrap.addEventListener("bookPageMovedLeft", function(e) {
    color += 20; // Nuevo color activo
    e.pages.right.style.backgroundColor = makeColor(color + 20);
}, false);

wrap.addEventListener("bookPageMovedRight", function(e) {
    color -= 20; // Nuevo color activo
    e.pages.left.style.backgroundColor = makeColor(color - 20);
}, false);
```

Lo que hacemos es, simplemente, aumentar y reducir el valor de la variable `color` y cambiar en consonancia el tono del nodo opuesto dependiendo de la dirección. Los receptores se deben añadir después de la instanciación del objeto `PageView` para no enviar el evento `PageChanged` antes de que exista un receptor para capturarlo. El evento se manda desde el constructor una vez inicializada la vista de página.

Trabajar con los gestos preprocesados

Para que sea más fácil interpretar los gestos clásicos del iPhone, Apple ha añadido eventos de nivel superior que encapsulan a `TouchEvent` y le permiten centrarse sólo en dichos gestos. En `GestureEvent` no hay información sobre `TouchList`, sino datos relativos a la rotación y la escala (gestos de giro y pinza).

> **Advertencia:** *La información de rotación y escala también está disponible a través del objeto* `TouchEvent` *pero los eventos de gesto le permiten centrarse sólo en esos datos, mientras que los eventos de toque enviarán actualizaciones constantemente debido a los eventos* `touchmove`, *incluso aunque no haya habido gestos reales. Dispone, por tanto, de dos opciones pero sepa que* `GestureEvent` *consume menos recursos.*

Las propiedades `scale` y `rotation` del objeto `GestureEvent` le permitirán acceder al estado de sus gestos respectivos por medio de `gesturestart`. Inicialmente, toman los valores 1 (`scale`) y 0 (`rotation`) cuando se envía el `touchstart`, cambiando cuando el usuario mueve sus dedos sobre la pantalla.

> **Nota:** *En iOS 3.0, los valores de* `scale` *y* `rotation` *para* `gestureend` *son engañosos si el evento ocurre justo tras un* `gesturestart`. *En tal caso, siempre recibirá un* `scale` *de 0 y un ángulo de rotación incorrecto. Si desea utilizar* `gestureend`, *compruebe que los valores devueltos sean consistentes; por ejemplo, puede verificar si se ha enviado un evento* `gesturechange`.

Estos gestos requieren usar dos dedos. Así pues, cuando el segundo alcance la superficie de la pantalla, se enviará el evento `gesturestart` justo antes del `touchstart`. Los eventos de gesto siempre se envían antes del de toque asociado. Lo mismo ocurre, por tanto, cuando el usuario levanta uno de los dos dedos: el evento `gestureend` se envía antes del `touchend`. De igual modo, `gesturechange` se manda previamente a `touchmove`.

El siguiente ejemplo muestra cómo se utilizan estos eventos:

```
<!DOCTYPE html>
<html>
<head>
    <title>Gesture Demo</title>
```

```
    <meta name="viewport" content="width=device-width;
        initial-scale=1.0; maximum-scale=1.0; user-scalable=0;">
    <style>

        body { margin-top: 50% }
        div {
            margin:-125px auto 0;
            text-align: center;
            color: white;
            font: bold 20px/250px sans-serif;
            width: 250px;
            background: rgba(0,0,255,0.5);
            border: solid 1px blue;
            -webkit-border-radius: 32px;
        }
    </style>
</head>

<body>
    <div>SQUARE</div>

    <script>

    var div = document.getElementsByTagName("div")[0];

    div.addEventListener("gesturestart", startHandler, false);
    div.addEventListener("gesturechange", changeHandler, false);

    function startHandler(event) {
        if (event.target != event.currentTarget) {
            return;
        }
        var computed = window.getComputedStyle(event.target);
        event.target._originalMatrix = new WebKitCSSMatrix(computed.
webkitTransform);
    }

    function changeHandler(event) {
        if (event.target != event.currentTarget) {
            return;
        }
        event.target.style.webkitTransform = event.target._
originalMatrix
            .scale(event.scale).rotate(event.rotation);
        event.preventDefault();
    }

    </script>
</body>
</html>
```

Como era de esperar, comenzamos añadiendo los manejadores apropiados para capturar los eventos. Como el elemento <div> contiene un nodo de texto, si se pasa un dedo sobre éste, se enviarán dos eventos para el mismo cambio de gesto:

uno para el objetivo principal y otro para el contenido del `<div>`. Para evitar aplicar inútilmente la misma transformación dos veces, filtramos el objetivo para centrarnos sólo en el principal. Para asegurarnos de que la transformación se aplica sobre el estado actual del objeto, la función `startHandler()` recoge el estado procesado del objetivo y lo guarda en la propiedad `_originalMatrix`, que se añade dinámicamente al nodo objetivo.

A partir de ahí se puede calcular la nueva matriz cuando se envíe el evento `gesturechange`, mediante el método `scale()` del objeto `CSSMatrix`, y se puede aplicar la rotación utilizando `rotate()`. Como estos métodos no alteran la matriz original, cada nuevo `gesturechange` conllevará una transformación correcta de los valores `scale` y `rotation`, que variarán a la par con los movimientos de los dedos del usuario dentro de una sesión de gestos.

Por último, como el evento se puede cancelar, para asegurarnos de que la ventana de visualización no se mueve cuando el usuario realiza gestos empleamos `preventDefault()` sobre el evento.

Cree sus propios gestos

Los eventos de gesto enriquecen la interpretación de los gestos cásicos de iOS y la hacen mucho más fácil porque el valor a aplicar ya está procesado. Sin embargo, esto quizá resulte limitado, ya que sólo hay disponibles dos gestos predefinidos.

Su interpretación puede convertirse rápidamente en una tarea rutinaria en cuanto se pasa a definir cada uno de modo independiente. El popular gesto de hacer un barrido para borrar es bastante simple de manejar porque lo único que necesita hacer es registrar la posición del dedo entre los eventos `touchstart` y `touchend` y comprobar que la línea entre estos puntos es más o menos horizontal. Sin embargo, si intenta controlar movimientos más complejos, como el trazado de letras o formas, la historia es completamente diferente.

Un código, muchos trazos

Vamos a construir un sistema que permita, con sólo una sección de código, reconocer cualquier trazo. Esto, en caso de que sea relevante para su aplicación Web, puede hacer que su uso sea mucho más productivo. El sistema implementado está inspirado en bibliotecas como LibStroke o Xstroke (que utilizan C/C++ en los sistemas Linux) y la aplicación de reconocimiento de caracteres Graffiti, que se empleaba antes en PalmOS (véase la figura 13.3) y que ha sido llevada recientemente a los dispositivos Android. Cabe destacar que el iPhone ya posee un sistema similar para escribir caracteres chinos.

Figura 13.3. La pantalla de ayuda de Graffiti en PalmOS y la interfaz de reconocimiento del iPhone.

Los movimientos utilizados en el iPhone, por lo general, no emplean más de un dedo porque los demás desplazamientos normalmente ya los interpretan los eventos de gesto, como vimos con anterioridad. Por tanto, vamos a recurrir a eventos de toque, teniendo en cuenta únicamente el primer dedo. El script registrará primero todos los puntos por los que pasa y luego intentará traducir la secuencia.

La interpretación se controlará proyectando el movimiento contra una cuadrícula de bloques de 3x3, numerados del 1 al 9, que nos permitirá extraer una rúbrica asociada con una forma específica. Como muestra la figura 13.4, la cuadrícula no posee unas dimensiones definidas y vendrán determinadas por la amplitud del movimiento; el cuadro delimitador se ajustará progresivamente conforme se añadan nuevos puntos.

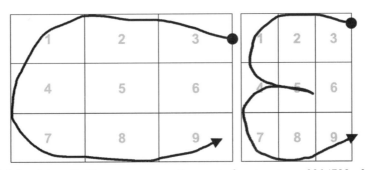

Figura 13.4. Las letras C y E generan, respectivamente, las signaturas 3214789 y 321454789.

Para que esto sea más preciso será necesario ajustar algunas formas. De hecho, si una es notoriamente más grande en una dirección, la interpretación puede ser imprecisa. En tales casos, se adaptará la rejilla para centrar el dibujo, modificando la escala con respecto al intervalo más pequeño, como muestra la figura 13.5.

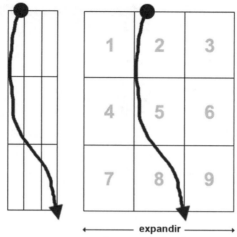

Figura 13.5. *Un gesto que sea exageradamente más alto que ancho debe ser ajustado.*

Es más, habrá caracteres (el signo de la suma, por ejemplo) que probablemente se dibujen liberando la presión en uno o varios momentos. Por eso vamos a almacenar varias secuencias contiguas en caso de que tengan lugar dentro de un espacio temporal definido y las vamos a sumar para devolver la signatura asociada.

El objeto caja delimitadora

La caja delimitadora es un simple rectángulo que se crea mediante la siguiente definición:

```
var Rect = function() {
    var i = Infinity;
    this.coords = new WebKitPoint(+i, +i);
    this.extent = new WebKitPoint(-i, -i);
}

Rect.prototype.adjust = function(x, y) {
    if (x < this.coords.x) {
        this.coords.x = x;
    }
    if (x > this.extent.x) {
        this.extent.x = x;
    }
    if (y < this.coords.y) {
        this.coords.y = y;
    }
    if (y > this.extent.y) {
        this.extent.y = y;
    }
}
```

```
Rect.prototype.fit = function() {
    var w = (this.extent.x - this.coords.x + 1);
    var h = (this.extent.y - this.coords.y + 1);

    if ((w / h) > 4 || (h / w) > 4) {
        var ax = w < h ? w : 0;
        var ay = w < h ? 0 : h;

        this.coords.x -= ax;
        this.extent.x += ax;
        this.coords.y -= ay;
        this.extent.y += ay;
    }
}
```

Para que esto sea más fácil de leer vamos a utilizar el objeto `WebKitPoint`, que representa un punto con coordenadas x e y. El método `adjust()` le permite ajustar adecuadamente la caja delimitadora según los parámetros que se le pasen cuando un dedo golpee la pantalla. Por último, el método `fit()` adapta la caja delimitadora si ésta es al menos cuatro veces más grande en una dirección.

Registrar los trazos del usuario

El objeto `Recognizer` registra los trazos y genera la signatura.

```
var Recognizer = function(element, interpreter) {
    this.element = element;
    this.element.addEventListener("touchstart", this, false);
    this.interpreter = interpreter;

    this.strokes = [];
    this.autoEndTimer = null;
    this.strokeSource = null;
}
```

Como primer parámetro, el constructor toma el objeto que capturará los toques. Puede ser un elemento HTML con dimensiones definidas o bien el objeto `document`, que le permitirá capturar todos los eventos de la pantalla del dispositivo. El segundo parámetro es una función que interpreta las signaturas.

Los movimientos sucesivos, que se usarán para determinar la signatura final, se guardan en el vector `strokes`. Para que la figura tenga un final y poder establecer si un trazo es parte de la secuencia actual o inicia uno nuevo, utilizamos un temporizador. El identificador de este temporizador se guarda en `autoEndTimer` para tenerlo controlado.

```
Recognizer.prototype.handleEvent = function(event) {
    var x = event.changedTouches[0].pageX;
    var y = event.changedTouches[0].pageY;
```

```
        var t = event.type;

        if (event.touches.length != 1) {
            t = "touchend";
        }

        switch (t) {
            case "touchstart":
                this.saveSource(event.touches[0].target);
                this.startStroke();
                this.savePoint(x, y);
                this.doAutoEnd();
                break;

            case "touchmove":
                this.savePoint(x, y);
                this.doAutoEnd();
                break;

            case "touchend":
                this.endStroke();
                this.savePoint(x, y);
                this.doAutoEnd();
                break;
        }

    event.preventDefault();
}

Recognizer.prototype.saveSource = function(node) {
    if (!this.strokeSource) {
        if (node.nodeType == node.TEXT_NODE) {
            node = node.parentNode;
        }
        this.strokeSource = node;
    }
}

Recognizer.prototype.startStroke = function() {
    this.strokes.push({
        points: [],
        bound : new Rect()
    });
    this.element.addEventListener("touchmove", this, false);
    this.element.addEventListener("touchend", this, false);

}
```

La grabación comienza por un touchstart. Registramos nuevos receptores para iniciar una secuencia sólo cuando se envíe este evento, evitando así el registro de los puntos iniciales que estén fuera de element. Se manda un nuevo objeto al vector `strokes`, en el que se almacenan todos los puntos y la caja delimitadora. Dicha caja se va redimensionando progresivamente conforme se añaden los puntos, lo que nos ahorra un bucle al procesar la signatura. Para cada evento se deberá guardar al menos un punto y se reinicializará el temporizador `autoEndTimer`.

```
Recognizer.prototype.savePoint = function(x, y) {
    var stroke = this.strokes[this.strokes.length - 1];
    stroke.points.push(new WebKitPoint(x, y));
    stroke.bound.adjust(x, y);
}

Recognizer.prototype.doAutoEnd = function() {
    if (this.autoEndTimer) {
        window.clearTimeout(this.autoEndTimer);
    }
    var that = this;
    this.autoEndTimer = window.setTimeout(function() {
        that.endStroke();
        that.finalizeStrokes();
    }, 500);
}
```

El usuario tiene 500 ms para encadenar dos gestos, suficiente en la mayoría de los casos. Más allá de este límite, el registro se detendrá automáticamente y los receptores que pudiera haber serán borrados.

```
Recognizer.prototype.endStroke = function() {
    this.element.removeEventListener("touchmove", this, false);
    this.element.removeEventListener("touchend", this, false);
}
```

Cuando la secuencia haya llegado a su final, se llamará al método `finalize Strokes()` para determinar la signatura.

```
Recognizer.prototype.finalizeStrokes = function() {
    var signature = [];

    for (var m = 0; m < this.strokes.length; m++) {
        var bound = this.strokes[m].bound;
        var points = this.strokes[m].points;

        bound.fit();
        var w = (bound.extent.x - bound.coords.x + 1) / 3;
        var h = (bound.extent.y - bound.coords.y + 1) / 3;

        for (var n = 0; n < points.length - 1; n++) {
            var px = points[n].x - bound.coords.x;
            var py = points[n].y - bound.coords.y;
            var mx = px / w << 0; // The bit shift operator allows
            var my = py / h << 0; // very quick Math.floor()

            var value = my * 3 + mx + 1;
```

```
                if (value != signature[signature.length - 1]) {
                    signature.push(value);
                }
            }
        }

    this.strokes = [];
    this.interpreter(signature.join(''), this.strokeSource);
    this.strokeSource = null;}
}
```

Si es necesario, para cada trazo registrado se irá ajustando la caja delimitadora, calculándose las dimensiones de la cuadrícula. Después, se ajustan los puntos para normalizar sus coordenadas y se estima su posición. Si se obtiene un nuevo bloque de cuadrículas, lo añadimos a la signatura. Por último, se vacía el vector `strokes` y se inicia el intérprete con la signatura final como parámetro.

Cómo utilizar el objeto Recognizer

Partiendo de esto resulta muy fácil utilizar el objeto `Recognizer`, ya que sólo tendrá que instanciar el objeto y definir un intérprete para la signatura. Vamos a emplear una lista para recibir los trazos del dedo y modificar el estilo de texto de los elementos de lista apropiadamente. Para este ejemplo vamos a construir de nuevo sobre la plantilla de nuestra aplicación. Estos son los cambios que aplicaremos a `index.html`:

```
<body onload="init()">
    <div class="view" style = "background: white">
...
        <div class="list-wrapper">
            <h2>Apress</h2>
            <ul>
                <li>Books</li>
                <li>Reviews</li>
                <li>Authors</li>
                <li>Contact</li>
            </ul>
        </div>
    </div>
<body>
```

Después creamos un nuevo archivo JavaScript llamado `strokes.js` que contenga el código para el `Recognizer`, junto con lo siguiente:

```
function interpreter(signature, source) {
    switch (signature) {
        case "456": // O--->
            sendEvent("SwipeRight", source);
```

```
            break;

        case "654": // <---O
            sendEvent("SwipeLeft", source);
            break;
        default:
            console.log("Unknown stroke received " + signature);
    }
}

function sendEvent(type, target) {
    var vendor = "book";
    var event = document.createEvent("Event");

    event.initEvent(vendor + type, true, false);
    target.dispatchEvent(event);
}
```

Como estaba previsto, el intérprete recibe la signatura junto con el origen del trazo. Se interpreta y se envía un evento al origen, definiendo el segundo parámetro de `initEvent()` como `true`, con lo que se permite que haya propagación. Entonces sólo tendrá que instanciar el objeto y preparar los receptores cuyos manejadores modificarán los estilos de los elementos de la lista.

```
function init() {
    var ul = document.getElementsByTagName("ul")[0];
    var rs = new Recognizer(ul, interpreter);

    /* Cambia el color del texto en los eventos de barrido de derecha
       a izquierda */
    ul.addEventListener("bookSwipeLeft", function(event) {
        var style = event.target.style;
        style.color = style.color ? "" : "red";
    }, false);

    /* Cambia el grosor del texto en los eventos de barrido de izquierda
       a derecha */
    ul.addEventListener("bookSwipeRight", function(event) {
        var style = event.target.style;
        style.fontWeight = style.fontWeight ? "" : "bold";
    }, false);
}
```

Los nuevos eventos enviados son los barridos de derecha a izquierda y su equivalente de izquierda a derecha. Cada trazo cambia el texto de negro a rojo o de un grosor normal a negrita, como muestra la figura 13.6. Como se ha activado la propagación de eventos, no es necesario añadir un manejador independiente para cada elemento de la lista. El evento alcanzará el objeto y ascenderá hasta el padre, al que está asociado el receptor. Esto le permite concentrar el tratamiento del manejador.

Figura 13.6. El movimiento de barrido cambia el estilo del texto.

Mejorar la precisión

Como puede ver, implementar nuevos eventos de gesto es bastante sencillo. Aun así, la precisión depende enormemente del trazo iniciado por el usuario y puede reducirse de forma especial en el caso de las diagonales, ya que suelen abarcar varias filas y columnas, lo que multiplica los posibles trazados para un único movimiento. Un modo interesante de controlar esto sería recurrir a expresiones regulares en la fase de interpretación para limitar el número de comparaciones sucesivas requeridas para determinar cuál fue el trazo. Esto también acelerará su aplicación porque el motor de expresiones regulares se ejecuta de manera nativa, a diferencia de las pruebas personalizadas que se complican más conforme los trazos se hacen más complejos. Otro sistema es trabajar con direcciones en lugar de con una cuadrícula, con la idea de establecer la orientación de los trazos en vez de intentar posicionar los puntos. Este método se utiliza en muchas aplicaciones, como la extensión FireGestures de Firefox, y ha demostrado ser muy preciso y eficaz.

Resumen

Al desarrollar sus aplicaciones, debe tener en cuenta en todo momento la relación única que se establece a través de los toques entre el usuario y el dispositivo. El uso y el control correcto de los toques y los gestos no sólo le permitirán mejorar enormemente la experiencia del usuario; con un poco de imaginación, también podrá ofrecerle nuevas funcionalidades y hacer que sus aplicaciones destaquen entre todas las que pueblan Internet.

Todo esto requiere que entienda a la perfección cómo funcionan estos eventos, cómo utilizarán probablemente el dispositivo los usuarios y cómo reaccionarán a la interfaz de sus programas. Ahora más que nunca, el mejor modo de sacar más partido a los eventos de toque y de gesto es a través de sus propias aplicaciones y experimentos.

14. Aplicaciones Web basadas en la localización

La App Store ofrece una miríada de aplicaciones que les ofrecen a los usuarios servicios basados en el lugar en el que se encuentren en un momento en particular, como Where de uLocate, un agregador de servicios multi-localización, o Foursquare, que le muestra una nueva manera de descubrir su ciudad.

Si cruza la información de las cada vez más abundantes bases de datos de carácter geográfico con la posición aproximada del usuario, podrá sugerirle a éste el sitio perfecto para comer chili con carne casero, personalizar su experiencia dándole la impresión de conocerle realmente, proporcionarle el parte meteorológico adecuado para esa tarde o mostrarle un plano con las direcciones apropiadas hacia cualquier lugar. Desde su primera versión, el iPhone ha incorporado medios para localizar al usuario en un mapa del mundo. Incluso a pesar de no venir inicialmente con un chip A-GPS (GPS asistido), utilizaba un algoritmo híbrido para determinar su posición, sintetizando los datos de la triangulación (a través de las antenas de telefonía móvil, el método empleado habitualmente en los teléfonos móviles) y usando la información recogida de la red a través de WPS (el sistema de posicionamiento por Wi-Fi). Así se podía devolver su ubicación en un tiempo razonable. La triangulación se fue haciendo más eficaz conforme aumentó el número de antenas de telefonía móvil pero nunca devolvió resultados con una precisión por debajo de los 100 metros. Deducir la posición de la información de la red podría ser muy preciso y rápido, aunque todavía seguiríamos dependiendo de la densidad de la red. La solución es buena en la mayoría de los casos pero aún es mejorable.

> **Nota:** *La geolocalización en todos los dispositivos castiga bastante la batería de los móviles, así que deberá tenerlo en cuenta y utilizar estas funcionalidades sólo cuando lo necesite el usuario final. Por ejemplo, es preferible guardar en caché esta información en vez de solicitar una nueva posición para cada apertura de la página.*

Es más, el sistema en uso sólo puso esta funcionalidad a disposición de las aplicaciones nativas del iPhone a través de la API Core Location. iOS 3.0 le ofrece la interesante posibilidad de llegar a la información geográfica directamente por medio de JavaScript, gracias a una nueva API accesible para Mobile Safari. Este capítulo le orientará sobre esta nueva y polivalente herramienta de la que dispone.

La API de Geolocalización

La implementación de esta API está basada en una especificación del W3C. Le permite determinar la posición geográfica del dispositivo anfitrión mediante las fuentes antes citadas. Empezar a emplearla es muy fácil. Puede acceder a todos los métodos de la API con el objeto `navigator.geolocation`, con lo que podrá solicitar fácilmente la posición del usuario, una vez o todas las que necesite, registrando de este modo sus movimientos (si los hay).

Detalles de privacidad

El acceso a este tipo de información de los usuarios sin su conocimiento se debe controlar siempre en cierta medida. Para respetar la privacidad, iOS siempre le pedirá permiso al usuario antes de enviar cualquier información sobre su posición, como hacen las aplicaciones Mapas y Cámara (véase la figura 14.1).

Detalles de configuración

Antes de probar la API en su propio dispositivo, asegúrese de que el servicio de localización está activo. Lo encontrará en la aplicación Ajustes, dentro del submenú General. Lo más "limpio" sería borrar incluso las autorizaciones de solicitud de geolocalización concedidas anteriormente para hacer borrón y cuenta nueva. Esto se consigue accediendo a Ajustes>General>Restablecer> Restablecer avisos geolocalización.

Figura 14.1. *Todas las aplicaciones de iPhone solicitan la autorización del usuario antes de enviar datos de localización.*

Además, cuando depure el código en un navegador de escritorio, no se olvide de comprobar la disponibilidad real de la API (esto le ahorrará un tiempo precioso de intentar depurar código que simplemente no se puede interpretar). Para ello, sólo tiene que utilizar este sencillo código que verifica el objeto Geolocation:

```
If (window.navigator.geolocation) {
   /* La API está disponible */
} else {
   /* Mensaje alternativo */
}
```

Del mismo modo, si su objetivo es Mobile Safari, no todos los usuarios dispondrán de la versión más reciente del navegador, especialmente en las versiones más antiguas del iPod touch, en las que la actualización en cuestión era de pago o no estaba disponible.

En términos generales, al proceder de esta manera podrá ofrecer su aplicación en las mejores condiciones a más usuarios, con el beneficio que supone tener una planificación de los errores.

Obtener la posición actual

El uso más obvio y probablemente más común de la API será el solicitar la posición actual del usuario. Como comentamos antes, utilizará el objeto Geolocation y accederá al método getCurrentPosition().

```
window.navigator.geolocation.getCurrentPosition(
    function(position) {
        /* hacer algo con los datos del objeto position */
    }
);
```

Como cada petición lleva algún tiempo y ello podría bloquear rápidamente el dispositivo del usuario, todas se hacen de manera asíncrona. Tendrá que pasar como parámetro una función *callback*, a la que se llamará cuando la información esté disponible, como vimos antes.

Longitud, latitud, etc.

Cuando la petición tiene éxito, se llama a la función *callback* usando el parámetro position, que contiene datos sobre la localización del usuario. Este objeto permite acceder a ocho propiedades, como muestra la tabla 14.1.

Tabla 14.1. *Propiedades del objeto position.*

Propiedad	Descripción
position.timestamp	Tiempo en el que se ha determinado la información de localización (en milisegundos).
position.coords.accuracy	La precisión de los datos de latitud/longitud devueltos (metros; cuantos menos, mejor).
position.coords.latitude	La latitud actual del usuario (grados decimales).
position.coords.longitude	La longitud actual del usuario (grados decimales).
position.coords.altitudeAccuracy	La precisión de la información devuelta sobre la altitud (en metros). Con frecuencia toma el valor null.
position.coords.altitude	La altitud a la que se encuentra el usuario (en metros). Se le aplican las mismas restricciones.

Propiedad	Descripción
position.coords.heading	La dirección hacia la que se dirige el usuario (en grados decimales). Con frecuencia toma el valor null.
position.coords.speed	La velocidad actual del usuario. Se le aplican las mismas restricciones (metros/segundo).

Con un rendimiento y una precisión variables y mientras no haya ningún error (como ocurriría si el usuario rechazara la petición), las propiedades del primer método devolverán un valor con independencia del dispositivo utilizado, ya se trate de un iPhone, un iPod touch o un iPad. Sin embargo, como puede ver, no todos los datos están necesariamente disponibles. La dirección y la velocidad, por ejemplo, obviamente requieren que se hayan registrado varios puntos con una precisión suficiente, con lo que se precisa de un seguimiento para devolver valores, como explicaremos en breve. Dependiendo del aparato que se use (y la técnica de localización que emplee), puede que no todos los datos estén disponibles.

Aparte, como al utilizar GPS suele pasar algún tiempo antes de que se localicen los satélites, con frecuencia los dispositivos difieren este método de localización, con lo que se mejora el rendimiento pero se devuelven datos menos precisos. Será a lo que se recurra para hacer el seguimiento porque al repetir la petición de la información de la posición le deja tiempo suficiente para la captación del GPS.

Cuando pruebe su aplicación Web, probablemente tenga que hacerlo en exteriores, en especial si se basa en la precisión del GPS porque éste apenas funciona (si es que lo hace) en interiores.

Por consiguiente, tanto si espera información de las propiedades básicas como si se trata de datos más avanzados, siempre debe tener controlados los posibles errores y las aproximaciones.

Controlar los errores de las peticiones

Por suerte, getCurrentPosition() recibe otro parámetro opcional que le da acceso al código y a la descripción del error generado. Esto le proporciona una cierta perspectiva para entender y, por tanto, controlar el error. Veamos un ejemplo de ello:

```
/* Solicita la posición del usuario */
window.navigator.geolocation.getCurrentPosition(successCallback,
failureCallback);

function successCallback(position) {
```

```
    /* Hacer algo con los datos del objeto position */
}

function failureCallback(error) {
    /* Hacer algo con los datos del objeto error */
}
```

El objeto `error` posee dos propiedades, como muestra la tabla 14.2.

Tabla 14.2. *Propiedades del objeto error.*

Propiedad	Descripción
error.code	Uno de los siguientes códigos de error:
	error.UNKNOWN_ERROR (0)
	error.PERMISSION_DENIED (1)
	error.POSITION_UNAVAILABLE (2)
	error.TIMEOUT (3)
error.message	Un mensaje que describe lo que ha ocurrido.

Mientras que la propiedad `error.code` devuelve códigos de error persistentes, puede que la propiedad `error.message` sea diferente, dependiendo del dispositivo que ejecute la función.

Obviamente, un único código de error puede comprender varios fallos de la vida real. Por ejemplo, se devuelve PERMISSION_DENIED cuando el usuario rechaza la petición pero también cuando el servicio de geolocalización del dispositivo está desactivado. Sin embargo, el mensaje de error debería despejar las dudas sobre el código, que es por lo que ambas propiedades resultan útiles juntas. Tenga presente que la propiedad `error.message` sólo está pensada para fines de depuración y bajo ningún concepto se le debería mostrar al usuario.

Advertencia: Si tuviera lugar una excepción dentro de una función callback con éxito, se llamaría a la función callback del fallo con un código UNKNOWN_ERROR (error desconocido). Verifique siempre si el error que recibe es realmente de localización o si procede de su propio código.

La precisión, timeout y la localización en caché

La especificación W3C ofrece tres opciones para refinar la petición utilizando un parámetro de tipo objeto junto con sus *callbacks*. Es posible especificar el tiempo que puede tardar su solicitud en obtener respuesta, qué intervalo puede estar guardada en caché la posición devuelta antes de realizar la petición y si se debe exigir una precisión adicional. Para emplear estas opciones recurra a la siguiente construcción:

```
window.navigator.geolocation.getCurrentPosition(successCallback,
failureCallback, {
    timeout: 0,
    maximumAge: 60000,
    enableHighAccuracy: false
});
```

Existen muchos casos en los que no hay necesidad de solicitar una posición actualizada del usuario. En una aplicación que devuelve una lista de restaurantes de moda en base a la ubicación de una persona, es probable que se encuentre, por lo general, dentro de los mismos límites. En tales casos, es deseable recurrir a los datos guardados en la caché del dispositivo.

La opción `maximumAge` le dice al dispositivo que busque este tipo de datos antes de intentar determinar la posición actual del usuario y le permite definir un límite temporal para esta información. Como vimos anteriormente, otra ventaja de esta solución es que reduce el desgaste de la batería.

El valor por defecto de `maximumAge` es `0`, lo que significa que el dispositivo intentará devolver un valor actualizado para cada petición; si se define como `Infinity`, el agente de usuario devolverá necesariamente un valor de la caché, si hay alguno; si no, obtendrá una nueva posición.

El atributo `timeout` fuerza un límite temporal en milisegundos para que se complete la obtención de la localización. El valor por defecto es `Infinity`, lo que le permite comprobar la utilidad de esta opción al desarrollar una aplicación. Si no se especifica, el programa se ejecutará hasta que el terminal devuelva la información solicitada, incluso aunque esta información no esté disponible por algún motivo. Si especifica un valor para el límite temporal, una vez alcanzado éste se enviará un error `TIMEOUT` al *callback* del error.

En el ejemplo anterior, si no hay guardado en caché ningún valor de posición, se llamará de inmediato al *callback* para el fallo de la función. Recuerde que no se tiene en cuenta el tiempo que tarda el usuario en conceder el acceso a la información de su posición. La combinación de estas opciones hará que su aplicación responda mejor. Sin embargo, cuando necesite una mayor precisión, puede recurrir a la tercera opción, `enableHighAccuracy`, que le dice a la API que obtenga la respuesta más cercana posible a la localización real del usuario. Por defecto, posee el valor `false`.

Recuerde que los usuarios tienden a preocuparse por su información más cercana, por lo que es deseable ofrecerles un posicionamiento exacto. La precisión aumentará si pregunta por su ubicación. Esto puede mejorarse utilizando la funcionalidad de rastreo de la API. Como último recurso, si la localización no está disponible, emplee un campo de texto para que los usuarios puedan especificar su ciudad o su código postal, que suele ser el último nivel aceptable de precisión.

Situar al usuario en un mapa con Google Maps

Para hacer uso de los datos devueltos por la API de localización vamos a construir un ejemplo en el que se sitúa al usuario en un mapa mediante Google Maps. Este instrumento trae una potente API que emplea en las aplicaciones nativas el entorno de trabajo MapKit de Cocoa Touch, entre otros. Ofrece las mismas funcionalidades que la aplicación Maps del iPhone. Entre otras ventajas, es libre, no requiere un registro previo y es bastante sencilla de utilizar con JavaScript.

Mostrar el mapa

Vamos a empezar por lo primero: mostrar el mapa. Lo que va a hacer nuestra aplicación Web es dejar que el usuario observe una posición sobre una vista del satélite, representando el nivel de precisión mediante un círculo.

Comience por crear un nuevo proyecto basado en la plantilla de su aplicación Web, modificando `index.html` como sigue:

```
...
    <title>Geolocation Example</title>
...
<body>
    <div class="view">
        <div id="map"></div>

        <div class="header-wrapper">
            <h1>Geolocation</h1>
        </div>
    </div>
</body>
```

El `<div>` identificado como `map` es el área que contendrá el mapa. Queremos que ocupe el espacio disponible, con una cabecera solapada y translúcida. Para ello utilizaremos los siguientes estilos:

```
<head>
...
    <style>

        .header-wrapper {
```

```
      background-color: rgba(0,0,0,0.65);
      position: absolute;
      top: 0;
      width: 100%;
   }

   .view { height: 100%; }

   #map { min-height: 100%; }

   </style>
</head>
```

Ahora podemos llamar a la API de Google Maps para que represente el mapa en nuestro contenedor. El parámetro `sensor` le indica a la API si el dispositivo posee la funcionalidad de localización; le asignamos el valor `true`.

```
<head>
...
   </style>
   <script src="http://maps.google.com/maps/api/js?sensor=true"></script>
   <script>
      var ns = google.maps; // Namespace
      var map;

      function init() {
         var latlng = new ns.LatLng(0, 0);
         var options = {
            zoom: 2,
            center: latlng,
            disableDefaultUI: true,
            scaleControl: true,
            mapTypeId: ns.MapTypeId.SATELLITE
         };

         map = new ns.Map(document.getElementById("map"), options);
      }

   </script>
</head>
<body onload="init()">
```

Como vamos a emplear métodos del objeto `Map`, lo guardamos en la variable global `map`. Una vez abierta la página, llamamos a la función `init()`, que inicializa el mapa asignándole una localización base, la intersección con el ecuador y el meridiano de Greenwich `(0,0)`. Como por ahora no podemos saber dónde está el usuario, le damos el valor `2` al factor `zoom`, lo que en la API de Google Maps supone una escala de 2.000 km. En la vista del satélite, el zoom puede estar entre `0` (10.000 km) y `22` (2 m). No hay ningún salto en particular entre los valores: cada uno representa una escala determinada en la API. Además, no todos están siempre disponibles, dependiendo del tipo de mapa.

La propiedad `center` sitúa el mapa de la ubicación pasada en los parámetros en el centro del área. Deberá poder modificarla más adelante utilizando el método `setCenter()` del objeto `Map`.

Para no mostrar controles inútiles pasamos como parámetro la propiedad `disableDefaultUI` con el valor `true`. Esto significa que no se enseñarán los que controlan el tipo de mapa, aunque sí vamos a ver en el área inferior izquierda la escala actual, oculta por defecto, definiendo `scaleControl` como `true`.

A continuación, instanciaremos un nuevo objeto `Map` al que le vamos a pasar el elemento en el que se renderizará el mapa en modo `SATELLITE` y los parámetros que listamos anteriormente. La tabla 14.3 muestra los demás modos de visualización disponibles.

Tabla 14.3. *Modos disponibles para la visualización de mapas.*

Constante	Descripción
HYBRID	Muestra una capa transparente de las calles principales sobre una vista de satélite.
ROADMAP	Muestra un mapa de calles.
SATELLITE	Muestra una vista de satélite.
TERRAIN	Muestra un mapa con relieves y terrenos sombreados, además de carreteras.

Este parámetro es obligatorio porque no hay ningún valor por defecto. Ya puede incorporar este código para ver el resultado intermedio y cambiar el valor del tipo de mapa para saber qué tiene disponible. La figura 14.2 contiene la representación del mapa. Como Google Maps está totalmente adaptado a Mobile Safari, es posible utilizar los mismos controles para toques que la aplicación nativa Mapas: doble golpeo, pinzar para ampliar, etc.

Centrar el mapa sobre la ubicación del usuario

Ahora que el mapa se muestra correctamente, ya puede situar al usuario sobre éste por medio de la API Geolocation. Para ello, vamos a añadir un botón a la cabecera de la aplicación y a agregar algo de código para lanzar la petición de localización.

```
...
  <style>

  .header-wrapper .header-button {
```

```
        background-color: #2070e9;
    }
...
    </style>
...
    <div class="header-wrapper">
        <h1>Geolocation</h1>
        <button class="header-button" onclick="locate()"
disabled>Locate</button>
    </div>
```

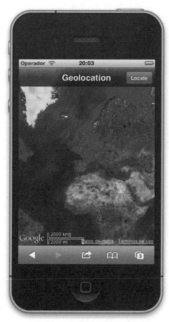

Figura 14.2. *Una vista del mundo a pantalla completa.*

El botón añadido se desactiva por defecto para que el usuario no pueda preguntar por su ubicación antes de que se inicialice el mapa. Éste es el JavaScript que incorporará la funcionalidad a su botón:

```
function button(active) {
    document.getElementsByTagName("button")[0].disabled = !active;
}


function locate() {
    button(false);
    window.navigator.geolocation.getCurrentPosition(successCallback,
failureCallback);
}
```

Y modificamos la función `init()` para activar nuestro botón:

```
function init() {
...
   button(true);
}
```

Por último, vamos a agregar *callbacks* para procesar los datos devueltos por `getCurrentLocation()` y controlar los posibles errores:

```
function successCallback(position) {
   var latlng = new ns.LatLng(position.coords.latitude,
   position.coords.longitude);
   map.setCenter(latlng);
   map.setZoom(17);
   button(true);
}

function failureCallback(error) {
   switch (error.code) {
      case error.PERMISSION_DENIED:
         alert("Positioning failed. Please check that the location
         service is on and that you have accepted location for the
         application.");
         break;

      case error.TIMEOUT:
      case error.POSITION_UNAVAILABLE:
         alert("Positioning failed. This often occurs when you are indoors.");
         break;

      default:
         alert("Unexpected error occurred.");
   }
   button(true);
}
```

Si la petición tiene éxito, después de crear un nuevo objeto `LatLng` utilizando las coordenadas que se encuentran en el dispositivo, cambiamos el alineamiento del mapa para que quede centrado en la posición del usuario y le damos a `zoom` el valor `17` (50 metros en vista satélite) con `setZoom()`. Si aparece algún error, informamos al usuario con la mayor precisión posible para ayudarle a hallar una solución y volvemos a activar el botón.

Marcar la posición del usuario

El mapa ahora está centrado en el lugar en el que se encuentra el usuario pero esto obviamente resulta frustrante para él, que preferiría conocer su posición exacta y no sólo un área. La API de Google Maps le permite añadir varios tipos de datos

a sus mapas, como los marcadores. Para nuestro ejemplo vamos a crear uno personalizado mediante un lienzo; esta función nos permitirá generar diferentes puntos
coloreados sin recurrir a ninguna imagen:

```
var bullet = document.createElement("canvas");

function createBullet(color) {
    /* Limpia siempre el lienzo */
    bullet.width = 16;
    bullet.height = 16;

    /* Obtiene el contexto de dibujo */
    var ctx = bullet.getContext("2d");

    /* Crea un degradado utilizando el argumento color */
    var main = ctx.createRadialGradient(5, 6, 1, 0.5, 6, 20);
    main.addColorStop(0, color);
    main.addColorStop(1, "white");

    /* Crea el efecto reluciente */
    var shine = ctx.createRadialGradient(5, 6, 0.5, 5, 6, 40);
    shine.addColorStop(0, "white");
    shine.addColorStop(0.038, "black");
    shine.addColorStop(1, "white");

    /* Define los estilos de dibujo */
    ctx.strokeStyle = color;
    ctx.fillStyle = main;
    ctx.lineWidth = 2;

    /* Dibuja el punto */
    ctx.beginPath();
    ctx.arc(8, 8, 7, 0, Math.PI * 2, false);
    ctx.stroke();
    ctx.fill();

    /* Luego aplica el efecto reluciente */
    ctx.save();
    ctx.globalCompositeOperation = "lighter";
    ctx.fillStyle = shine;
    ctx.fill();
    ctx.restore();

    /* Un trazo más marcado */
    ctx.strokeStyle = "rgba(0,0,0,0.25)";
    ctx.stroke();

    return bullet.toDataURL();
}
```

El nombre lo dice todo: la función `createBullet()` crea un punto con el color
esperado y devuelve el contenido del lienzo utilizando el método `toDataURL()`.
Entonces ya podrá emplear la imagen resultante para sus marcadores.

```
var markerBullet;

function drawMarker(latlng, color) {
    if (markerBullet) {
       markerBullet.setPosition(latlng);
    } else {
       markerBullet = new ns.Marker({
           position: latlng,
           map: map,
           icon: createBullet(color),
           zIndex: 1,
       });
    }
}
```

Como es probable que se indiquen sucesivamente varios puntos y no queremos crear un nuevo lienzo para cada uno, guardamos la primera instancia de nuestro marcador y cambiamos su posición.

El constructor del objeto `Marker` recibe el objeto `LatLng` de la posición, el mapa al que se deberá asociar y el icono para representar la que creamos mediante `createBullet()`.

```
function successCallback(position) {
...
    drawMarker(latlng, "#0072f9"); // Un marcador azul
}
```

A partir de aquí, cada vez que la aplicación Web reciba una nueva posición, se marcará con un punto azul.

Mostrar la precisión

Hay todavía un dato que no estamos mostrando, que es la precisión. Como la posición devuelta por la API de localización será más o menos certera dependiendo de la localización del usuario y del método de posicionamiento que se utilice internamente (WPS, GPS, etc.), puede que a éste le resulte útil saber lo precisa que es la situación indicada.

En nuestra aplicación Web vamos a representarlo mediante otro objeto de la API de Google Maps llamado `Circle`. Como está estrechamente relacionado con la posición, vamos a modificar la función `drawMarker()`.

```
var markerBullet, markerCircle;

function drawMarker(latlng, accuracy, color) {
...
    if (markerCircle) {
       markerCircle.setCenter(latlng);
    } else {
```

```
        markerCircle = new ns.Circle( {
           center: latlng,
           radius: accuracy,
           map: map,

           fillColor: color,
           fillOpacity: 0.25,
           strokeColor: color,
           strokeOpacity: 0.65,
           strokeWeight: 2,
           zIndex:0
        });
    }
}
```

Siguiendo el mismo principio que para el marcador, sólo vamos a emplear una instancia del objeto `Circle`. También se inicializa con los objetos `LatLng` y `Map`. El radio (`radius`) se define en metros y se asigna al valor devuelto por la API Geolocation. Además de estos parámetros, puede establecer colores para el relleno y el trazo de su indicador, así como para su opacidad. Al igual que antes, ahora apenas tendrá que modificar su *callback* en caso de éxito para tener en cuenta la precisión.

```
function successCallback(position) {
...
    drawMarker(latlng, position.coords.accuracy, "#0072f9");
    // Un marcador azul.
}
```

Esto le mostrará al usuario un servicio de posicionamiento satisfactorio, ofreciéndole no sólo su posición, sino también la precisión del posicionamiento, como podemos ver en la figura 14.3.

Con la API de Google Maps puede hacer muchas más cosas, desde utilizar los itinerarios definidos en los servidores de Google hasta enseñar información con el modo Street View. Como hay mucho por descubrir y por emplear para crear aplicaciones impresionantes, le invitamos a estudiar la documentación que encontrará en `http://code.google.com/apis/maps/`.

Registrar la posición del usuario

Ya ha visto cómo solicitar la posición del usuario y cómo mostrar esta información en un mapa, por lo que ya debería tener una idea clara de cómo hacer esto de la manera más eficaz, dependiendo de las aplicaciones que tenga pensado desarrollar con estos datos. Vamos a concentrarnos en otra característica de la API Geolocation: la capacidad de registrar los cambios en la situación de un dispositivo. Al seguir la pista a la localización del usuario, podrá responder a los eventos conforme vayan teniendo lugar, como por ejemplo, en una aplicación para planificar viajes o junto con alguna utilidad de etiquetado geográfico.

Figura 14.3. *La posición del usuario se muestra en el mapa junto con la precisión.*

Registrar las actualizaciones

A esta funcionalidad se accede con el método `watchPosition()`, el cual se usa de la misma manera que `getCurrentPosition()`, con los mismos parámetros. Sin embargo, mientras que éste último envía una posición y finaliza, el primero manda una ubicación y se ejecuta de nuevo. El método `watchPosition()` también devuelve un identificador único, que se puede emplear más adelante para detener el registro. El modo más sencillo de llamar a esta función es:

```
var watchId = window.navigator.geolocation.watchPosition(successCallback);
```

La petición repetida llegará a su final cuando se llame a la función `clearWatch()` con la ID relevante como parámetro:

```
window.navigator.geolocation.clearWatch(watchId);
```

Dejar que esta opción siempre esté disponible para el usuario final parece una elección razonable, pues éste debe tener siempre el control sobre el dispositivo y normalmente sabrá por qué inició la aplicación y, por tanto, cuándo debe detenerse. Aun así, también se puede disparar `clearWatch()` en función de algún evento específico dependiendo del uso de `watchPosition()`, por ejemplo, cuando el usuario llega al destino solicitado en una aplicación de planificación de rutas.

Comportamiento específico del observador

Como `watchPosition()` es una función repetitiva, es útil saber qué ocurre cuando el usuario abandona la aplicación sin llamar a la función `clearWatch()`, por ejemplo, en el momento en el que el dispositivo se queda sin batería o en cualquier otro caso. Cuando el usuario abandona el programa, si hay espacio suficiente en caché para guardar el estado de la aplicación, la función se suspenderá temporalmente y continuará cuando el navegador se inicie de nuevo. Si ocurre un error, el intento de actualización seguirá y la API llamará al *callback* para fallos.

Puede verificar este comportamiento utilizando el siguiente código:

```
window.navigator.geolocation.watchPosition(successCallback, failureCallback);

function successCallback(position) {
    var msg = 'Position: ' + position.coords.longitude + ',
                        ' + position.coords.latitude;
    console.info(msg + '\nAt ' + (new Date()).toTimeString());
}

function failureCallback(error) {
    var err = error.message + ' (' + error.code + ')';
    console.error(err + '\nAt ' + (new Date()).toTimeString());
}
```

Abra una página que ejecute este código, salga de Mobile Safari y active o desactive el servicio de geolocalización. Verá que la posición se sigue actualizando, lo que significa que la operación de la API no se detiene ni por los errores ni por salir de la aplicación.

Si el usuario deniega el acceso al servicio de geolocalización, la API seguirá enviando mensajes de error, aunque no tenga una segunda oportunidad de cambiar su respuesta a la petición. No obstante, en este caso, después de que haya salido de Mobile Safari y lo haya reiniciado, la ventana emergente de autorización se mostrará de nuevo; en tal caso, es comprensible que la API siga haciendo su consulta. Teniendo en cuenta este comportamiento especial, el desarrollador deberá anticiparse creando los *callbacks* apropiados para informar al usuario de los problemas con el seguimiento o bien detener éste con el método `clearWatch()` luego de un número definido de intentos.

Observar la posición en Google Maps

Para ilustrar esta posibilidad del seguimiento vamos a modificar el ejemplo anterior de Google Maps para tenerlo en cuenta, en primer lugar asociando el siguiente código a nuestro botón:

```
var firstRun, trackerID, failedCount = 0;

function swapAction() {
   var button = document.getElementsByTagName("button")[0];

   if (trackerID == undefined) {
      trackerID = window.navigator.geolocation.watchPosition(
         successCallback, failureCallback);

      button.textContent = "Stop";
      button.style.backgroundColor = "#c6323d"; // Cambia al rojo
      firstRun = true;

   } else {
      window.navigator.geolocation.clearWatch(trackerID);
      trackerID = undefined;
      button.textContent = "Track";
      button.style.backgroundColor = "";
   }

}
```

Aquí es importante dejar al usuario que detenga el seguimiento cada vez que lo desee porque tiene una gran repercusión sobre la duración de la batería del dispositivo y el usuario querrá que pare si él deja de moverse. Además, dependiendo del método de localización utilizado, los datos devueltos por el registro pueden no ser satisfactorios. Para ello, vamos a cambiar el botón **Track** (Seguir) por un **Stop** (Parar) mientras tenga lugar el seguimiento. Se empleará toda la función `swapAction()`, tanto para la acción de parar en sí como para detener el seguimiento si ocurre un error.

Después, modificamos levemente `successCallback()`.

```
function successCallback(position) {
   var latlng = new ns.LatLng(position.coords.latitude,
   position.coords.longitude);
   map.panTo(latlng);

   if (firstRun) {
      map.setZoom(17);
      firstRun = false;
   }
...
   failedCount = 0;
}
```

Aquí reemplazamos `setCenter()` por `panTo()`. La ventaja de la función `panTo()` frente a `setCenter()` es que se desliza hasta una nueva posición en lugar de saltar a ésta. Además, sólo hacemos zoom para la primera posición; de este modo, si el usuario cambia el factor del zoom, su elección no se desechará cuando modifique su situación.

Como nuestra petición ha tenido éxito en este caso, ponemos a 0 el contador de error. Por otra parte, el *callback* para fallos va a tener algo más de trabajo.

```
function failureCallback(error) {
    /* Detiene el seguimiento después de 100 errores */
    if (error.code != error.PERMISSION_DENIED) {
        failedCount++;
        if (failedCount < 100) {
            return;
        }
    }

    failedCount = 0;
    swapAction();

    switch (error.code) {
...
    }
    button(true);
}
```

Tal vez la recepción no siempre sea óptima, lo que significa que quizá no todos los intentos de localización tengan éxito, pero lo más probable es que sean lo suficientemente buenos como para enviar datos satisfactorios. Por tanto, no podemos lanzarle un error al usuario en cada fallo, ni podemos detener el seguimiento al primero.

Como es posible realizar varias llamadas cada segundo, vamos a fijar en 100 el límite del número de errores, lo que posiblemente implicaría una espera de entre 30 y 60 segundos antes de que se envíe un mensaje al usuario, tras el cual el proceso se detendrá.

De los datos a los cálculos

La API Geolocation le proporciona útiles métodos para obtener datos estáticos pero ninguna función para procesar esta información y representarla realmente en el espacio. A continuación, veremos unos cuantos cálculos que le pueden ser valiosos en su flujo de trabajo. Vamos a explicar estas fórmulas hasta cierto punto para que pueda entender lo que está pasando; de todos modos, siempre que sepa qué resultado devuelven, bastará simplemente con que copie los fragmentos para utilizarlos en su código.

Distancia entre dos puntos

Si va a llevar a su usuario de un punto a otro, es probable que la distancia a recorrer sea información bien recibida. Como ya sabe averiguar las coordenadas de la posición actual del usuario y de la que es posible que alcance, esto se puede deducir con facilidad. Las líneas de latitud y longitud se cruzan entre sí a lo largo de todo el mapa, formando una cuadrícula más o menos regular. Por ahora vamos a considerarla regular para poder calcular la distancia entre dos puntos cualesquiera con algunas reglas matemáticas. Como un grado de latitud (φ) representa aproximadamente 69 millas y un grado de longitud (λ) abarca más o menos unas 53 millas, aplicamos el teorema de Pitágoras: la distancia es la hipotenusa de un triángulo imaginario formado por los "lados" de la latitud y la longitud. La siguiente fórmula devuelve la distancia en millas entre dos puntos dados:

$$distance = \sqrt{(69\Delta\phi)^2 + (53\Delta\lambda)^2}$$

Y ésta es la traducción al JavaScript de la fórmula:

```
function computeDistance(p1, p2) {
    var lat1 = p1.coords.latitude;
    var lat2 = p2.coords.latitude;
    var lng1 = p1.coords.longitude;
    var lng2 = p2.coords.longitude;

    return Math.sqrt( Math.pow(69 * (lat2 - lat1), 2) + Math.pow(53 *
(lng2 - lng1), 2) );
}
```

Ésta será frecuentemente su mejor opción para determinar una distancia, aunque no deja de ser una aproximación. Es más, como la tierra es un esferoide achatado, la latitud y la longitud no son líneas rectas, sino arcos, por lo que la distancia entre dos puntos variará dependiendo del punto del globo en que se esté, sobre todo los grados de la latitud. El valor de los grados de la longitud se reduce conforme nos acercamos a los polos.

La distancia más precisa entre dos puntos

Se pueden utilizar varios métodos que emplean la geometría esférica para calcular distancias exactas sobre líneas curvas. Sin los detalles superfluos, así es cómo usaríamos la fórmula del Haversine para determinar la distancia entre los puntos a y b:

$$distance = r2sin^{-1}\left(\sqrt{hav(\Delta\phi) + cos\phi_a cos\phi_b hav(\Delta\lambda)}\right)$$

donde

$$hav(\theta) = sin^2\left(\frac{\theta}{2}\right)$$

Ésta es la implementación en JavaScript de esta fórmula (donde 3959 es el radio medio de la tierra, `r`, en millas):

```
function computeDistance(p1, p2) {
    var lat1 = toRad(p1.coords.latitude);
    var lat2 = toRad(p2.coords.latitude);
    var lng1 = toRad(p1.coords.longitude);
    var lng2 = toRad(p2.coords.longitude);
    var deltaLat = (lat2 - lat1);
    var deltaLng = (lng2 - lng1);
    var calc = Math.pow(Math.sin(deltaLat / 2) , 2) + Math.cos(lat1)
    * Math.cos(lat2) * Math.pow(Math.sin(deltaLng / 2) , 2);
    return 3959 * 2 * Math.asin(Math.sqrt(calc));
}

/* Convierte los grados en radianes */
function toRad(deg) {
    return deg * Math.PI / 180;
}
```

Aunque este método es bastante preciso, también es más complejo y su cálculo puede ser hasta el triple de grande. Pero, como decimos, al no necesitar tanta precisión, vamos a utilizar sólo la primera fórmula.

La dirección a tomar

Partiendo de dos puntos, como para las distancias, es posible calcular la dirección a tomar, que llamaremos *bearing* (dirección relativa). No la confunda con *heading* (dirección absoluta), que es otro valor disponible en la API, pues son dos conceptos distintos. *Heading* es la dirección que toma actualmente el usuario cuando se mueve; *bearing* es la dirección a tomar, con independencia de cualquier idea de movimiento. En otras palabras, *bearing* es el ángulo entre una línea que conecta dos puntos y una línea de longitud. Se puede determinar del siguiente modo:

$$bearing = tan^{-1}\left(\frac{cos\phi_b sin\Delta\lambda}{cos\phi_a sin\phi_b - sin\phi_a cos\phi_b cos\Delta\lambda}\right)$$

Utilizando JavaScript, esto se convierte en:

```
function computeBearing(p1, p2) {
    var lat1 = toRad(p1.coords.latitude);
    var lat2 = toRad(p2.coords.latitude);
    var lng1 = toRad(p1.coords.longitude);
```

```
    var lng2 = toRad(p2.coords.longitude);
    var deltaLng = (lng2 - lng1);
    var y = Math.cos(lat2) * Math.sin(deltaLng);
    var x = Math.cos(lat1) * Math.sin(lat2) - Math.sin(lat1)
    * Math.cos(lat2) * Math.cos(deltaLng);
return (toDeg(Math.atan2(y, x)) + 360) % 360;
}

/* Convierte radianes en grados */
function toDeg(rad) {
    return rad * 180 / Math.PI;
}
```

Para optimizar nuestro código vamos a recurrir a `Math.atan2()` en vez de a `Math.atan()` para simplificar el planteamiento; tiene la ventaja de tener en cuenta los signos de ambos valores y sitúa el ángulo en el cuadrante correcto. Sin embargo, como `atan2()` devuelve un valor que está entre -180 y +180, necesitamos normalizar el ángulo para que vaya de 0 a 360 grados.

Crear una brújula mediante una aplicación Web

En la siguiente sección vamos a utilizar algunos de los elementos que hemos presentado en este libro para crear desde cero una brújula mediante una aplicación Web. Emplearemos un lienzo para dibujar los elementos de nuestra brújula, mientras que para darle vida recurriremos al CSS, que es más ligero y menos rebuscado.

Nota: *En este ejemplo de una situación real le recomendamos que haga las pruebas en exteriores para aumentar las probabilidades de recoger unas coordenadas más precisas (con el uso de un A-GPS). Tenga cuidado también de no ejecutar su aplicación desde el simulador porque la API sólo devolverá la ubicación de Apple en California. Sin embargo, en modo iPad, la API utilizará la información de la red y servirá al menos para consultar al usuario.*

Esta aplicación va a emplear los datos devueltos por las funciones de la API Geolocation que ya hemos visto; por tanto, al crearla vamos a poder probar también la precisión real de los datos en varias situaciones, lo que nos ayudará a desarrollar mejores aplicaciones más adelante. La figura 14.4 muestra todos los elementos gráficos de la brújula que vamos a crear mediante la API Canvas. Esto nos proporcionará un gran control sobre la representación, a la vez que supondrá una reducción en el tamaño de los archivos necesarios frente al uso de imágenes normales.

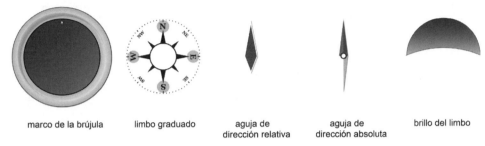

marco de la brújula   limbo graduado   aguja de   aguja de   brillo del limbo
                                      dirección relativa   dirección absoluta

Figura 14.4. Los elementos que componen nuestra brújula.

Como los elementos del lienzo consumen bastante tiempo de CPU (no se dibujan empleando el hardware), sería demasiado pesado si trazáramos las animaciones directamente utilizando la API, en especial al tratar con elementos complejos. Por tanto, para mover las agujas y el limbo vamos a recurrir a las transiciones CSS que vimos en el capítulo 9.

Crear los elementos móviles

Para empezar, vamos a construir todos los elementos móviles de la brújula. Aunque se van a dibujar mediante la API Canvas, usaremos los elementos como imágenes para simplificar el código. Primero viene el objeto que contendrá las funciones para crearlos. Haga un nuevo archivo llamado `compass.js` y añada lo siguiente:

```
var Compass = function(size) {
    this.dialGraduations = new Image();
    this.bearingNeedle = new Image();
    this.headingNeedle = new Image();
    this.dialShine = new Image();

    this.builder = document.createElement("canvas");
    this.setSize(size);
}
```

El lienzo y las imágenes se generan dinámicamente para que nuestro objeto sea independiente del código desde el que se utiliza. Sólo tendrá que especificar el nodo al que se añadirán los elementos de la brújula. El constructor toma como parámetro el tamaño del lienzo esperado. Éste se define primero como un marco de

140 por 140 píxeles y luego se redimensiona mediante el método `scale()`. Como para dibujarlo sólo vamos a recurrir a gráficos vectoriales, no habrá problemas de pérdida de calidad.

```
Compass.prototype.setSize = function(size) {
    /* Tamaño original del lienzo = 140x140 */
    var scale = size / 140;
    this.builder.width = 140 * scale;
    this.builder.height = 140 * scale;
    this.context = this.builder.getContext("2d");
    this.context.scale(scale, scale);
    this.context.translate(70, 70);
}

Compass.prototype.clear = function() {
    this.context.clearRect(-70, -70, 140, 140);
}

Compass.prototype.render = function(node) {
    this.clear();
    this.drawDialGraduations();
    this.dialGraduations.src = this.builder.toDataURL();

    this.clear();
    this.drawBearingNeedle();
    this.bearingNeedle.src = this.builder.toDataURL();

    this.clear();
    this.drawHeadingNeedle();
    this.headingNeedle.src = this.builder.toDataURL();

    this.clear();
    this.drawDialShine();
    this.dialShine.src = this.builder.toDataURL();

    /* Añade nodos al documento */
    node.appendChild(this.dialGraduations);
    node.appendChild(this.bearingNeedle);
    node.appendChild(this.headingNeedle);
    node.appendChild(this.dialShine);
}
```

Cada elemento posee su propio método de creación. En cada etapa vaciamos el lienzo y llamamos al método pertinente para generar un elemento. Después, el lienzo se transforma en una URL con los datos que se le pasarán a una imagen y se añade al nodo pasado como parámetro a la función principal.

Las graduaciones

Todos los elementos se dibujan utilizando gráficos vectoriales, siendo el limbo la parte que requiere más código; el resto es bastante sencillo.

Nota: *En esta operación vamos a hacer un poco de trampa porque la API aún no está soportada en la versión 3.2 pero lo estará en la próxima versión principal del sistema operativo. Para que nuestra brújula tenga más estilo y ofrecer un ejemplo de la API de texto, vamos a usarla de todos modos.*

```javascript
Compass.prototype.drawDialGraduations = function() {
    var ctx = this.context;
    ctx.save();
    ctx.beginPath();
    ctx.strokeStyle = "white";
    ctx.arc(0, 0, 15, 0, Math.PI * 2, false);
    ctx.stroke();

    /* Dibuja los puntos cardinales */
    ctx.fillStyle = "white";
    ctx.textAlign = "center";
    ctx.lineWidth = 0.75;

    for (var n = 0; n < 4; n++) {
        /* Marcador de posición para letras */
        ctx.save();
        ctx.beginPath();
        ctx.arc(0, -34, 7, 0, Math.PI * 2, false);
        ctx.fillStyle = "rgba(0, 0, 128, 0.3)";
        ctx.fill();
        ctx.restore();

        /* Letras de los puntos cardinales*/
        ctx.font = "bold 9px Georgia";
        ctx.fillText("NESW".substr(n, 1), 0, -31);

        /* Flecha interior */
        ctx.beginPath();
        ctx.moveTo(-3, -15);
        ctx.lineTo(0, -30);
        ctx.lineTo(3, -15);
        ctx.fill();

        /* Graduación */
        ctx.beginPath();
        ctx.moveTo(0, -42);
        ctx.lineTo(0, -39);
        ctx.stroke();

        /* Siguiente letra... */
        ctx.rotate(90 * Math.PI / 180);
    }

    ctx.rotate(45 * Math.PI / 180);
    for (var n = 0; n < 4; n++) {
        /* Letras más pequeñas de los puntos cardinales */
```

```
            ctx.font = "bold 5px Georgia";
            ctx.fillText("NESESWNW".substr(n * 2, 2), 0, -34);

            /* Flecha interior más pequeña */
            ctx.beginPath();
            ctx.moveTo(-2,-15);
            ctx.lineTo(0, -25);
            ctx.lineTo(2, -15);
            ctx.fill();

            /* Graduación más pequeña */
            ctx.beginPath();
            ctx.moveTo(0,42);
            ctx.lineTo(0,40);
            ctx.stroke();

            /* Siguientes letras más pequeñas... */
            ctx.rotate(90 * Math.PI / 180);
        }

        /* Graduaciones */
        ctx.globalAlpha = 0.75;
        for (var n = 0; n < 360 / 5; n++) {
            ctx.beginPath();
            ctx.moveTo(0,42);
            ctx.lineTo(0,41);
            ctx.stroke();
            ctx.rotate(5 * Math.PI / 180);
        }

        ctx.restore();
    }
```

Primero, dibujamos el círculo central y luego los cuatro puntos cardinales con las flechas correspondientes apuntando hacia afuera. Con cada iteración aplicamos una rotación de 90 grados para trazar el siguiente punto. Una vez establecidos los cuatro puntos cardinales, añadimos graduaciones secundarias mediante el mismo proceso. Por último, dibujamos graduaciones cada cinco grados. Al utilizar los métodos `save()` y `restore()` evitamos alterar el estado del lienzo para los siguientes dibujos.

Las agujas

El código de la aguja de la dirección relativa es mucho más corto. Es ligeramente translúcida y proyecta una sombra sobre el fondo para que sea visible sin llamar mucho la atención.

```
Compass.prototype.drawBearingNeedle = function() {
    var ctx = this.context;
    ctx.save();
```

```
    ctx.shadowColor = "rgba(0, 0, 0, 0.3)";
    ctx.shadowOffsetX = 2;
    ctx.shadowOffsetY = 1;
    ctx.shadowBlur = 2;

    ctx.fillStyle = "rgba(0, 0, 128, 0.75)";
    ctx.strokeStyle = "white";

    ctx.beginPath();
    ctx.moveTo(-7, 0);
    ctx.lineTo(0, -38);
    ctx.lineTo(7, 0);
    ctx.lineTo(0, 18);
    ctx.closePath();
    ctx.fill();
    ctx.stroke();

    ctx.restore();
}
```

Una vez definida la configuración de la sombra, dibujamos el contorno y el relleno mediante un solo trazado.

La aguja de la dirección absoluta es un poco más compleja. Aunque emplea la misma configuración para la sombra que la otra aguja, su forma y los detalles conllevan la creación de varios elementos.

```
Compass.prototype.drawHeadingNeedle = function() {
    var ctx = this.context;
    ctx.save();

    ctx.shadowColor = "rgba(0, 0, 0, 0.3)";
    ctx.shadowOffsetX = 2;
    ctx.shadowOffsetY = 1;
    ctx.shadowBlur = 2;

    /* Parte blanca */
    ctx.beginPath();
    ctx.moveTo(-5, 0);
    ctx.lineTo(0, 40);
    ctx.lineTo(5, 0);
    ctx.fillStyle = "white";
    ctx.fill();

    /* Parte roja */
    ctx.beginPath();
    ctx.moveTo(-5, 0);
    ctx.lineTo(0, -40);
    ctx.lineTo(5, 0);
    ctx.fillStyle = "red";
    ctx.fill();

    /* Efecto de relieve */
    ctx.beginPath();
```

```
ctx.moveTo(5, 0);
ctx.lineTo(0, -43);
ctx.lineTo(0, 43);
ctx.fillStyle = "rgba(0, 0, 0, 0.2)";
ctx.fill();

/* Tornillo */
ctx.beginPath();
ctx.arc(0, 0, 3, 0 ,Math.PI * 2, false);
ctx.fillStyle = "white";
ctx.fill();
ctx.stroke();
ctx.restore();
}
```

Cada parte de esta aguja se diseña utilizando una ruta independiente y se añade un efecto de relieve mediante un trazado negro translúcido, superpuesto sobre las partes blanca y roja. Por último, trazamos la cabeza de alfiles que fija las agujas al limbo de la brújula.

El brillo del limbo

La parte final de la brújula no se mueve pero debemos dibujarla igualmente porque aparecerá por encima del resto de los elementos.

```
Compass.prototype.drawDialShine = function() {
    var ctx = this.context;
    ctx.save();

    var shine = ctx.createLinearGradient(0, -60, 0, 20);
    shine.addColorStop(0, "white");
    shine.addColorStop(1, "rgba(255, 255, 255, 0)");

    ctx.lineWidth = 0.25;
    ctx.strokeStyle = "rgba(255,255,255,0.55)";
    ctx.fillStyle = shine;
    ctx.beginPath();
    ctx.arc(0, 0, 42, Math.PI, Math.PI * 2, false);
    ctx.quadraticCurveTo(0, -17, -43, 0);
    ctx.fill();
    ctx.stroke();
    ctx.restore();
}
```

De nuevo empleando trazados, dibujamos medio círculo y mediante una curva Bézier establecemos la curva interior, como muestra la figura 14.4. La curva cuadrática sólo posee un punto de control, lo que simplifica enormemente el posicionamiento del arco. El relleno se aplica utilizando el degradado definido en la variable `shine`.

Dibujar la brújula

Ahora ya podemos diseñar la parte que falta de la brújula, es decir, el marco, que a diferencia de los demás elementos se empleará directamente como un elemento del lienzo. Para ello, recurrimos al método `render()`, que llama a métodos de dibujo dedicados después de haber creado las partes que se mueven.

```
Compass.prototype.render = function(node) {
...
    this.dialShine.src = this.context.canvas.toDataURL();

    this.clear();
    this.drawCompassFrame();
    this.drawDialBackground();
    this.drawDirectionArrow();

    /* Añade nodos al documento */
    node.appendChild(this.builder);
...
}
```

El primer método dibuja el marco de la brújula.

```
Compass.prototype.drawCompassFrame = function() {
    var ctx = this.context;
    ctx.save();

    var frame = this.context.createRadialGradient(0, 0, 0, 0, 0, 56);
    frame.addColorStop(0.85, "#e7ba5a");
    frame.addColorStop(0.9, "#fcd97c");
    frame.addColorStop(1, "#e7ba5a");

    ctx.beginPath();
    ctx.arc(0, 0, 56, 0, Math.PI * 2, false);
    ctx.strokeStyle = "#444";
    ctx.save();
        ctx.shadowColor = "rgba(0, 0, 0, 0.75)";
        ctx.shadowOffsetX = 1;
        ctx.shadowOffsetY = 1;
        ctx.shadowBlur = 4;
        ctx.stroke();
        ctx.fillStyle = frame;
        ctx.fill();
    ctx.restore();

    /* Efecto de brillo */
    ctx.beginPath();
    ctx.fillStyle = "rgba(255, 255, 255, 0.4)";
    ctx.arc(2, 2, 48, 0, Math.PI * 2, false);
    ctx.fill();

    ctx.beginPath();
```

```
      ctx.fillStyle = "rgba(0, 0, 0, 0.1)";
      ctx.arc(-2, -2, 48, 0, Math.PI * 2, false);
      ctx.fill();
      ctx.restore();
  }
```

El marco se crea a partir de un disco que emplea el marco dorado de degradado radial para dar un efecto de profundidad. Para que éste sea aún más realista,
añadimos dos discos semitransparentes por encima.

```
Compass.prototype.drawDialBackground = function() {
   var ctx = this.context;
   ctx.save();

   var back = this.context.createLinearGradient(-50, -50, 50, 50);
   back.addColorStop(0, "#122a91");
   back.addColorStop(1, "#61a1f4");

   ctx.beginPath();
   ctx.fillStyle = back;
   ctx.arc(0, 0, 43, 0, Math.PI * 2, false);
   ctx.fill();
   ctx.stroke();

   ctx.beginPath();
   ctx.fillStyle = "white";
   ctx.moveTo(-1, -38);
   ctx.lineTo(0, -41);
   ctx.lineTo(1, -38);
   ctx.fill();

   ctx.restore();
}
```

El fondo del limbo utiliza sólo un disco relleno con un degradado azul. En la
parte superior se agrega una pequeña flecha que muestra la dirección actual para
que la posición de las graduaciones sea más legible.

```
Compass.prototype.drawDirectionArrow = function() {
   var ctx = this.context;
   ctx.save();
   ctx.translate(0, -59);
   ctx.strokeStyle = "rgba(0, 0, 0, 0.25)";

   ctx.beginPath();
   ctx.moveTo(-10, 0);
   ctx.lineTo(0, -10);
   ctx.lineTo(10, 0);
   ctx.stroke();

   ctx.strokeStyle = "rgba(255, 255, 255, 0.25)";

   ctx.beginPath();
```

```
    ctx.moveTo(-10, 0);
    ctx.lineTo(10, 0);
    ctx.stroke();

    ctx.restore();
}
```

El último elemento a añadir a la brújula es otra flecha que indicará la dirección hacia la que se dirige el usuario. Ésta no se moverá: sólo proporciona una indicación constante del camino al que apunta el usuario para que la brújula resulte más legible.

Añadir elementos al documento

El documento al que agregamos los elementos de nuestra brújula está basado en la plantilla de aplicación Web que creamos en el capítulo 4. Sólo tiene que modificar el archivo `index.html` como sigue:

```
<body onload="init()">
    <div class="view">
        <div class="header-wrapper">
            <h1>Heading</h1>
        </div>

        <div id="compass"><div></div></div>
    </div>
</body>
```

Para que la presentación de la página sea más apropiada y atractiva añada los siguientes estilos a una nueva hoja de estilos `compass.css`. Con ellos incorporará un fondo degradado marrón y una cabecera translúcida.

```
.view {
    background: -webkit-gradient(radial,
        0 0, 0, 0 0, 300,
        from(#a98), to(#654));
}

.header-wrapper { background-color: transparent; }
```

Para que todos nuestros elementos encajen adecuadamente dentro del espacio disponible incorpore también las siguientes reglas a su hoja de estilo:

```
#compass div {
    position: relative;
    margin: 0 auto;
    top: 10px;
}

#compass canvas {
```

```
    display: block;
    margin: 0 auto;
}

#compass img {
    position: absolute;
    top: 0;
    left: 0;
}
```

Para completar la primera parte de nuestra creación de la brújula tendrá que añadir al archivo compass.js el código que la inicializa.

```
const COMPASS_SIZE = 220;

var compass = new Compass(COMPASS_SIZE);

function init() {
    var target = document.querySelector("#compass div");
    target.style.width = COMPASS_SIZE + "px";
    compass.render(target);
}
```

A continuación, pondremos el código necesario para recoger, procesar y mostrar la información de posicionamiento.

Preparar el documento para recibir los datos de localización

Como explicación del método utilizado para calcular la distancia y la dirección relativa, vamos a cuantificar la separación existente entre el usuario y las oficinas de Apple y el rumbo que debería tomar para llegar hasta allí. Además, también mostraremos la posición del usuario (longitud y latitud). Agregue los siguientes elementos al documento HTML:

```
...
    <div id="compass"><div></div></div>

    <div class="list-wrapper">
        <div id="location">latitude | longitude</div>
        <ul>
            <li><span>0</span>Distance to Apple's Headquarter</li>
            <li><span>0</span>Bearing</li>
            <li><span>0</span>Current Speed</li>
            <li><span>0</span>Location Accuracy</li>
        </ul>
    </div>

...
```

Las siguientes reglas de estilo harán que nuestros campos se sitúen en la parte inferior de la pantalla:

```
.list-wrapper {
   position: absolute;
   width: 100%;
   bottom: 0;
   border-top: solid 1px black;
}

#location {
   position: absolute;
   bottom: 140px;
   font-size: 10px;
   color: white;
   text-shadow: rgba(0,0,0,0.7) 0 -1px 0;
   width: 100%;
   text-align: center;
}

.list-wrapper li {
   font-size: 12px;
   line-height: 1;
}

.list-wrapper li span { float: right; }
```

La cabecera y los elementos de la lista se actualizarán con el *callback* al método `watchPosition()`.

Cómo utilizar los datos de localización

La dirección absoluta (la que ha tomado el usuario) sólo está disponible cuando el usuario está en movimiento y la precisión de los datos recogidos por el dispositivo es lo bastante buena porque necesitamos dos puntos para determinar este tipo de información. Como hicimos antes, vamos a utilizar el seguimiento. Así es como debe modificar la función de inicialización:

```
function init() {
...
   window.navigator.geolocation.watchPosition(successCallback,
      null, { enableHighAccuracy: true });
}
```

Como dijimos antes, los datos disponibles tienen que ser lo suficientemente precisos para que la API establezca la dirección absoluta. Para ello, forzamos el valor `true` en el parámetro `enableHighAccuracy` para estar seguros de que esté activado el A-GPS, si está disponible. Todo lo demás ocurre en la función `successCallback()` que vemos aquí:

```
var appleLocation = {
   coords: {
      latitude : 37.331689,
      longitude: -122.030731
   }
}

function successCallback(position) {
   /* Agrega la información de localización */
   var loc = document.getElementById("location");
   loc.textContent = position.coords.latitude + " | " + position.coords.
   longitude;

   /* Lee y procesa los datos */
   var heading = position.coords.heading || 0;
   var accuracy = position.coords.accuracy;
   var speed = position.coords.speed;

   var bearing = computeBearing(position, appleLocation);
   var distance = computeDistance(position, appleLocation);

   /* Muestra la dirección absoluta actual formateada */
   var header = document.querySelector(".header-wrapper h1");
   header.innerHTML = getAngleString(heading);

   var list = document.querySelectorAll("li span");
   list[0].textContent = round(distance, 3) + "mi";
   list[1].innerHTML = getAngleString(bearing);
   list[2].textContent = round(speed, 2) + "m/s";
   list[3].textContent = round(accuracy, 2) + "m";
}
```

Primero, mostramos la posición actual del usuario dentro del contenedor de localización. Después, leemos los valores de la dirección absoluta, la precisión y la velocidad, y calculamos la dirección relativa y la distancia mediante `appleLocation`. Nuestra información se añade luego a la cabecera (dirección absoluta) y a la lista (resto de elementos).

El *callback* emplea dos funciones auxiliares que sirven para dar formato al ángulo, indicando la posición en la rosa de los vientos (los cuatro puntos cardinales con cuatro posiciones intermedias) y redondea los valores en coma flotante con la precisión pasada como parámetro.

```
function getAngleString(angle) {
   var position = ((angle + 45 / 2) / 45 | 0) % 8 * 2;
   return (angle * 10 | 0) / 10 + "&deg;" + ("N NEE SES SWW NW".
substr(position, 2));
}

function round(value, prec) {
   prec = Math.pow(10, prec);
   return ((value || 0) * prec << 0) / prec;
}
```

Si inicia la aplicación Web en este momento, los datos aparecerán donde se esperaba pero no se moverá ningún elemento de la brújula. El paso final es traducir la información en cambios visuales.

Animar la brújula

Para animar la transición de un estado a otro de las agujas y las graduaciones del limbo vamos a utilizar las animaciones CSS que vimos en el capítulo 9. En una brújula normal, el dial en sí no se mueve: la persona coge la brújula, espera a que la aguja apunte al norte y luego la gira para saber en qué dirección está señalando. Para evitar que los usuarios tengan que andar moviendo su dispositivo vamos a hacer que el limbo gire con un ligero retardo con respecto a la aguja de dirección absoluta y crear así un efecto realista. De igual modo, la aguja de dirección relativa se moverá más lentamente para que la brújula sea más legible.

La animación de los elementos no necesita demasiado código. Sólo tiene que añadir lo siguiente a su archivo `compass.css`:

```
#compass img {
...
   -webkit-transform-origin: 50% 50%;
   -webkit-transform: rotate(0);
   -webkit-transition-property: -webkit-transform;
   -webkit-transition-timing-function: ease-out;
}
```

Esto, obviamente, sólo controla la animación en sí. Los estados de los elementos se controlan con JavaScript. La rotación puede darse si están disponibles los datos de la dirección absoluta. Esto lo comprobamos con el siguiente código:

```
function successCallback(position) {
...
   if (position.coords.heading != null) {
      compass.setHeading(heading);
      compass.setBearing(bearing - position.coords.heading);
   }
}
```

La dirección relativa se debería ajustar en relación a la absoluta para que la aguja apunte al rumbo correcto en relación a la dirección del usuario. Por consiguiente, restamos el ángulo de la absoluta al de la relativa. Éstas son las funciones en cuestión:

```
Compass.prototype.setBearing = function(deg) {
   this.rotate(this.bearingNeedle, deg);
}

Compass.prototype.setHeading = function(deg) {
```

```
      this.rotate(this.headingNeedle, -deg);
      this.rotate(this.dialGraduations, -deg);
}
```

Nuestros tres elementos se van a mover con retardo. La duración de las animaciones se define con el siguiente código, que se debe agregar al constructor del objeto `Compass`:

```
var Compass = function(size) {
...
   this.dialShine = new Image();

   this.dialGraduations.style.webkitTransitionDuration = "2s";
   this.bearingNeedle.style.webkitTransitionDuration = "5s";
   this.headingNeedle.style.webkitTransitionDuration = "3s";
...
}
```

El método `rotate()` es un poco más complicado porque existe la posibilidad de que se reciba un nuevo valor de la dirección absoluta antes de que se haya completado la animación. En tal caso, habrá que iniciar la siguiente rotación desde la posición actual de la animación para que el elemento no salte de una ubicación a otra. Para ello, recurrimos al objeto `CSSMatrix`.

```
Compass.prototype.rotate = function(item, deg) {
   var gs = window.getComputedStyle(item);
   var mx = new WebKitCSSMatrix(gs.webkitTransform);

   var current = toDeg(Math.acos(mx.a));
   /* Ajusta el cuadrante */
   if (mx.b < 0) {
      current = 360 - current;
   }
   var delta = deg - current;
   item.style.webkitTransform = mx.rotate(delta);
}
```

Primero, leemos la matriz actual, que refleja la posición de la transición. Esto nos permite deducir el ángulo aplicado actualmente al elemento. Después, asignamos una rotación en el sentido de las agujas del reloj empleando la matriz 2D.

$$rotation = \begin{bmatrix} cos\theta & sin\theta & 0 \\ -sin\theta & cos\theta & 0 \\ 0 & 0 & 1 \end{bmatrix}$$

Utilizando esta matriz y un poco de trigonometría, podemos evaluar el ángulo actual leyendo el arcocoseno del primer elemento (`mx.a`) de la matriz y la posición del ángulo en el cuadrante correcto basado en el signo del seno (`mx.b`). Entonces se puede calcular el nuevo ángulo a aplicar restando el deseado del actual. El método `rotate()` le permite aplicar simplemente el nuevo resultado y continuar con la animación hasta su nueva posición. La figura 14.5 muestra el resultado final.

Figura 14.5. *La brújula y los datos relativos a la posición del usuario.*

Cómo evitar que las agujas salten

Como la posición se envía varias veces por segundo, es posible mandar un nuevo valor de la dirección absoluta mientras el motor de renderización está aún trabajando con la matriz de rotación. En tal caso, se corre el riesgo de que la ubicación actual sea considerada como la posición inicial (antes de la rotación), lo que hará que las agujas salten de un punto a otro. Para prevenir este comportamiento y no dejar al motor que realice cálculos inútiles vamos a demorar la lectura de los datos recibidos.

```
var prevTime = 0;

function successCallback(position) {
    if ((new Date() - prevTime) < 1500) {
        return;
    }
    prevTime = new Date().getTime();
...
}
```

De este modo, los datos se leerán sólo cada segundo y medio, lo que le deja tiempo suficiente al motor de renderización para aplicar la matriz actual durante la transición y producir realmente el efecto esperado.

Resumen

La API de geolocalización le permite obtener los datos útiles y crear nuevos tipos de aplicaciones, además de abrir el camino a un desarrollo innovador para dispositivos modernos. Como la API es una implementación de una especificación del W3C, los programas generados para el iPhone, el iPod touch o iPad se podrán utilizar pronto en todos los navegadores modernos.

Con un sentido bastante práctico, Apple ha hecho que esta API esté disponible en Mobile Safari antes de llevarla a la versión de escritorio. De igual modo, se trata de un excelente movimiento para familiarizarse con ella porque es muy probable que los servicios localizados se hagan cada vez más populares, además de generar una nueva expectación en los usuarios. Su uso más inteligente podría ser el de valor añadido para las aplicaciones que no están relacionadas específicamente con la localización, como un servicio adicional para el usuario. Así pues, no lo dude y sea de los primeros en aprovechar esta oportunidad.

15. Mejorar el control del almacenamiento local de datos

Durante años, cuando hacía falta almacenar datos en el cliente para mejorar una página o simplemente para que funcionara adecuadamente, los desarrolladores se basaron en las cookies. Aunque han ido bien en varias aplicaciones, tienen limitaciones que dificultan su adaptación a las funcionalidades complejas. Los límites de tamaño no son un problema cuando se guarda un identificador o alguna información de una sesión (como los datos de un carrito de la compra) pero enseguida se vuelven difíciles de manejar cuando se realizan tareas más complejas, como la sincronización de calendarios. Esto no significa que el almacenamiento local no sea una técnica aprovechable: reducir el trasiego de datos entre el cliente y el servidor obviamente propicia una mejor respuesta de la página y, por tanto, una mejor interacción con el usuario. Sin embargo, cuando se trabaja con cookies, esto sólo es cierto en parte porque se mandan con cada petición (ya sea en la descarga de una imagen, una hoja de estilos o cualquier otra cosa), recargando inútilmente el envío de cada elemento durante la transferencia.

En este capítulo se introducirá en las nuevas opciones de almacenamiento local que las API de JavaScript ponen a disposición de los desarrolladores y aprenderá a trabajar correctamente en modo desconexión empleando las nuevas funcionalidades de HTML5.

Diferentes áreas de almacenamiento

Para que la persistencia del almacenamiento local sea más flexible y haga posible superar las limitaciones que imponen las cookies, ahora es posible basarse en la API Web Storage, mantenida por el WHATWG. Esta especificación define una nueva interfaz `Storage` implementada por las nuevas propiedades `localStorage` y `sessionStorage` del objeto `window`.

Entre las ventajas de este modo de almacenamiento frente a las cookies está un tope de tamaño de 5 MB en vez de 4 KB; esta cantidad corresponde al nombre de dominio cualificado (FQDN). Una vez alcanzada esta cuota, ya no se podrán guardar datos en el cliente y se enviará un `QUOTA_EXCEEDED_ERR` (véase la figura 15.1).

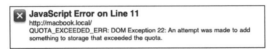

Figura 15.1. *Al intentar almacenar más datos de los permitidos, se envía un error.*

Se podría decir que la propiedad `sessionStorage` es análoga a las cookies de sesión, a las que se puede acceder a través de los contextos de navegación y que se eliminan cuando el usuario abandona la aplicación con la que navega. Sin embargo, en este caso el significado de "sesión" es ligeramente diferente si hablamos de las cookies o de la propiedad `sessionStorage`. Ésta se comporta más o menos como una cookie que no expira jamás, lo que quiere decir que los datos almacenados mediante esta propiedad se conservarán hasta que los borre un script o una acción del usuario.

Ambas características funcionan de manera similar a las cookies, excepto en que para acceder a la información almacenada no se recurre a `path`, como en el caso de las cookies, sino a una norma de origen basada en la tupla esquema/host/puerto.

Cómo utilizar las nuevas posibilidades de almacenamiento

El almacenamiento de datos utilizando la API Web Storage, como la creación de las cookies, se fundamenta en pares clave/valor. La clave se puede definir como cualquier cadena válida, incluyendo la cadena vacía. El valor, en la implementación actual de la API en Mobile Safari, también debe ser una cadena válida. En consecuencia, si intenta almacenar un objeto, los datos guardados serán los de dicho elemento después de haber llamado a su método `toString()`. Como, conforme a la especificación, debería poder almacenar muchos tipos de objetos como clones (no como referencias), es posible que pronto haya disponible una funcionalidad para guardarlos.

Esta limitación en los tipos se aplica a todos los elementos, incluyendo valores numéricos. Si, por ejemplo, desea emplear una clave para guardar un contador, no se olvide de convertir los datos recuperados a un objeto `Number` antes de incrementarlo o decrementarlo, pues de lo contrario lo que ocurrirá es que la cadena se concatenará con un 1. Además, como las cadenas se guardan utilizando UTF-16, un carácter ocupa dos bytes y, por tanto, necesita más espacio; así que, para almacenar un objeto `Date`, sería preferible que guardara el valor del método `getTime()` en vez del devuelto por `toString()`.

Estas limitaciones, no obstante, son triviales comparadas con el proceso de definir o recuperar valores mediante cookies. Estas operaciones básicas resultan tremendamente sencillas con la API Web Storage. La API proporciona métodos específicos para insertar, leer o eliminar valores.

```
/* Escribe los datos */
window.localStorage.setItem("myKey", "myValue");
window.localStorage.setItem("anotherKey", "myOtherValue");

/* Lee los datos */
var value1 = window.localStorage.getItem("myKey");
var value2 = window.localStorage.getItem("anotherKey");

/* Elimina los datos */
window.localStorage.removeItem("myKey");
```

Es posible acceder fácilmente a todas las claves de manera independiente porque puede guardar los datos como lo haría con un objeto. El siguiente código hace lo mismo que el anterior:

```
/* Escribe los datos */
window.localStorage.myKey = "myValue";
window.localStorage.anotherKey = "myOtherValue";

/* Lee los datos */
var value1 = window.localStorage.myKey; // "myValue"
var value2 = window.localStorage.anotherKey; // "myOtherValue"

/* Elimina los datos */
delete window.localStorage.myKey;
```

Para trabajar con el objeto `Storage` en general puede basarse también en dos útiles métodos: el `clear()`, que reinicializará el objeto y borrará todos los pares, y el `key()`, que le permitirá dirigirse a una clave por su índice en lugar de por su nombre.

```
for (var i = 0; i < window.localStorage.length; i++) {
   console.log(i + ": " + window.localStorage.key(i));
}

--- result ---
0: myKey
1: anotherKey
```

Como ocurre a veces con las colecciones de pares clave/valor, no se puede predecir el orden en el que aparecerán las claves; no obstante, éste debería permanecer constante mientras no se modifique ninguna.

Comportamiento específico de sessionStorage

Una cookie de sesión es válida con independencia de la ventana o la pestaña en la que se encuentre el usuario hasta que abandone el navegador. Esto significa, por ejemplo, que los elementos que haya añadido un usuario a su carrito de la compra *online* permanecerán en memoria si abre un nuevo documento en su ventana actual, el mismo sitio en una ventana diferente o cierra la pestaña en la que abrió la tienda *online*.

El inconveniente de esta solución es que un usuario que desee navegar por el mismo sitio y comprar con dos carritos diferentes (porque utiliza dos tarjetas de crédito, para que le envíen los productos a dos direcciones o algo así) tendría que comprar con dos navegadores distintos (por ejemplo, Safari y Firefox) o completar la primera sesión, cerrar el navegador e iniciar entonces una segunda sesión.

El objeto `sessionStorage` trabaja de un modo diferente. Mientras que las cookies están relacionadas con una sesión del navegador y el objeto `localStorage` crea una instancia única del objeto `Storage` para un origen, `sessionStorage` genera una instancia del objeto `Storage` para cada contexto de navegación, que es heredado por cualquiera creado por el inicial. Esto quiere decir que un *frame* (que es un contexto de navegación hijo) tendrá acceso al mismo objeto `sessionStorage` que su documento anfitrión; así pues, si se abre una nueva ventana (que es un contexto de navegación auxiliar) desde la ventana padre, este nuevo ámbito tendrá acceso a una copia del objeto `Storage` inicial, que en tal caso se modificará con independencia del primero. Al utilizar Mobile Safari, esto sólo se cumple para las ventanas abiertas por un script. Es más, una que haya sido tratada por un atributo `target` se considerará como abierta después de una acción deliberada del usuario. Esto implica que cuando un usuario abra una nueva ventana o pestaña, se le atribuirá un nuevo objeto `sessionStorage` vacío. Obviamente, sólo se podrá acceder a su contenido desde el mismo origen. Para conocer más detalles de los contextos de navegación puede consultar el capítulo 11.

Saber cuándo se modifica el área de almacenamiento

Cada vez que se modifica un área de almacenamiento, se eleva un evento `storage`, que no se puede cancelar y que no se propaga. Es posible capturarlo como cualquier otro evento del objeto `DOMWindow`.

```
window.addEventListener("storage", function(event) {
    /* hacer algo con el objeto StorageEvent */
}, false);
```

Este evento se envía a todos los documentos mediante el área de almacenamiento modificada, excepto al documento desde el que se alteró el área. Esto significa que no se disparará ningún evento si el área sólo utiliza el documento desde el que se modificó. Por el contrario, si éste contiene un `<iframe>`, dará igual que el área de almacenamiento se altere desde el `<iframe>` o desde el documento principal; se avisará a los demás contextos de navegación.

El evento `storage` le permite controlar las modificaciones, por ejemplo, admitiendo sólo los cambios originados en el documento principal. Sin embargo, debe tener cuidado de no provocar un intercambio infinito de eventos, por ejemplo, definiendo todos los contextos de navegación para que rechacen las modificaciones de otros. Un paso para prevenir esto es no enviar el evento `storage` al documento en el que tiene lugar la acción.

La tabla 15.1 lista las propiedades del objeto `StorageEvent` pasadas como parámetro al manejador. Tenga en cuenta que donde el documento de trabajo especifica una propiedad `url`, la implementación de WebKit utiliza la propiedad `uri`.

Tabla 15.1. Propiedades del objeto StorageEvent.

Propiedad	Descripción
event.storageArea	El área de almacenamiento que se ha modificado.
event.key	La clave cuyo valor se ha añadido, modificado o eliminado del objeto `Storage`.
event.oldValue	El valor asociado a la clave antes de la modificación.
event.newValue	El valor asociado a la clave después de la modificación.
event.uri	La dirección del documento desde el que se realizó la modificación.

Cuando se usan los métodos `setItem()` y `removeItem()`, los valores de las propiedades `key`, `oldValue` y `newValue` se definen según lo mostrado en la tabla 15.1. Por otra parte, si se emplea `clear()`, las tres propiedades serán null, permitiéndole identificar fácilmente cuándo se llamará a este método para cambiar los valores de los elementos. En todos los casos se definirán las propiedades storageArea y uri, permitiéndole identificar el origen del evento.

Detalles de seguridad y privacidad

Cuando trabaje con cookies o en la comunicación entre documentos, se encontrará con restricciones que derivan en riesgos para la seguridad. En primer lugar, aunque el límite de tamaño del objeto Storage es bastante menos restrictivo que el de las cookies, está definido con el fin de prevenir ataques por denegación de servicio.

El acceso al área de almacenamiento está acotada a la tupla esquema/host/ puerto y por ahora no es posible hacerlo desde la propiedad domain del objeto Document, a la que se puede acceder con el Nivel 1 del DOM. Esto supone una limitación en comparación con las cookies pero también hace que este tipo de almacenamiento sea más seguro, en especial si utiliza un nombre de host compartido.

Por último, cuando los datos guardados sean muy sensibles, debería limitar el uso de las áreas de almacenamiento a zonas seguras basadas en SSL (o su sucesor TLS), con lo que sólo se concederá el acceso a la información cuando se proporcione un certificado válido, refrendando el origen de las peticiones. Esto es fundamental para proteger la privacidad de los usuarios.

Guardar en caché las peticiones de Ajax

Una interesante aplicación del almacenamiento local es la posibilidad de guardar en caché los datos de las peticiones de Ajax. Obviamente, puede utilizar el de HTTP pero es menos fiable.

El documento base

Para ilustrar cómo se guardan en caché los datos de las peticiones de Ajax vamos a afiliarnos a un *feed* RSS de Apple y a mostrarlo de un modo válido para los usuarios. Una vez más, trabajaremos a partir de la plantilla de nuestra aplicación Web, incorporando los siguientes cambios al cuerpo:

```
<body onload="init()">
   <div class="view">
      <div class="header-wrapper">

      <h1>Apple's RSS Feed</h1>

      </div>
```

```
<div class="list-wrapper">
   <h2>Latest News</h2>
   <ul id="feed" class="template">
      <li><a href="#{link}">
         <span>#{title}</span><small>#{dateFormatted}
            #{contentFormatted}</small>
      </a></li>
   </ul>
</div>
</div>
</body>
```

Si se la leído el capítulo 12, se habrá dado cuenta de que estamos usando el método de renderización local que empleamos para procesar el contenido abierto mediante Ajax. Puede consultar dicho capítulo si necesita más detalles sobre este método y para hacerse con las funciones requeridas para este ejemplo.

Necesitamos inicializar la petición para recoger el contenido del *feed*. Esto se hace con el siguiente código:

```
/* El feed de noticias de Apple */
var feedUrl = "http://images.apple.com/main/rss/hotnews/hotnews.rss";

function init() {
   refresh();
}

function refresh() {
   var xml = new XMLHttpRequest();
   xml.onreadystatechange = showFeed;
   xml.open("get", "proxy.php?url=" + encodeURIComponent(feedUrl));
   xml.send();
}

function showFeed() {
   if (this.readyState == this.DONE && this.status == 200) {
      processFeed(this.responseXML);
   }
}

function processFeed(xml) {
   var arr = [];
   var all = xml.getElementsByTagName("item");
   var list = document.getElementById("feed");

   /* Procesa el HTML resultante */
   var html = "";
   for (var i = 0; i < all.length; i++) {
      var data = {
         title: getText(all[i], "title"),
         content: getText(all[i], "description"),
         date: new Date(getText(all[i], "pubDate")),
         link: getText(all[i], "link")
      };
```

```
          html += applyTemplate(list.innerHTML, data);
      }

      /* Agrega contenido al documento */
      appendContent(list, html);
}

function getText(node, name) {
   var item = node.getElementsByTagName(name);
   return item.length && item[0].hasChildNodes() ?
      item[0].firstChild.nodeValue : null;
}
```

Como lo que recibimos es XML, hemos de convertir las maracas en un objeto que podamos utilizar en nuestra plantilla. Esto se hace con el método `processFeed()`. Afortunadamente, los *feeds* RSS son bastante sencillos y esta operación no requiere demasiado código. Después, empleamos el método `getText()` para que sea más fácil leer los nodos de texto.

Nuestra plantilla posee dos valores formateados; por consiguiente, tenemos que agregar los dos formateadores pertinentes para mostrar los valores esperados en la plantilla.

```
var formatters = {
   "date": formatDate,
   "content": formatContent
};

function formatDate(value, data) {
   if (typeof value == "string") {
      value = new Date(value);
   }
   return ("0" + value.getDate()).substr(-2) + "/" +
      ("0" + (value.getMonth() + 1)).substr(-2) + " -- ";
}

function formatContent(value, data) {
   return value.replace(/<.+?>/g, "").substr(0, 200) + "...";
}

function processFeed(xml) {
...
   html += applyTemplate(list.innerHTML, data, formatters);
...
}
```

Nuestro primer paso terminará con una incorporación al archivo `main.css`, que proporcionará los estilos específicos para los elementos de nuestra lista.

```
.group-wrapper ul li a,
.list-wrapper ul li a {
...
}
```

```css
.group-wrapper ul li a:active,
.list-wrapper ul li a:active {
...
}

.group-wrapper ul li a:active *,
.list-wrapper ul li a:active * {
...
}

.list-wrapper ul li a {
   margin: -10px;
   text-decoration: none;
   color: inherit;
}

.list-wrapper ul li a span {
   display: block;
   margin-right: 24px;
   overflow: hidden;
   text-overflow: ellipsis;
   white-space: nowrap;
}

.list-wrapper ul li a small {
   display: block;
   margin-right: 24px;
   font-size: 13px;
   line-height: 15px;
   height: 30px;
   overflow: hidden;
   color: gray;
}
```

Si abre ahora el archivo HTML en un navegador, verá que el *feed* ha sido incorporado y se muestra adecuadamente, como vemos en la figura 15.2. Este modo de enseñar un *feed* es bastante común. A menos que use una caché de HTTP, el usuario verá un *feed* actualizado cada vez que refresque la página. Ahora vamos a refinar esto abriendo el *feed* desde la caché por defecto y dejando que el usuario elija cuándo desea actualizar la visualización. Al recurrir a este método, su aplicación se abrirá más rápido y le proporcionará más control al usuario; una fórmula ganadora, sin duda.

Agregar servicios de caché

Vamos a crear un botón para que el usuario pueda decidir cuándo se refrescará la lista. El siguiente código añadirá un **Refresh** (Refrescar) a nuestra cabecera:

```html
...
   <div class="header-wrapper">
      <h1>Apple's RSS Feed</h1>
      <button class="header-button" onclick="refresh()">
```

```
        <span>Refresh</span>
      </button>
  </div>
...
```

Figura 15.2. *El feed de Apple se abre utilizando Ajax y se renderiza en el cliente.*

Como en el capítulo 12, el `<span>` se utilizará para ocultar el texto y mostrar una hélice mientras se abre el contenido. La función empleada para refrescar el *feed* es la que usamos antes. Sin embargo, cuando se llame a la función `processFeed()` por segunda vez, la plantilla no se podrá leer mediante las etiquetas porque ya se habrá modificado el contenido HTML; habrá que tenerlo guardado de antemano. El mejor modo de hacer esto es `sessionStorage` porque no hace falta tener guardada la plantilla después de la sesión (volverá a estar disponible al iniciar una nueva) y además es posible que en algún momento desee cambiarla, con lo que se originarían errores. Así es como se modificaría la función:

```
function processFeed(xml) {
...
   var list = document.getElementById("feed");
   if (window.sessionStorage.template == undefined) {
      window.sessionStorage.template = list.innerHTML;
   }
...
html += applyTemplate(window.sessionStorage.template, data, formatters);
...
}
```

Para activar la hélice necesitará el objeto `BigSpinner` que creamos en el capítulo 7. Agréguelo a su código y utilícelo como sigue:

```
var spinner = new BigSpinner();

function init() {
   spinner.init("spinner", "white");
...
}

function refresh() {
...
   buttonState(true);
}

function showFeed() {
   if (this.readyState == this.DONE && this.status == 200) {
      processFeed(this.responseXML);
      buttonState(false);
   }
}

function buttonState(loading) {
   var but = document.querySelector("button.header-button");

   if (loading) {
      but.disabled = true;
      but.className += " spinning";
      spinner.animate();
   } else {
      but.disabled = false;
      but.className = but.className.replace(" spinning", "");
      spinner.stop();

   }
}
```

Ahora, mientras se abre la lista de *feeds*, se informará al usuario de la actividad de la aplicación.

Un primer nivel de la caché se basa, por lo tanto, en `sessionStorage`. El segundo, que recurre a `localStorage`, almacenará los datos XML y un tiempo incorporado para decidir si se enviará la petición Ajax.

```
function showFeed() {
   if (this.readyState == this.DONE && this.status == 200) {

      /* La fecha se codificará como una cadena */
      window.localStorage.feedDate = new Date();
      window.localStorage.feedXML = this.responseText;
      processFeed(this.responseXML);
      buttonState(false);
   }
}
```

Como no se puede almacenar otra cosa que no sea una cadena, guardamos el XML como texto utilizando `responseText`. Esto se transformará más adelante en XML mediante el objeto `DOMParser`. También registramos la fecha para calcular el tiempo de vida (*Time To Live* o TTL). Nuestra caché ya está lista para usarse. Se controla con el método `refresh()`.

```
function refresh() {
    var last = new Date(window.localStorage.feedDate || 0);
    var ttl = new Date() - 1000 * 60 * 60 * 1;

    if (last <= ttl) {
...
    } else {
        var xml = (new DOMParser()).parseFromString(window.localStorage.
feedXML, "text/xml");
        processFeed(xml);
    }
}
```

La fecha se codifica como una cadena, que se puede invertir fácilmente pasándole la cadena resultante al constructor del objeto `Date`. De este modo, podemos calcular el tiempo transcurrido desde que se almacenó la última caché y permitir que la petición de Ajax sólo se ejecute si este tiempo es superior a una hora. De lo contrario, utilizaremos el método `parseFromString()` del objeto `DOMParser` para convertir nuestro texto en un documento XML.

Nota: *El objeto* `DOMParser` *realmente no forma parte de ningún estándar pero está implementado de alguna manera en la mayoría de los navegadores, incluido Mobile Safari, por lo que puede trabajar con él sin problema.*

Ahora mismo, cuando el usuario hace clic en el botón **Refresh**, el script utilizará la caché, si ello le parece razonable, o abrirá el contenido de nuevo en caso contrario.

Enviar datos locales al servidor

Uno de los problemas de las cookies es que se envían automáticamente al servidor con cada petición (incrementando de forma innecesaria el tamaño de los datos transferidos), lo que obviamente es algo bastante negativo cuando se trabaja con conexiones poco fiables.

La información del área de almacenamiento no se manda de este modo. Sin embargo, puede que realmente necesite enviar al servidor los datos contenidos en ella, por ejemplo, cuando un usuario valida un carrito de la compra. Para ello, puede capturar el evento de validación del formulario de confirmación y agregar la información precisa para procesar dicho carrito. Suponiendo que las ID de nuestros productos se han guardado dentro de la clave `products`, podríamos utilizar un código similar a éste:

```
<script>

    /* Contenido de muestra */
    window.sessionStorage.products = "3,5,9,100";

    function appendData(form) {
        var products = form.elements["products"];
        products.value = window.sessionStorage.products || "";
    }

</script>

<form method="get" action="checkout.php" onsubmit="appendData(this)">
    <input type="hidden" name="products">
    <input type="submit" value="Checkout">
</form>
```

Cuando se envíe el formulario, el valor de la entrada `products` se actualizará con los valores de `sessionStorage` (si los hay) y se manda el formulario con los datos pertinentes.

Cuando a éste se le tienen que pasar varias propiedades del área de almacenamiento, se pueden recorrer sus elementos para comprobar si cada uno de ellos dispone de una propiedad. De este modo, si utiliza los mismos nombres para las que haya en el área de almacenamiento y los campos del formulario, puede crear de forma sencilla una función genérica para facilitar el intercambio de datos.

```
function exchangeData(form) {
    var all = form.elements;

    for (var i = 0; i < all.length; i++) {
        var data = window.sessionStorage.getItem(all[i].name);
        if (data) {
            all[i].value = data;
        }
    }
}
```

Esta función es básica. Obviamente, para que se pueda utilizar en situaciones reales el script debería, por ejemplo, manejar distintos tipos de entrada, como las casillas de verificación, cuyo valor no se debería cambiar pero que podrían estar marcadas o no. También podría emplear un método similar directamente sobre los enlaces clásicos:

```
<script>

   function appendData(link) {

      var url = link.href;
      link.search += (link.search ? "&" : "") + "products=" +
         encodeURIComponent(window.sessionStorage.products);
   }

</script>

<a href="checkout.php" onclick="appendData(this)">Checkout</a>
```

Este método devuelve los mismos resultados que el anterior. Añadimos los datos a la cadena de la petición modificando el objeto `Location` del enlace pasado como parámetro a la función `appendData()`. El script del servidor tendrá información suficiente para procesar el carrito del usuario.

Base de datos SQL local

La API Storage, al igual que las cookies, proporciona un útil medio para manejar aquellos datos que sean lo bastante sencillos. Sin embargo, existe otra alternativa para almacenar información en el cliente cuando hay necesidades más específicas. La especificación Web Database, mantenida por el W3C, le permite sacarle más provecho al almacenamiento local.

Aunque el uso de esta API es más complejo que el de la API Storage, el manejo de los datos resulta más flexible, gracias, por ejemplo, al uso de una potente ordenación, unas posibilidades más avanzadas en lo referente a las estructuras de datos y unos procesos de actualización más sencillos. Es más, puede almacenar más tipos de datos.

La información guardada con la API Database se puede consultar mediante SQL (*Structured Query Language*, Lenguaje de consulta estructurado), un lenguaje que utilizan la mayoría de los sistemas de administración de bases de datos relacionales (RDBMS), como mySQL, SQL Server u Oracle. El dialecto de SQL implementado en todos los navegadores hasta la fecha está basado en un subconjunto de SQLite 3.6.19.

Nota: *El funcionamiento de los RDBMS y cómo se usan queda fuera del alcance de este libro. En nuestros ejemplos utilizaremos y explicaremos algunos comandos pero encontrará una información detallada en la documentación de SQLite, en* `www.sqlite.org`.

Puede emplear esta API en sus aplicaciones Web porque ya se encuentra implementada en los navegadores WebKit. Sin embargo, la implementación actual de las funciones de la API es una mezcla de versiones síncronas y asíncronas. En otras palabras, por ahora la apertura de la base de datos será una operación síncrona, mientras que las consultas se realizarán asíncronamente.

Abrir la base de datos

En los DBMS clásicos, las nuevas bases de datos se creaban generalmente con el comando CREATE DATABASE de SQL. En el caso de las disponibles para Web, con el fin de proteger la integridad de los datos cuando cambiara el sistema y de limitar los errores, la creación de la base de datos se realiza mediante la función openDatabase() desde la interfaz WindowDatabase. No hay disponible ningún comando real de SQL relacionado con la creación o la modificación de la base de datos en sí.

```
var db = window.openDatabase("Apress", "1.0", "Apress Storage Demo", 10 *
1024 * 1024);
```

El primer parámetro define el nombre físico para las bases de datos que se utilizarán para almacenar datos en el disco. El segundo se debe emplear para especificar una versión en concreto. Esto es útil porque evitará que el código cliente recurra a una base de datos que ha evolucionado, en la que un intento de agregar información puede causar errores que harían que la aplicación Web se volviese inestable. Si hubiese un fallo en el número de versión se enviaría una excepción fatal INVALID_STATE_ERR. El tercer parámetro define el nombre lógico para la base de datos, que será utilizado por el navegador para mostrar mensajes. Por último, el tamaño de la base de datos se indica en bytes, siendo de nuevo 5 MB el valor por defecto.

Si fija un valor inferior a éste no reducirá realmente el tamaño, pero si fija un valor superior al valor por defecto (como en nuestro ejemplo), el usuario recibirá un mensaje preguntándole si se debe asignar el espacio requerido por la operación actual, como muestra la figura 15.3.

Si el usuario rechaza la petición, la función openDatabase() devolverá null. Si la operación tiene éxito, la función devolverá un objeto Database que le permite consultar la información de la base de datos. Si ésta no existe cuando se ejecuta la función, será creada. En este caso, en las versiones recientes de WebKit puede pasar una función *callback* como último parámetro, que le permitirá interactuar con la base de datos después de su creación. Sin embargo, esta característica no está implementada aún en Mobile Safari, por lo que tendrá que iniciarla por otros medios.

Figura 15.3. *Cuando la cantidad estimada de datos excede el máximo por defecto, se envía un mensaje.*

```
var globalDB = window.openDatabase("Apress", "1.0", "Apress Storage
Demo", 1 * 1024 * 1024);
checkDatabase(globalDB);

function checkDatabase(db) {
   /* Transacción creada */
   db.transaction(
      function(tran) {
         tran.executeSql("SELECT 1 FROM News LIMIT 1");
      },

      /* ¿Fallo? La base de datos podría no estar inicializada */
      function() {
         initDatabase(db);
      },

      /* ¿Éxito? La base de datos ya está inicializada*/
      function() {
         /* Inicia las tareas de la base de datos */
      }
   );
}

function initDatabase(db) {
   /* Crea el esquema de la base de datos utilizando el objeto 'db' de la
base de datos */
}
```

La función `checkDatabase()` intenta ejecutar una sencilla petición sobre el modelo de datos esperado con el método `transaction()` (que toma tres parámetros) y el `executeSql()`, que veremos más adelante. Limitamos de manera intencionada el resultado a una sola fila para que la consulta se ejecute rápido, evitando de este modo obtener una solución potencialmente pesada. Si la consulta tiene éxito, podemos asumir que el esquema de la base de datos ya ha sido creado. Llegados a este punto, como hemos preguntado por una versión específica, la tarea puede ya comenzar porque sabemos que el esquema es correcto. En caso contrario, se generará un error y llamaremos a la función de creación del esquema.

Crear las tablas

Cuando ya disponga de un objeto `Database` podrá emplear transacciones, como vimos antes, para modificar los contenidos de la base de datos. Una transacción le permite agrupar una o varias consultas que normalmente son independientes. Si una falla, se cancelarán todas. Del mismo modo que no es posible crear una base de datos empleando de forma directa el comando `CREATE DATABASE`, tampoco puede utilizar los comandos `BEGIN TRANSACTION`, `ROLLBACK` o `COMMIT` sin que se genere un error. Estos se encuentran encapsulados dentro de los métodos de la API, por lo que deberá recurrir al método `transaction()` del objeto `Database` para ejecutar operaciones de lectura/escritura. Este método recibe como parámetro una función *callback* a la que se le pasa una `SQLTransaction` al ser llamada.

El primer paso para trabajar con una base de datos es crear las tablas que contendrán la información. Al igual que antes, vamos a guardar las noticias de un *feed* RSS, por lo que necesitaremos dos tablas: una que contenga el origen de la información y otra que incluya las noticias de cada *feed*.

```
function initDatabase(db) {
    db.transaction(function(transaction) {
        createSchema(transaction);
    });
}

function createSchema(tran) {
    var schema = [
        "CREATE TABLE Source (" +
        " SourceID     INTEGER NOT NULL PRIMARY KEY AUTOINCREMENT," +
        " Name         VARCHAR(100) NOT NULL," +
        " URL          VARCHAR(100) NOT NULL," +
        " LastUpdated  DATETIME NULL" +
        ")",

        "CREATE TABLE News (" +
```

```
        " NewsID       INTEGER NOT NULL PRIMARY KEY AUTOINCREMENT," +
        " SourceID     INTEGER NOT NULL," +
        " GUID         CHAR(32)," +
        " Title        VARCHAR(200) NOT NULL," +
        " Content      TEXT NOT NULL," +
        " Date         DATETIME NOT NULL," +
        " TargetURL    VARCHAR(100) NOT NULL," +
        " FOREIGN KEY (SourceID) REFERENCES Source(SourceID)" +
        ")"
    ];

    executeSequence(tran, schema);
}
```

> **Nota:** *Aunque hemos especificado límites para campos como* CHAR *o* VARCHAR, *estos no se tienen aún en cuenta en la implementación actual de SQL para la Web, con lo que se consideran como simples cadenas normales. Lo mismo se aplica a los tipos de campo* DATETIME. *No obstante, es algo necesario para garantizar la compatibilidad con las versiones futuras.*

```
function executeSequence(tran, list) {
    var i = -1;

    /* Transacción creada */
    (function recursive(tran) {
        if (++i < list.length) {
            tran.executeSql(list[i], null, recursive);
        }
    })(tran);
}
```

La inicialización de las transacciones es asíncrona, lo que significa que el motor de desarrollo pasará de inmediato a la siguiente sentencia tras la llamada a transaction(), sin esperar a que se ejecute el *callback*. Sin embargo, como una transacción provoca un bloqueo global en la base de datos, lo más probable será que se efectúen de una en una. Este comportamiento asíncrono permite una mayor flexibilidad desde el punto de vista del usuario porque la aplicación Web no se paralizará durante las operaciones pesadas.

No es ninguna sorpresa que el método executeSql() nos deje ejecutar sentencias SQL. Al igual que el método transaction(), esta función trabaja de manera asíncrona. Sin embargo, algunas peticiones llevan más tiempo que otras, lo que puede causar errores cuando, como en nuestro ejemplo, las consultas dependan del éxito de las anteriores. En nuestro ejemplo, la segunda petición contiene una referencia a la tabla creada por la primera para garantizar la integridad referencial de los datos. Por tanto, en lugar de recorrer nuestras consultas, definimos una función recursiva que itere por la lista de peticiones y ejecute la siguiente sólo cuando se haya completado la anterior. Como puede ver en este ejemplo, la función `executeSql()` toma varios parámetros. Ésta es su estructura:

```
transaction.executeSql(command, parameters, successCallback,
failureCallback);

function successCallback(transaction, resultSet) { ... }
function failureCallback(transaction, error) { ... }
```

El primer parámetro es la consulta SQL a ejecutar. Después, se debe pasar un vector de parámetros para que sea segura; esto lo explicaremos en breve. Los dos parámetros finales son las funciones *callback*. En nuestro ejemplo utilizamos el primero para ejecutar la siguiente consulta cada vez que una tiene éxito. Éste recibe la transacción actual como primer parámetro y, de haberlo, el resultado de la consulta recién completada como segundo. El *callback* para fallos recibe como segundo parámetro un `SQLError`, que le permitirá controlar el problema. Como un error no es necesariamente fatal, también puede continuar la transacción desde el *callback* para fallos. Este caso lo trataremos por separado en una sección posterior.

Agregar datos a las tablas

Nuestra base de datos ya está preparada para contener datos. Primero, vamos a rellenar la tabla `Source` utilizando la instrucción `INSERT`. Esto sigue ocurriendo dentro de la fase de inicialización de la base de datos.

```
function initFeedList(tran) {
   var sql = ["INSERT INTO Source (Name, URL) VALUES(?, ?)"];

   var data = [
      ["New York Times", "http://www.nytimes.com/services/xml/rss/nyt/
HomePage.xml"],
      ["Financial Times", "http://www.ft.com/rss/world/us"]
   ];

   executeSequence(tran, sql, data);
}
```

Aquí recurrimos a consultas parametrizadas. En una de ellas, un parámetro se representa mediante un signo de interrogación y para cada uno debe haber una entrada en el vector pasado como parámetro a `executeSql()`. Esta técnica no sólo le ahorrará la farragosa creación de largas cadenas; ante todo, es una sólida protección contra ataques de inyección mediante SQL. Entraremos en más detalle sobre esto en la sección sobre seguridad, más adelante.

Como las consultas se ejecutan de manera asíncrona, necesitamos encadenar las llamadas mediante *callbacks*. Es más, como la creación de tablas y la inserción de los datos iniciales es una operación atómica y secuencial, se debe emplear para ello la misma transacción, de modo que si hay algún error, se cancelen todas las operaciones. Por tanto, le pasamos una referencia a `initFeedList()` a la función `createSchema()`, a la que se llamará después de haber creado las tablas.

```
function initDatabase(db) {
    db.transaction(function(transaction) {
        createSchema(transaction, initFeedList);
    });
}
```

Para que las consultas parametrizadas se puedan utilizar tenemos que mejorar el método `executeSequence()` para poder pasar los parámetros. Además, como se pueden emplear varias veces para el mismo conjunto de datos, añadimos la posibilidad de recorrer en bucle un conjunto de consultas para un grupo dado de parámetros.

```
function createSchema(tran, next) {
...
    executeSequence(tran, schema, null, next);
}

function executeSequence(tran, list, params, next) {
    params = params || [];
    var max = Math.max(list.length, params.length);
    var i = -1;

    (function recursive(tran) {
        if (++i < max) {
            tran.executeSql(list[i % list.length], params[i], recursive);

        /* Secuencia completada */
        } else if (next) {
            next(tran);
        }
    })(tran);
}
```

Averiguamos el mayor de entre los tamaños de los parámetros `list` y `params` para que el número de iteraciones sea suficiente para utilizar todos los datos disponibles.

Luego, para ejecutar el próximo conjunto de instrucciones, comprobamos el siguiente parámetro y, si está definido, desarrollamos la función a la que hace referencia. De este modo, la inserción tendrá lugar después de que las tablas se hayan originado y nunca durante su creación.

Consultar los datos de las tablas

Nuestra base de datos ya está totalmente inicializada. Para rellenar la tabla News vamos a traernos la información de la tabla Source y a enviar peticiones Ajax para recogerla.

```
function checkDatabase(db) {
...
    function() {
        /* Inicia las tareas de la base de datos */
        refresh(db);
    });
...
}

function initDatabase(db) {
    db.transaction(function(transaction) {
        createSchema(transaction, initFeedList);
    }, null, function() {
        refresh(db);
    });
}

function refresh(db) {
    /* Muestra siempre el contenido anterior */
    processFeed(db);
    /* Luego intenta refrescar la tabla News */
    db.transaction(function (tran) {
        tran.executeSql("SELECT SourceID, URL, LastUpdated FROM Source", null,
            function(tran, res) {
                for (var i = 0; i < res.rows.length; i++) {
                    var row = res.rows.item(i);
                    var last = row.LastUpdated || new Date(0);
                    var ttl = new Date() - 1000 * 60 * 10; // 10 minutes
                    /* Si hay que actualizar el feed */
                    if (last <= ttl) {
                        loadFeed(row.URL, db, row.SourceID);
                    }
                }
            }
        );
    });
}
```

Primero, añadimos las llamadas pertinentes a la función refresh() desde la *callback* para lograr el éxito de la transacción de comprobación. Luego, mediante la nueva transacción creada en refresh(), leemos los datos devueltos por la consulta del objeto SQLResultSet, que contiene todas las filas resultantes en la propiedad rows. Ésta es una lista del tipo SQLResultSetRowList a cuyos elementos sólo se puede acceder a través del método item(). La tabla 15.2 describe las propiedades del objeto ResultSet.

Tabla 15.2. *Propiedades del objeto SQLResultSet.*

Propiedad	Descripción
result.insertId	Cuando se insertan datos en una tabla que posee el tipo de campo AUTOINCREMENT, esta propiedad contiene el valor de la última identidad generada. Si no hay definido ningún campo de este tipo, contendrá el número de fila de la línea insertada. Si no hay ninguna inserción, al intentar acceder a esta propiedad se generará una excepción INVALID_ACCESS_ERR.
result.rowsAffected	Devuelve el número de líneas que ha modificado una consulta o 0 si no se ha alterado nada (por ejemplo, si la consulta era una sentencia SELECT).
result.rows	Una lista de las líneas devueltas por la consulta.

Se puede acceder a todas las columnas por su nombre, como se hace con las propiedades de los objetos, respetando las mayúsculas y las minúsculas con las que se crearon en la tabla. La propiedad length le permitirá saber cuántas líneas hay en el conjunto de resultados.

Actualizar los datos

Una vez comprobada la última fecha de actualización, si fuera necesario, enviamos las peticiones Ajax para obtener la información que después extraeremos del *feed* RSS.

```
function loadFeed(url, db, id) {
   var xml = new XMLHttpRequest();
   xml.onreadystatechange = function() {
      feedLoaded(this, db, id);
   }
   xml.open("get", "proxy.php?url=" + encodeURIComponent(url));
   xml.send();
}

function feedLoaded(xhr, db, id) {
   if (xhr.readyState == xhr.DONE && xhr.status == 200) {
      updateFeed(xhr.responseXML, db, id);
   }
}

function updateFeed(xml, db, id) {
   db.transaction(function (tran) {
      tran.executeSql("UPDATE Source SET LastUpdated = ? WHERE SourceID = ?",
         [new Date(), id]);

      var all = xml.getElementsByTagName("item");
```

```
        for (var i = 0; i < all.length; i++) {
            var params = [];

            params.push(getText(all[i], "title"));
            params.push(getText(all[i], "description"));
            params.push(new Date(getText(all[i], "pubDate")));
            params.push(getText(all[i], "link"));
            params.push(id);
            params.push(getText(all[i], "guid"));

            upsertNews(tran, params);
        }
    });
}

function upsertNews(tran, params) {
    var len = params.length;
    var guid = params[len - 1];
    var id = params[len - 2];

    tran.executeSql(
        "SELECT NewsID FROM News WHERE SourceID = ? AND GUID = ?", [id, guid],

        function(tran, res) {
            var sql = (res.rows.length == 0) ?
                "INSERT INTO News (Title, Content, Date, TargetURL,
                SourceID, GUID) " +
                " VALUES(?, ?, ?, ?, ?, ?)"
            :
                "UPDATE News SET " +
                " Title = ?, Content = ?, Date = ?, TargetURL = ? " +
                "WHERE SourceID = ? AND GUID = ?";
            tran.executeSql(sql, params);
        }
    );
}
```

La función `loadFeed()` envía las peticiones Ajax una tras otra, sin esperar a que se complete la anterior. Luego, tras cada una de las respuestas del servidor, procesamos de inmediato el XML con la función `processFeed()`. En este punto, en la tabla `Source` se cambia el campo `LastUpdated`, agregando entradas en la tabla pertinente para cada llegada de noticias del *feed*. Aquí no hace falta sincronizar la actualización de líneas porque el orden en el que se realice esta operación carece de importancia. Por tanto, no hay problema en hacer una inserción masiva, ya que podemos ordenar las noticias más adelante con una petición del tipo `SELECT...ORDER BY`.

Si está familiarizado con los DBMS, puede que esté habituado a ejecutar algún tipo de `UPSERT` (actualización o inserción) personalizada. Al trabajar con la API Web Database, no existen procedimientos almacenados para hacerlo ni ninguna sentencia condicional válida en el lenguaje SQL. El único modo de llevar a cabo una operación de este tipo es encadenando un comando `SELECT` para determinar si los datos están disponibles con un `UPDATE` (si los hay) o un `INSERT` (en caso de que no los haya). Nuestra clave aquí para realizar la selección es el par `SourceID/GUID` porque, aunque se supone que `GUID` es única a nivel global, en realidad sólo lo es en lo que respecta a su origen.

> **Nota:** *Para las operaciones de tipo* `UPDATE` *podríamos haber usado la* `NewsID` *devuelta por la operación* `SELECT`*. Sin embargo, al emplear el mismo vector de parámetros el código se vuelve más sencillo.*

Nuestra tabla `News` ahora contiene la información de nuestros dos *feeds*. Si comprueba esto en Desktop Safari, puede utilizar la sección **Almacenamiento** que vimos en el capítulo 3 para leer los datos guardados con sólo hacer clic en la base de datos **Apress** del panel izquierdo y ejecutar una petición desde la línea de comandos existente, como muestra la figura 15.4.

```
> SELECT Title, Date, Name
  FROM News
  INNER JOIN Source
    ON News.SourceID = Source.SourceID
  ORDER BY Date DESC
```

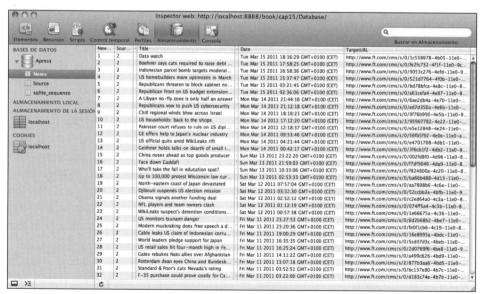

Figura 15.4. *La lista de noticias devuelta por una consulta SQL en el Inspector Web de Desktop Safari.*

Ahora ya puede modificar el ejemplo de Web Storage para usar la base de datos en lugar de la caché.

Utilizar la base de datos en lugar del almacenamiento

Para emplear Web Database en lugar de Web Storage para nuestra aplicación de muestra sólo tiene que modificar la función `init()` y agregar un manejador válido para que la función `updateFeed()` recopile datos cuando se actualicen los *feeds*.

```
function init() {
   spinner.init("spinner", "white");
   checkDatabase(globalDB);
}

function updateFeed(xml, db, id) {
   db.transaction(function (tran) {
...
   }, null, function() {
      processFeed(db);
   });
}
```

Después, habría que adaptar `processFeed()` para que los datos ya no se obtuviesen de `localStorage`, sino de la base de datos local.

```
function processFeed(db) {
   db.transaction(function (tran) {
      tran.executeSql("\
         SELECT Title AS title, Content AS content, \
            Date AS date, TargetURL AS link \
         FROM News ORDER BY Date DESC \
         LIMIT 10", null, processFeedCallback
      );
   });
}

function processFeedCallback(tran, res) {
   var all = res.rows;
   var list = document.getElementById("feed");
   if (sessionStorage.template == undefined) {
      sessionStorage.template = list.innerHTML;
   }

   /* Procesa el HTML resultante */
   var html = "";
   for (var i = 0; i < all.length; i++) {
      var data = all.item(i);
```

```
        html += applyTemplate(sessionStorage.template, data, formatters);
    }

    /* Agrega contenidos al documento */
    appendContent(list, html);
}
```

Para mantener la misma lógica de renderización que cuando se leen datos directamente del *feed* vamos a utilizar un alias para las columnas, de modo que los nombres de las propiedades sean consistentes con los de la plantilla. Como es lógico, vamos a conservar la caché de la plantilla porque después de la actualización de cada *feed* se pueden realizar varias llamadas sucesivas.

Además, puede añadir otro *feed* a la tabla Spurce y comprobar los datos resultantes mediante el inspector Web.

Controlar las transacciones y los errores de las consultas

Como comentamos anteriormente, el método transaction() también puede tener sus respectivos *callback* para fallos y para éxitos, al igual que el executeSql(). Ésta sería su estructura:

```
database.transaction(initCallback, errorCallback, successCallback);

function initCallback(transaction) { ... }
function failureCallback(error) { ... }
function successCallback() { ... }
```

La primera función es un *callback* para fallos que recibirá un objeto SQLError con una propiedad message que contiene el motivo del problema (con una detallada descripción) y una propiedad code que contiene el código de error correspondiente. La tabla 15.3 lista los posibles códigos habituales en las transacciones y peticiones de SQL que utilizan executeSql(), junto con sus significados. A diferencia de otras API implementadas en Mobile Safari, las constantes de especificación no están disponibles actualmente y los códigos de error no coinciden exactamente; por tanto, sólo puede emplear los códigos numéricos. La segunda función es un *callback* para éxitos que no recibe ningún parámetro.

Tabla 15.3. *Códigos de error aplicables a las transacciones y las consultas.*

Constante	Descripción
error.UNKNOWN_ERR (0)	Error desconocido, no relacionado con la base de datos. Suele deberse a un error en un *callback*.

Constante	Descripción
error.DATABASE_ERR (1)	Error relacionado con la base de datos. Puede deberse a un error sintáctico o a un nombre de campo no encontrado.
error.VERSION_ERR (2)	El número de versión solicitado no es el mismo que el de la base de datos. Este error se utiliza en la actualización del esquema de la base de datos.
error.TOO_LARGE_ERR (3)	El conjunto de resultados que devuelve la consulta es demasiado grande. Para evitar este error, deberá recurrir a las instrucciones LIMIT y OFFSET, por ejemplo, para paginar los resultados.
error.QUOTA_ERR (4)	Se ha excedido el espacio reservado para la base de datos. Esto también ocurre cuando el usuario rechaza la petición de ampliación de la base de datos.
error.TIMEOUT_ERR (5)	El bloqueo de una transacción no se ha conseguido realizar en un plazo razonable. Se suele enviar cuando otra tarda demasiado en ejecutarse, impidiendo un comportamiento normal de la base de datos.
error.CONSTRAINT_ERR (6)	Ha ocurrido una violación de una clave ajena. Esto es lo que ocurriría, por ejemplo, si intentara insertar una línea en News para un sourceID que no existe.

Ambas podrían servirnos, por ejemplo, para hacer una traza del comportamiento de la API y proporcionar al usuario información relevante cuando ocurriese un error, invitándole a probar de nuevo. Podemos modificar nuestra función para que dé una respuesta más precisa con respecto a la relevancia de inicializar la base de datos.

```
function checkDatabase(db) {
...
    /* ¿Fallo? La base de datos podría no estar inicializada */
    function(error) {
       if (error.code == 1) { // Tabla desconocida
          initDatabase(db);
       } else {
          alert("An error occurred:\n" + error.message);
       }
    },
...
}
```

Se llamará a ambos métodos tras la ejecución del contenido de la transacción; las llamadas a executeSql(), en este caso. Si fallara una petición, la ejecución se detendría y se haría un *rollback* completo de toda la transacción, devolviendo a la base de datos al estado que tenía antes de realizar las operaciones. Si todas las peticiones tienen éxito, el proceso se dará por finalizado (*commit*) y se actualizará toda la base de datos.

No obstante, es posible continuar la transacción después de un error desde dentro de un comando SQL. El *callback* para fallos del método `executeSql()` puede devolver un valor que indique si el error es fatal y si es posible reanudar el proceso. El valor `false` le permitirá continuar, mientras que el `true` la detendrá. Si no se devuelve nada, se asumirá que es `true`. Se podría cambiar la función `upsertNews()` para que implementara esto.

```
function upsertNews(tran, params) {
...
   tran.executeSql(
...
   tran.executeSql(sql, params, null, function() {
      /* No detener la transacción en caso de error */
      return false;
   });
...
   );
}
```

Al proceder de este modo, si falla alguna actualización o inserción por cualquier motivo, las demás peticiones no se verán afectadas y seguirán actualizando la tabla.

Mantener un acceso coherente con las versiones

Durante el ciclo vital de una base de datos, siempre llega un momento en el que es necesario evolucionar. Obviamente, puede realizar comprobaciones similares a las anteriores y verificar si una tabla está disponible en la inicialización para crearla en caso negativo pero esto esparciría la lógica de mantenimiento del esquema a lo largo del código. Es más, si se debe cambiar la estructura de una tabla existente es preferible controlar la versión de la base de datos a un nivel superior y aplicar las modificaciones precisas.

Ya hemos visto que el método `openDatabase()` recibe un parámetro que le permite preguntar por una versión específica de la base de datos. Si al llamar a la función la versión almacenada en el navegador no coincide, se generará una excepción `INVALID_STATE_ERR`. Ésta no es demasiado explícita y no le dejará determinar si el error es un problema de la versión. Para controlar su evolución tendrá que pasar como parámetro una cadena vacía y leer la propiedad `version` del objeto `Database`.

> **Advertencia:** *En Mobile Safari, el valor de la propiedad* version *sólo se modificará si el usuario cierra todas las ventanas abiertas del navegador en el dominio que contiene la base de datos. De este modo, se seguirá mostrando la versión del esquema anterior aunque ésta haya cambiado, ejecutándose de nuevo el código de la migración. En tales casos, acuérdese de agregar una verificación que consulte, por ejemplo, el nuevo esquema.*

Con el valor de esta propiedad puede utilizar el método asíncrono change Version() para actualizar el esquema de la base de datos. La sintaxis sería la siguiente:

```
database.changeVersion(oldVersion, newVersion, changeCallback,
errorCallback, successCallback);
```

Cada *callback* recibe unos parámetros equivalentes a los del método transaction(). Así pues, el primero recibirá un objeto SQLTransaction que le permitirá ejecutar consultas de modificación y el segundo obtendrá un SQLError. Puede emplearlos como se ve a continuación:

```
var globalDB = window.openDatabase("Apress", "", "Apress Storage Demo", 1
* 1024 * 1024);

if (globalDB.version == "1.0") {
   /* Realizar las tareas para que la base de datos evolucione
      a la nueva versión */
   globalDB.changeVersion("1.0", "1.2", changeCallback,
                          errorCallback, successCallback);

} else if (globalDB.version == "1.2") {
   /* Revisar siempre el esquema para ver si la versión esperada
      es correcta */
   checkDatabase(globalDB);
} else {
   throw("Unexpected database version number.");
}

function changeCallback(tran) {
   tran.executeSql("ALTER TABLE Source RENAME TO Feed");
}

function errorCallback(err) {
   alert("An error occurred:\n" + err.message);
}

function successCallback() {
   alert("Database successfully updated to version 1.2!");
   refresh(globalDB);
}
```

Una vez completada la actualización, obviamente ya no tendrá acceso a la versión anterior de la base de datos. Para el motor de desarrollo, el número de versión no es más que una cadena; por tanto, no existe una evolución real, sólo un cambio de la misma. Si el parámetro `oldVersion` no coincide con la versión de la base de datos actual, se generará una excepción `VERSION_ERR`.

Eliminar la base de datos

Crear una base de datos es muy sencillo. Sin embargo, suprimirla puede resultar más delicado. Ni se puede hacer desde JavaScript ni está disponible tampoco el comando `DROP DATABASE` de SQL. Afortunadamente, las bases de datos se pueden eliminar pero sólo mediante una acción del usuario. Es evidente que esto es muy útil en la fase de desarrollo.

Con Desktop Safari

En Desktop Safari, y en la mayoría de los navegadores basados en WebKit, se puede eliminar una base de datos desde el panel de preferencias. Acceda a Safari>Preferencias y seleccione la pestaña Seguridad. Debería aparecer la ventana que se muestra en la figura 15.5. Dentro del panel, haga clic en el botón **Mostrar bases de datos** que hay en la parte inferior de la pantalla para ver una lista de bases de datos. Es posible suprimir cualquiera de ellas utilizando el botón **Eliminar**. De este modo, puede probar su código tantas veces como necesite sobre una base limpia.

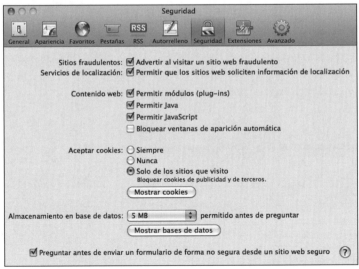

Figura 15.5. *El panel de seguridad de Desktop Safari.*

Con Mobile Safari

En Mobile Safari, una vez creada una base de datos, aparecerá un nuevo elemento de menú en las preferencias del navegador, como se ve en la figura 15.6. Partiendo de éste se puede acceder a una lista de bases de datos desde la aplicación Ajustes, dentro de Safari>Bases de datos.

Figura 15.6. *Las preferencias de la base de datos en Mobile Safari.*

Sólo tiene que golpear el botón **Edición** de la parte superior derecha de la pantalla y seleccionar la base de datos que desea borrar. Aquí las opciones no son tan abundantes como en la versión para Desktop; por ejemplo, no se puede definir un tamaño inicial para la base de datos.

La seguridad, una vez más

Por razones de seguridad, a las bases de datos para Web se aplican las mismas restricciones que para Web Storage, es decir, un límite estricto sobre la tupla esquema/host/puerto. Se puede acceder a los datos entre subdominios utilizando la API Cross-Document Messaging de HTML5 que vimos en el capítulo 11. Debe tener cuidado con el almacenamiento de Web Storage cuando guarde datos críticos, como las contraseñas de los usuarios o la información personal. Es preferible emplear una encriptación no reversible como MD5 porque la reversible implica tener la clave en algún punto del código. Obviamente, al no poseer Mobile Safari un inspector Web, podría pensar de forma legítima que su base de datos está segura pero, como las aplicaciones Web se pueden visualizar con cualquier navegador, debería emplear medidas de seguridad que tuvieran este riesgo en cuenta.

Un riesgo para la seguridad con el que debe tener especial cuidado al emplear bases de datos para Web es la inyección SQL, que debe valorar al construir sus consultas. Este tipo de ataque es frecuente al manejar consultas concatenadas, en las que las comillas simples de las variables no se indican como caracteres de escape, lo que permite insertar otras. Es posible hacerlo fácilmente cuando las consultas se pueden leer desde el cliente. Lo que sigue es un ejemplo en el que un usuario introduce su nombre para pasarlo en la consulta:

```
var name = "'; DELETE FROM Source --";
var sql = "SELECT * FROM Source WHERE Name='" + name + "' AND URL IS NOT NULL";
```

El punto y coma es un separador de instrucciones y el doble guión (--) inicia un comentario. Así pues, este código se debería interpretar del siguiente modo (vaciando la tabla `Source`):

```
SELECT * FROM Source WHERE Name=''; DELETE FROM Source --' AND URL IS NOT  NULL;
```

El primer paso para evitar esto es, naturalmente, reemplazar todas las comillas simples por dos comillas simples (") dentro del dato introducido por el usuario, aunque es preferible utilizar la versión segura de `executeSql()`, que recibe un vector de parámetros.

```
var sql = "SELECT * FROM Source WHERE Name=? AND URL IS NOT NULL";
transaction.executeSql(sql, [name]);
```

De este modo, como vimos antes, el motor de desarrollo reemplazará todos los signos de interrogación con el valor pertinente de la tabla de manera automática, lo que no deja lugar para ninguna inyección. Revise siempre a fondo su código en busca de este detalle y medite bien sus consultas antes de moverlas *online*, tanto en las selecciones como para las listas de parámetros.

Guardar en caché una aplicación Web en desconexión

Además de las nuevas posibilidades de almacenamiento, también puede hacer que su aplicación Web esté total o parcialmente disponible en desconexión guardando recursos en los dispositivos de sus usuarios, gracias a las nuevas posibilidades de almacenamiento en caché que nos ofrece HTML5. Esto puede hacer que sus aplicaciones Web estén un paso más cerca de las nativas porque, dependiendo del uso que hagan de ellas, tal vez los usuarios no vean diferencias entre emplearlas en línea y en desconexión. Además, le permite reducir el tiempo de apertura en todos los casos. Esta especificación está soportada en Mobile safari con iOS 2.1 y versiones más recientes.

¿Cómo funciona?

Cuando sus páginas se abran por primera vez en el navegador, se incorporará un documento de manifiesto asociado que contiene información sobre cómo manejar los recursos de su aplicación. De este modo, en las siguientes conexiones, los archivos relevantes se guardarán en caché del modo esperado y no se cargarán al servidor.

Una vez leído el archivo del manifiesto, no se comprobará en el servidor ningún fichero marcado para guardar en caché ni se abrirá de nuevo a menos que cambie dicho archivo, el cual se compara byte a byte, lo que significa que un cambio en la fecha de modificación no forzará su reevaluación. Ni las alteraciones de otros archivos en el servidor ni las cabeceras HTTP que indiquen una versión más reciente dispararán una nueva descarga desde el servidor.

No obstante, recuerde siempre que cuando se renueve la caché, el cliente no utilizará la nueva versión de los archivos hasta que la aplicación se haya refrescado, de manera similar a las actualizaciones en un ordenador de escritorio. Por tanto, sería deseable poder informar al usuario cuando hubiera disponibles nuevas versiones. Esto se puede hacer mediante una API específica que le permite controlar la caché y recibir notificaciones durante las actualizaciones de archivos. Comentaremos los eventos pertinentes en una próxima sección.

El archivo del manifiesto

Básicamente, el archivo del manifiesto le permitirá listar los ficheros a guardar en caché junto con las reglas sobre cómo manejar los elementos de la aplicación Web. Lleva la extensión especial `.manifest` y es un simple archivo con codificación UTF-8 que se sirve necesariamente con el tipo de contenido `text/cache-manifest` que interpretará el servidor. Puede utilizar un marcador de orden de bytes (BOM) para firmarlo.

Tenga cuidado porque la mayoría de los servidores no envían este tipo MIME con su configuración por defecto, que es necesaria para que el manifiesto funcione.

> **Nota:** *Naturalmente, no es fácil realizar pruebas locales con este archivo porque no puede cortar la conexión con el servidor. El único modo de realizarlas es abriendo su aplicación, deteniendo el servidor local y comprobando lo que se muestra entonces recargando la aplicación Web. Tenga en cuenta también que el archivo del manifiesto no se enseña en la sección* Recursos *del inspector Web de Safari, que no sirve para comprobar si ha sido incorporado.*

Utilizando el siguiente archivo `cache.manifest` podemos simplemente guardar en caché el ejemplo de la aplicación Web desarrollada en este capítulo para que esté disponible en desconexión o cuando la velocidad de la conexión el usuario sea más pobre.

```
CACHE MANIFEST
index.html
styles/main.css
scripts/main.js
```

Es preciso que la línea CACHE MANIFEST sea la primera, sin espacios adicionales o saltos de línea. Hace de signatura del archivo, identificándolo ante el navegador como el manifiesto de la caché. La URL puede ser absoluta o relativa pero tenga cuidado porque las rutas relativas lo son con respecto al directorio en el que se aloja el manifiesto. Por tanto, con el fin de mantener la consistencia, es recomendable colocarlo en el mismo directorio que el archivo HTML desde el que se le llama.

> **Nota:** *Aunque el archivo desde el que se llama al manifiesto se guarda automáticamente en caché, siguiendo la especificación, lo vamos a añadir también al manifiesto.*

El manifiesto se empleará en el documento en el que está incluido. Se le debería llamar mediante el nuevo atributo `manifest` de la etiqueta `<html>`. Como con cualquier otro que permita obtener archivos remotos, puede recibir tanto rutas absolutas como relativas.

```
<html manifest="cache.manifest">
...
```

Ésta es la definición más sencilla posible de un archivo de manifiesto, que le dejará almacenar elementos en el dispositivo sin tener que descargarlos cada vez que se abra la página. Puede limitarse a listar los recursos a guardar en caché, aunque también se puede determinar con más precisión cómo se debería manejar la caché.

Las secciones de CACHE

Los archivos a guardar en caché se pueden definir en una sección específica del archivo del manifiesto empleando la directiva CACHE. Es posible establecer varias de manera similar, lo que puede ser útil para ordenar las indicaciones de sus archivos.

Además, puede mejorar la legibilidad de su documento para los humanos agregándole comentarios, como vemos aquí:

```
CACHE MANIFEST

# Nuestros recursos guardados en caché.

CACHE:
index.html
styles/main.css
scripts/main.js
```

Se puede registrar cualquier tipo de archivo para guardarlo en caché, incluso imágenes o scripts de servidor. Obviamente, estos últimos se guardarán después de ejecutarse, por lo que debe tener cuidado al utilizar esta funcionalidad. Esto es posible porque la aplicación de caché no sólo almacena datos, sino también metadatos de recursos, como las cabeceras HTTP.

Las secciones NETWORK

El uso de un archivo de manifiesto haría que la aplicación Web funcionase en modo desconexión, lo que significa que los ficheros no listados en él no se descargarán, incluso aunque el dispositivo esté conectado a una red. Este comportamiento se puede cambiar en la sección NETWORK. Aquí puede especificar los recursos que se obtendrán del servidor si hay una red disponible, algo especialmente útil para los elementos dinámicos de sus aplicaciones.

Simplemente contiene una lista blanca en línea, parecida a la que se encuentra dentro de la sección CACHE. Sin embargo, NETWORK funciona de un modo diferente: cada URL es un patrón de comparación con prefijos. Así pues, podrá dirigirse a todos los recursos desde un directorio dado listando sólo dicho directorio. Tenga cuidado de no listar inútilmente el mismo prefijo varias veces.

En nuestro ejemplo anterior, al utilizar sólo una sección CACHE en nuestro archivo de manifiesto, estaríamos impidiendo que nuestra aplicación funcionase porque no se podría acceder al proxy empleado para recoger el *feed* RSS. Para cambiar esto tiene que añadir lo siguiente a nuestro manifiesto:

```
NETWORK:
proxy.php
```

Nuestro proxy usa el parámetro `url` de la cadena de petición para saber qué *feed* habría que descargar pero, como `proxy.php` es un prefijo, la autorización para acceder a la URL completa depende del navegador.

También puede utilizar el comodín `*`, con el que accederá a todos los recursos. Esto tiene naturalmente en cuenta los que no están listados dentro de la sección `CACHE`, que tiene precedencia sobre las demás. Obviamente, esto hace que sea mucho más fácil escribir el archivo del manifiesto y reduce los riesgos de olvidarse de ficheros y acabar con una aplicación parcialmente funcional.

Las secciones FALLBACK

Para los casos en los que es necesaria la red para traerse un recurso que no está en caché pero no hay ninguna disponible, se pueden definir una o varias secciones de último recurso (*fallback*).

Dentro de ellas, las líneas se crean por pares de elementos separados por espacios o tabulaciones. El primero es un espacio de nombres de último recurso que define un patrón de comparación de prefijos que le permitirá dirigirse a un conjunto de recursos de alguna URL, como se hace en la sección `NETWORK`. Todos los que coincidan con este espacio de nombres se guardarán en caché y si el recurso listado como segundo elemento no está disponible, se utilizará éste en su lugar.

Para observar el comportamiento de esta sección vamos a especificar un *feed* RSS estático (`default.xml`) como opción por defecto para los casos en los que la red no esté disponible.

```
<?xml version="1.0" encoding="UTF-8" ?>
<rss version="2.0">
<channel>
    <title>Offline Application Cache</title>
    <description />
    <link>http://www.apress.com/</link>

    <item>
        <title>Fallback Element</title>
        <description>This is a fallback resource cached to be used
            when the network is not available.</description>
        <link>http://www.apress.com/</link>
        <guid>http://www.apress.com/guid/</guid>
        <pubDate>Mon, 01 Aug 2011 00:00:00 +0000</pubDate>
    </item>
</channel>
</rss>
```

Los archivos relevantes se listarán en el manifiesto del siguiente modo:

```
FALLBACK:
proxy.php default.xml
```

Así pues, cuando la red no esté disponible, se utilizará el archivo RSS en lugar de la llamada al proxy y el único elemento funcional se añadirá a cada uno de los *feeds* a recoger. No sólo puede emplear esta sección cuando no haya redes disponibles, sino también para controlar otros problemas de archivos no encontrados, como los errores HTTP 404. No obstante, tenga cuidado porque el navegador no emplea necesariamente el prefijo más específico para usar el recurso en cuestión, por lo que el orden de declaración es importante. En el siguiente ejemplo, la primera línea se utilizará para todos los *fallbacks* porque coincide con todos los recursos, incluyendo aquellos que coincidirían con la segunda línea.

```
FALLBACK:
./ any.html
proxy.php default.xml
```

En un caso como éste, debería establecer primero los prefijos más específicos y de ahí ir bajando hasta los menos particulares. Tenga también en cuenta que una estructura de directorios bien organizada le facilitará el proceso. En cualquier caso, esto probablemente sea beneficioso para su estructura de directorios.

Controlar la caché con JavaScript

HTML5 le permite controlar la caché basándose en una API de JavaScript asociada a un objeto `ApplicationCache`. Cada página que tenga un manifiesto automáticamente posee una instancia de este elemento que tiene asociado y al que se puede acceder desde el objeto `DOMWindow`.

```
var cache = window.applicationCache;
```

Con esta instancia podrá comprobar el estado de la caché, verificando, por ejemplo, si se ha tenido en cuenta el archivo del manifiesto leyendo su propiedad `status`. La tabla 15.4 muestra todos los estados posibles de la caché de la página actual. Si aparece como `UNCACHED`, ello significa que no se ha abierto el archivo del manifiesto. En tal caso, lo normal sería comprobar que el tipo de contenido es el correcto y que el fichero no contiene errores.

Tabla 15.4. *Constantes de estado de applicationCache.*

Constante	Descripción
`cache.UNCACHED (0)`	El documento no está en la caché.
`cache.IDLE (1)`	El documento está disponible en la caché y es el más reciente. Éste es el estado cuando la página se abre por primera vez o cuando se ha recargado la aplicación tras una actualización y se han instalado todos los recursos.

Constante	Descripción
cache.CHECKING (2)	El documento está disponible en la caché y está buscando actualizaciones.
cache.DOWNLOADING (3)	El documento está disponible en la caché y está descargando actualizaciones o nuevos recursos.
cache.UPDATEREADY (4)	El documento está disponible en la caché y ha terminado de descargar actualizaciones o nuevos recursos, que estarán disponibles la próxima vez que se acceda a la aplicación.
cache.OBSOLETE (5)	El documento disponible en la caché está obsoleto, lo que significa que el manifiesto ya no está disponible. El navegador recibe un estado HTTP 404 (documento no encontrado) o un estado 410 (ya no está).

Esto se puede utilizar para comprobar si el navegador ha descargado una nueva versión y comunicárselo al usuario:

```
if (window.applicationCache.status == window.applicationCache.
UPDATEREADY) {
    if (window.confirm("A new version is available.\nDo you want to use it
now?")) {
        window.location.reload();
    }
}
```

Este estado no estará disponible de inmediato necesariamente. Si lo comprueba durante la apertura de recursos, el estado enviado será CHECKING. Por tanto, sería interesante añadir receptores para los procesos de actualización y descarga, como veremos en breve. También puede controlar directamente la caché desde el JavaScript, utilizando los métodos de la tabla 15.5.

Tabla 15.5. *Métodos relacionados con la caché.*

Método	Descripción
cache.update()	Fuerza la verificación y la actualización de la caché, si los recursos están disponibles en el servidor. Si el documento no tiene asociada una, se enviará una excepción INVALID_STATE_ERR.
cache.swapCache()	Activa nuevos recursos de la caché si están disponibles (UPDATEREADY). En caso contrario, genera una excepción INVALID_STATE_ERR.

Por ejemplo, incluso aunque el estado se defina como IDLE y se acabe de modificar el manifiesto, una llamada al método update() forzará la recarga de la caché. Tras la descarga de los nuevos recursos, el estado pasará entonces a ser

UPDATEREADY. Una llamada a `swapCache()` forzará su uso y el estado volverá a ser `IDLE`. Obviamente, la página actual no se actualizará de inmediato y tendrá que esperar a que se inicie la próxima aplicación Web para que el usuario vea los cambios. Sin embargo, puede leer también los nuevos recursos mediante JavaScript. Si la llamada a `update()` ha tenido éxito y se ha completado la descarga, puede invocar un recurso actualizado del siguiente modo:

```
/* Actualiza un iframe */
var iframe = document.getElementById("myIframe");
iframe.src = iframe.src;

/* Actualiza la primera imagen del documento */
var image = document.images[0];
image.src = image.src;
```

También puede asociar un recurso recién guardado en la caché:

```
image.src = "newlyCachedImage.png";
```

En Safari, sorprendentemente, la caché está disponible antes de la llamada a `swapCache()`, aunque su finalidad es ser intercambiada por la de la aplicación. Por tanto, sólo debe ejecutar este tipo de operaciones tras una llamada a `swapCache()`, en vez de hacerlo después de una invocación a `update()`.

Reaccionar a los eventos enviados por la caché de la aplicación

Durante el ciclo de ejecución de la actualización de la aplicación se envían varios eventos para que ésta sepa qué está pasando y pueda reaccionar en consecuencia. Se listan en la tabla 15.6.

Tabla 15.6. *Eventos de actualización de la caché.*

Evento	Descripción
checking	El navegador está intentando descargar el manifiesto por primera vez o está comprobando si hay disponible una actualización.
noupdate	El manifiesto no ha cambiado.
downloading	Se ha iniciado la descarga de recursos listados en el manifiesto, ya sea para recopilar los recursos por primera vez o para actualizar la caché.
progress	El navegador está descargando los recursos listados en el manifiesto.
cached	Se han descargado los recursos listados en el manifiesto y la aplicación ya está disponible en la caché. Esto sólo se envía en la primera descarga.

Evento	Descripción
updateready	Se han descargado de nuevo los recursos de la caché.
obsolete	El manifiesto ya no está disponible y el servidor ha enviado un estado 404 o 410. La caché se borrará la próxima vez que se inicie la aplicación.
error	El manifiesto no ha sido encontrado o contiene errores.

Estos eventos se pueden registrar utilizando el método normal del DOM o mediante las propiedades del objeto `ApplicationCache`.

```
window.applicationCache.addEventListener("updateready",
doSomethingHandler, false);

/* o... */
window.applicationCache.onupdateready = doSomethingHandler;
```

La secuencia de eventos comienza necesariamente con `checking` porque el documento contiene una referencia al manifiesto en la etiqueta `<html>`.

Entonces, si no tiene asociada una caché de aplicación y el manifiesto no incluye ningún error, se disparará el evento `downloading` seguido de una serie de eventos `progress`, hasta que se hayan traído todos los recursos listados. La secuencia terminará con el evento `cached`, indicando que se ha creado la caché de la aplicación y de que la aplicación Web ha sido guardada.

Si el documento ya tiene asociada una caché de aplicación y el navegador no ha detectado cambios en el manifiesto, se enviará un evento `noupdate` y la secuencia se detendrá de inmediato. En caso contrario, será la misma que antes pero terminará con un evento `updateready` en vez de con un evento `cached`. En tal caso, puede llamar al método `swapCache()`, como vimos anteriormente.

Si no es posible acceder al manifiesto o éste contiene errores (como un problema de signatura, un recurso no disponible...), se interrumpirá la secuencia con un evento `error`. Ahora bien, si una caché existe y no se encuentra el manifiesto, se enviará un `obsolete` y la caché se borrará del dispositivo.

Las especificaciones tienen previsto que el evento `progress` sea del tipo `ProgressEvent`, lo que le permitirá seguir el progreso de la descarga. Como vimos en el capítulo 12 al trabajar con Ajax, este tipo determinará si se puede procesar la descarga mediante `lengthComputable` y evaluar después el tiempo a invertir con las propiedades `loaded` y `total`.

Por ahora, el tipo del evento `progress` no está soportado en iOS ni está implementado en Desktop Safari. Devolverá un objeto `Event` normal. Tampoco puede recurrir a él utilizando un *callback* porque no hay garantías de que el proceso se pueda desarrollar en modo alguno.

Borrar la caché

Una vez guardada una aplicación Web en la caché, ya no es posible borrarla. Es más, aunque el usuario vacíe la caché del navegador, ello no afectará a la de la aplicación en desconexión. Por tanto, el único modo que tienen los usuarios de borrarla es visitar de nuevo el sitio, con la esperanza de que exista una opción para descargar la aplicación. Si su manifiesto es un archivo dinámico (uno PHP, por ejemplo), puede ofrecer esta opción definiendo una cookie para que la lea el script del manifiesto y devuelva un error 404 si se debe borrar la caché.

```
<script>

function switchMode(online) {
   var now = new Date().getTime();
   var tenYears = 1000 * 60 * 60 * 24 * 365 * 10;
   var expires = new Date(now + tenYears) * (online ? +1 : -1);
   document.cookie = "online=true; expires=" + expires;
}

</script>
...
   <div class="header-wrapper">
...
      <button onclick="switchMode(true)">No Cache</button>
   </div>
...
```

El manifiesto en PHP podría ser algo similar a lo siguiente:

```
<?php
   $code = ($_COOKIE['online'] == 'true') ? 410 : 200;
   header('Content-type: text/cache-manifest', true, $code);

?>CACHE MANIFEST
```

Cuando el usuario haga clic en el botón **No Cache**, se creará una nueva cookie `online` con el valor booleano `true`. La fecha de expiración se define como lejana para que no expire. Cuando se acceda de nuevo al archivo del manifiesto, el script revisará la cookie mediante la tabla hash `$_COOKIE` y enviará la respuesta pertinente según el valor de `online`. La aplicación Web recibirá finalmente un evento `obsolete`, como explicamos antes.

¿Está conectado el usuario?

Tanto si la caché de una aplicación en desconexión está asociada con el documento actual como si no lo está, se puede comprobar el estado de la red fácilmente. Esta información se puede obtener de la propiedad `onLine` del objeto `navigator`. De este modo, en caso de que la red no esté disponible, se puede impedir la descarga de ciertos elementos del JavaScript, como el *feed* RSS que utilizamos antes, evitando de este modo el acceso al contenido del *callback*.

```
function refresh(db) {
   /* Mostrar siempre el contenido anterior */
   processFeed(db);

   /* No intentar descargar los feeds si no está conectado */
   if (!window.navigator.onLine) {
      return;
   }
...
}
```

Además de esta propiedad, Mobile Safari tiene soporte para dos nuevos eventos: cuando el estado de la red cambia se envía un evento `online` (si la propiedad `onLine` cambia de `false` a `true`) o un evento `offline` (si el usuario está desconectado). Esto debería permitirle refinar la apertura y el comportamiento de su aplicación para mejorar la interacción con el usuario.

Resumen

Naturalmente, puede generar de manera dinámica su archivo de manifiesto utilizando PHP o cualquier otro lenguaje de programación del lado del servidor, de manera similar a lo que hicimos en el capítulo 6 para elaborar una lista de imágenes para nuestro álbum de fotos. Esto abre toda una gama de posibilidades para desarrollar aplicaciones complejas a la par que flexibles.

Hacer que sus programas funcionen tanto en línea como en desconexión de una manera satisfactoria es un gran paso hacia la semejanza con las aplicaciones nativas. Además, las distintas API de almacenamiento deberían permitirle personalizar el comportamiento de sus datos para adaptarlos a las necesidades de su aplicación. Combine esto con el modo de pantalla completa, una interfaz de usuario y un comportamiento similar al de iOS y los usuarios se preguntarán por qué iban antes a la App Store.

Índice alfabético

M

N

Q

R